教育部人文社会科学研究项目基金资助
山东政法学院出版基金资助
2009年度教育部人文社会科学研究规划基金项目
《现代刑事法律之人文改良——以儒家人文法律思想为视角》
（09YJA820045）最终研究成果

现代刑事法律之人文改良

——以儒家人文法律思想为视角

XIANDAI XINGSHI FALU ZHII RENWEN GAILIANG
YI RUJIA RENWEN FALU SIXIANG WEI SHIJIAO

刘道朋◎著

经济科学出版社
Economic Science Press

图书在版编目（CIP）数据

现代刑事法律之人文改良：以儒家人文法律思想为视角/刘道朋著．—北京：经济科学出版社，2013.9
ISBN 978 -7 -5141 -3838 -2

Ⅰ.①现…　Ⅱ.①刘…　Ⅲ.①刑法 - 司法制度 - 体制改革 - 研究 - 中国　Ⅳ.①D924.04

中国版本图书馆 CIP 数据核字（2013）第 229560 号

责任编辑：柳　敏　于海汛
责任校对：杨晓莹　王凡娥
版式设计：齐　杰
责任印制：李　鹏

现代刑事法律之人文改良
——以儒家人文法律思想为视角
刘道朋　著
经济科学出版社出版、发行　新华书店经销
社址：北京市海淀区阜成路甲 28 号　邮编：100142
总编部电话：010 - 88191217　发行部电话：010 - 88191522
网址：www.esp.com.cn
电子邮件：esp@esp.com.cn
天猫网店：经济科学出版社旗舰店
网址：http://jjkxcbs.tmall.com
北京汉德鼎印刷有限公司印刷
华玉装订厂装订
710×1000　16 开　22.5 印张　440000 字
2013 年 9 月第 1 版　2013 年 9 月第 1 次印刷
ISBN 978 -7 -5141 -3838 -2　定价：50.00 元
（图书出现印装问题，本社负责调换。电话：010 - 88191502）

前　言

“国际智者”阿诺德·约·汤因比在一次“展望21世纪”的演讲中指出中国文化将是21世纪人类走向全球一体化、文化多元化的凝聚力和粘合剂，特别是人类掌握了可以毁灭自身的高度技术文明手段，同时又处于极端对立的政治、意识形态营垒中，最需要的精神就是中国文化的精髓——仁义、爱人、宽容与和谐。他指出如果中国文明不能取代西方文明而成为人类的主宰，那么整个人类的前途将是可悲的。

2003年中国政府明确提出“中国政府将人民的生命健康和基本人权放在首位……形成了以人为本，促进社会和人的全面发展的科学发展观，确立了确保宪法实施、建立法治政府、建设政治文明的治国理念，并在实践中采取一系列具有鲜明时代特点的尊重和保障人权的措施……”① 这在一定程度上表明中国政府保障人权，倡导法律人文精神的立场已经十分明确，并且为了人权保障，需要采取各种手段和方法保障人权，当然也包括刑事法律手段。但同时，在刑事立法和司法实践中，由于人权保障观念和相应的人文精神没有深入立法者和司法者的内心，在现代刑事法律立法和司法层面没有树立以人为本的人文理念，导致在刑事立法和司法过程中，时有侵犯人权，违反人文精神的立法条文和司法行为存在。刑事法律是国家对公民权利保障的最后一道防线，是其他法律的保障法。如果刑事法律的制定和执行不能很好地反映现代刑事法律应有的人文精神，那么，这个国家的刑事法律就是残暴和没有人性的，应当予以一定的人文改良。

我们追溯儒家人文思想产生的历史渊源，可以看出，由于受到历史发展和社会环境的限制，儒家人文思想及儒家人文法律思想中虽然带有一定的封建文化色彩和宗法等级特权因素，并且与现代文明、现代民主和法治的要求出入较大。但如果因此就否定儒家人文思想的合理性，是不科学的。但是我们必须清楚，任何一个国家的现代刑事法律人文精神的建设，都不可能脱离本国实际，建立在别的国家的民族伦理道德的精神支柱之上。中国传统法文化中的儒家人文法律思想，是一个巨大而浑厚的历史沉淀和存量，它既蕴含着丰富的人文内容，又良莠混

① 国务院《2003年中国人权事业的进展》白皮书。

杂。我们在塑造现代刑事法律人文精神时，一方面要反对历史虚无主义，全盘否定儒家人文思想及儒家人文法律思想的“合理内核”，全盘西化；另一方面也不能毫无选择地全盘接受儒家人文法律思想。

无论是从过去还是现在，我国受儒家人文思想的影响非常广泛，从政治经济到哲学人文，到处可见儒家人文思想的影子。我国是一个伦理道德传统非常浓重的国家，民主与法制精神先天不足，但我国的人文精神相较西方国家却是有着悠久的历史传统。近年来，由于在刑事法律建设中基本抛弃了传统的儒家人文精神，导致刑事法律与传统道德的冲突也时常发生。加之在剧烈的社会变革中片面引进和吸收西方国家的法律价值观念，在很长的时期内，由于东西方国家价值体系不同造成公民价值震荡，这种状况极易造成公民价值选择的迷茫。在这种情况下，人们不仅会留恋传统道德的义利观、均等观和仁德观，容易产生对刑事法律的异已感和外在感，当刑事法律规范不能有效地内化为公民自觉的价值尺度和行为准则时，当公正、权威的刑事法律难以变成整个社会的需要和信仰时，传统儒家人文精神就有回归的可能，这也是我们需要予以反省和改进的。为了找到传统儒家人文法律精神与现代刑事法律的契合点，既培养人们对刑事法律的忠诚和信仰，又培养人们的人文精神，使我们的社会成为法治的、有爱心的社会，在一定程度上就不得不从儒家人文精神及儒家人文法律思想中寻找具有现代人文“营养”价值的思想。

中国社会虽然经过几千年的发展，历史也发生了巨大的变迁，但不论是过去还是现在儒家人文思想都是中国人最基本的主流价值观，儒家所提倡的“仁、义、礼、智、信、孝”一直是指导中国人日常行为的基本道德准则。随着经济全球一体化进程的加快，法律全球化亦已经拉开了帷幕。在前一段时期，在诸多刑事法律学者的努力下，移植了大量的令人眼花缭乱的西方法律文化。而在此种情形下，许多的刑事法律学者迷失了研究方向，片面地、不加分析地引入西方的法律观点学说，导致西方法律思想理论学说大量地在中国的刑事立法、司法过程中予以使用，基本抛弃了中国传统人文法文化。甚至有些学者认为中国传统人文法文化一无是处，人为地割裂中国人文法文化历史的现代传承，在一定程度上导致现代刑事法律应有的人文精神被冷冰冰的刑事法律规范所取代。由于刑事法律人文精神的缺失，出现了刑事法律越多、越完善，社会矛盾却越严重、社会秩序越混乱的怪现象。这让我们不得不思考我国刑事法制建设的思路是否正确？要不要结合和吸收传统的儒家人文法律思想进行现代刑事法制建设？笔者认为，法律全球化只能是民事法律的接轨，而刑事法律的全球接轨纯粹是一些法律空想家的臆想，根本不可能成为现实。纵观中国法制史，受儒家人文思想影响的中国古代刑事法的立法、司法，很多时候是一种人性化司法，我们应当怎样去研究它，挖掘其在现代刑事法律的立法、司法过程中的价值是我们目前刑事法律建设的重要课题。在现代刑事法律制度建设过程中，应当如何将法理与情理统一起来，达到法律效果与社会效果的统一，使刑事法律制度真正起到保障法的作用。

在现代刑事法律的人文精神建设过程中，为了更好地吸收儒家人文精神及人文法律思想的合理内核，建设有中国特色的刑事法律体系，必须明确“人文精神”的基本含义。为了厘清“人文精神”的基本内涵，有关学者在1993～1996年间，在全国范围展开了“人文精神”大讨论。虽然在这场规模浩大的人文精神大讨论中，学者们对“人文精神”的基本内涵没有取得一致的看法和意见，但是这场人文精神大讨论对我国刑事法律人文精神的重建和完善起到了巨大的促进作用。近年来，法学界也就我国现代法制建设过程中人文精神弘扬问题进行了很多的讨论，而这些讨论主要集中于对人文精神概念的理解，中国传统文化人文精神品质等一系列问题上。目前，我们欣喜地看到，有越来越多的法律学者关注和研究法制建设中的人文精神重建，尤其值得高兴的是对刑事法律人文精神的重建和完善近年来也有学者涉猎，但纵观刑事立法和司法的人文建设总体效果不能令人满意。究其原因，实际上是对法律人文精神的基本内涵界定不一，导致对法律人文精神研究的内容和方向比较混乱。要正确研究法律人文思想，必须清楚其基本内涵。笔者认为，法律人文精神的基本内涵应当包括以下几个方面：第一，法律应以人为本。所谓以人为本，就是要求一切社会行动皆应有助于提升人的价值、拓展人的自由、推动人的全面发展、谋求人的全面解放。即尊重人的生命和价值，强调人的主体地位，要求以人为中心对社会政治、经济和文化进行全方位的改造，建立起充分肯定人的价值和尊严的新社会秩序。① 第二，“和谐”是法律人文精神的应有之意。首先，坚持人文精神必须保障人作为人应当享有的生存权和发展权，并且有相关的制度予以保障；其次，在全面保障人权的基础上，对弱势群体的权益保护给予特殊的关注，也是和谐人文精神的应有之意。第三，法律应充分体现对人性的关怀。笔者认为，人性关怀应成为法律人文精神的重要内容之一，任何对人性缺乏保护和关爱的法律都是缺乏人文关怀的，都是恶法。第四、所有的法律尤其是刑事法律必须充分体现对人文精神的彰显和保护。任何一种历史形态的人文思想都必须借助法律方式的才能最终得以实现。综观整个人类历史发展过程，任何时空形态下的人文思想的实现都必须采用法律这种保障形式，尤其是刑事法律的保障，并加强对一切反人类行为的打击和制裁，这一点在中国古代的法律表现尤为明显。如果刑事法律不能很好地彰显人文精神，就会造成人文思想的破坏，道德的滑坡，不仅不能很好地调整社会秩序，而且会对社会秩序造成严重的破坏。

进入21世纪以来，随着人权保障的需要，世界各国都加强了刑事法律的人

---

① 罗豪才、宋功德：《和谐社会的公法建构》，载于《中国法学》2004年第6期。

文建设，无论是刑事立法还是刑事司法都在呼唤人性化，例如废除死刑、审判程序简易化、保护弱者权利等。随着市场经济的发展，我国精神文明衰退的现象日渐明显。尤其是近年来，市场经济带来的意识形态弊端在各个领域的不良影响日益凸显，不良影响经常见诸各种新闻媒体。极端自由主义、极端个人主义、极端利己主义、极端拜金主义的泛滥，造成了社会道德的滑坡，导致相当一部分人的良知泯灭、人情淡漠、世态炎凉、精神颓废、世风日下等各种社会弊病。面对此种社会现状，如果再不加强社会主义人文精神建设，尤其是加强刑事法律人文精神建设，社会秩序将得不到有效的维护，人类将踏上一条自我毁灭的不归路。儒家人文思想及人文法律思想对中国现代刑事法律人文建设将给予极为重要的启示。儒家人文思想及儒家人文法律思想作为整个人文文化的一个重要组成部分，对于我国以及西方国家现代化中的不良意识形态中精神污染，可以起到一定净化作用。儒家人文思想是中华民族的精神文化传统，并且，儒家人文思想已经引起了世界不少人士的关注。1988 年 1 月，75 位诺贝尔奖获得者在巴黎发表的“宣言”中就声称：“如果人类要在 21 世纪生存下去，必须回头 2500 年，去吸取孔子的智慧。”美国著名的未来学家奈斯比特在他的新作《亚洲大趋势》中也指出：“全面承认并且接受东方的时代已经到来了。这种接受和当初接受地球是圆的这一事实一样意义深远。”从 1993 年开始，世界各地进行了“全球伦理”的讨论。有些国家的宗教代表把儒家著名的“己所不欲，勿施于人”思想视为人类和平共存的基本原则，并写进《全球伦理宣言》，儒家人文思想更是被多国采用设立孔子学院、翻译出版儒家文献等方式广泛推广。儒家人文思想与中华民族的成长一起走过了几千年的风雨历程，为中华不朽人伦法律体系的创建起到了不可磨灭的作用。儒家人文精神及人文法律思想经受了中国社会法律实践的考验，以其几千年的生命力证明了其自身的存在价值。它不仅创建了中华民族所特有的人文观，而且开创了完全属于自己又独具特色的文明古国的人文法律体系；并与中华民族其他的传统文化相结合，创造了中华民族不朽的文明史，使古老而悠长的东方文明在人类人文发展史上占据了重要的地位。尽管中国步入现代后，儒家人文法文化在现代西方人文文化的冲击下，呈现出衰落的总趋势，但是不可否认的是，儒家人文思想不仅深深扎根于我们的民族心理，而且已经深植于中国百姓的灵魂之中，在中国生活的各个领域常常能够发现她存在的影子。

每一个中国人都必须清楚地认识到在西方提出的现代意义人文精神之前，中国儒家早就用自己的方式诠释着人文精神，并在历代儒家的不断努力下，儒家人文精神的内涵得到不断丰富和发展。尤其是在对弱者的权益法律保护方面，儒家更是身体力行。虽然中国历史上没有出现过类似于西方人文启蒙运动，但并不能因而否定中国刑事法律不存在历史人文根基。现在有的学者一提及中国刑事法律人文建设，就扯到西方人文精神上去。这不仅是对中国人文历史的亵渎，而且也是对中国刑事法律现代人文建设的不负责任。由于儒家人文精神具有极大的包容性，为了恢复和重塑现代人文精神而不懈努力，中国儒家人文精神也因此再次成为西方学者关注和研究的焦点。

要吸收和继承儒家人文思想的合理内涵，必须澄清一个基本事实，那就是儒家思想有没有人文精神的成分，是否值得在现代刑事法律制度建设过程中加以借鉴。目前，有些人认为中国历史上不存在或者说没有人文精神的传统。这些人认为，人文精神只有在西方文化中才存在，但这些人也许只注意到了事物的表面，而没有注意到事物的本质。也许中国封建社会对于人权的保障存在很大的缺陷，儒家人文思想也存在一定的不足，但以此来否定儒家的人文思想是不科学的，也否定了事物的特殊性。应当说儒家思想不仅具有深厚的人文精神传统，而且中国儒家文化的根本特性就在于它的人文精神。中国文化是一种世俗文化。[①] 如果说，西方的人文主义经历了一个对宗教神学统治地位的反动而产生的话，那么，中国文化自始至终是以“人”为中心，关心人的生存境遇，关注人格的自我完善。中国人也有鬼神观念，但鬼神的存在仅仅是为了祈福于人类，不具有印度文化和基督教文化中那种本体和超越的意义。所以，中国人对现世生活的关注远远超过对来世生活的关注。[②] 市场经济是法治发展的社会基础。市场经济活动中具有的交换性、等价性、平等性、开放性、竞争性的特点，使一切自然人、法人和国家都必须以独立的权力主体的面貌出现，人们的经济生活反映到政治等上层建筑上，也就是民主政治、社会正义、公正平等、保障人权等价值原则，成为社会和发展的客观要素，并取代把血缘情感、伦理规则、血缘共存等观念绝对化的伦理时代的规则。而法治文明是需要培植的，在中国这具有特别的重要性。人文精神的要素培植是法治文明重要的成分。[③] 随着我国对外改革开放的不断深入，市场经济的不断完善，外国的法律文化不断涌入我国，我们在吸收西方法律文化时不能不加以辨别，不能毫无节制地完全吸收。而近年来，在我国法治建设过程中，片面吸收利用大量的西方法律文化，失去很多我国固有的传统优良法文化基因，其中刑事法律人文精神的缺失就是一个很重要的方面。法治作为一种治国体系其内涵的价值取向是与人文精神的思想内容相通的，法治文明与人文精神二者具有紧密联系。可以说，人文精神就是法治文明的文化思想的基础。法律制度的本质及其内在的生命力，当然在于它要确认和反映社会物质生活的真实内容和发展规律，这其中物质生活条件的因素是从归根结底的意义上起作用的，这个社会人们的习俗、社会心理、道德认识等伦理因素及哲学理念也起着十分重要的作用。同时人类在长期发展中沉淀下来的反映人类普遍性要求的人文精神也是其中的重要因

---

① 李瑜清著：《人本思潮与中国文化》，东方出版社 1998 年版，第 14 页。

② 李之哲：《中国传统人文精神及特征》，载于《上海大学学报》2002 年第 3 期。

③ 李瑜清著：《人文精神与法治文明关系研究》，法律出版社 2007 年版，第 2 页。

素，并且是核心理念。之所以人文精神成为当代中国法治的核心理念，是因为人文精神为当代中国法治设计提供了思想前提。① 由此可见，法治的最根本的价值就是人文关怀，也可以说法律的出现和建设就是为了人类社会能够有序的发展，因此从根本上说，法治应该是以人为本的。因此，当法律至上以人文为背景时，也就使法律成为一个灵活的而表征着所有善的正义的法。

党的十六大以来，党中央提出“以人为本”、“构建和谐社会”等重大思想理论，使人文精神作为现代思想文化建设的一种重要内涵。而人文精神落实到现代刑事法律范畴考察，必须在刑事法律建设中重视人文精神的重建和完善。而现代人文精神是民族的、多元的，是具有一定地域性的，任何一个国家、任何一个民族都有自己独特的人文传承，世界上不存在没有人文精神的国家或民族。因此，任何国家刑事法律制度的建设不能也不应该割裂本国的、本民族的人文历史，也离不开本国的人文传统。任何时期，人类社会的进步都是建立在对传统的传承和否定超越的基础上的。中国五千年文明孕育的儒家人文精神，是我们建设现代刑事法律人文体系重要人文精神源泉，并且在一定程度上，儒家人文精神是现代法治根本所在。在现代刑事法律人文建设过程中，必须尽可能地汲取本民族的、历史的优秀人文传统，只有如此，一个国家的刑事法律才能最大限度地发挥其保障作用，使社会得以有序健康发展。目前，由于现代刑事法律人文建设中缺少中国历史人文因素的合理继承，我们将面临将人变成“兽”的危险。我们不仅要学会对中国传统儒家人文思想的扬弃，而且在此基础上对其他的西方外来人文法律思想进行分析研究，去其糟粕，并结合我国现代刑事法律人文建设需要进行改造并加以利用，尤其是关系到公民人身自由、生命和财产权利的刑事法律，我们更应如此。我们应用历史发展观看待儒家人文思想，以“扬弃”的态度汲取儒家人文思想中的精华，并且为现代刑事法律的人文完善所用。既不能以礼代法、屈法于礼、人情，也不能不顾人情、道德的需要制定、执行有关的刑事法律。现代刑事法律建设应当与道德、人情越来越近，而不应当越来越远。在现代刑事法律的人文建设过程中，我们应本着实事求是和古为今用的态度，充分吸收儒家合理的人文精神内涵，挖掘其理论精髓，本着推陈出新的精神，进一步促进儒家人文精神的完善，为我国刑事法律的人文改良提供充分的历史人文支持，并逐步形成具有中国人文特色的现代刑事法律体系。在现代刑事法律的建设、完善过程中，不断吸取儒家人文法律思想丰富的人文营养，使现代刑事法律不断闪耀着人性的光辉，使其符合人文精神的内在要求，不断克服现代刑事法律的冷酷和残暴，并逐步祛除其反人文因素，不断为建设和谐社会发挥其应有的作用，为中国梦的早日实现奠定有力的刑事法律根基。

---

① 李瑜清著：《人文精神与法治文明关系研究》，法律出版社2007年版，第73～74页。

目　　录

第一部分

儒家人文思想综述

纵观中国人文思想的发展，儒家人文思想有着十分悠久的历史。儒家人文思想重视现实的人与人生，表现在哲学上，则是对人的主体价值和现世生活的肯定。“人文”这个词，最早出现在中国的《易经》中：“观乎天文以察时变，观乎人文以化成天下。”这里的人文是教化的意思，中国的人文教化一方面强调人之为人的内修；另一方面强调礼乐仪文等文化形式。可以说，作为人文的第一方面的“人”的理念向来是最为重要的，也是最基本的方面，为了强调这个重要的方面，才出现“人文精神”的说法。[①] 儒家人文精神不仅重人道，而且重教化，即重人道的教化。在以后的历代儒家们都继承了人文传统，纷纷对“人文”一词做了新的思考和解释，如唐朝大儒孔颖达补充解释说：“观乎天文，以察时变者，言圣人当观视天文，刚柔交错，相饰成文，以察四时变化。……观乎人文，以化成天下者，言圣人观察人文，则诗书礼乐之谓，当法此教而化成天下也。”[②] 所以，从中国的传统来讲，人文传统基本上可以说是天经地义的事情。在中国古代文献中，人文也泛指人事，“舍诸天运，征乎人文。”[③] 这里的人文，就是人事的意思。另外，人文还与“人道”相通，而人道是指与人事相关的为人之道或社会伦理道德。“天道亏盈而益谦，地道变盈而流谦，鬼神害盈而福谦，人道恶盈而好谦。”[④]“亲亲、尊尊、长长、男女之有别，人道之大者也。”[⑤] 宋朝大儒程颐就将“人文”一词进一步解释为“人道”：“天文，天之理也；人文，人之道也。天文，谓日月星辰之错列，寒暑阴阳之代变，观其运行，以察四时之速改也。人文，人理之伦序，观人文以教化天下，天下成其礼俗，乃圣人用贲之道也。”[⑥] 笔者认为，所谓的人文精神，是指重视人的价值，包括对人的生命、尊严、意义的重视，以及基于对人的重视，各种社会活动或行为总是从尊重人的价值、重视人性出发，并设定各种制度规范保证其实现的一种态度和实践的总称。人文精神强调对人们生命的敬畏和关注，同时注重人性，并以此作为一切问题的思考、研究和实践的出发点和归宿。儒家人文精神正是建立在对人的价值重视基础之上的，并有着丰富的科学内涵。人文精神并非西方独有，而且中国儒家早就对人文精神的实质做出了全面的诠释。

---

① 吴国盛：《科学与人文》，载于《中国社会科学》2001年第4期。

② 孔颖达：《周易正义》卷三，《十三经注疏》（上册），中华书局1980年影印本，第37页。

③ 《后汉书·公孙瓒传论》。

④ 《易·谦》。

⑤ 《礼记·丧服小记》。

⑥ 《伊川易传》卷二，上海古籍出版社1989年影印《四库全书》本，第85~86页。

一、儒家重视人的价值

孔子是中国历史上第一个真正从人的角度去探讨人的价值、人的尊严和人的地位的思想家，他发展了周初以来处于萌芽状态的人文思想，奠定了儒家人文思想的基本特色。儒家正是以其特有的人文关怀适合了中国古代社会的发展，并经过长期发展，在历代儒家们的不懈努力下，始终占据着中国传统文化的主导地位。儒家重视人的价值主要体现在以下几个方面：

（一）儒家提倡重人的价值而轻鬼神

在历代儒家们看来，鬼神之说是不可信的，重视现世人的价值才是人道。孔子就曾说过："不语怪、力、乱、神"。[①] "未能事人，焉能事鬼"[②] "怪异、勇力、悖乱之事，非理之正，固圣人所不语。鬼神，造化之迹，虽非不正，然非穷理之至，有未易明者，故亦不轻以语人也。谢氏曰：'圣人语常而不语怪，语德而不语力，语治而不语乱，语人而不语神。'"[③] 儒家一向认为，历史的生成和延续，是人自己活动的产物，并不是什么上帝、鬼神的产物。儒家对上帝、鬼神也保持和采取了敬而远之的低调态度。所以，荀子说："故君子以为文，而百姓以为神。以为文则吉，以为神则凶也。"[④] 他还说："祭者，志意思慕之情也，忠信爱敬之至矣，礼节文貌之盛矣。苟非圣人，莫之能知也。圣人明知之，士君子安行之，官人以为守，百姓以成俗。其在君子，以为人道也；其在百姓，以为鬼事也。"[⑤] 王船山也说："善言天者验于人，未闻善言人者之验于天也。"[⑥] 儒家重视人的价值，充分强调发挥人的积极性、主动性和创造性，自觉地参与历史的创造，所以说："天行健，君子以自强不息。"[⑦]

（二）儒家提出了人乃万物之本

中国传统儒家对人非常重视，非外国同时期的哲学家、思想家们可比，认为人乃万物之灵，甚至认为人无所不能。在早期的儒家经典著作对人的重要价值曾经有过论述："惟天地万物之母，惟人万物之灵"[⑧]。后来，孔子进一步对人的本

---

① 《论语·述而》。
② 《论语·先进》。
③ 朱熹：《论语集注》。
④ 《荀子·天论》。
⑤ 《荀子·礼论》。
⑥ 王船山：《读通鉴论》卷七《汉和帝九》。
⑦ 《周易·乾卦》。
⑧ 《尚书·泰誓上》。

性进行了剖析。孔子认为，人与野兽的区别在于人具有一定的社会属性："鸟兽不可与同群，吾非斯人之徒而谁与。"[①] 荀子也对人的重要价值提出了"有气有生有知，亦且有义，故最为天下贵也"。[②] 北宋大儒欧阳修曰："人者，万物之灵，天地之心也。"[③] 后来的历代儒家几乎都对人的价值提出过重要的论述，如北宋儒家邵雍（1011～1077年）就曾说："唯人兼于万物，而为万物之灵，如禽兽之声，以其类而各能得其一：无所不能者人也。推之他事亦莫不然。唯人和天地日月交之用，他类则不能也。人之生，其可谓之贵矣。天地与其贵而不自贵，是悖天地之理，不祥莫大焉。"明代的大儒王守仁说："人者，天地万物之心也。心者，天地万物之主也。心即天，言心则天地万物皆举之矣。"[④] 王阳明曰："故曰：人者，天地之心，万物之灵也。"[⑤] 南宋大儒陆九渊曾经说过："天地之性人为贵，人为万物之灵。人所以贵与灵者，只是这心。"[⑥] 从历史来看，历代儒家都对人做出了高度的评价，人是世间万物最贵的，也是万物之首。

（三）儒家提倡"保护弱者"人文思想

儒家在重视人的价值的前提下，从"仁爱"人文思想出发，对弱势群体，如老、幼、废、疾、妇等利益保护均给予了高度关注，孔子就是保护弱者人文思想的提倡者和践行者。孔子曰："大道之行也，天下为公，选贤与能，讲信修睦。故人不独亲其亲，不独子其子。使老有所终，壮有所用，幼有所长，矜寡孤独废疾者，皆有所养。"[⑦] 孔子不仅在理论上有诸多的论述重视人、关心人的仁爱思想，而且在实践中也有许多保护弱者的实例。一是孔子重视当时地位低下奴隶的生命，反对人殉。《礼记·檀弓》记载："孔子谓为俑者不仁。"二是孔子对当时社会地位低下的妇女仍然给予必要的关爱。孔子对人的关爱，不仅包含对奴隶生命的关爱，而且对于地位低下的妇女也给予了必要的关爱。孔鲤死后，孔子主动将守寡的儿媳改嫁到卫。这也表明孔子的人文关怀和关爱也惠及当时社会地位低下的妇女。荀子则认为"选贤良，举笃敬，兴孝悌，收孤寡，补贫穷，如是，则庶人安政矣。庶人安政，然后君子安位。"传曰："君者，舟也；庶人者，水也。水则载舟，水则覆舟。故君人者欲安则莫若平政爱民矣。"[⑧] 从此之后的历代儒家，均将保护弱势群体的利益作为身体力行的出发点，并将保护弱势群体的利益

---

① 《论语·微子》。

② 《荀子·王制》。

③ 《欧阳修集·附录四·记神清洞》。

④ 《阳明全书》卷六《答季明德》。

⑤ 《王阳明集补编·卷五·年谱附录一》。

⑥ 《朱子语类·卷一百二十四·陆氏》引。

⑦ 《礼记·礼运》。

⑧ 《荀子·王制》。

作为儒家“仁学”的一个很重要的根基。

二、儒家“仁爱”人文思想

“仁”是儒家人文思想中最基本的、最核心的部分，儒家所有的人文思想均是建立在“仁爱”人文思想基础之上的。“仁”的核心内容是“爱人”，是人类中的爱，即人与人之间相互爱护、相互尊重、相生相养的关系，即“泛爱”。在孔子“仁爱”人文思想中爱人与自爱是统一的，只有懂得自爱，才能将心比心地去爱别人；只有学会爱别人，才能得到别人的爱；也只有懂得自爱，才能达到“仁”的最高理想。孔子对“仁”的论述较多，在孔子的眼里，“仁”既可以是一种德性，也可以是一种情感，也可以是一种行为标准等，“仁”的一切皆反映在人的言行之中。例如，子贡曰：“‘如有博施于民，而能济众，何如？可谓仁乎？’子曰：‘何事于仁，必也圣乎！尧舜其犹病诸！夫仁者，己欲立而立人，己欲达而达人。’”① “人而不仁，如礼何！人而不仁，如乐何！”② “志士仁人，无求生以害仁，有杀身以成仁。”③ “为仁由己，而由人乎哉？”④ 在孔子的“仁”中，“仁”的最直接要求就是爱人。例如，孔子认为：“弟子入则孝，出则悌，谨而信，泛爱众，而亲仁。”⑤ 也就是说，孔子要求人们不仅要爱自己的父母兄弟，而且要把这种爱推广开去，博爱大众，亲近一切有仁德的人。颜回问于君子。孔子曰：“爱近仁，度近智，为己不重，为人不轻，君子也夫。”⑥ “爱人者，人恒爱之；敬人者，人恒敬之。”⑦ “修己以安人，修己以安百姓。”⑧ “修身、齐家、治国、平天下。”⑨ 可以说，儒家的一切人文思想界均来源于“仁爱”人文思想。

三、强调人伦道德，重视“孝悌”

儒家的人文思想特别重视人的伦理道德修养的重要性，这种思想最初与儒家“仁学”理论相联系，有一个逻辑的发展过程。⑩ 从儒家人文思想的总体上来看，

① 《论语·雍也》。
② 《论语·八佾》。
③ 《论语·卫灵公》。
④ 《论语·颜渊》。
⑤ 《论语·学而》。
⑥ 《孔子家语》卷五，万卷出版公司2009年版，第136页。
⑦ 《孟子·离娄下》。
⑧ 《论语·宪问》。
⑨ 《礼记·大学》。
⑩ 陈卫平：《论儒学人道原则的历史演进》，载于《浙江社会科学》1998年第4期。

伦理道德是儒家人文思想的主干。中国文化的人文精神强调人伦特点，将人生与人格的实现定位于内在道德的修养，认为人的价值只有在纲常关系中才能实现，任何社会成员都被编入纲常之网，并用伦理道德来支撑这种关系的存在，反对孤立的个性，更反对超现实的人生追求。[①] 孔子继承了西周的传统道德观念，并在此基础上进行了新的思考，建立了以“仁”为最高原则，以“孝悌”为其基本规范的人文思想体系。

第一，儒家认为道德是人性的根本，是人与禽兽相别的根本。故孔子曰：“人而不仁，如礼何？人而不仁，如乐何？”又说：“今之孝者，是谓能养。至于犬马，皆能有养；不敬，何以别乎？”[②] 孟子则更为直接说：“人之所以异于禽兽者几希！庶民去之，君子存之。”[③] 又说：“人之有道也，饱食、暖衣、逸居而无教，则近于禽兽。”[④] 孟子还说：“由是观之，无恻隐之心，非人也；无羞恶之心，非人也；无辞让之心，非人也；无是非之心，非人也”，[⑤] “德不孤，必有邻”。[⑥] 认为有道德之人不会孤独，定有人与他为伴。“作德，心逸日休；作伪，心劳日拙。”[⑦] 也就是说，人讲道德，就会心安理得；做坏事，心劳日拙。“人之为不善，一不善而足。人之为善，百善而不足。”[⑧] 一个人干坏事，干一次就够了。一个人做好事，再多也不能说够了。“服不美，人不汝尤；德不美，乃汝之羞。”[⑨] 服饰不美，人家不会责怪你；品德不好，却是你的耻辱。“知、仁、勇三者，天下之达德也，所以行知者一也。”[⑩] 也就是说，智、仁、勇三者，是天下公认的德行，要诚心专一。“人之有德于我也，不可忘也；吾有德于人也，不可不忘也。”[⑪]“老吾老，以及人之老；幼吾幼，以及人之幼。”[⑫]

第二，从上述可以看出，实际上儒家提倡的人伦道德是对人的人文关怀和对理想人格的塑造。而儒学的最高理想人格是“圣人”。比“圣人”低一等的是“君子”，而“君子”是更具有现实意义的理想人格。虽然“君子”的地位要低于“圣人”，但“君子”的概念在中国人的理想人格中具有更实际的意义。孔子说：“君子之德，风；小人之德，草。草上之风，必偃。”所以孟子说：“夫君子

---

① 张岱年、程宜山：《中国文化与文化论争》，中国人民大学出版社 1990 年版，第 237 ~ 238 页。

② 《论语·为政》。

③ 《孟子·离娄下》。

④ 《孟子·滕文公上》。

⑤ 《孟子·公孙丑上》。

⑥ 《论语·里仁》。

⑦ 《尚书·周官》。

⑧ 宋·杨万里：《庸言》。

⑨ 明·方孝孺：《杂铭·衣》。

⑩ 《礼记·中庸》。

⑪ 《战国策·魏四》。

⑫ 《孟子·梁惠王上》。

所过者化，所存者神，上下与天地同流。”[①] 孔子的一句话最能代表“君子”的本质，“君子不器。”[②] 孔子还说：“质胜文则野，文胜质则史。文质彬彬，然后君子。”[③] 全面发展的人就是“君子不器”的意义。这种人的全面性和均衡性就是自由。它体现了追求人的完善而不局限于某一方面的趋向；他体现了人是目的，而非工具的理想。显然，全面与均衡，就是中国人追索自由的体现。这种自由，就是人文精神的本质。[④]

第三，儒家提倡道德修养还表现在不畏权贵，敢于为民请命。由于儒家提倡崇高的道德修养和道德情操，使儒家敢于以德抗上，对黑暗时政予以批评，为百姓进言。孟子曾经批评说：“庖有肥肉，厩有肥马，民有饥色，野有饿莩，此率兽而食人也。兽相食，且人恶之；为民父母，行政，不免于率兽而食人。恶在其为民父母也？仲尼曰：‘始作俑者，其无后乎！’为其象人而用之也。如之何其使斯民饥而死也?”[⑤] 他也曾批评当时的社会局势为“君不行仁政而富之，皆弃于孔子者也，况于爲之强战？争地以战，杀人盈野；争城以战，杀人盈城，此所谓率土地而食人肉，罪不容于死!”[⑥]

儒家对人的道德修养的重视，也表现了儒家对人文的自主精神的发掘和对独立人格的追求，是中国人文精神传统的精华所在，也是今天我们发扬儒家人文精神最值得借鉴的部分。

第四，儒家提倡“孝悌”。虽然孔子所处的时代宗法制受到巨大冲击，但传统的宗法观念对孔子却有着根深蒂固的影响，他要以传统宗法观念来理解和说明个人在社会中的具体位置、关系及地位和义务。因此，他要求君臣、父子要各守其道，而父子之道又是实现这一要求的基础。于是，他教弟子的第一件事就是：“入则孝，出则弟。”[⑦] 孔子一生致力的事业是造成一个仁爱的世界，孔子对“仁”的本质含义解释是“爱人”，并把“仁”与“孝悌”紧密地联系在一起，认为：有子曰：“其为人也孝悌，而好犯上者，鲜矣；不好犯上，而好作乱者，未之有也。君子务本，本立而道生。孝悌也者，其为人之本与?”。[⑧] 孔子主张用“孝悌”教化百姓。“教民亲爱莫善于孝，教民礼顺莫善于悌。”[⑨] 这样就能使百姓先天赋有的“孝悌”德行发扬光大。“君子笃于亲，则民兴于仁。”[⑩] 在上位者

---

① 《孟子·尽心上》。

② 《论语·为政》。

③ 《论语·雍也》。

④ 李瑜青：《人文精神与法治文明关系研究》，法律出版社2007年版，第36~37页。

⑤ 《孟子·梁惠王上》。

⑥ 《孟子·离娄上》。

⑦⑧ 《论语·学而》。

⑨ 《论语·孝经》。

⑩ 《论语·泰伯》。

致力于孝悌，则民皆效法之，“起为仁厚之行”，“上有好者，下必甚焉者矣。”“慎终追远，民德归厚矣。”[①] 孝悌成为一切社会关系合理存在，社会秩序得以稳定的基础。孟子发展了孔子的道德教化思想，“善政不如善教之得民也，善政民畏之，善教民爱之，善政得民则，善教得民心。”[②] 他毫不掩饰地提倡孝悌的政治目的：“人人亲其亲，长其长，而天下平。”[③]“亲亲，仁也，敬长，义也，无他，达之天下也。”[④]孟子认为“圣人有忧之，使契为司徒，教以人伦，父子有亲，君臣有义，夫妇有别，长幼有叙，朋友有信。放勋曰：‘劳之来之，匡之直之，辅之翼之，使自得之，又从而振德之。’圣人之忧民如此，而暇耕乎?”[⑤] 古人曰：“爱亲者，不敢恶于人；敬亲者，不敢慢于人。”[⑥] 又曰：“老吾老，以及人之老；幼吾幼，以及人之幼。”[⑦] 孝悌是仁道的根本。一个对亲人都不好的人，怎么能指望他对别人好呢？儒家其他伦理意识，如忠、信都是从“孝悌”发展起来的。所以，儒家的伦理观可以说是以“孝悌”为本的人情一体观，这就是“为人之本”的含义所在。孔子的“文、行、忠、信”[⑧] 恰恰要力图说明在行事中应体现出合理的人情尺度，而不是以自我为中心，不顾及他人感受的行为方式。儒家人文思想认为政治伦理首先是家庭的伦理，制度伦理也首先就是人情伦理。和谐社会的道德是“仁”心的恢复，是重新回到儒家“孝悌”的意识上去，也就是重新将人在宇宙之道和个人之德中达到一种微妙的平衡，即所谓“人心惟危，道心惟微”[⑨]，从而建立人与他人之连贯的心通，进而建立与他人、与社会的和谐关系。“孝悌”与社会的安定有着直接关系。孔子的全部人文思想主张都是由此出发的，他从为人“孝悌”就不会发生犯上作乱出发，说明“孝悌”即为“仁”的这个根本道理。自春秋战国以后的历代封建统治者和思想家，基本上都继承了孔子的“孝悌”思想，主张“以孝治天下”，汉代即是一个显例。儒家的“孝悌”人文观对民众的道德观念和道德行为产生了极大影响，也对整个中国传统人文思想产生了深刻影响。

四、重民轻君人文思想

重民轻君实际上就是儒家民本思想的具体体现。中国自孔孟以来的思想发展

---

① 《论语·学而》。

②④ 《孟子·尽心上》。

③ 《孟子·离娄上》。

⑤ 《孟子·滕文公上》。

⑥ 《孝经·天子》。

⑦ 《孟子·梁惠王上》。

⑧ 《论语·述而》。

⑨ 《尚书·大禹谟》。

史，一直贯穿着民本思想，任何一个大儒，都几乎是民本思想的鼓吹者。[①] 儒家的民本思想一方面表现在对“民”的关注、重视上，主张“重民”、“爱民”、“以民为本”；另一方面表现在他们对统治者的“德”和“贤”的要求上，主张实行“德治”、“仁政”。他们所突出、关注的不是贵族威严，而是平民意志；不是贵族权益，而是平民命运。儒家的民本人文思想主要有以下几个方面的表现：

第一，儒家的民本人文思想首先是对百姓群体的关注。儒家认为“民为贵，社稷次之，君为轻。”[②] “天生民而立君，以为民也。”[③] 而且儒家把原始宗教的天的观念，具体落实于民的身上，把民升到神的地位。如儒家认为“天聪明，自民聪明。天明畏，自我民明畏。”[④] 再如“天视自我民视，天听自我民听。”“民之所欲，天必从之。”[⑤] “君者，舟也；庶人，水也。水则载舟，水则覆舟。”[⑥] 在儒家思想中，民的地位代表着天与神的资格，甚至超越了天与神，站在统治者之上，孔子说：“未能事人，焉能事鬼？未知生，焉知死？”[⑦] 对人的关注构成了儒家传统民本人文思想的重要方面。

第二，要求统治者要正确处理君民关系。儒家历来要求统治者实行“德治”、“仁政”，慎刑罚，薄赋敛，并在执政过程中，必须以百姓的利益为重，时刻想到百姓，为了百姓，关心百姓的利益。孟子曾说：“民事不可缓也。”[⑧] 针对苛政给百姓带来的苦难，他呼吁统治者要“救民于水火之中”。认为“天时不如地利，地利不如人和”。在古代儒家看来，如果暴君污吏横行霸道，采取暴政欺榨百姓，是不能承认其统治地位的，是可以号召百姓予以推翻，从而建立明君统治的社会。

第三，儒家认为统治者必须赢得民心，才能得到天下。孟子曰：“天下不心服而王者，未之有也”[⑨]。也就是说，民心向背决定统治者得失天下，所以，统治者不能使用武力来对付百姓，应该爱民、护民，只有得到百姓的支持，统治者才能有效地统治，国家也才能长治久安。实际上就是百姓的意志便是统治者合法性的唯一依据。统治者必须注意倾听百姓的意见，而不能任意妄为。

第四，儒家认为统治者还必须取信于民。例如：贡问政。子曰：“足食，足兵，民信之矣。”子贡曰：“必不得已而去，于斯三者何先？”曰：“去兵。”子贡

---

① 金耀基：《从传统到现代》，中国人民大学出版社 1999 年版，第 21 页。
② 《孟子·尽心下》。
③ 《荀子·大略》。
④ 《尚书·皋陶谟》。
⑤ 《尚书·泰誓上》。
⑥ 《荀子·王制》。
⑦ 《论语·先进》。
⑧ 《孟子·滕文公上》。
⑨ 《孟子·离娄下》。

曰："必不得已而去，于期二者何先?"曰："去食。自古皆有死，民无信不立。"[①] 也就是说，统治者要想维护统治的长治久安，必须做到"足食、足兵、民信"，而其中最重要的是民信，"以力服人者，非心服也，力不赡也。"[②] 儒家思想中一条重要的规律就是："得民心者得天下，失民心者失天下。""桀纣之失天下者，失其民也；失其民者，失其心也。得天下有道：得其民，斯得天下矣。得其民有道：得其心，斯得民矣。"[③] 因而在儒家看来，"得人心"是统治策略中最重要的因素。"节用而爱人，使民以时。"[④] "因民之所利而利之。"[⑤] 这和我们现在提出的"利为民所谋"的思想是完全一致的；"百姓足，君孰与不足？百姓不足，君孰与足?"[⑥]这就更加明显地体现了孔子是以民众生活的提高作为经济目标和政治目标的。儒家没有相应人格化的上帝，也没有任何相应的神或宗教，于是人们思考的注意力便越过神而直接投向人与人之间的关系中来。

第五，儒家提倡富民、养民、教民。在儒家看来，统治者治理国家要"以富乐民为功，以贫苦民为罪"。[⑦] 提倡统治者对百姓应"节以制度，不伤财，不害民。"[⑧] "制民之产，必使仰足以事父母，俯足以蓄妻子，乐岁终身饱，凶年免于死亡。"[⑨] 慎到曰："百姓之于圣人也，养之也；非使圣人养己也。"[⑩] 孔子还针对当时学在官府的状况，还提出了"有教无类"，[⑪] 主张无分贵族与平民，不分国界与华夷，只要有心向学，都可以入学受教。在儒家看来，只有使百姓智力开化，国家才能兴盛。

第六，儒家还认为统治者必须修身正己，与民同乐。孔子提出："其身正，不令而行；其身不正，虽令不从"，[⑫] "政者，正也，子帅以正，孰敢不正"。[⑬] 要求统治者为政要先修身正己。同时儒家还要求统治者与民同乐。孟子认为，为政者不可"独乐"，要"与民同乐"。"乐民之乐者，民亦乐其乐；忧民之忧者，民亦忧其忧。乐以天下，忧以天下，然而不王者，未之有也。"[⑭]

---

①⑥ 《论语·颜渊篇》。
② 《孟子·公孙丑上》。
③ 《孟子·离娄上》。
④ 《论语·学而》。
⑤ 《论语·尧曰篇》。
⑦ 贾谊：《新书·大政上》。
⑧ 《周易·节象传》。
⑨ 《孟子·梁惠王上》。
⑩ 《慎子·威德》。
⑪ 《论语·卫灵公》。
⑫ 《论语·子路》。
⑬ 《论语·颜渊》。
⑭ 《孟子·梁惠王下》。

五、“中庸”与“忠恕”人文思想

“中庸”本来是孔子所倡导的儒家最高修养标准，“中”是适合，“庸”是按照适宜的方式做事。“天命之谓性，率性之谓道，修道之谓教。”也就是说，中庸之道是教育人们自觉地进行自我修养、自我监督、自我教育、自我完善，把自己培养成为具有理想人格，从而达到至善、至仁、至诚、至道、至德、至圣、合外内之道的理想“圣人”。“道也者，不可须臾离也，可离非道也。是故君子戒慎乎其所不睹，恐惧乎其所不闻。莫见乎隐，莫显乎微。故君子慎其独也。”① 儒家强调自身修养的重要性，强调在自己一人独处时，虽然别人看不到自己的行为、听不见自己的言语，自己也能谨慎地进行内心的自我反省、自我约束、自我监督。“中庸精神”就是适度把握，按照适中方式做事，并力求保持在一个合情合理的范围之内。孔子以后，中庸思想逐渐成为儒家的一种世界观和方法论，即不论思维还是处事，都要尽可能符合事情的原貌，不走极端，不搞绝对。

在孔子人文思想中，“忠恕”思想也是“仁”的重要内容之一。孔子的学生曾子说过：“夫子之道，忠恕而已也。”② 子贡曾经问孔子：“如有博施于民而济众，何如？可谓仁乎？”孔子曰：“何事于仁！必也圣乎！尧舜其犹病诸！夫仁者，己欲立而立人，己欲达而达人。能近取譬，可谓仁之方也。”③ 在孔子看来，“能近取譬”实际上就是在处理事情时都要本着由己度人，将心比心，与人为善的态度。“是故，君子有诸己而后求于人，无诸己而后非诸人。所藏乎身不恕，而能喻诸人者，未之有也。”④ 孔子的“忠恕”人文思想要求以自己的仁爱之心，以宽容的态度处理社会人际关系和谅解别人冒犯之处，化解人与人之间的某些不必要的矛盾，从而使人与人和谐相处。孔子认为只要坚持“忠恕”之道，就会达到“君子素其位而行，不愿乎其外。素富贵，行乎富贵。素贫贱，行乎贫贱。……君子无入而不自得焉。在上位不陵下，在下位不援上，正己而不求于人，则无怨。上不怨天，下不尤人。……子曰：‘射有似乎君子，失诸正鹄，反求诸其身。’”⑤

孔子在坚持“仁爱”、“忠恕”人文思想的基础上，要求处理人际关系与处事时应当本着“中庸之道”，和谐处理人际关系和社会事务。子曰：“中庸之为德也，其至矣乎！民鲜久矣。”⑥在孔子看来，“中庸之道”是儒家最高道德境界，儒家的“中庸之道”要求在处理人际关系以及人与人之间的纠纷争端处理上，人

---

①⑤ 《礼记·中庸》。
② 《论语·里仁》。
③⑥ 《论语·雍也》。
④ 《礼记·大学》。

们应当将心比心、互相谅解，使人与人之间的关系以及社会达到和谐之境。“中庸之道”最基本的含义就是“和”，“和”是儒家人文思想体系中普遍认同的一个基本理念，同时“和”也是中国儒家人文精神的精髓所在，并贯穿儒家人文思想历史演变的全过程。在孔子、孟子等儒家看来，社会的发展离不开和睦的人际关系，和谐的社会环境，所以，“和”是儒家特别倡导的伦理、法律、政治和社会原则。孔子说：“礼之用，和为贵。先王之道，斯为美，小大由之。”① 孟子也曾说：“天时不如地利，地利不如人和。”②“致中和，天地位焉，万物育焉。”③

儒家人文思想对中华民族人文素养的培育以及中华民族优秀的道德传承以及中华人伦法系的形成起到了巨大的推动作用，在整个封建社会里，由于儒家人文思想的影响，中华民族创造了不朽的中华人文法律文化。

① 《论语·学而》。

② 《孟子·公孙丑下》。

③ 《礼记·中庸》。

第二部分
儒家人文法律思想综述

随着历史的演进，我们不难发现孔子所创立的儒家人文思想，对整个古代社会的各个层面都产生了巨大的影响，对法律的影响当然也是深远的。尤其是在汉武帝“罢黜百家，独尊儒术”的强势政策帮助下，儒家人文思想登上了国家意识形态的神坛，成为国家、社会和个人精神生活的主导意识。从此，儒家人文精神不仅深刻而全面地塑造着中国文化的基本性格和价值取向，而且也全面地塑造、影响着中国古代法律的内容和形式。儒家的人文法律思想随着古代社会形势的发展变化，也有着不同的变化，但综合分析，儒家人文法律思想主要有以下几个方面的体现：

一、德主刑辅人文法律思想

孔子继承和发展了西周以来的“明德慎罚”思想，强调“德治”，认为刑罚仅仅是确立和推行“君臣父子”道德准则的辅助手段。孔子首先认为刑罚与德化相比，德化是根本，刑罚是德化的辅助手段。在他看来，“礼乐不兴，则刑罚不中”,① 刑罚必须以礼乐为本，否则就不会得当。孔子还认为：“道之以政，齐之以刑，民免而无耻；道之以德，齐之以礼，有耻且格。”② 孟子则认为：“善政不如善教之得民也。善政民畏之，善教民爱之；善政得民财，善教得民心。”③ 其次，从刑罚与德化的效果来看，孔子认为，刑罚只能惩罚于犯罪之后，而德化却能防患于未然，即所谓“礼之教化也微。其止邪也于未形，使人日徙善远恶而不自知”；④ 儒家认为统治应以德为主，刑罚只是德教的辅助。孟子强调“仁义”道德是制定法令和政策的依据，更明确地反对单纯使用刑罚等暴力手段；荀子认为“权利不能倾也，群众不能移也，天下不能荡也。生乎由足，死乎由足，夫是之谓德操。”⑤ 董仲舒吸取秦王朝覆灭的历史教训，继承孔、孟重德轻刑的思想，提出了德刑相辅、大德小刑的统治方法。他说：“对人副天之所行以为政，故以庆副暖而当春，以赏副暑发夏，以罚副凉而当秋，以刑副寒而当冬。庆、赏、罚、刑，异事面同功，皆王者之所以成德也”,⑥ 对于维护封建统治来说，德与刑都是必要的，不能缺少的。但德是主体，刑是辅助：“刑者，德之辅；阴者阳之助也”。“教，政之本也；狱，政之末也。其事异域，其用一也。不可以不相

① 《论语·子路》。

② 《论语·为政》。

③ 《孟子·立娄上》。

④ 《礼记·经解》。

⑤ 《荀子·劝学》。

⑥ 《春秋繁露·四时之副第五十五》。

顺”，[①] 他认识到道德教化和刑罚在不同的领域里对巩固封建统治的作用；但是，二者的关系为“本”、“末”的关系，而德化是刑狱的根本，因而必须特别重视德化。但孔子曾云：“道之以政，齐之以刑，民免而无耻，道之以德，齐之以礼，有耻且格。”[②] 孟子同时也认为：“徒善不足以为政，徒法不足以自行”。[③] 尤其是荀子在论述礼、法起源时，他就很重视法律根据礼义改造人性的作用，认为后天的“礼义之化”不是万能的，必须与禁止人们为恶的“刑罚之禁”相结合。荀况提出了“隆礼重法”两手并用的方针。这可以看出儒家既注重道德教化的作用，也从不否定刑罚的必要性，当教化不起作用时仍主张使用刑罚。

二、主张富民，反对不教而杀

孔子非常反对统治者动辄刑杀，动用严重的刑罚来惩治百姓犯罪，他主张对百姓首先应当使百姓富裕，在百姓富裕的基础上，对百姓要进行教化和教育，使之明礼而守法。“百姓足，君孰与不足？百姓不足，君孰与足？”[④] 孟子也认为“民之为道，有恒产者有恒心，无恒产者无恒心。苟无恒心，放辟邪侈，无不为已。”[⑤] 从这可以看出孟子已经充分认识到物质生活条件与犯罪之间的联系，告诫统治者要使百姓富裕。“杀非不教，故杀之人不怨也”[⑥] 儒家在富民的前提下，还要求统治者对百姓予以教化，不能不教化就对百姓施以严刑酷法。孔子在回答子张关于怎样从政的对话中明确地提出了“不教而杀谓之虐”这个观点。子张问孔子曰：“何如斯可以从政矣？”子曰：“尊五美，屏四恶，斯可以从政矣。”子张曰：“何谓四恶？”子曰：“不教而杀谓之虐；不戒视成谓之暴；慢令致期谓之贼；犹之与人也，出纳之吝谓之有司。”[⑦] 并且孔子把“不教而杀”当成是首要“恶政”加以禁止，这充分体现了孔子对民众的人文关爱，可以清楚地看出儒家人文思想是多么充满人性和前瞻性，直到今天，其人性的光辉依然闪闪发光。

三、省刑、慎刑、恤刑人文法律思想

儒家的省刑、恤刑和慎刑，主要表现于尽量减少刑罚的适用，按照礼义原则对犯罪行为从宽、慎重的处理。早在西周时期执政者就提出了“明德慎罚”、

① 《春秋繁露·精华》。
② 《论语·为政》。
③ 《孟子·离娄上》。
④ 《论语·颜渊》。
⑤ 《孟子·滕文公上》。
⑥ 汉·赵歧《孟子注》。
⑦ 《论语·尧曰第二十》。

"慎刑恤罚"的主张，强调统治者处理案件一定要慎重，要严格依法办事，即使天子说要杀，执法官也不能不依法律而杀，"惟刑之恤哉"。[①]"恤刑慎杀"人文法律思想，后来就成为统治阶级的重要刑事政策之一。"慎刑、恤刑"的人文法律思想，体现了尊重生命和实施刑法中的人道主义精神。孔子曰："先有司，赦小过，举贤才。"[②]也就是说，对于小的过失犯罪，应当予以赦免，这就是孔子的省刑人文法律思想。同时，荀子也认为"刑罚省而威行如流"。[③]"与其杀不辜，宁失不经"[④]表述了"慎刑"人文法律思想，也就是要求司法机关在定罪量刑时，一定要慎重，而不能随意杀害无辜。孟子则明确提出"省刑、慎刑"的人文法律思想，对统治者滥杀无辜提出了坚决的反对，并提出处理死刑案件应当十分慎重，不能随意处置。正如："左右皆曰可杀，勿听；诸大夫皆曰可杀，勿听；国人皆曰可杀，然后察之；见可杀焉，然后杀之。故曰，国人杀之也。"[⑤]孔子则认为"宽则得众，惠则足以使人"[⑥]。曾子认为"上失其道，民散久矣。如得其情，则哀矜勿喜。"[⑦]孔子认为对百姓犯罪应感到"哀矜"，也就是"恤刑"，反对严刑滥罚。随着历史的发展，儒家提出的"省刑、慎刑、恤刑"的人文法律思想得到了很大的发展，并在一定程度上成为封建明君的共识。如汉唐盛世的统治者认识到不处理好与百姓的关系，滥设罪名，滥杀无辜，是不能长治久安的。

儒家的"省刑、慎刑、恤刑"人文法律思想在封建社会的立法、执法的历史上闪耀着不灭的人性光芒。

四、"罪刑相称"人文法律思想

周公曰："兹式有慎，以列用中罚。"[⑧]"中罚"就是不轻不重，也就是说折狱应当公平，刑罚轻重处置应当与罪行轻重一致。面对春秋时期统治者为所欲为，刑罚泛滥，随便出入人罪，轻罪重判的混乱现象，孔子提出了刑罚适用应罪刑相称，不能随意妄为。孔子曰："礼乐不兴，则刑罚不中；刑罚不中，则民无所措手足。"[⑨]后荀子也提出："赏不欲僭，刑不欲滥……若不幸而过，宁僭无滥。"也就是说赏当贤，刑当暴，做到罪刑相称。荀子还主张对恶人、罪人必须

---

① 《尚书·舜典》。
②⑨ 《论语·子路》。
③ 《荀子·议兵》。
④ 《尚书·大禹谟》。
⑤ 《孟子·梁惠王下》。
⑥ 《论语·阳货》。
⑦ 《论语·子张》。
⑧ 《尚书·立政》。

加以刑罚："征暴诛悍，治之盛也。杀人者死，伤人者刑，是百王之所同也。"①而且，刑罚的轻重必须与罪之轻重相称，重罪轻刑是对恶人的姑息养奸，也是致乱的原因。"罪至重而刑至轻，庸人不知恶矣，乱莫大焉。凡刑人之本，禁暴恶恶，且征其未也。杀人者不死，伤人者不刑，是谓惠暴而宽贼也，非恶恶也。"②"刑当罪则威，不当罪则侮；爵当贤则贵，不当贤则贱。"③ 由此可以看出，荀子也提出了罪刑相当，赏罚允当的刑罚适用原则。孔子认为为了实现罪刑相称，必须仔细察看有关情况，提出"众恶之，必察焉；众好之，必察焉。"④ 同时，刑罚的适用必须随着形势以及刑罚适用条件的变化而变化，也就是要"时中"和"权"，才能做到罪刑相称。因此，孔子认为："可与立，未可与权。"⑤ 权就是不违背原则的灵活性。孟子曰："执中无权，犹执一也。所恶执一者，为其贼道也。"⑥"轻重诸法有权。刑罚世轻世重，惟齐惟非，有伦有要。"⑦ 对于刑罚的适用即司法而言，"时中"和"权"的关键在于把握刑罚适用变的时机和度。由于司法实践面临的情况变化万千，在司法活动中如何准确地适用法律是一项值得时常予以关注的课题，法与时新，刑罚有权是中国古代法的一大精义。丘浚认为"帝王之道，莫大于中。中者也，在心则不偏不倚，在事则无过不及……非德礼乐政为然，而施于刑者亦然，盖民不幸犯于有司，所以罪之者，皆彼自取也。吾固无容心于其间，不偏为此，亦不倚于彼，惟其情实焉，既得其情，则权其罪之轻重，而施以其刑。其刑上下，不惟无太过，且无不及焉。夫是之谓中，夫是之详刑。"⑧

"罪刑相称"是儒家重要的法律人文思想，也是中国古代不可多得的闪耀着人性光芒的刑罚适用原则。

五、提倡废除族刑、反对株连人文法律思想

在中国古代，对于严重危害国家政权和重大的损害人伦关系犯罪行为实行族刑与连坐。族刑与连坐的产生源于中国古代的宗法制度与家族式的农业生产模式，为了维护封建统治，封建统治者违背人性、情理而制定的一种残暴刑制。族刑连坐具有一定的社会基础和伦理基础。族刑、连坐是由中国古代家族本位的社

---

① 《荀子·正论》。
② 《荀子·正论》。
③ 《荀子·君子》。
④ 《论语·卫灵公》。
⑤ 《论语·子罕》。
⑥ 《孟子·尽心上》。
⑦ 《尚书·吕刑》。
⑧ 邱浚：《大学衍义补》卷一百一。

会基本结构决定的，在这种社会结构下，公民作为个人而言，没有绝对的权利，只有对家族的义务，公民权利的享有与义务的承担，必须以家族的利益为重，因此，族刑也就在古代统治者看来，对一些重大政治性犯罪行为，单纯地惩治个人尚不足以达到威慑与防范的目的，于是，整个家族作为犯罪个人的母体也就相应地成为了惩罚的对象。例如，秦国统一以后，各种社会矛盾仍然非常突出，为了维护封建统治，尤其是秦国商鞅当政后，“重刑连其罪，则民不敢试。民不敢试，故无刑也。”① 过于看重刑罚的威慑功能，广泛制定了一系列的刑事连带责任制度，即连坐制度。族刑和连坐制度使大批无辜者，仅仅因为与犯罪者具有某种血缘、亲缘、地缘或者其他关系而受到严厉的刑罚惩罚。其实在秦国以前的夏商王朝就推行过族刑、连坐制度，当时周文王针对夏商“罪人以族”的原则，提出“泽梁无禁，罪人不孥。”② 也就是说，治罪适用刑罚只能止于本人，不能累及妻和子女。后，周公继承这一思想，反对族刑连坐，主张罪止一身。“父子兄弟，罪不相及”，③ 这表现了古代先哲的人文思想立场。荀子站在重视人的价值及“仁爱”立场上，也曾对族刑进行过声讨：“以族论罪，以世举贤，虽欲不乱，得乎哉?”④ 荀子视“以族论罪”为“乱世”之举，荀子的思想在当时统治者看来应当属于异端思想，现在看来，荀子的相关人文思想具有极大的前瞻性和合理性。荀子主张“杀其父而臣其子，杀其兄而臣其弟”，⑤ 荀子的观点得到了一些血性儒家们的赞同，在西汉时著名的盐铁会议上，代表学术正统的“贤良文学”派也引经据典，对当时的族刑提出异议。这些思想或观点在当时社会环境下，都具有难能可贵的人文内涵，即使是现在看来，仍然具有一定的现实意义。无论是族刑还是连坐制度都违背了人性和人道的人文要求，虽然经过历代儒家们的不懈努力，族刑和连坐制度在封建社会中没有被根除，但儒家们在反族刑、连坐过程中所宣扬的人文思想，使得古代族刑和连坐的适用得到了一定的限制。因此，古代儒家们能看到族刑和连坐的危害并提出了反对意见，这种人文思想在中国古代乃至世界古代都是难能可贵的。

六、提倡法与人情和谐的人文法律思想

中国社会历来就是一个人情社会，或者说人文氛围浓厚。在中国古代，人情是以深厚的血缘伦理亲情为基础的，并且具有一定的社会性和时代性，人情是社

① 《商君书·赏刑》。
② 《孟子·梁惠王下》。
③ 《周书·康诰》。
④ 《荀子·富国》。
⑤ 《荀子·君子》。

会关系在家族（庭）之间的具体体现。在中国古代，由于整个社会非常注重家族伦理，并注重维护家庭的和睦和亲情，因此，人情不仅具有社会性，还具有伦理性。同时，由于人情不是某个人或少数人的爱恶或其他感受，而是大多数人公认的爱恶或感受，而这种爱恶或感受会因所处的时代不同而有所不同，因此，人情还具有一定的时代性。中国传统的法律制度，很自然地被深深地烙上了这种印痕，“依伦理而轻重其刑”的伦理特性也就成为中国传统法律文化最为鲜明的特征。早在周朝就有“以五声听狱讼，求民情”的规定。[①] 孔子曾经说过：“大道之行也，天下为公，选贤与能，讲信修睦。故人不独亲其亲，不独子其子，使老有所终，壮有所用，幼有所长，矜寡孤独废疾者，皆有所养。男有分，女有归。货，恶其弃于地也，不必藏于己；力，恶其不出于身也，不必为己。是故，谋闭而不兴，盗窃乱贼而不作，故外户而不闭，是谓大同。”[②] 从这些历史记载可以看出，孔子对人情世故非常看重，要求统治者必须重视人情，“使老有所终，壮有所用，幼有所长，矜寡孤独废疾者，皆有所养。”孔子还认为法律必须体现仁爱精神，起到维护孝道的作用。“父为子隐，子为父隐，直在其中矣。”[③] 就是强调了血缘亲情及孝道的价值，在后世的封建法律中都有所体现。孟子曰：“老吾老以及人之老，幼吾幼以及人之幼。”[④] 也就是要求百姓尊敬老人，爱护幼小，这既是礼所要求的，也要求在法律上应当有所体现，因为在古代出于礼而入刑。在儒家人文思想体系中，儒家一直崇尚的是人情、亲情，随后是道德，将法律位于最后，例如，儒家的伦理道德原则通过“春秋决狱”的形式被引入了司法实践领域中，即“春秋决狱”成了儒家经义与法律制度的契合点，“春秋决狱”从司法角度开启了法律儒家化的进程，奠定了中华法系儒法结合的基本样式。在以后各朝，特别儒家独居官方文化的情形下，法律中有关处理亲属、家族成员间相犯、纠纷的规定，一般都体现了儒家所提倡的仁爱观念，将人情与法律有机地结合在一起，并取得了很好的法律效果与社会效果。在这些规则中，儒家人文思想观念如维护家庭和睦、强调家庭成员之间具有相互扶助义务，特别晚辈对长辈的尊敬、赡养义务，中华民族传统人文美德在历代封建法典中都有明显的体现。梁治平对中国古代社会中的礼法问题进行探讨时说：“理即是礼，即是义。而理与律、令具有完全的支配地位。……在有的场合，它以其精神贯注与律、令等专门的法律形式之中；在另一场合，它直接被援用作为判决的依据。古人固然不曾把律、令等特定的法律形式与礼义相混同，但也不认为这些不同的规范、原则之间是互相对立或排斥的。法律应当符合礼义，顺应人情，这不仅是立法的精神，也

---

① 《周礼·秋官·小司寇》。
② 《礼记·礼运》。
③ 《论语·子路》。
④ 《孟子·梁惠王上》。

是指导司法活动的原则。”[①] 清末的大理院正卿张仁黼说：“夫礼昭大信，法顺人情，此心此理，原可放之四海而准，先王法制，本足涵盖寰宇。……一国之民必各有其特性，立法之人未有拂人之性者也。……故一国之法律，必合一国之民情风俗。……中国文教素甲全球，数千年来礼陶乐淑，人人皆知尊君亲上，人伦道德之观念，最为发达，是乃我之国粹，中国法系即以此。”[②] 从这段话也可以看出，儒家思想的人情观念对整个古代社会的巨大影响。从中国传统法发展的历史来看，法与人情相合，则法律的效果越好；如果法律与人情相悖，则法律的社会效果越差。人情入法，使法和人情伦理相结合，易于为百姓理解并被接受和遵守；同时，法顺人情相溶，冲淡了法本身的残暴和冷酷，使得冷冰冰的法律更易于推行。

七、提倡“无讼”人文法律思想

中国自古以来就有无讼、贱讼的观念，中国古人对传统法律人文文化价值的追求是“无讼”，中国古人对自然秩序和谐的追求，家国同构的社会结构及儒家主导下的政治法律秩序是“无讼”人文思想观念产生的最重要的原因。中国古代法治从民本主义出发，以和谐大同社会最高境界，主张息事宁人，追求无讼。从我国古代社会结构和社会关系来看，中国古代是由亲属血缘为纽带而连接起来的一个大家庭，在生活准则上形成了和睦相处、和谐无争的原则。正如法国法学家勒内·达维德所说：“它们处理与别人的关系以是否合乎情理为准则，它们不要求什么权利，要的只是和睦相处与和谐。”[③] 孔子在历史上第一次提出了“无讼”的观点，“听讼，吾犹人也，必也使无讼乎！无情者不得尽其辞，大畏民志，此谓知本。”[④] 孔子这段话的意思并不是反对据法听讼，而是说如果他本人来审理诉讼案件，也会同正直的人一样将案情断得曲直分明，但他同时提出要通过道德教化，使人人正心诚意、自律、不生争讼，使心有不正的诉讼人，不敢大放厥词，自我辩护，使之服于圣德。孔子不提倡通过诉讼来解决纠纷，认为让人们勉强服从法令，是下策，只能奏效于一时，而不能维持长久。中国古代在无讼目标指导下，崇尚和谐，以和为贵，鄙视滋诉、兴诉，认为挑起诉讼反映教化不足，必然破坏社会和谐与有序。在中国古代，诉讼被当作有害无利的行为，周朝就有卦辞：“讼，有孚，窒。惕，中吉，终凶。”“以讼受服，亦不足敬也”；“讼不可妄兴”、“讼不可长”。[⑤] 也就是说，无论其结果是胜诉还是败诉，古人都将争讼

① 梁治平著：《寻求自然秩序中的和谐》，中国政法大学出版社 1997 年版，第 234 页。

② 《清末筹备立宪档案史料》，第 834 页。

③ ［法］勒内·达维德著：漆竹生译，《当代世界主要法系》，上海译文出版社 1984 年版，第 487 页。

④ 《论语·颜渊篇》。

⑤ 《周易·讼卦》。

看成一件不可轻为的凶险之事。即使通过诉讼得胜，也不值得让人敬佩。告诫人们，不可妄言兴讼，为讼不吉，应适可而止。实现无讼理想的最有效措施是道德的教化，而教化是有条件的，老百姓只有生活富足了，才会感恩戴德地接受君主的教化。所以，儒家认为“先富后教”是实现“无讼”的根本保障。在儒家思想的支配下，“贵和持中”成为中国传统文化的特征，而“无讼”则是儒家追求的目标。“无讼”人文思想一方面使人们之间的争讼减少，彼此间遇到争议能本着德礼的原则解决问题或在有关人、机构的主持下进行调处，减少了彼此之间矛盾的激化，人与人之间互谅互让，人际关系和谐，有效地维护了社会秩序的稳定。另一方面人们争讼行为的减少，也会使百姓道德水准有很大的提高，这对于中华民族与世无争之美德的形成起了很大的作用。同时由于百姓争诉纠纷减少，不仅使社会治理成本大大降低，而且也使百姓的争议纠纷处理成本大大降低。

八、反对酷刑人文法律思想

儒家反酷刑人文法律思想是建立在儒家“仁爱”思想基础之上的。儒家认为“天地之性人为贵”。[①] 荀子认为：“水火有气而无生，草木有生而无知，禽兽有知而无义；人有气、有生、有知亦且有义，故最为天下贵也。”[②] 在儒家眼中，天地间最宝贵的生灵就是人，人既然是最为宝贵的，那么，无论何时何地何事，都要爱护、爱惜人，故“仁者爱人”，故“古之为政，爱人为大。”[③] 孟子曰：“爱人者，人恒爱之；敬人者，人恒敬之。”[④] 虽然我国古代自夏、商时期，死刑、肉刑以及其他一些酷刑就已经存在，但儒家认为酷刑轻者断人肢体，重者使人丧失生命，同时酷刑常使人丧失悔过自新的机会，与“仁者爱人”、“弘教穆化”等人文思想要求明显不符。在儒家看来以各种死刑为代表的酷刑无疑是一种极野蛮、极不人道的残暴行为，各种酷刑的任意实施，给整个社会的正常生活秩序带来的危害是十分巨大的。儒家提倡“仁政”，反对酷刑滥杀，实际上中国古代反对酷刑的历史就是儒家人文法律思想发展的历史。因为反酷刑总是和重视人的地位提高联系在一起的，人越受到重视，人的价值就越高，人的生存、生活条件就越受到重视，而死刑等酷刑的广泛适用实际上是对生命的漠视。“民惟邦本，本固邦宁。”[⑤] 儒家一直提倡“己所不欲，勿施于人。”[⑥] 历史不止一次证明，凝

① 《孝经·圣治》。
② 《荀子·王制》。
③ 《礼记·哀公问》。
④ 《孟子·离娄下》。
⑤ 《尚书·五子之歌》。
⑥ 《论语·卫灵公篇》。

聚力和向心力来自老百姓的真诚拥护，重视百姓生命只是百姓对统治者最基本的生存要求，而酷刑则和百姓这种重视生命的基本生存要求相距甚远。特别是春秋时期，由于诸侯并起，战争不断，社会动荡，统治者为了维护自身的统治，对各种侵犯社会秩序的犯罪行为动辄处以极刑，刑罚极为残暴。当时的儒家就猛烈抨击酷刑，反对严刑重罚，提出了许多反酷刑的观点和主张。如孔子认为："不教而杀谓之虐。"① 孟子曰："民之憔悴于虐政，未有甚于此时者也。"② 荀子也说："不教其民而听其狱，杀不辜也。"③ 当时由于齐国的酷刑比较严重，以至于出现"国之诸市，屦贱踊贵"的景象。据论语记载："曾子有疾，召门弟子曰：'启予足！启予手！'《诗云》：'战战兢兢，如临深渊，如履薄冰。'而今尔后，吾知免夫！小子！"④ 可见当时的酷刑是多么的严厉！针对当时统治者严刑乱杀的情况，为了反对酷刑，孔子提出"刑罚中"，主张"威而不猛"，⑤ 以"宽惠公平"以纠严刑滥罚。孔子认为："礼乐不兴，则刑罚不中；刑罚不中，则民无所措手足。"⑥ 也就是说，刑罚的适用要求适当而不能过于滥用，否则会导致百姓不知所措，胆战心惊。同时，孔子也认为"己所不欲，勿施于人"，⑦ 孔子认为自己不愿意的事不能强加于人，而遭受酷刑是人人都不愿意的，当然就不能无限制地滥用酷刑。孟子也提出"老吾老，以及人之老；幼吾幼，以及人之幼。"⑧ 也就是告诉世人要人人友爱，不能互相伤害，对待别的老人和孩子的爱护要像对待自己的老人和孩子一样。"君子之于禽兽也，见其生，不忍见其死，闻其声，不忍食其肉，是以君子远庖厨也"。⑨ 由此可见，孟子将"见其生不忍见其死，闻其声不忍食其肉"视为"君子"的标准之一，从而体现其"仁爱"人文思想。汉代大儒董仲舒更加强调儒家"仁爱"人文思想，他认为统治者应当以秦灭亡为鉴，用儒家的"仁爱"代替法家的严厉酷刑，以使百姓能够安居乐业而不必担心酷刑的降临，并促使汉统治者提出"罢黜百家，独尊儒术"的统治政策，不仅使儒家"仁爱"人文思想在社会生活中占据主导地位，而且使儒家的"反酷刑"人文法律思想逐渐对古代法律产生了潜移默化的影响，从而使中国古代法律相较同时期的世界其他各国的刑事法律而言具有一定的人文特色。正如有的学者所言："纵观中国法律史，历代儒家知识分子和士大夫始终不遗余力地弘扬并传承

---

① 《论语·尧曰》。
② 《孟子·梁惠王上》。
③ 《荀子·宥坐》。
④ 《论语·泰伯》。
⑤ 《论语·述而》。
⑥ 《论语·子路》。
⑦ 《论语·卫灵公篇》。
⑧ 《孟子·梁惠王上》。
⑨ 《孟子·梁惠王章句上》。

德主刑辅、立法宽简、慎刑恤杀、执法平恕等反酷刑思想，而且力所能及地用之于司法实践，给我们留下宝贵的历史遗产，正是他们代表着中国文明的前进方向。"[①] 虽然在中国古代，儒家"反酷刑"人文法律思想并没有使酷刑完全消灭，但不可否认的是，儒家"反酷刑"人文法律思想在一定程度上削减了酷刑在中国古代的蔓延，这不仅在中国反酷刑人文思想发展史上具有重要意义，在世界反酷刑人文思想发展史上也具有极其重要的意义。在现行死刑制度的构建中，吸取和借鉴儒家"反酷刑"人文法律思想的合理内核，结合现代刑罚的人文要求，对我国现行死刑制度予以一定的人文改良，从而凸显现代刑法的人文精神。

九、儒家"保护弱者"人文法律思想

儒家倡导社会公平正义，认为必须对社会弱者予以特殊的法律保护。如孔子曰："大道之行也，天下为公，选贤与能，讲信修睦。故人不独亲其亲，不独子其子。使老有所终，壮有所用，幼有所长，矜寡孤独废疾者，皆有所养。"[②] 孟子也说"老吾老以及人之老，幼吾幼以及人之幼。"[③] "七十曰老……八十、九十曰老耄，七年曰悼。悼与耄，虽有罪，不加刑焉"。[④] 孔子特别重视对老年人的尊敬和保护，认为对老年人的尊敬和保护是"孝"的核心内容。"子游问孝。子曰：今之孝者，是谓能养。至于犬马，皆能有养，不敬，何以别乎"[⑤]。孟子丰富和发展了孔子的"保护弱者"人文法律思想，认为对老、弱、鳏、寡、孤、独的保护与救济也是仁政的一个方面，认为施行仁政应以此为先："老而无妻曰鳏，老而无夫曰寡，老而无子曰独，幼而无父曰孤。此四者，天下之穷民而无告者。文王发政施仁，必先斯四者。"[⑥] 也就是说，统治者在实施仁政时，必须先考虑对鳏寡孤独的老人以及年幼的孤儿予以特殊法律保护，使其能老有所养，幼有所依，维护弱势群体的利益。荀子发展了孔子和孟子的保护弱者的人文思想，认为："选贤良，举笃敬，兴孝悌，收孤寡，补贫穷，如是，则庶人安政矣。庶人安政，然后君子安位。"传曰："君者，舟也；庶人者，水也。水则载舟，水则覆舟。故君人者欲安则莫若平政爱民矣。"[⑦] 由此可以看出，荀子同样也要求统治者在实施统治时应注意对孤寡、贫穷者等社会弱势群体利益的保护，并强调君主要想使社会安定必须勤政爱民。

---

① 俞容根：《儒家反酷刑的理论和实践》，载于《现代法学》2001 年第 5 期。
② 《礼记 · 礼运》。
③ 《孟子 · 梁惠王上》。
④ 《礼记 · 曲礼上》。
⑤ 《论语 · 为政》。
⑥ 《孟子 · 梁惠王下》。
⑦ 《荀子 · 王制》。

儒家基于“保护弱者”人文法律思想，主张在制定和适用刑罚时要矜老怜幼，以体现统治者对百姓的关心和爱护，而对老年人从宽适用刑罚也是统治者“明德慎罚”、“恤刑”的人文表现。在儒家“司徒修六礼以节民性，明七教以兴民德，齐八政以防淫，一道德以同俗，养耆老以致孝，恤孤独以逮不足……”[①]人文思想指导下，中国古代历朝历代的刑法典中都或多或少地对老年人、幼小、残疾人犯罪规定了从宽处罚的原则。尤其是自汉朝大儒董仲舒促使统治者“罢黜百家，独尊儒术”以来，使法律与伦理道德、人情需要相结合，形成了“春秋决狱”，从而使儒家“保护弱者”人文法律思想在刑法立法与司法上得以充分的体现。如汉律规定：“耄老之人，齿发坠落，血气既衰，亦亡暴逆之心……非诬告，杀伤人，它皆勿生。”“高年老长，人所尊敬也；鳏寡不属逮者，人所哀怜也。……年80以上，8岁以下，及孕者未乳、师、侏儒，当鞠系者，颂系之。”[②]“妇女非身犯法，及男子80以上，7岁以下，家非坐不道，诏所明捕。”[③]历朝统治者为了标榜自己敬老、尊老、爱老的“仁义”，还多次以律令或诏令的方式重申和强调对老年人犯罪应从宽处罚。随着儒家“保护弱者”人文思想的深入人心，并充斥社会的每个角落，在全社会形成了“保护弱者”的风气，到唐朝时达到极致。如《唐律》规定：“诸年70以上、15以下及废疾，犯流罪以下，收赎（犯加役流、反逆缘坐流、会赦犹流者，不用此律；至配所，免居作）。”“80以上、10岁以下及笃疾，犯反、逆、杀人应死者，上请；盗及伤人者，亦收赎（有官爵者，各从官当、除、免法）。余皆勿论。”“90以上，7岁以下，虽有死罪，不加刑（缘坐应配没者不用此律）；即有人教令，坐其教令者。若有赃应备，受赃者备之。”“诸谋反及大逆反者，皆斩。……男夫年80及笃疾、妇人年60及废疾者，并免。”[④]纵观中国古代法律，无不体现着对弱势群体关心爱护的人文思想，这也使中华法系以特有的人文特色著称于世。这纵然是封建统治者为了维护自身统治而进行的必要法律修饰，但也不能掩盖其人性的光芒。

---

① 《礼记·王制》。

② 《汉书·刑法志》。

③ 《汉书·平帝纪》。

④ 夏立彬：《老年人的刑事责任上限问题研究》，2005年9月15日，http：//law. law-star. com/cac/25006512. htm中国法律信息网。

第三部分
儒家人文法律思想对现代刑事法律之人文影响

传统儒家在尊重人的价值基础之上，儒家人文思想主要体现为仁义、爱人、宽容与和谐，并通过多种渠道和方式影响、渗透于中国人生活的各个方面，并且在全社会产生了尊老爱幼、人与自然和谐、人与人相亲相爱等多方面影响，对富有人性伦理的中华法系的形成和发展，做出了极其重要的贡献。儒家人文法律思想不仅对中国古代刑事法律人文精神的存在产生了深远的历史影响，而且也对中国现代刑事法律产生了深刻的影响。儒家人文法律思想重视伦理道德，重视伦理道德与法律的关系。因为伦理道德与刑事法律之间的关系是任何时候都无法回避的问题，伦理道德不仅为刑事法律的立法、执法、守法提供精神支持，而且伦理道德与刑事法律之间还可以相互转化。刑事法律自古以来都是以剥夺公民的生命、自由、财产权利和政治权利为主要内容，因此，刑事法律从其产生就具有非常强烈的刚性特点，常常以冷酷和残暴的面孔出现，而现代法制的建设不仅要求刑事法律在立法上应具有一定的人文特点，而且要求刑事司法也应具备一定的人文特点。由于“不同的民族有着不同的生活环境、不同的社会历史经验、不同的风俗习惯以及不同的语言文字，正是由于这些不同的自然环境和社会环境的长期作用，使各个民族都形成了自己独特的思维方式。这种相对稳定的思维定势或程式就是民族所特有的传统思维方式，与价值观念一样是民族文化中最具稳定性和深层次的东西。而政治、经济、法律制度的形成与发展都和一个民族传统的思维方式紧密相关，并深受其影响。”① 因而，从西方国家的法制观念中并不能找到刑事法律与人性的最佳契合点和契合方式。但儒家人文思想从“仁爱”观念出发，强调对人的关怀和关爱，要求任何法律的制定和执行都必须体现以人为本的理念和要求，才能具有长久的生命力，现代刑事法律人文建设当然也不例外。无论这种生命力是短暂的还是长久的，也不论其价值是形式上的合理性，还是内容上的合理性，人文精神都是刑事法律建设不可或缺的基础。由于中国人经历了上千年儒家人文思想的熏陶，国人的行为自觉不自觉地或多或少地都受到儒家人文思想的影响，在现代刑事法律制度人文建设过程中，儒家人文法律思想仍具有一定的现代价值。在现行刑法和刑事诉讼法及相关附属刑事法律中都能找到儒家人文法律思想的影子，将儒家人文法律思想的合理成分溶于现代刑事法律的立法、司法中，使冷冰冰的现代刑事法立法、司法具有一些人性和人道的味道，使现代刑事法律既具有一定的现代人文气息，又具有中国本土人文特色；既使其在惩罚犯罪的同时，又能及时修复被犯罪侵害的社会关系；既能使犯罪分子真正认罪伏法，又能使诉讼参与人体会到国家的关心和关爱。现代刑法和现代刑事诉讼法吸收了儒家人文思想的合理人文内核，结合现代刑法、刑事诉讼法的人文要求，着力体现“宽严相济”人文思想，重视人的价值，以人为本，在对弱势群体的特殊

① 怀效锋著：《德治与法治研究》，中国政法大学出版社 2008 年版，第 153 页。

保护、罪责刑相适应等各个方面都作出了巨大的努力。

刑法典自1997年10月1日修订之后，又根据刑法理论和司法实践的需要，先后进行了8次修改。尤其值得注意的是，2011年5月1日开始实施的《中华人民共和国刑法修正案（八）》，修订力度之大史上仅有，无论是从修正的范围上还是从修正的幅度上，都远远超过了历次刑法修正案的规模。《中华人民共和国刑法修正案（八）》彰显出我国在刑法人文关怀方面做出的巨大努力，引起国际、国内社会各界广泛关注。此次修正案树立了宽严相济的现代法治理念，进一步完善了刑法对弱势群体的特殊保护，并对死刑第一次进行了大幅度的削减，同时加大了对民生的保护力度，并进一步加大了对破坏环境犯罪的惩处力度，充分体现了刑法以人为本，保障人权的保障法特色。

2012年3月14日，《中华人民共和国刑事诉讼法修正案》（以下简称《刑事诉讼法修正案》）获得人大通过，于2013年1月1日起施行。此次《刑事诉讼法修正案》在总则中明确写入“尊重和保障人权”，这是宪法有规定以来第一次有了人权保护的原则性规定，意味着在刑事诉讼中，公安、司法机关不仅应惩罚犯罪，更要尊重和保障人权。在此次《刑事诉讼法修正案》中，传统儒家人文法律思想的合理内涵得到了部分继承，近亲属不被强迫出庭作证；在适用强制措施、辩护与代理制度、侦查、审查起诉、审判与执行程序中，加强了弱势群体诉讼权益保护；同时加强了反酷刑理念的贯彻实施，严格死刑适用，并设立了严格的死刑复核程序，保证死刑准确适用。通过《刑事诉讼法修正案》的实施，人文精神在刑事诉讼中得以进一步的体现，在一定程度上使刑事诉讼法充满了人性化。

第一章

儒家人文法律思想对现行刑法的人文影响

第一节 儒家“保护弱者”人文思想对现行刑法的人文影响

在中国古代，儒家是以仁为核心的多层次的思想体系，儒家以“仁”作为儒家思考伦理道德与法律相互关系的逻辑起点和价值取向，因此也就决定了儒家思想自创立之始，尊老爱幼，保护弱小就是儒家人文思想的应有之义。虽然儒家对弱势群体——老幼妇废疾的关心是出于对统治者秩序的维护的目的，但不可否认在客观上对老幼妇废疾起到了一定的法律保护作用。孔子曰：“大道之行也，天下为公，选贤与能，讲信修睦。故人不独亲其亲，不独子其子。使老有所终，壮有所用，幼有所长，矜寡孤独废疾者，皆有所养。”① 孟子也说“老吾老以及人之老，幼吾幼以及人之幼。”② “积丰羡之养，而声矜恤之义。”③ “奉公克己，矜恤孤羸，吏人归爱之。”④ “然犯死之罪，难以尽恕，权其轻重，有可矜恤。”⑤ 儒家矜恤老幼妇，宽宥废疾的人文思想不仅对我国古代的刑事法律人文特色的形成起了很大的推进作用，并且对我国现代刑法对刑事责任的有关规定也产生了不可小觑的影响，我国现行刑法强化和突出了对老幼妇废疾等特殊弱势群体的保护性规定。

2002 年，“弱势群体”一词首次见诸官方文件⑥。那么什么是弱势群体？学

---

① 《礼记·礼运》。

② 《孟子·梁惠王上》。

③ 《晏子春秋·问上二一》。

④ 《后汉书·儒林传下·周泽》。

⑤ 《北史·源贺传》。

⑥ 参见 2002 年 3 月人代会上的《政府工作报告》。

者们对此见解不一。有的学者认为社会弱势群体“是一个在社会资源分配上具有经济利益的贫困性、生活质量的低层次性和承受力的脆弱性的特殊社会群体”[①]。还有学者把弱势群体界定为“那些依靠自身的力量或能力无法保持个人及其家庭成员最基本的生活水准、需要国家和社会给予支持和帮助的社会群体”[②]。笔者认为，弱势群体是由于自身生理、职业或者知识、能力等主观因素和自然环境、受教育程度、社会保障、生活收入等客观因素影响，导致社会地位相对较低和物质生活条件贫困的自然人群体。那么，应受刑法特殊保护的弱势群体应当包括哪些群体呢？笔者认为应受刑法特殊保护的弱势群体至少应包括如下人群：（1）未成年人；（2）残疾人；（3）老年人；（4）妇女；（5）受教育程度低下的文盲和半文盲；（6）精神不健全的人。上述人群或是处在社会生活的底层，生活贫穷，或是由于年龄较小或较大而是非认识能力较差，自我控制力较差。贫穷很容易导致一个人丧失良知、人性、羞耻之心，以及对文明的尊崇，对法律的敬畏。在生存面前，由于贫穷雷霆万钧的刑法也将变得苍白无力，使人们对法律的敬畏让步于生存的需要。如果人面临生死的抉择，那么，公正、正义，人性的美好，法律的价值，都变得毫无意义。法律可以收一时雷霆之功效，却无法消除弱势群体心中的那股反人类、反文明的返祖冲动。同时，上述弱势群体或由于生理因素的限制，或由于社会地位的限制而导致其自身较为贫穷，由于贫穷，而使其充满无知，自古就有“无知者无畏”的说法。试想一下，一个国家面临她的子民因为无知和生存需要而犯罪，仅仅借口维护必要的社会秩序而毫不留情地对他们予以严厉的刑事处罚，这难道就是法律所追求的公平和正义吗？法律所维护的公平、正义应当是大多数人的公平、正义，而且法律应当充满对人性的敬畏和满足，而不应是一味予以野蛮的惩罚。儒家非常重视弱势群体利益的刑法保护，并促使古代历朝统治者在制定法律时，充分考虑弱势群体利益法律保护的需要，创建了非常辉煌并具有丰富人文内涵的中华法系。继承和发扬儒家“保护弱者”人文法律思想的合理内涵，并与现代刑法的人文建设有机结合，是现代刑法的人文精神建设的最重要内容之一。给予弱势群体的刑法特殊保护是人权保护不可或缺的重要内容。从刑法角度强化对未成年人、老年人、残疾人、妇女等弱势群体的保护，无疑也是人类文明进步的重要标志。对弱势群体予以特殊的刑法保护，体现了现代刑法所应有的法律文明和人文关怀。加强对弱势群体利益的刑法特殊保护，有利于减少弱势群体仇视社会、国家的负面心理，维护社会稳定，缓解社会矛盾和社会冲突，弥补当今我国因各种社会保障措施的欠缺而造成的社会矛盾冲突，从而确保社会的长治久安，创建美好的和谐社会。

---

① 陈成文：《社会弱者论》，时事出版社2000年版，第3页。

② 郑杭生：《走上更公正的社会》，http：//www.china.org.cn，2006年2月10日。

一、注重弱势群体刑法特殊保护的意义

(一) 有利于维护刑法公平、正义

现代刑法强调是刑法面前人人平等，但任何社会、任何时代，刑法面前人人平等都不会是绝对的，毫无差别的，相反，在坚持刑法面前人人平等的基本理念下，对弱势群体实行正向和反向的特殊刑法保护，正是体现了刑法公平正义的要求。所谓的弱势群体刑法的正向保护是当弱势群体的合法权益受到犯罪行为侵犯时，对侵犯弱势群体的犯罪从严、从重予以处罚，以体现国家和刑法对弱势群体利益的人文关怀。所谓的弱势群体刑法反向保护是指当弱势群体实施犯罪时，考虑到弱势群体的经济、生理、精神、社会地位的弱势，而对其犯罪行为从宽、从轻处罚。现代社会充满很多变数，我们面临的社会形势是多样和复杂的，当我们面对一个还很无知的孩子、一个风烛残年的老人、一个饱受摧残的妇女、一个身心遭受违法行为侵犯而得不到法律保护的人、一个智力不健全的人、一个仅仅为了解决温饱而偶尔触犯刑律的人时，我们又怎么忍心用严厉的刑罚去惩罚他们？难道他们的犯罪行为仅仅是他们本身的过错造成的吗？我们在指责他们犯罪的同时，我们的国家、社会及其他的个体难道就没有任何责任了吗？我们在适用刑罚的时候难道就不用考虑是什么原因导致他们走上犯罪的道路吗？对弱势群体利益予以特殊的刑法保护，不仅体现出国家对弱势群体的人文关怀，更重要的是体现出国家在他们权益保护问题上的责任。弱势群体由于自身生理因素和社会因素导致其经济和社会地位较低，其犯罪往往与自身贫穷的生活和地位低下的工作有关，值得同情，对其犯罪宽缓处理，人们可以理解，也是刑法公平正义应有之义。同理，弱势群体由于自身生理的或社会的原因，导致他们在日常生活中容易成为犯罪侵犯的对象，并且经常遭受毁灭性的犯罪侵犯，再加上弱势群体本身由于自身缺陷或社会缺陷生活已经不易，因此有必要对侵犯弱势群体利益的犯罪行为从严从重予以惩处，以保障弱势群体生活的天空充满阳光。刑法虽然是为了维护一定的统治秩序需要而设立的，但它不应是统治的暴力工具，而应成为公平、正义的代表，从一定意义上讲，注重给予弱势群体特殊的刑法保护体现了刑法的公平正义。因此，在刑法上对弱势群体利益予以特殊保护是现代刑法公平正义的体现，同时也有助于全社会形成公平正义的价值理念。

(二) 有利于和谐社会建设

中共中央十六届六中全会专题研究构建社会主义和谐社会的问题，表明了中国社会发展方向。关注社会弱势群体一直是党和政府工作的重中之重，也是构建

和谐社会的需要。温家宝总理在2005年3月5日第十届全国人民代表大会第3次会议上的政府工作报告中明确提出建设和谐社会，要做好法律服务和法律援助工作，依法保障妇女、未成年人和残疾人的合法权益。而构建和谐社会首先要使民众基本的生存需要能够得到满足；其次，民众作为一个“人”的基本尊严和权利能够得到尊重和维护。在这样的前提下，倡导人与人之间的和谐相处，社会的和谐稳定才成为可能。在社会生活中，弱势群体由于自身生理或社会的原因，导致其合法权益容易成为犯罪侵犯的对象；同时，弱势群体由于自身的生理和社会原因的影响在一定程度上也容易触犯刑律。因此，弱势群体权益的刑法保护不仅涉及弱势群体能否家庭幸福和未成年人能否健康成长，同时还关系到一个国家的社会稳定和长治久安。在刑法立法和实践中，对待弱势群体利益保护应坚持正反向保护的原则，使弱势群体的利益得到最大限度的刑法保护，从而最大限度地减轻其因生理或社会因素带来的对抗社会的心理。为了最大限度地增加社会和谐因素，缓解社会冲突，防止社会对立，必须对弱势群体的利益予以特殊的刑法保护，既有力地打击和震慑侵犯弱势群体利益的犯罪，维护法律的权威和尊严，最大限度地化消极因素为积极因素，同时，对弱势群体的犯罪行为予以适当从宽处罚，在最大程度上体现国家和社会的同情和宽容。只有如此，弱势群体的刑法利益才能得到充分的保障，才能维护社会的和谐稳定。

（三）有利于刑法罪责刑相适应原则的实现

刑法的人文精神在很大程度上体现为罪责刑相适应原则能否得到真正的实现。罪责刑相适应原则要求刑罚的轻重与犯罪分子所犯罪行和承担的刑事责任相适应，但是由于犯罪人生理、社会现状存在很大的差异，表面上相同的刑罚惩罚其实质内涵并不相同。要达到罪责刑相适应，就必须考虑受罚个体的生理、社会现状的差异，对其予以差别对待，而对弱势群体予以特殊的刑法保护，正是体现了罪责刑相适应的内在要求。在现实社会中，由于弱势群体在生理或年龄、社会地位等劣势因素的影响，导致其接受教育的条件总体上比正常人要差，并进而导致其法律认知能力比一般人也要差，因此在认定弱势群体的罪责刑问题时，必须考虑其自身的、社会的各种因素加以综合平衡考虑，做出准确的认定。在现代人文环境下，要求现代刑法在立法时必须考虑弱势群体在生活中因为各种无奈，诸如：因基本生存的需要、维护尊严的需要、人身权利和财产权利保障的需要等，当弱势群体触犯刑律时，在刑律许可的范围之内，国家应对弱势群体表达最大善意和宽容。在对弱势群体予以处罚时，司法者首先考虑的是他们犯罪行为的原因，如果弱势群体因为其基本的生存、安全需要和无知而触犯刑律，不论于法于理都应对其予以从宽或免除处罚。马克思主义哲学基本原理告诉我们，物质决定意识，这是经过无数人类社会实践和司法实践已经证明了的真理。弱势群体中的绝大部分人从其内心来说并没有想着去如何犯罪，如何去破坏已经建立的良好社会秩序，但基于生活的各方面压力而使其铤而走险。这能说是弱势群体自己的责任吗？既然刑法是维护社会正义的最后一道防线，并借此维护良好秩序，那么对弱势群体在这种情形之下的犯罪行为，刑法就应本着“以人为本”的精神规定对其从宽处罚。弗朗西斯·培根曾劝诫司法官员“应当在法律地范围内以公平为念而毋忘慈悲；应当以严厉的眼光对事，而以悲悯的眼光对人。”因此，一切法律的基础，应该是对于人的价值的尊敬。温斯顿·丘吉尔曾言：“检验一个国家是否文明的恒久不变的标准就是它对犯罪和犯罪人带来的压力做出怎样的反应。”我国早已经步入文明社会，在文明社会里，如果对弱势群体不论其犯罪的原因一律依法严惩的做法只能带来一种结果——处罚的犯罪越多，犯罪越多。同理，加强打击侵犯弱势群体利益的犯罪行为，是罪责刑相适应原则应有的内涵。弱势群体由于受到自身生理因素和社会因素的制约，由于其防范和对抗外来侵害的能力不如常人，其合法权益容易遭受犯罪行为的侵害，而这种侵害一旦发生，无论对弱势群体个人还是对弱势群体的家庭来说都将是毁灭性的。因此，对弱势群体的利益必须采取各种手段加强弱势群体合法利益的保护，既要加大对侵犯弱势群体利益犯罪行为打击的力度，同时也要对犯罪弱势群体予以从宽、从缓处罚。如果不能对弱势群体的利益予以特殊的刑法保护，真正体现罪责刑相适应原则，体现必要的人文精神，那么刑法将是罪恶之源，只会造就更多的犯罪。

（四）有利于人权保障

2004 年我国宪法修正案明确规定：“国家尊重和保障人权”，进一步以国家根本法的形式表明了国家“以人为本”的人文原则，而弱势群体权利保护正是人权保障中最需要重视的。刑法作为最重要部门法之一，作为所有法律的最终保障法，我国刑法也将尊重和保障人权作为一项重要的刑法原则，并在刑法条文中加大了对弱势群体利益的保护力度。刑法应当坚持惩罚犯罪和保障人权并重，这是现代刑法人文要求的根本所在。惩罚犯罪固然应当成为刑法的主要内容，但尊重和保障弱势群体的合法权益也应成为刑法立法最重要的内容之一。随着人权保障观念的不断强化，刑法对老年人、未成年人、妇女、残疾人等弱势群体的刑法保护在刑法立法中不断得到加强。给予弱势群体特殊的刑法保护，是对我国宪法修正案的具体落实，不仅有利于更好地树立中国的人权形象，而且也有利于我国人权宣传、人权教育和人权建设。尤其是随着国际人权运动的发展，我国刑法的人权保障功能发挥得如何将直接影响到我国的国际形象。

二、对未成年人特殊刑法保护的人文体现

未成年人权益的刑法保护历来是我国刑法人文建设的重点内容，在刑法保护

上突出了对犯罪未成年人从轻、从宽处罚，同时对侵犯未成年人合法权益的行为予以犯罪化打击，从而在一定程度上体现了刑法对未成年人权益的人文关怀。尤其是近年来，一方面，我国刑法注重对未成年犯罪人权利保护的合理、全面构建，从而进一步提高未成年人的权利质量。另一方面，为了应对日益增多的侵犯未成年人权益的违法犯罪行为，我国日益重视以犯罪化加强对未成年被害人的刑法保护。通过对未成年人权益刑法正反向保护，有力地保障未成年人权益，充分体现了刑法“保护弱者”的人文精神。

（一）刑法明确规定了未成年人负刑事责任的年龄

《中华人民共和国刑法》（以下简称《刑法》）第 17 条第 1 款规定：“已满十六周岁的人犯罪，应当负刑事责任。”刑法此条款规定，明确了未成年人对犯罪行为应负刑事责任的年龄界限，有利于保护未成年人的合法权益。因为犯罪行为人在具备辨认和控制自己行为能力的前提下，在其主观意识和意志支配下实施的危害社会的行为，而行为人辨认和控制自己行为的能力取决于行为人的智力和社会知识的拥有程度，而这必然收到行为人的年龄因素的制约。年龄低于 16 周岁的未成年人，由于自身的生理因素和各方面因素的制约，其在对于一些违法犯罪问题的认识上，对于行为对于社会危害性认识方面均不能达到成人的水平，同时不满 16 周岁的未成年人一般也不具有适应刑罚的能力。如果对不满 16 周岁的未成年人片面强制适用刑罚，不仅达不到刑罚适用的根本目的，反而会使未成年人更加敌视社会，仇恨社会，不利于社会的和谐稳定。而已满 16 周岁的未成年人不论是智力还是社会知识、经验均有相当的提高，是非观念也有很大的提高，一般能够认识自己行为的社会危害性，具备了刑法意义上的辨认和控制自己行为的能力。因此，我国刑法规定已满 16 周岁的未成年人犯罪原则上应承当刑事责任的规定是符合未成年人成长规律的。

（二）刑法明确规定了已满 14 周岁不满 16 周岁的未成年人负刑事责任的范围

《刑法》第 17 条第 2 款规定：“已满十四周岁不满十六周岁的人，犯故意杀人、故意伤害致人重伤或者死亡、强奸、抢劫、贩卖毒品、放火、爆炸、投放危险物质罪的，应当负刑事责任。”为了既保护公民的合法权益，又切实保护未成年人的合法权益，对于已满 16 周岁未满 16 周岁的未成年人违反刑法规定的行为而承担刑事责任的犯罪行为范围做出了明确的界定。刑法之所以这样规定，是基于年满 14 周岁不满 16 周岁的未成年人对于上述 8 种严重犯罪行为的社会危害性应该能够认识，并且也能够控制自己不去实施这些严重侵害公关安全和公民权益的犯罪行为。这样规定不仅避免了无辜公民遭受未成年人严重犯罪行为侵害带来的危害得以弥补，而且也对未成年人的合法权益在刑法上做出了明确的保护性规定。

（三）刑法及相关司法解释明确了对未成年人犯罪刑罚适用的基本原则

《刑法》第 17 条第 3 款明确规定了未成年人刑罚适用的基本原则："已满十四周岁不满十八周岁的人犯罪，应当从轻或者减轻处罚。"对于未成年人犯罪的，一律予以从轻或减轻处罚，这体现了刑法人道原则，国家充分考虑了未成年人身心发育的特点以及其刑事责任能力的状况以及受刑能力的因素，充分体现了刑法保护弱者的人文精神。为了落实对未成年人刑罚适用原则，《最高人民法院关于审理未成年人刑事案件具体应用法律若干问题的解释》作出了一些具体的解释性规定：

1. 已满 14 周岁不满 16 周岁的人偶尔与幼女发生性行为，情节轻微、未造成严重后果的，不认为是犯罪。

2. 已满 14 周岁不满 16 周岁的人使用轻微暴力或者威胁，强行索要其他未成年人随身携带的生活、学习用品或者钱财数量不大，且未造成被害人轻微伤以上或者不敢正常到校学习、生活等危害后果的，不认为是犯罪。已满 16 周岁不满 18 周岁的人具有前款规定情形的，一般也不认为是犯罪。

3. 已满 16 周岁不满 18 周岁的人出于以大欺小、以强凌弱或者寻求精神刺激，随意殴打其他未成年人、多次对其他未成年人强拿硬要或者任意损毁公私财物，扰乱学校及其他公共场所秩序，情节严重的，以寻衅滋事罪定罪处罚。

4. 已满 16 周岁不满 18 周岁的人实施盗窃行为未超过 3 次，盗窃数额虽已达到"数额较大"标准，但案发后能如实供述全部盗窃事实并积极退赃，且具有下列情形之一的，可以认定为"情节显著轻微危害不大"，不认为是犯罪：系又聋又哑的人或者盲人；在共同盗窃中起次要或者辅助作用，或者被胁迫；具有其他轻微情节的。已满 16 周岁不满 18 周岁的人盗窃未遂或者中止的，可不认为是犯罪。已满 16 周岁不满 18 周岁的人盗窃自己家庭或者近亲属财物，或者盗窃其他亲属财物但其他亲属要求不予追究的，可不按犯罪处理。

5. 已满 14 周岁不满 16 周岁的人盗窃、诈骗、抢夺他人财物，为窝藏赃物、抗拒抓捕或者毁灭罪证，当场使用暴力，故意伤害致人重伤或者死亡，或者故意杀人的，应当分别以故意伤害罪或者故意杀人罪定罪处罚。已满 16 周岁不满 18 周岁的人犯盗窃、诈骗、抢夺罪，为窝藏赃物、抗拒抓捕或者毁灭罪证而当场使用暴力或者以暴力相威胁的，应当依照刑法第 269 条的规定定罪处罚；情节轻微的，可不以抢劫罪定罪处罚。

通过最高人民法院的上述司法解释可以明显看出，在案件具体处理过程中，对于未成年人违法犯罪的，对未成年人违法犯罪行为能不处罚的尽量不处罚，必须予以处罚的，也应尽量从轻、减轻处罚。最高人民法院的上述司法解释对于落实对未成年人犯罪案件从轻处理起到了规范和指导作用，这不仅对于未成年被告人的权益保护，促使其顺利回归社会起到了巨大的作用，而且也体现了刑事司法对未成年人特殊保护的人文关怀。

（四）刑法对未成年人适用刑罚的限制性规定

1. 明确规定了对未成年人不适用死刑。《刑法》第 49 条将犯罪的时候不满 18 周岁的人明确列为不适用死刑的对象之一。犯罪时未满 18 周岁的未成年人不适用死刑，既包括不适用死刑立即执行，也包括不适用死刑缓期 2 年执行。死刑是我国最严厉的刑罚，是剥夺犯罪人生命的刑罚。在当今中国，一直贯彻少杀、慎杀方针，严格限制死刑的适用。由于未成年人对犯罪行为的性质、严重程度以及行为的社会危害性等认识较之成年人有一定的差别，再加上未成年人的自我控制能力较差，我国刑法规定对未成年人禁止适用死刑这一规定不仅充分体现了我国刑法对未成年人犯罪重在教育，既体现了刑法的人道主义精神，也体现了对犯罪未成年特殊刑法保护的人文精神。

2. 有关司法解释明确规定了对未成年人尽可能不适用无期徒刑。对于未成年人而言，即使其所犯罪行罪大恶极，也不能对其适用死刑。也就是说，既不能对其适用死刑立即执行，也不能对其适用死刑缓期 2 年执行。无期徒刑是长期剥夺被告人的人身自由，其严厉程度是仅次于死刑的一个刑种。无期徒刑使服刑人员长期与社会隔离，回归社会的道路比较漫长。由于未成年人是国家和社会的未来，长时间对其予以关押改造效果并不十分明显，反而可能引发更多的社会问题，因此，对未成年人适用无期徒刑也必须慎重。对于未成年人犯罪，只有在罪行极其严重的情况下，才可以对其适用无期徒刑。《最高人民法院关于审理未成年人刑事案件具体应用法律若干问题的解释》第 13 条明确规定："未成年人犯罪只有罪行极其严重的，才可以适用无期徒刑。对已满十四周岁不满十六周岁的人犯罪一般不判处无期徒刑。"

3. 对未成年人免予刑事处罚的规定。由于未成年人心理特点的影响，其较成人处事不够冷静，冲动性较大，容易触犯刑律；同时，在社会中，未成年人由于年轻，遇到不平事，缺乏冷静思考，好打不平，也容易超出法律规定的限度而触犯刑律；同时再加上未成年人容易为不法分子教唆、引诱而触犯刑律。国家和社会对于未成年人触犯刑律较轻的行为，予以必要的谅解和宽容，若未成年犯罪人悔罪表现很好，对其予以免除刑事处罚。这不仅是儒家保护弱者人文思想的要求，也是现代刑事法律人文精神的重要体现。《刑法》第 17 条第 2 款规定："已满十四周岁不满十八周岁的人犯罪，应当从轻或者减轻处罚。"《刑法》第 37 条也规定："对于犯罪情节轻微不需要判处刑罚的，可以免予刑事处罚。"为了使这一规定在审判过程中落到实处，切实保护未成年人的合法权益，《最高人民法院关于审理未成年人刑事案件具体应用法律若干问题的解释》第 17 条明确规定："未成年罪犯根据其所犯罪行，可能被判处拘役、三年以下有期徒刑，如果悔罪表现好，并具有下列情形之一的，应当依照刑法第三十七条的规定免予刑事处罚：系又聋又哑的人或者盲人；防卫过当或者避险过当；犯罪预备、中止或者未遂；共同犯罪中从犯、胁从犯；犯罪后自首或者有立功表现；其他犯罪情节轻微不需要判处刑罚的。"

4. 有关司法解释对未成年人附加刑适用予以了一定的限制。根据刑法规定，附加刑主要为资格刑和财产刑。由于未成年人基本上还没有独立生活的能力，对其适用财产刑显得不是很合适；同时由于未成年人均较年幼，其参与社会政治活动的机会较少，对其适用剥夺政治权利也显得没有必要。为此，《最高人民法院关于审理未成年人刑事案件具体应用法律若干问题的解释》第 14 条明确规定对未成年犯罪人适用剥夺政治权利的限制："除刑法规定应当附加剥夺政治权利外，对未成年罪犯一般不判处附加剥夺政治权利。如果对未成年罪犯判处附加剥夺政治权利的，应当依法从轻判处。对实施被指控犯罪时未成年、审判时已成年的罪犯判处附加剥夺政治权利，适用前款的规定。"该解释第 15 条明确对未成年人犯罪人适用财产刑予以了限制："对未成年罪犯实施刑法规定的'并处'没收财产或者罚金的犯罪，应当依法判处相应的财产刑；对未成年罪犯实施刑法规定的'可以并处'没收财产或者罚金的犯罪，一般不判处财产刑。对未成年罪犯判处罚金刑时，应当依法从轻或者减轻判处，并根据犯罪情节，综合考虑其缴纳罚金的能力，确定罚金数额。"

5. 有关司法解释对未成年人确定刑罚时应考虑的因素作了明确规定。由于未成年人的特殊性，在对其适用刑罚时除考虑有关刑事法律的规定以外，还必须针对未成年人犯罪的原因、成长经历、监护状况等因素进行综合考虑，做出最有利于未成年人成长的处罚。为此，《最高人民法院关于审理未成年人刑事案件具体应用法律若干问题的解释》明确规定："对未成年罪犯适用刑罚，应当充分考虑是否有利于未成年罪犯的教育和矫正。对未成年罪犯量刑应当依照刑法第 61 条的规定，并充分考虑未成年人实施犯罪行为的动机和目的、犯罪时的年龄、是否初次犯罪、犯罪后的悔罪表现、个人成长经历和一贯表现等因素。对符合管制、缓刑、单处罚金或者免予刑事处罚适用条件的未成年罪犯，应当依法适用管制、缓刑、单处罚金或者免予刑事处罚。"从上述规定可以看出，在对未成年人犯罪处罚时，必须综合考虑影响未成年人犯罪的各种因素，能对未成年人从轻处罚的，尽量从轻处罚，充分体现了国家和社会对未成年人犯罪的包容，也体现了刑罚的人道性，同时也体现了刑法的人文精神。

（五）刑法对未成年人一般缓刑适用上做了从宽规定

缓刑是一种暂缓刑罚执行制度，有利于促使犯罪分子洗心革面，重新做人，减少交叉感染的机会，顺利回归社会，体现了刑法的人文关怀。为了体现国家对未成年犯罪人的人文关怀，我国刑法和相关司法解释对未成年人缓刑的适用作出了特殊保护性规定。《刑法》第72条明确规定："对于被判处拘役、三年以下有期徒刑的犯罪分子，同时符合下列条件的，可以宣告缓刑，对其中不满十八周岁的人、怀孕的妇女和已满七十五周岁的人，应当宣告缓刑：（一）犯罪情节较轻；（二）有悔罪表现；（三）没有再犯罪的危险；（四）宣告缓刑对所居住社区没有重大不良影响。宣告缓刑，可以根据犯罪情况，同时禁止犯罪分子在缓刑考验期限内从事特定活动，进入特定区域、场所，接触特定的人。被宣告缓刑的犯罪分子，如果被判处附加刑，附加刑仍须执行。"对符合缓刑条件的未成年犯罪人一律予以缓刑的规定，是我国刑法宽严相济刑事政策的具体体现，是在维持法律严肃性的基础上，给予未成年犯罪人改过自新的机会，有利于避免短期自由刑带来的弊端，最大限度地发挥刑罚的教育改造功能。刑法这样规定，既能最大限度地避免未成年人由于短期自由刑带来的与社会隔绝、重返社会困难、罪犯之间交叉感染等弊端，同时实现刑罚的经济性原则。对符合缓刑条件未成年犯罪人一律予以缓刑的规定，由于犯罪未成年人没有脱离家庭，还在一定程度上给予了未成年犯罪人家庭的温暖，使其既能感受到法律的威严，又能体会到国家和社会的宽容，从而实现刑罚的教育改造功能。

（六）刑法建立了有限免除未成年犯罪人前科报告制度

《刑法》第100条明确规定："依法受过刑事处罚的人，在入伍、就业的时候，应当如实向有关单位报告自己曾受过刑事处罚，不得隐瞒。犯罪的时候不满十八周岁被判处五年有期徒刑以下刑罚的人，免除前款规定的报告义务。"此条刑法规定，对于犯罪行为社会危害性较小，处刑在5年以下的未成年犯罪人免除了前科报告制度，这不仅对于未成年人的身心发展是极为有利的，同时也为未成年人的以后就业提供了良好的法律保障。原先的刑事前科登记报告制度，无疑断绝了未成年犯罪人重新做人之路，在一定程度上又将其推向了犯罪的道路。现行刑法的此条规定不仅保护了未成年犯罪人的人格，并且还拓宽他们回归社会的生存之路，这充分体现了国家和社会对未成年犯罪人的关爱，体现刑法的人文精神。

（七）刑法将未成年人从累犯中剔除

《刑法》第65条对一般累犯做出了明确规定："被判处有期徒刑以上刑罚的犯罪分子，刑罚执行完毕或者赦免以后，在五年以内再犯应当判处有期徒刑以上刑罚之罪的，是累犯，应当从重处罚，但是过失犯罪和不满十八周岁的人犯罪的除外。"根据我国现行刑法规定，对于累犯都要从重处罚，并且不仅不得适用缓刑，而且在刑罚执行过程中不得假释。如果将未成年人列为累犯的范围，将对未成年人的成长非常不利，不符合刑法人道的原则。在一定范围内将犯罪未成年人排除在累犯之外，不仅使未成年犯罪人再犯罪后可能受到较轻的刑罚处罚，符合我国未成年人犯罪教育为主的方针要求，而且使其有机会适用缓刑，避免了监禁刑所产生的不良后果。

（八）进一步强化了未成年人利益的刑法正向保护

为了切实维护未成年人的合法权益，现行刑法在强化未成年犯罪行为刑法反向保护的基础上，还进一步强化了未成年人利益的正向保护，明确规定了一些侵害未成年人合法权益的罪名，进一步体现国家对未成年人合法权益的特殊保护。在我国刑法分则中一是拓宽了侵犯未成年人合法利益犯罪的范围；二是加大了对侵犯未成年人合法利益犯罪行为的打击力度。未成年人处于人生重要的身心发展时期，良好的教育以及稳定的生活对于未成年人而言是非常重要的。在司法实践中，由于未成年人无论生理还是心理发展都极不成熟，身心容易遭受违法犯罪分子的侵害，给受害未成年人人生成长造成了无法泯灭的伤害阴影，甚至造成了家破人亡的严重后果。因此，加大未成年人身心权利的刑法正向保护也是非常现实和必要的。我国刑法为了充分保护未成年人身心权益，作出了以下刑法保护性规定：

1. 未成年人身心健康和性的不可侵犯权利的刑法特殊保护。为了保护未成年人身心健康和性的不可侵犯性，《刑法》第236条规定强奸罪：“以暴力、胁迫或者其他手段强奸妇女的，处三年以上十年以下有期徒刑。奸淫不满十四周岁的幼女的，以强奸论，从重处罚。强奸妇女、奸淫幼女，有下列情形之一的，处十年以上有期徒刑、无期徒刑或者死刑：（一）强奸妇女、奸淫幼女情节恶劣的；（二）强奸妇女、奸淫幼女多人的；（三）在公共场所当众强奸妇女的；（四）二人以上轮奸的；（五）致使被害人重伤、死亡或者造成其他严重后果的。”

2. 未成年人人格尊严和人身自由权利的刑法特殊保护。为了保护未成年人人格尊严和人身自由权利，《刑法》第237条规定了强制猥亵、侮辱妇女罪、猥亵儿童罪：“以暴力、胁迫或者其他方法强制猥亵妇女或者侮辱妇女的，处五年以下有期徒刑或者拘役。聚众或者在公共场所当众犯前款罪的，处五年以上有期徒刑。猥亵儿童的，依照前两款的规定从重处罚。”《刑法》第262条第2款还规定了组织残疾人、儿童乞讨罪：“以暴力、胁迫手段组织残疾人或者不满十四周岁的未成年人乞讨的，处三年以下有期徒刑或者拘役，并处罚金；情节严重的，处三年以上七年以下有期徒刑，并处罚金。”

3. 婴幼儿的人身权利刑法特殊保护。为了保护婴幼儿的人身权益，《刑法》239条针对绑架婴幼儿的行为作出了相应的规定：“以勒索财物为目的偷盗婴幼儿的，依照前两款的规定处罚。”由于婴幼儿对外界的侵害毫无抵抗能力，刑法对其予以特殊保护不仅符合刑法人道的要求，而且对婴幼儿人身权利的保障是十分必要的。

4. 未成年人人身不受买卖权利的刑法特殊保护。为了保护未成年妇女、儿童的人身权利，强化了未成年人不受买卖的权利，并对买卖未成年人的犯罪行为予以严惩。《刑法》第 240 条规定了拐卖妇女、儿童罪：“拐卖妇女、儿童的，处五年以上十年以下有期徒刑，并处罚金；有下列情形之一的，处十年以上有期徒刑或者无期徒刑，并处罚金或者没收财产；情节特别严重的，处死刑，并处没收财产：（一）拐卖妇女、儿童集团的首要分子；（二）拐卖妇女、儿童三人以上的；（三）奸淫被拐卖的妇女的；（四）诱骗、强迫被拐卖的妇女卖淫或者将被拐卖的妇女卖给他人迫使其卖淫的；（五）以出卖为目的，使用暴力、胁迫或者麻醉方法绑架妇女、儿童的；（六）以出卖为目的，偷盗婴幼儿的；（七）造成被拐卖的妇女、儿童或者其亲属重伤、死亡或者其他严重后果的；（八）将妇女、儿童卖往境外的。拐卖妇女、儿童是指以出卖为目的，有拐骗、绑架、收买、贩卖、接送、中转妇女、儿童的行为之一的。”

《刑法》第 241 条还规定了收买被拐卖的妇女、儿童罪：“收买被拐卖的妇女、儿童的，处三年以下有期徒刑、拘役或者管制。收买被拐卖的妇女，强行与其发生性关系的，依照本法第二百三十六条的规定定罪处罚。收买被拐卖的妇女、儿童，非法剥夺、限制其人身自由或者有伤害、侮辱等犯罪行为的，依照本法的有关规定定罪处罚。收买被拐卖的妇女、儿童，并有第二款、第三款规定的犯罪行为的，依照数罪并罚的规定处罚。收买被拐卖的妇女、儿童又出卖的，依照本法第二百四十条的规定定罪处罚。收买被拐卖的妇女、儿童又出卖的，依照本法第二百四十条的规定定罪处罚。”

为了保障被拐卖的未成年人能够及时得到法律救助，维护被拐卖未成年人的合法权益，《刑法》第 242 条规定了妨害公务罪；聚众阻碍解救被收买的妇女、儿童罪：“以暴力、威胁方法阻碍国家机关工作人员解救被收买的妇女、儿童的，依照本法第二百七十七条的规定定罪处罚。聚众阻碍国家机关工作人员解救被收买的妇女、儿童的首要分子，处五年以下有期徒刑或者拘役；其他参与者使用暴力、威胁方法的，依照前款的规定处罚。”

在日常生活中，还有一些对被拐卖儿童负有解救职责的国家机关工作人员，在接到被拐卖儿童及其家属的解救要求或者接到其他公民的举报、报案，而对被拐卖妇女、儿童不进行解救，以致造成严重后果。为了保护被拐卖妇女、儿童的人身权益以及国家机关正常的工作活动，对这些不履行解救职责的国家机关工作人员，刑法也予以了相应的规制。《刑法》第 416 条规定了不解救被拐卖、绑架妇女、儿童罪；阻碍解救被拐卖、绑架妇女儿童罪：“对被拐卖、绑架的妇女、儿童负有解救职责的国家机关工作人员，接到被拐卖、绑架的妇女、儿童及其家属的解救要求或者接到其他人的举报，而对被拐卖、绑架的妇女、儿童不进行解救，造成严重后果的，处五年以下有期徒刑或者拘役。负有解救职责的国家机关工作人员利用职务阻碍解救的，处二年以上七年以下有期徒刑；情节较轻的，处二年以下有期徒刑或者拘役。"

5. 未成年人家庭关系不受破坏及儿童人身权益的刑法特殊保护。为了保护未成年人的合法权益，《刑法》第 262 条规定了拐骗儿童罪、组织未成年人进行违反治安管理活动罪："拐骗不满十四周岁的未成年人，脱离家庭或者监护人的，处五年以下有期徒刑或者拘役。组织未成年人进行盗窃、诈骗、抢夺、敲诈勒索等违反治安管理活动的，处三年以下有期徒刑或者拘役，并处罚金；情节严重的，处三年以上七年以下有期徒刑，并处罚金。"

6. 刑法分则对引诱、教唆未成年人犯罪的行为予以刑法规制。未成年人处于人生的重大发展时期，其可塑性非常强，一方面如果受到良好的教育，可能使未成年人走向良性的人生之路；另一方面如果受到犯罪分子的教唆，极易走向违法犯罪道路。因此，为了给未成年人提供一个良好的人生发展氛围，刑法对教唆未成年人犯罪的教唆犯予以从严惩处具有非常重大的现实意义，也体现了儒家"保护弱者"的人文法律思想。《刑法》第 29 条第 1 款规定："教唆他人犯罪的，应当按照他在共同犯罪中所起的作用处罚。教唆不满十八周岁的人犯罪的，应当从重处罚。"《刑法》第 301 条第 2 款规定了引诱未成年人聚众淫乱罪："引诱未成年人参加聚众淫乱活动的，依照前款的规定从重处罚。"《刑法》第 347 条第 6 款规定了走私、贩卖、运输、制造毒品罪："利用、教唆未成年人走私、贩卖、运输、制造毒品，或者向未成年人出售毒品的，从重处罚。"《刑法》第 353 条第 3 款规定了引诱、教唆、欺骗他人吸毒罪；强迫他人吸毒罪："引诱、教唆、欺骗或者强迫未成年人吸食、注射毒品的，从重处罚。"《刑法》第 359 条第 2 款规定了引诱幼女卖淫罪："引诱不满十四周岁的幼女卖淫的，处五年以上有期徒刑，并处罚金。"《刑法》第 364 条第 4 款规定传播淫秽物品罪："向不满十八周岁的未成年人传播淫秽物品的，从重处罚。"

7. 对侵犯未成年人身心健康及良好社会风尚的犯罪行为予以从严惩处。未成年人身心健康以及良好的社会道德风尚是未成年人人身成长的重要保障，为了维护未成年人身心健康以及良好的社会道德风尚，《刑法》第 358 条规定了组织卖淫罪；强迫卖淫罪："组织他人卖淫或者强迫他人卖淫的，处五年以上十年以下有期徒刑，并处罚金；有下列情形之一的，处十年以上有期徒刑或者无期徒刑，并处罚金或者没收财产：（一）组织他人卖淫，情节严重的；（二）强迫不满十四周岁的幼女卖淫的；（三）强迫多人卖淫或者多次强迫他人卖淫的；（四）强奸后迫使卖淫的；（五）造成被强迫卖淫的人重伤、死亡或者其他严重后果的。有前款所列情形之一，情节特别严重的，处无期徒刑或者死刑，并处没收财产。”为了进一步加强对幼女的身心保护，《刑法》第360条还规定了嫖宿幼女罪：“嫖宿不满十四周岁的幼女的，处五年以上有期徒刑，并处罚金。”

8. 加大了对未成年人安全教育权的保护力度。未成年人的安全受教育权不仅受宪法保护，而且也应受到我国的刑法保护。为此，《刑法》第138条规定了教育设施重大安全事故罪：“明知校舍或者教育教学设施有危险，而不采取措施或者不及时报告，致使发生重大伤亡事故的，对直接责任人员，处三年以下有期徒刑或者拘役；后果特别严重的，处三年以上七年以下有期徒刑。”

9. 对强迫未成年人从事危重劳动行为予以刑法规制。为了保护未成年人不受非法强迫劳动，不受雇佣从事危重劳动，依法保护未成年人身心健康，《刑法》第244条第2款规定了雇用童工从事危重劳动罪：“违反劳动管理法规，雇用未满十六周岁的未成年人从事超强度体力劳动的，或者从事高空、井下作业的，或者在爆炸性、易燃性、放射性、毒害性等危险环境下从事劳动，情节严重的，对直接责任人员，处三年以下有期徒刑或者拘役，并处罚金；情节特别严重的，处三年以上七年以下有期徒刑，并处罚金。有前款行为，造成事故，又构成其他犯罪的，依照数罪并罚的规定处罚。”

10. 对侵害未成年人身体健康的行为予以从严惩处。为了切实保护未成年人身体健康，《刑法》第234条第3、4款规定“组织他人出卖人体器官的，处五年以下有期徒刑，并处罚金；情节严重的，处五年以上有期徒刑，并处罚金或者没收财产。未经本人同意摘取其器官，或者摘取不满十八周岁的人的器官，或者强迫、欺骗他人捐献器官的，依照本法第二百三十四条、第二百三十二条的规定定罪处罚。”

11. 对侵害未成年人家庭成员生活平等的权利和身体健康权利的行为予以了刑法规制。未成年人由于身心发育皆不成熟，在家庭中处于相对弱势地位，其合法利益容易遭受家庭其他成员侵犯，为保护未成年人家庭成员生活平等的权利和身体健康权利，《刑法》第260条规定了虐待罪：“虐待家庭成员，情节恶劣的，处二年以下有期徒刑、拘役或者管制。犯前款罪，致使被害人重伤、死亡的，处二年以上七年以下有期徒刑。”我国刑法第261条还规定了遗弃罪：“对于年老、年幼、患病或者其他没有独立生活能力的人，负有扶养义务而拒绝扶养，情节恶劣的，处五年以下有期徒刑、拘役或者管制。”

（九）进一步强化未成年人监护人的监护责任

《刑法》第17条第4款规定：“因不满十六周岁不予刑事处罚的，责令他的家长或者监护人加以管教；在必要的时候，也可以由政府收容教养。”未成年人违法犯罪问题现在已经成为世界性的社会问题，我国也正在采取多种措施和方法治理未成年人违法犯罪问题，但是成效均不显著。实际上未成年人监护的缺失是导致未成年人违法犯罪行为逐渐增加的重要原因，从刑法角度明确未成年人监护人的刑法责任，有利于督促未成年人监护人监护责任的落实，切实保护未成年人的合法权益。

三、对老年人特殊刑法保护的人文体现

在儒家“保护弱者”人文法律思想的影响下，中国历来重视对老年人的权益特殊保护。在现代刑法中，依然可以看到对老年人特殊刑法保护的规定。从刑法学角度及刑事责任角度而言，由于老年人随着年龄的增加，其智力和身体健康水平日渐下降，其在刑法意义上的认识和控制自己行为的能力也在逐渐下降，其承受刑罚的能力也日渐减弱，因此，老年人犯罪的，理应对其从宽、从缓处罚；从犯罪学角度来看，由于老年人身心皆弱，而一般老年人又都有一定的财物积蓄，但老年人抵抗和防范犯罪的能力随着年龄的增长而不断降低，因而老年人很容易成为犯罪的对象，从这个角度来看，对老年人合法利益也应予以刑法特殊保护；从社会伦理学角度分析，中国自古以来就有尊老爱幼之传统，儒家历来重视老年人的权益保护，矜老原则是儒家法律化发展的结果。孔子曰：“宽以济猛，猛以济宽，政是以和。”尊老爱幼是中华民族的传统美德，我国古代法律深受儒家“保护弱者”人文思想的影响，在刑事法律中一直贯彻“矜老恤幼”的人文精神。老年人不仅为国家发展作出重要贡献，而且对家庭和谐发展也作出了巨大的牺牲，从社会人文伦理角度来看加强对老年人法律权益的特殊刑法保护也是可行的。我国刑法对于老年人权益的特殊刑法保护虽然不多，但也有所体现。

（一）在适用一般缓刑上规定对年满75周岁的老年人作出了刑法特殊保护

《刑法》第72条明确规定：“对于被判处拘役、三年以下有期徒刑的犯罪分子，同时符合下列条件的，可以宣告缓刑，对其中不满十八周岁的人、怀孕的妇女和已满七十五周岁的人，应当宣告缓刑：犯罪情节较轻；有悔罪表现；没有再犯罪的危险；宣告缓刑对所居住社区没有重大不良影响。”由于老年人随着年龄的增长，其受刑能力也逐渐地减弱，在符合缓刑适用条件的前提下，对年满七十五周岁的老年人应当适用缓刑，这不仅是刑罚人道所要求的，而且也符合刑罚经济性原则，充分体现国家和社会对老年犯罪人的宽容和关爱。

（二）对于老年人犯罪的刑事责任追究作了限制性规定

由于老年人随着年龄的增加其刑事责任能力和受刑能力逐渐减弱，国家考虑此种情况，对老年人犯罪予以从宽处罚。《刑法》第17条第5款规定：“已满七

十五周岁的人故意犯罪的，可以从轻或者减轻处罚；过失犯罪的，应当从轻或者减轻处罚。”刑法此规定充分体现我国刑法对老年人犯罪宽容，体现了国家对老年人的关心，体现了刑法人道主义，也体现了现代刑法的人文精神。

（三）刑法在老年人适用死刑上加以限制

《刑法修正案（八）》本着人道主义原则，在死刑适用上第一次将年满 75 岁的老年人列为限制适用的对象，成为刑法的一大人文亮点。修正后《刑法》第 49 条第 2 款规定：“审判的时候已满七十五周岁的人，不适用死刑，但以特别残忍手段致人死亡的除外。”对老年人在适用死刑上加以一定的限制，不仅体现了儒家“保护弱者”的人文法律思想，而且也体现儒家“反酷刑”人文法律思想，同时也体现了现代刑事法律的人文精神。

（四）对老年人家庭成员的平等生活权作出了刑法的特殊保护

在现实生活中，由于老年人身心皆弱，在家庭生活中容易成为其他家庭成员的负担，在道德滑坡的社会环境里，老年人容易成为其他家庭成员虐待和遗弃的对象，为了保障老年人家庭成活成员的平等生活权和老年人身权利不受侵犯，《刑法》第 260 条规定了虐待罪：“虐待家庭成员，情节恶劣的，处二年以下有期徒刑、拘役或者管制。犯前款罪，致使被害人重伤、死亡的，处二年以上七年以下有期徒刑。”同时，《刑法》第 261 条规定遗弃罪：“对于年老、年幼、患病或者其他没有独立生活能力的人，负有扶养义务而拒绝扶养，情节恶劣的，处五年以下有期徒刑、拘役或者管制。”

四、对残疾人特殊刑法保护的人文体现

儒家历来提倡对残疾人必须予以必要的人文关怀，在现代刑事法律制定过程中，也必须对残疾人的特殊保护一并体现在相应的刑法规定之中，以充分体现国家对残疾人的关心和关爱。残疾人或表现为肢体残疾，或表现为功能残缺，如视力听力缺陷等，或表现为智力缺陷，或表现为精神缺陷等，残疾人由于生理残疾，从而导致其在社会竞争过程中处于弱势地位：一方面其可能为了生存而产生犯罪行为；另一方面由于其生理残疾或智力缺陷导致其容易成为其他犯罪分子侵害的对象。对残疾人加大刑法保护的力度是现代刑法人文精神所要求的，无论是从人道主义还是基于人性出发，保护弱者都是自然法则所要求的。从刑法角度而言，只有加大对残疾人刑法的正向和反向保护，才能使其合法权益不受或少受犯罪行为的侵害，才能使其感受到国家和社会对其的关心和关爱，真正发挥刑法的保障功能。在现实生活中，虽然由于种种因素的影响，我国对残疾人的刑法特殊

保护规定的较少，但也是有所体现的：

（一）刑法明确规定了精神病人的刑事责任承担

《刑法》第18条明确规定：“精神病人在不能辨认或者不能控制自己行为的时候造成危害结果，经法定程序鉴定确认的，不负刑事责任，但是应当责令他的家属或者监护人严加看管和医疗；在必要的时候，由政府强制医疗。间歇性的精神病人在精神正常的时候犯罪，应当负刑事责任。尚未完全丧失辨认或者控制自己行为能力的精神病人犯罪的，应当负刑事责任，但是可以从轻或者减轻处罚。”这一刑法规定可以说是立法者考虑到了精神病人由于存在精神障碍，导致其与常人相比不能正常地学习、生活，从而也导致其刑事责任能力弱于常人，甚至在有些情况下完全不具备刑事责任能力，对精神病人予以刑法保护的规定既体现了刑法人道原则，也体现刑法的人文精神，这有助于维护残疾人的合法权益。

（二）规定对具有某些生理功能残疾人从宽处罚的原则性规定

《刑法》第19条规定“又聋又哑的人或者盲人犯罪，可以从轻、减轻或者免除处罚。”刑法的此条规定充分体现了我国刑法对生理功能缺陷者的残疾人的特殊保护，充分体现了儒家传统“保护弱者”的人文思想。一般来说，精神正常的人，其智力和知识随着年龄的增长而发展，达到一定年龄即开始具有刑事责任能力。但是，人也可能由于重要的生理功能丧失而影响其接受教育，导致其智力、思维以及其他能力的发展低于正常人，从而也影响其刑法意义上的辨认或控制行为能力的降低。出于对又聋又哑的人、盲人客观生理残疾情况的考虑，立法者对又聋又哑的人以及盲人犯罪的保护性规定也是非常必要的。

（三）对侵害残疾人人格尊严和身心健康的犯罪行为予以刑法规制

为了保障残疾人的合法权益不受侵犯，维护残疾人的人格尊严和身心健康的权益，《刑法》第262条第2款规定了组织残疾人、儿童乞讨罪：“以暴力、胁迫手段组织残疾人或者不满十四周岁的未成年人乞讨的，处三年以下有期徒刑或者拘役，并处罚金；情节严重的，处三年以上七年以下有期徒刑，并处罚金。”此条刑法规定充分体现了国家对于残疾人合法权益的特殊保护，充分体现国家和社会对残疾人关心爱护之情，体现了刑法的人道主义精神。

（四）对侵犯残疾人家庭生活平等权利的行为予以刑法规制

无论是生理残疾，还是智力缺陷，一般都会导致残疾人对于家庭贡献的减少，且常常生活不能自理；同时由于残疾人一般需要一定的财力支持其残疾医治费用，这样时间一长，极易引起其他家庭成员的怨恶，在当今家庭伦理道德滑坡的状况下，残疾人经常会遭到其他家庭成员的虐待或遗弃，使残疾人的家庭生活平等权及人身健康权、生命权等不到有效的保护。为此，《刑法》第260条规定了虐待罪："虐待家庭成员，情节恶劣的，处二年以下有期徒刑、拘役或者管制。犯前款罪，致使被害人重伤、死亡的，处二年以上七年以下有期徒刑。"《刑法》第261条规定了遗弃罪："对于年老、年幼、患病或者其他没有独立生活能力的人，负有扶养义务而拒绝扶养，情节恶劣的，处五年以下有期徒刑、拘役或者管制。"

五、对妇女特殊刑法保护的人文体现

（一）对怀孕妇女的刑法特殊保护

从我国发展历史来看，受儒家人文思想的影响，我国对妇女一直都持一种保护的态度，同时由于妇女天生的生理弱势，容易受到犯罪分子的侵犯，给予妇女更多的刑法保护是应当的。从怀孕妇女本身来看，现代科学研究已经表明，怀孕期的妇女容易情绪激动，经常会做出一些平时很难想象的过激行为，容易发生违法犯罪行为，对此国家和社会应当最大限度地给予宽容和理解。同时怀孕的妇女正在履行人类延续的责任，从人道主义来说，应当给予必要的刑法特殊保护。目前我国刑法仅在死刑适用上将怀孕的妇女作为一种限制对象。对怀孕妇女实行死刑，无论对于其本身还是腹中的胎儿都是不人道的，我国刑法禁止对其适用死刑，正是出于人道主义考量。为此，《刑法》第49条第1款规定，审判的时候怀孕的妇女，不适用死刑。对孕妇不适用死刑，是因为胎儿是无辜的，刑罚的适用不能涉及无辜，体现了刑罚的人道主义。同时《刑法》第72条规定："对于被判处拘役、三年以下有期徒刑的犯罪分子，同时符合下列条件的，可以宣告缓刑，对其中不满十八周岁的人、怀孕的妇女和已满七十五周岁的人，应当宣告缓刑。"从刑法此条规定来看，国家已经注意到了怀孕妇女的特殊情况，并对其予以特殊的刑法保护，体现了刑法"保护弱者"的人文思想。

（二）对妇女的性自由权利予以刑法特殊保护

在日常生活中，由于妇女天然生理结构的影响，女性遭受非法性侵害的比例要远远高于男性，对妇女性权利予以特殊的刑法保护是现代人文精神所要求的。为此，《刑法》第236条规定了强奸罪："以暴力、胁迫或者其他手段强奸妇女的，处三年以上十年以下有期徒刑。强奸妇女、奸淫幼女，有下列情形之一的，处十年以上有期徒刑、无期徒刑或者死刑：（一）强奸妇女、奸淫幼女情节恶劣的；（二）强奸妇女、奸淫幼女多人的；（三）在公共场所当众强奸妇女的；

(四)二人以上轮奸的;(五)致使被害人重伤、死亡或者造成其他严重后果的。"

(三)对妇女人格尊严和人身权利予以刑法特殊保护

为了保护女性的人格尊严不受侵害,《刑法》第237条规定了强制猥亵、侮辱妇女罪:"以暴力、胁迫或者其他方法强制猥亵妇女或者侮辱妇女的,处五年以下有期徒刑或者拘役。聚众或者在公共场所当众犯前款罪的,处五年以上有期徒刑。"此条刑法规定为有效地打击侵害妇女人格尊严的违法犯罪行为提供了强有力的依据,体现国家对于妇女人格尊严维护的人文关怀。

(四)对妇女人身不受买卖的权利予以刑法特殊保护

在现实生活中,由于男女生育比例的失调,有些违法犯罪分子将妇女当成商品进行买卖,严重侵害了妇女的人身不受买卖权利,也侵犯了妇女的人格尊严和人身自由权利,有些时候也侵犯了妇女性的不可侵犯权。为此,《刑法》第240条规定了拐卖妇女、儿童罪:"拐卖妇女、儿童的,处五年以上十年以下有期徒刑,并处罚金;有下列情形之一的,处十年以上有期徒刑或者无期徒刑,并处罚金或者没收财产;情节特别严重的,处死刑,并处没收财产:(一)拐卖妇女、儿童集团的首要分子;(二)拐卖妇女、儿童三人以上的;(三)奸淫被拐卖的妇女的;(四)诱骗、强迫被拐卖的妇女卖淫或者将被拐卖的妇女卖给他人迫使其卖淫的;(五)以出卖为目的,使用暴力、胁迫或者麻醉方法绑架妇女、儿童的;(六)以出卖为目的,偷盗婴幼儿的;(七)造成被拐卖的妇女、儿童或者其亲属重伤、死亡或者其他严重后果的;(八)将妇女、儿童卖往境外的。拐卖妇女、儿童是指以出卖为目的,有拐骗、绑架、收买、贩卖、接送、中转妇女、儿童的行为之一的。"

还有一些违法犯罪分子收买被拐卖的妇女,并且阻碍被拐卖妇女的解救,有的甚至违背妇女的意志,强奸收买的妇女,殴打、拘禁被拐卖的妇女,对被拐卖妇女的身心健康造成了极大的危害。为了切实保护被拐卖妇女的人身权利,《刑法》第241条规定了收买被拐卖的妇女、儿童罪,并对收买过程中的各种强奸、非法拘禁、故意伤害、侮辱被拐卖妇女行为的处罚予以了明确规定:"收买被拐卖的妇女、儿童的,处三年以下有期徒刑、拘役或者管制。收买被拐卖的妇女,强行与其发生性关系的,依照本法第二百三十六条的规定定罪处罚。收买被拐卖的妇女、儿童,非法剥夺、限制其人身自由或者有伤害、侮辱等犯罪行为的,依照本法的有关规定定罪处罚。收买被拐卖的妇女、儿童,并有第一款、第三款规定的犯罪行为的,依照数罪并罚的规定处罚。收买被拐卖的妇女、儿童又出卖的,依照本法第二百四十条的规定定罪处罚。"同时,《刑法》第242条规定了聚众阻碍解救被收买的妇女、儿童罪："以暴力、威胁方法阻碍国家机关工作人员解救被收买的妇女、儿童的，依照本法第二百七十七条的规定定罪处罚。聚众阻碍国家机关工作人员解救被收买的妇女、儿童的首要分子，处五年以下有期徒刑或者拘役；其他参与者使用暴力、威胁方法的，依照前款的规定处罚。"

在日常生活中，还有一些对被拐卖妇女负有解救职责的国家机关工作人员，在接到被拐卖妇女及其家属的解救要求或者接到其他公民的举报、报案，而对被拐卖妇女不进行解救，以致造成严重后果。为了保护被拐卖妇女的人身权益以及国家机关正常的工作活动，对这些不履行解救职责的国家机关工作人员，刑法也予以了相应的规制。《刑法》第 416 条规定了不解救被拐卖、绑架妇女、儿童罪；阻碍解救被拐卖、绑架妇女儿童罪："对被拐卖、绑架的妇女、儿童负有解救职责的国家机关工作人员，接到被拐卖、绑架的妇女、儿童及其家属的解救要求或者接到其他人的举报，而对被拐卖、绑架的妇女、儿童不进行解救，造成严重后果的，处五年以下有期徒刑或者拘役。负有解救职责的国家机关工作人员利用职务阻碍解救的，处二年以上七年以下有期徒刑；情节较轻的，处二年以下有期徒刑或者拘役。"

（五）对破坏良好社会风尚，侵害妇女人身权益的犯罪行为予以刑法规制

在现实生活中，有些违法犯罪分子将妇女当成了盈利的工具，组织、介绍、容留妇女卖淫，这些犯罪行为不仅破坏了良好的社会风尚，而且也在一定程度上侵犯了妇女的人身权益。为了打击此类犯罪，保护妇女的合法权益，《刑法》第 358 条规定了组织卖淫罪、强迫卖淫罪、协助组织卖淫罪："组织他人卖淫或者强迫他人卖淫的，处五年以上十年以下有期徒刑，并处罚金；有下列情形之一的，处十年以上有期徒刑或者无期徒刑，并处罚金或者没收财产：（一）组织他人卖淫，情节严重的；（二）强迫不满十四周岁的幼女卖淫的；（三）强迫多人卖淫或者多次强迫他人卖淫的；（四）强奸后迫使卖淫的；（五）造成被强迫卖淫的人重伤、死亡或者其他严重后果的。有前款所列情形之一，情节特别严重的，处无期徒刑或者死刑，并处没收财产。为组织卖淫的人招募、运送人员或者有其他协助组织他人卖淫行为的，处五年以下有期徒刑，并处罚金；情节严重的，处五年以上十年以下有期徒刑，并处罚金。"

同时《刑法》第 359 条第 1 款又规定了引诱、容留、介绍卖淫罪："引诱、容留、介绍他人卖淫的，处五年以下有期徒刑、拘役或者管制，并处罚金；情节严重的，处五年以上有期徒刑，并处罚金。"为了打击特种行业，组织、强迫、引诱、容留、介绍他人卖淫的行为，维护妇女的合法权益，《刑法》第 361 条又规定："旅馆业、饮食服务业、文化娱乐业、出租汽车业等单位的人员，利用本单位的条件，组织、强迫、引诱、容留、介绍他人卖淫的，依照本法第三百五十

八条、第三百五十九条的规定定罪处罚。前款所列单位的主要负责人，犯前款罪的，从重处罚。”

（六）对妇女婚姻自由权利的刑法特殊保护

婚姻自由是每一个公民的法定权利，但在司法实践中，由于妇女天然的生理弱势和家庭地位的影响，尤其是在一些贫穷落后地区，重男轻女的思想还十分严重，导致有些妇女的婚姻自由权利受到非法干涉和侵犯；在有些地区的大男子主义十分盛行，经常发生丈夫虐待妻子的案件；还有一些地方社会风气不正，在个人享乐主义的影响下，有一些丈夫经常出轨，发生婚外情，与所谓的“小三”双栖双飞，这些行为都严重侵犯了有关妇女的婚姻自由权利及身体健康权利。为了保障妇女的婚姻自由权利及人身健康权利不受侵犯，《刑法》第 257 条规定了暴力干涉婚姻自由罪：“以暴力干涉他人婚姻自由的，处二年以下有期徒刑或者拘役。犯前款罪，致使被害人死亡的，处二年以上七年以下有期徒刑。”《刑法》第 258 条规定了重婚罪：“有配偶而重婚的，或者明知他人有配偶而与之结婚的，处二年以下有期徒刑或者拘役。”《刑法》第 259 条规定了破坏军婚罪、强奸罪：“明知是现役军人的配偶而与之同居或者结婚的，处三年以下有期徒刑或者拘役。利用职权、从属关系，以胁迫手段奸淫现役军人的妻子的，依照本法第二百三十六条的规定定罪处罚。”《刑法》第 260 条规定了虐待罪：“虐待家庭成员，情节恶劣的，处二年以下有期徒刑、拘役或者管制。犯前款罪，致使被害人重伤、死亡的，处二年以上七年以下有期徒刑。”

第二节　儒家人文思想对现代民生刑法保护的人文影响

历代儒家都是从现世出发，重视人的生命权、生存权，也非常重视社会生活的公平性，并要求统治者尊重百姓的生命尊严，尊重百姓的生存权益，重视民生，为百姓提供安居乐业的社会条件。在一定程度上，儒家重视民生的人文思想促使封建统治者改善民生，增强百姓福祉做出了巨大的贡献。

目前我国经济建设虽然取得长足发展，人民生活水平逐渐提高，但随着经济发展所带来的民生问题也逐渐凸显，如环境保护不力、食品安全问题频发、水资源污染严重、药品安全问题、道路安全等影响民生的社会问题日渐突出，对上述事关民生的违法行为使用其他法律的惩治效果不显，关注和加大民生保护的呼声日渐高涨。吸收儒家注重民生人文法律思想合理内核，结合现代民生保护人文思想的具体要求，在党中央提出构建社会主义和谐社会的大背景之下，我国刑法在立法方面加大了打击侵害民生犯罪的力度，加大对民生的刑法保障。加大民生的刑法保障力度集中体现在《刑法修正案（八）》中。如针对近些年，对于人民群众反响强烈的严重危害人民群众的生命财产安全一些违法行为，在《刑法修正案（八）》中增设了危险驾驶罪、恶意欠薪罪、组织出卖人体器官罪等新罪名，并降低了食品犯罪入罪门槛，并提高其刑期、扩大特殊累犯和限制减刑等手段，加大对破坏民生犯罪的打击力度，强化了对公民的生命财产权的保护。通过刑法立法的修改将传统弱势群体的利益保护转变成刑法保护，将对弱势群体的“政治关心”转化成“刑法人文关怀”，体现了国家重视民生的基本立场和态度。

一、加强民生刑法保护的重要性

（一）民生问题是和谐社会建设的首要问题

所谓的民生问题，即有关国民的生计与生活问题。其具体内涵并不是一成不变的，民生的基本内涵随着时代的发展而有所不同。在目前形势下，自党中央提出构建和谐社会的基本执政理念以来，民生问题就成了这个时期面临的一大问题，抓住民生问题，也就抓住了构建和谐社会的根本。国家之所以高度关注民生问题，这是落实“以人为本”价值取向，使百姓安居乐业的重大问题。针对当前影响社会和谐的突出民生问题，党的十六届六中全会明确提出要以“解决人民群众最关心、最直接、最现实的利益问题为重点”，在坚持以人为本高度关注民生这一价值取向前提下，同时为解决民生问题提出了一系列富有针对性的政策措施，其中就包括动用刑法手段解决侵犯民生犯罪问题，真正使刑法成为民生安全保障法，使百姓生活无法律之忧。中国以及世界各国的发展历史证明，任何执政者只有将解决民生作为立国之本，并将民生问题切实解决好，社会才能得以安宁，和谐发展才不是一句空话。因为民生问题不仅事关广大百姓的根本利益，而且也影响到整个国家改革发展的大局，解决民生问题，是全面建设和谐社会的基础。纵观古今中外的历史，什么时候民生问题解决的好，什么时候社会就能和谐发展；什么时候民生问题解决的不好，社会就不能和谐发展，甚至发生社会的剧烈震荡，导致民不聊生。构建当今和谐社会，国家必须从民生问题入手，在制定一系列完善的相关行政措施的基础上，补充、完善相应的刑事手段，打击侵害民生、严重危害社会的犯罪行为。只有如此，和谐社会建设才有了法律保障，民生问题的解决和保护才有法可依，否则和谐社会建设只能成为镜花水月。

（二）民生问题关系到社会秩序的稳定与否

历代儒家非常重视民生，认为民生问题关系到国家社会秩序的稳定与否。中国的民本人文思想是自古就形成的，古语有云："国以民为本，民以食为天。"①这句话是我国古代朴素的民本思想，也是对民生问题重要性的认识。民生问题关乎社会治乱与政权兴亡，中国历代儒家均将发展民生为己任，无论孔子、孟子还是后来的朱熹等人均将"民生"与"国计"相提并论，民生搞不好，社会秩序就不稳定，而社会秩序不稳定，国家统治就不稳定，甚至造成国破家亡。中外人类发展历史证明，民生问题解决的好坏与国家能否发展存在着天然的联系。任何现实的统治者只有认真倾听民声，仔细关注民生，全面代表民意，将解决民生问题放在首位，社会秩序才能稳定，国家才能得到良好的发展。现代中国执政者也非常重视民生问题。2006 年 4 月，胡锦涛在美国耶鲁大学的演讲中指出："中华文明历来注重以民为本，尊重人的尊严和价值。早在千百年前，中国人就提出'民惟邦本，本固邦宁'、'天地之间，莫贵于人'，强调要利民、裕民、养民、惠民。今天，我们坚持以人为本，就是要坚持发展为了人民、发展依靠人民、发展成果由人民共享，关注人的价值、权益和自由，关注人的生活质量、发展潜能和幸福指数，最终是为了实现人的全面发展。"② 目前，我国经济发展虽然取得一定的成绩，但由于市场经济带来的各种弊端，影响民生的问题也很多。诸如食品安全、生态环境安全、药品安全，这些问题都与百姓的生活息息相关，而这些与民生有关的问题目前仅依靠相应的行政手段还解决得很不好。如果这些问题解决不好，不仅会使我国改革开放的成果付之东流，而且也会造成民心不稳，社会秩序自然不能稳定。因此，必须采取各种手段，其中尤应重视刑事手段对破坏民生、影响民生，具有严重社会危害性的违法行为予以规制。只有彻底解决好民生问题，社会才能安定，才能和谐，才能可持续地发展。

（三）加强民生刑法保护体现了刑法的公平正义

当今，我国市场经济的发展和全球化的浪潮带来了许多前所未有的民生问题。由于市场经济带来的负面影响，导致有些人唯利是图，为了图利不择手段，如生产食品的生产有毒、有害食品，生产药品的制售假药、劣药，开采矿山无序开采，各种生产企业向江、河、地下乱倾倒未经处理的污水等。这些行为严重影响了民生，搞得百姓怨声载道，再加上经济发展带来的腐败问题，百姓的日常生活受到了极大危害。中国儒家早就认识到君子爱财取之有道的道理，孔子充分肯定了作为个体的人追求财富、名誉、地位等利益的合理性，同时又强调个人利益的追求必须具有正当性。孔子说："富且贵，是人之所欲也，不以其道得之，不处也；贫与贱，是人之所恶也，不以其道去之，不去也。"③ 在市场经济的环境

---

① 陈寿：《三国志》。

② 陈增辉：《"以人为本"最早源于我国古代》，载于《书摘》2008 年第 12 期。

③ 胡仁智：《论孔子"义利"观与现代法治和谐理念》，载于《现代法学》2006 年第 4 期。

下，通过各种正当竞争手段进而获取各种利益是无可厚非的，但是对于市场竞争必须是在符合法律和“义”的范围和条件下进行，不能在损害他人利益的情况下竞争，更不能为了私利而不择手段，甚至严重危及百姓的民生。如果放任危害民生的行为继续下去，市场经济带来的改革成果将丧失殆尽，百姓将怨声载道，社会正义得不到伸张，法律的公平正义将得不到实现。各种民生安全问题在刑事领域内呈现出涉及范围广泛、社会危害性大、受关注度高的特点。在当下，各种侵犯民生安全的违法犯罪行为用一般的行政手段很难收到良好的效果，应根据民生保护的需要，动用刑罚手段对那些严重侵害人民群众生命安全的犯罪行为予以严厉处罚。对拒不支付劳动报酬而严重影响百姓正常生活，对醉酒驾车、飙车影响百姓交通安全的行为入罪处理；同时，对生产有毒有害食品，制售假药、劣药以及严重污染环境影响民生的行为，一是降低入罪的门槛；二是加大处刑的力度，充分保障民生，伸张正义，充分体现刑法面前人人平等，体现刑法的公平正义。

二、民生领域刑法保护的体现

（一）食品安全的刑法规制

民以食为天，食以安为先，食品安全是关系人民群众身体健康和生命安全的一件大事，也是影响百姓民生的头等大事。食品安全做得好不好，直接影响到社会秩序的稳定与否。近些年来发生的三聚氰胺、地沟油、瘦肉精等事件危害较大，而这些影响恶劣的食品安全事件，都是由不法分子故意犯罪造成的。所以可以说，当前我们国家食品安全违法犯罪活动猖獗是影响食品安全的一个突出问题和主要症结。食品安全犯罪波及范围非常广泛，严重影响到百姓的日常正常生活，频频发生的食品安全问题不断刺激着老百姓的敏感神经，“加大对食品安全犯罪的处罚”成为普遍呼声。国家对此也高度重视，明确提出要将严惩重处作为食品安全治理常态，重拳出击，保持高压打击态势。有关统计数字显示，2011～2012年，全国法院共审结生产、销售不符合安全（卫生）标准的食品刑事案件和生产、销售有毒、有害食品刑事案件1533件；生效判决人数2088人。近3年来，中国法院审结这类案件的数量呈逐年上升的趋势。2011年、2012年审结上述两类刑事案件同比增长分别为179.83%和224.62%；生效判决人数同比增长159.88%和257.48%。食品安全的严峻形势迫使国家不得不从刑事政策的角度考虑应对。储槐植教授认为，食品安全犯罪刑事政策有其特有的价值维度，并具体表现为优先保障人的生命权、健康权和偏重防患于未然。目前我国刑法对于食品安全的犯罪打击主要体现在：一是降低了食品犯罪的入罪门槛；二是提高了食品犯罪的法定刑。同时，我国食品安全存在的巨大隐患与相关行政执法人员执法不力有着直接的关系，对此我国刑法也有相应的规定。

1. 对生产、销售不合格、有毒、有害食品的行为予以刑法规制。《刑法》第143条规定了生产、销售不符合安全标准的食品罪："生产、销售不符合食品安全标准的食品，足以造成严重食物中毒事故或者其他严重食源性疾病的，处三年以下有期徒刑或者拘役，并处罚金；对人体健康造成严重危害或者有其他严重情节的，处三年以上七年以下有期徒刑，并处罚金；后果特别严重的，处七年以上有期徒刑或者无期徒刑，并处罚金或者没收财产。"《刑法》第144条规定了生产、销售有毒、有害食品罪："在生产、销售的食品中掺入有毒、有害的非食品原料的，或者销售明知掺有有毒、有害的非食品原料的食品的，处五年以下有期徒刑，并处罚金；对人体健康造成严重危害或者有其他严重情节的，处五年以上十年以下有期徒刑，并处罚金；致人死亡或者有其他特别严重情节的，依照本法第一百四十一条的规定处罚。"通过对生产不合格食品乃至生产有毒、有害食品行为的刑法规制，进一步保障了民生食品安全。

2. 对国家机关工作人员食品监管渎职行为予以刑法规制。为了进一步规制食品监管渎职的行为，促使负有食品安全监管职责的国家机关工作人员认真履行监管职责，《刑法》第408条第2、3款规定了食品监管渎职罪："负有食品安全监督管理职责的国家机关工作人员，滥用职权或者玩忽职守，导致发生重大食品安全事故或者造成其他严重后果的，处五年以下有期徒刑或者拘役；造成特别严重后果的，处五年以上十年以下有期徒刑。徇私舞弊犯前款罪的，从重处罚。"

3. 有关司法解释进一步明确了食品犯罪的有关问题。为了准确打击危害食品安全犯罪，最高人民检察院、最高人民法院还专门出台了《最高人民法院、最高人民检察院关于办理危害食品安全刑事案件适用法律若干问题的解释》。该司法解释首次明确，"超限量或者超范围滥用食品添加剂"，造成的危害后果符合刑法规定，会被追究刑事责任；同时该司法解释还首次明确了有关危害食品安全犯罪的定罪量刑标准，并将婴幼儿食品、不合格肉类、农药残留、污染物质等情形纳入司法解释中。该司法解释还明文规定明知他人生产、销售不符合食品安全标准的食品，有毒、有害食品，仍然提供广告等宣传的，追究广告发布者的刑事责任。该解释还对负有食品监管职责不履行或不正确履行监管职责，造成严重危害后果的予以追究刑事责任：负有食品安全监督管理职责的国家机关工作人员，滥用职权或者玩忽职守，导致发生重大食品安全事故或者造成其他严重后果，同时构成食品监管渎职罪和徇私舞弊不移交刑事案件罪、商检徇私舞弊罪、动植物检疫徇私舞弊罪、放纵制售伪劣商品犯罪行为罪等其他渎职犯罪的，依照处罚较重的规定定罪处罚。负有食品安全监督管理职责的国家机关工作人员滥用职权或者玩忽职守，不构成食品监管渎职罪，但构成前款规定的其他渎职犯罪的，依照该其他犯罪定罪处罚。负有食品安全监督管理职责的国家机关工作人员与他人共谋，利用其职务行为帮助他人实施危害食品安全犯罪行为，同时构成渎职犯罪和危害食品安全犯罪共犯的，依照处罚较重的规定定罪处罚。

（二）药品安全的刑法规制

近年来，药品安全事件不断曝光：2009 年，江苏曝出狂犬疫苗造假大案，21 万份问题狂犬疫苗流向 27 个省市，至少 1000 万人受害；2010 年，有关媒体曝光山西近百名儿童注射疫苗后或死或残。这些事件的曝光折射出药品安全的刑法规制的急迫性。人都是吃五谷杂粮长大的，哪能天天都无病无灾。而百姓一旦生病首先想到的是吃药、打针，吃药、打针为的就是能够治病，保持身体的健康。而目前，在市场经济不良因素的影响下，有一部分违法犯罪分子利欲熏心，违反国家药品管理法，将百姓的生命健康置之不顾，生产假药、劣药甚至有毒药品，本来是救命的药品瞬间成为了夺命的毒药，严重危及百姓的生命健康。随着药品安全问题的日益暴露，百姓要求加强打击制造假药、劣药的呼声也日益高涨。在此种情形下，为加强药品安全的刑法保护，很多专家学者也提出了加大打击生产、销售假药、劣药的力度，从刑法角度规制相应的犯罪行为，保障人民群众生命健康安全。为了打击药品犯罪，我国刑法有以下具体规定：

1. 对生产、销售假药的犯罪行为予以刑法规制。生产、销售假药对民众的身心健康带来极大危害，严重破坏了公众的生存权，为了严惩生产、销售假药行为，维护民众身心健康，《刑法》第 141 条规定了生产、销售假药罪："生产、销售假药的，处三年以下有期徒刑或者拘役，并处罚金；对人体健康造成严重危害或者有其他严重情节的，处三年以上十年以下有期徒刑，并处罚金；致人死亡或者有其他特别严重情节的，处十年以上有期徒刑、无期徒刑或者死刑，并处罚金或者没收财产。本条所称假药，是指依照《中华人民共和国药品管理法》的规定属于假药和按假药处理的药品、非药品。"通过本条规定可以看出，刑法将生产、销售假药行为的入罪门槛降低，取消了原来此行为"足以危害人体健康"条件，只要生产、销售假药就构成本罪，极大地震慑了相关违法犯罪分子，在一定程度上体现了国家对民生的高度关注和对民众负责任的人文关怀。

2. 对生产、销售劣药犯罪行为予以刑法规制。生产、销售劣药虽然社会危害性较之生产、销售假药行为的社会危害性要小一些，但是在生活中有一些危重病人由于使用劣药，延误了救治的时机，导致了严重危害后果的发生。为了打击生产、销售劣药行为，保障民众的身体健康，《刑法》第 142 条生产、销售劣药罪："生产、销售劣药，对人体健康造成严重危害的，处三年以上十年以下有期徒刑，并处销售金额百分之五十以上二倍以下罚金；后果特别严重的，处十年以上有期徒刑或者无期徒刑，并处销售金额百分之五十以上二倍以下罚金或者没收财产。本条所称劣药，是指依照《中华人民共和国药品管理法》的规定属于劣药的药品。”

（三）对生产、销售伪劣产品、不合格产品的犯罪行为予以刑法规制

目前在市场经济条件下，有些生产经营者为了追求高额利润，不顾民众的生命健康、财产安全，生产、销售一些伪劣产品和不合格产品，对民众的生命、健康、财产安全带来了极大的危害。为了打击此类犯罪行为，维护民众的生命健康及财产权益，《刑法》第140条规定了生产、销售伪劣产品罪：“生产者、销售者在产品中掺杂、掺假，以假充真，以次充好或者以不合格产品冒充合格产品，销售金额五万元以上不满二十万元的，处二年以下有期徒刑或者拘役，并处或者单处销售金额百分之五十以上二倍以下罚金；销售金额二十万元以上不满五十万元的，处二年以上七年以下有期徒刑，并处销售金额百分之五十以上二倍以下罚金；销售金额五十万元以上不满二百万元的，处七年以上有期徒刑，并处销售金额百分之五十以上二倍以下罚金；销售金额二百万元以上的，处十五年有期徒刑或者无期徒刑，并处销售金额百分之五十以上二倍以下罚金或者没收财产。”《刑法》第146条规定了生产、销售不符合安全标准的产品罪：“生产不符合保障人身、财产安全的国家标准、行业标准的电器、压力容器、易燃易爆产品或者其他不符合保障人身、财产安全的国家标准、行业标准的产品，或者销售明知是以上不符合保障人身、财产安全的国家标准、行业标准的产品，造成严重后果的，处五年以下有期徒刑，并处销售金额百分之五十以上二倍以下罚金；后果特别严重的，处五年以上有期徒刑，并处销售金额百分之五十以上二倍以下罚金。”

同时，对负有监管职责的国家机关工作人员徇私舞弊，不履行法律规定的职责予以刑法规制。目前，有些负有对生产、销售伪劣产品行为进行监督、管理、追究相关行为人责任的国家机关工作人员，徇私枉法，故意不追究相关行为人的责任，导致生产销售伪劣产品的泛滥，造成了极大的社会危害性，也损害了国家形象，败坏了国家公职人员的廉洁性。为了打击此类犯罪，《刑法》第414条规定了放纵制售伪劣商品犯罪行为罪：“对生产、销售伪劣商品犯罪行为负有追究责任的国家机关工作人员，徇私舞弊，不履行法律规定的追究职责，情节严重的，处五年以下有期徒刑或者拘役。”

（四）对生产、销售伪劣农药、兽药、化肥、种子犯罪行为予以刑法规制

农民是我国公民最主要的组成部分，即使我国现代化进程已经进行了多年，城镇化的脚步也随着加快，但目前来看我国的农民成分仍高居不下。我国和谐社会的发展、建设都离不开农民。而随着市场经济的发展，一些不良商贩借农民求良种、求良药心切的机会，向农民兜售假冒伪劣的“良种”、劣质化肥、劣质农药，以牟取暴利。再加上农民受知识的限制，辨别能力不高，坑农、害农、伤农

事件在广大农村不断发生。伪劣农药、化肥、种子的生产和销售不仅会使农作物大面积减产，甚至会使农民一年的辛勤劳动付之东流。切实保障农民的权益不受侵害，不仅是各级政府和有关行政执法部门一项不可忽视的重要任务，动用刑罚手段惩治伤农、坑农、害农行为也是保障民生的重要手段。《刑法》第 147 条规定了生产、销售伪劣农药、兽药、化肥、种子罪："生产假农药、假兽药、假化肥，销售明知是假的或者失去使用效能的农药、兽药、化肥、种子，或者生产者、销售者以不合格的农药、兽药、化肥、种子冒充合格的农药、兽药、化肥、种子，使生产遭受较大损失的，处三年以下有期徒刑或者拘役，并处或者单处销售金额百分之五十以上二倍以下罚金；使生产遭受重大损失的，处三年以上七年以下有期徒刑，并处销售金额百分之五十以上二倍以下罚金；使生产遭受特别重大损失的，处七年以上有期徒刑或者无期徒刑，并处销售金额百分之五十以上二倍以下罚金或者没收财产。"

（五）对危害公共卫生犯罪行为的刑法规制

近些年来，鼠疫、猩红热、非典、禽流感等传染病流行以及相关的恶性动植物疫病严重危害人类健康，这些传染性疾病总是让民众深感恐慌，同时，公众对艾滋病等性传染病更是避之不及。这些传染性病毒有些人类已经找到了有效的治疗方法，有些仍然没有找到有效的治疗方法。随着现代化的发展，环境污染和全球气候变暖，新的传染病源随时可能会出现。在日常生活中，有些身患传染病的人故意传播传染病，或者负有防治传染病职责的人故意不履行或错误履行职责，再加上普通民众对相关的传染病知识了解的有限，这些不利因素都加大了传染病散播的概率。而传染病、疫病一旦爆发，不仅严重威胁到社会秩序的稳定，而且严重影响百姓的民生安全。因此，对于上述行为规制除了应加强行政规制以外，必须重视利用刑法规制的手段，对那些严重危及公众卫生安全，危及公众生命、身体健康的行为予以刑法惩罚。为加强公共卫生的管理，有效打击危害公共卫生的犯罪，维护民生卫生安全，我国刑法专门作出以下规定：

1. 对于一般社会个体或单位违反国家传染病防治法规或动植物防疫法规行为的刑法规制。《刑法》第 330 条规定了妨害传染病防治罪："违反传染病防治法的规定，有下列情形之一，引起甲类传染病传播或者有传播严重危险的，处三年以下有期徒刑或者拘役；后果特别严重的，处三年以上七年以下有期徒刑：（一）供水单位供应的饮用水不符合国家规定的卫生标准的；（二）拒绝按照卫生防疫机构提出的卫生要求，对传染病病原体污染的污水、污物、粪便进行消毒处理的；（三）准许或者纵容传染病病人、病原携带者和疑似传染病病人从事国务院卫生行政部门规定禁止从事的易使该传染病扩散的工作的；（四）拒绝执行卫生防疫机构依照传染病防治法提出的预防、控制措施的。单位犯前款罪的，对单位判处罚金，并对其直接负责的主管人员和其他直接责任人员，依照前款的规定处罚。甲类传染病的范围，依照《中华人民共和国传染病防治法》和国务院有关规定确定。”

《刑法》第 331 条规定了传染病菌种、毒种扩散罪：“从事实验、保藏、携带、运输传染病菌种、毒种的人员，违反国务院卫生行政部门的有关规定，造成传染病菌种、毒种扩散，后果严重的，处三年以下有期徒刑或者拘役；后果特别严重的，处三年以上七年以下有期徒刑。”

《刑法》第 332 条规定了妨害国境卫生检疫罪：“违反国境卫生检疫规定，引起检疫传染病传播或者有传播严重危险的，处三年以下有期徒刑或者拘役，并处或者单处罚金。单位犯前款罪的，对单位判处罚金，并对其直接负责的主管人员和其他直接责任人员，依照前款的规定处罚。”

《刑法》第 337 条还规定了妨害动植物防疫、检疫罪：“违反有关动植物防疫、检疫的国家规定，引起重大动植物疫情的，或者有引起重大动植物疫情危险，情节严重的，处三年以下有期徒刑或者拘役，并处或者单处罚金。单位犯前款罪的，对单位判处罚金，并对其直接负责的主管人员和其他直接责任人员，依照前款的规定处罚。”

2. 对于传染病或动植物疫情负有防治、检疫职责的国家机关工作人员不履行或不正确履行职责行为的刑法规制。为了防止传染病的传播或动物疫情的传播、蔓延，我国都制定相关的防治和检疫法规，明确了相关国家机关及其工作人员的防治、检疫职责，但在司法实践中，有一些国家机关的工作人员工作极其不负责任，不履行或不正确履行传染病防治或动植物疫情检疫，造成了极其恶劣的影响，严重影响了民生安全，也严重影响了社会秩序的稳定，损害了国家的形象。为了有效打击此类犯罪行为，《刑法》第 409 条规定了传染病防治失职罪：“从事传染病防治的政府卫生行政部门的工作人员严重不负责任，导致传染病传播或者流行，情节严重的，处三年以下有期徒刑或者拘役。”《刑法》第 413 条规定了动植物检疫徇私舞弊罪；动植物检疫失职罪：“动植物检疫机关的检疫人员徇私舞弊，伪造检疫结果的，处五年以下有期徒刑或者拘役；造成严重后果的，处五年以上十年以下有期徒刑。前款所列人员严重不负责任，对应当检疫的检疫物不检疫，或者延误检疫出证、错误出证，致使国家利益遭受重大损失的，处三年以下有期徒刑或者拘役。”

（六）恶意欠薪的刑法规制

在现实生活中，无良企业主拖欠工资，拒不支付劳动报酬的事件屡见不鲜。2003 年年底，温家宝总理帮助重庆云阳民工熊德明讨薪，使拖欠农民工工资的问题引起了全社会极大的关注。近些年来，受全球金融危机的影响，我国不良企业恶意欠薪的行为逐年增多，农民工讨薪下跪、爬塔吊、跳楼等负面新闻屡屡见诸报刊、电视等新闻媒体。无良企业主恶意拖欠职工工资，已成为一个危及民生的重大社会问题。恶意欠薪行为不仅侵犯了职工的获得劳动报酬权，并且对企业职工及其家属的生存权也造成了很大危害，激化了被欠薪职工与政府和社会的对立矛盾。由于被欠薪的职工大多数是农民工，他们没有较高的社会地位，属于无权者阶层，再加上其他腐败原因的影响，使得我国有些行政执法部门的执法人员执法不严或徇私枉法，导致被欠薪职工的法律维权时间周期长、执行难，在无形中放纵了恶意欠薪行为的泛滥。在司法实践中，有很多的被欠薪者，通过正当渠道没有办法获得自己的劳动报酬，这就使很多被欠薪职工选择集体讨薪或者采用上述极端方式讨薪。这样就使一些讨薪不成的劳动者上访并成为上访专业户，更有甚者，有些讨薪不成的职工冲击国家机关，造成流血事件，甚至演变成集体性流血恶性事件。这些年来因讨薪引发的流血事件令人触目惊心，用一般的行政法规规制恶意欠薪行为已经不能满足保护被欠薪职工的劳动报酬获得权，也不能保障被欠薪职工及其家属的正常生存权，从而恶意欠薪入刑是符合民生保护的基本要求的，也体现刑法以人为本的人文精神。我国对刑法对恶意前者的刑法规制主要体现在：

1. 用刑法修正案的方式对恶意欠薪者予以刑法规制。《刑法》第276条第2、3、4款增设了拒不支付劳动报酬罪：“以转移财产、逃匿等方法逃避支付劳动者的劳动报酬或者有能力支付而不支付劳动者的劳动报酬，数额较大，经政府有关部门责令支付仍不支付的，处三年以下有期徒刑或者拘役，并处或者单处罚金；造成严重后果的，处3年以上7年以下有期徒刑，并处罚金。单位犯前款罪的，对单位判处罚金，并对其直接负责的主管人员和其他直接责任人员，依照前款的规定处罚。有前两款行为，尚未造成严重后果，在提起公诉前支付劳动者的劳动报酬，并依法承担相应赔偿责任的，可以减轻或者免除处罚。”此条刑法规定对于规制恶意欠薪行为，保护劳动者合法获得劳动报酬权和生存权具有非常大的积极意义。

2. 通过司法解释的方式对恶意欠薪行为进一步予以规制。虽然《刑法修正案（八）》规定了恶意欠薪行为要追究刑事责任，但由于立法原因导致追究恶意欠薪者的标准难以把握，导致新规出台后，各地恶意欠薪者仍不断出现。如什么是劳动报酬？什么行为是逃避支付？什么是数额较大？什么是责令支付仍拒不支付？什么是责令支付？由谁责令支付视为有效？什么是造成严重后果等，这些问题界限不明，导致司法部门在司法实践中很难操作。为了准确和严格规制恶意欠薪违法犯罪行为，保障被欠薪职工的合法权益，最高人民法院又发布了《关于审理拒不支付劳动报酬刑事案件适用法律若干问题的解释》。该解释对有关的恶意欠薪行为刑罚适用相关标准予以了明确界定：

第一，对劳动报酬范围予以了规定：劳动报酬，包括工资、奖金、津贴、补贴、延长工作时间的工资报酬及特殊情况下支付的工资等。

第二，对“以转移财产、逃匿等方法逃避支付劳动者的劳动报酬”行为予以明确界定，即隐匿财产、恶意清偿、虚构债务、虚假破产、虚假倒闭或者以其他方法转移、处分财产的；逃跑、藏匿的；隐匿、销毁或者篡改账目、职工名册、工资支付记录、考勤记录等与劳动报酬相关的材料的；以其他方法逃避支付劳动报酬的。

第三，对欠薪“数额较大”予以了界定，即拒不支付1名劳动者3个月以上的劳动报酬且数额在5000元至2万元以上的；拒不支付10名以上劳动者的劳动报酬且数额累计在3万元至10万元以上的。

第四，对经哪个政府部门责令支付做出了明确的界定：经人力资源社会保障部门或者政府其他有关部门依法以限期整改指令书、行政处理决定书等文书责令支付劳动者的劳动报酬后，在指定的期限内仍不支付的，应当认定为《刑法》第276条第1款规定的“经政府有关部门责令支付仍不支付”，但有证据证明行为人有正当理由未知悉责令支付或者未及时支付劳动报酬的除外。

第五，对恶意欠薪造成的“严重后果”予以了明确界定：造成劳动者或者其被赡养人、被扶养人、被抚养人的基本生活受到严重影响、重大疾病无法及时医治或者失学的；对要求支付劳动报酬的劳动者使用暴力或者进行暴力威胁的；造成其他严重后果的。

第六，对于恶意欠薪行为罪与非罪的界限以及刑罚适用予以了界定：拒不支付劳动者的劳动报酬，尚未造成严重后果，在刑事立案前支付劳动者的劳动报酬，并依法承担相应赔偿责任的，可以认定为情节显著轻微危害不大，不认为是犯罪；在提起公诉前支付劳动者的劳动报酬，并依法承担相应赔偿责任的，可以减轻或者免除刑事处罚；在一审宣判前支付劳动者的劳动报酬，并依法承担相应赔偿责任的，可以从轻处罚。对于免除刑事处罚的，可以根据案件的不同情况，予以训诫、责令具结悔过或者赔礼道歉。拒不支付劳动者的劳动报酬，造成严重后果，但在宣判前支付劳动者的劳动报酬，并依法承担相应赔偿责任的，可以酌情从宽处罚。

第七，对于恶意欠薪的有关刑法适用做出了具体的界定：不具备用工主体资格的单位或者个人，违法用工且拒不支付劳动者的劳动报酬，数额较大，经政府有关部门责令支付仍不支付的，应当依照《刑法》第276条的规定，以拒不支付劳动报酬罪追究刑事责任。用人单位的实际控制人实施拒不支付劳动报酬行为，构成犯罪的，应当依照《刑法》第276条的规定追究刑事责任；单位拒不支付劳动报酬，构成犯罪的，依照本解释规定的相应个人犯罪的定罪量刑标准，对直接负责的主管人员和其他直接责任人员定罪处罚，并对单位判处罚金。

（七）对严重影响民众出行安全的醉驾、飙车行为予以刑法规制

近年来，由于各方面不良因素的影响，部分驾驶人员法制观念淡薄，出现了大量的醉驾、飙车违法行为，这些违法行为严重危及人民群众的生命、健康及财产安全，引起了广大群众的不满，要求对此类行为予以严厉惩罚的呼声日渐高涨。在当前保障民生，建设和谐社会的大背景下，醉驾、飙车行为与此格格不入。为了保障人民群众的出行安全，保障人民群众的生命、健康和财产安全，《刑法修正案（八）》将醉驾及飙车行为列为犯罪行为予以刑法规制，彰显了国家保障民生的基本态度。《刑法》第133条第2款明确规定："在道路上驾驶机动车追逐竞驶，情节恶劣的，或者在道路上醉酒驾驶机动车的，处拘役，并处罚金。"随着醉驾和飙车行为的入罪，我国交通安全形势明显得以好转，人民群众的生命健康及财产安全在一定程度上得到了保障，彰显了刑法保护民生的人文思想。

第三节 儒家反酷刑人文法律思想对我国现行刑法的影响

历代儒家们始终不遗余力地弘扬并传承"仁爱"精神，高举着人文思想的旗帜，要求统治者立法宽简，慎刑、恤刑，反对酷刑。中国古代反酷刑的历史，就是儒家人文思想发展的历史。作为儒家人文思想的创始人孔子就猛烈抨击酷刑，反对严刑重罚，提出了许多反酷刑的观点和主张。如孔子认为："不教而杀谓之虐"① 孟子曰："民之憔悴于虐政，未有甚于此时者也"② 荀子也说："不教其民而听其狱，杀不辜也。"③ 据论语记载："曾子有疾，召门弟子曰：'启予足！启予手！'《诗云》：'战战兢兢，如临深渊，如履薄冰。'而今尔后，吾知免夫！小子！"④ 儒家反对酷刑的人文思想不仅对中国古代刑法的人文特点的形成具有极为重要的意义，而且对我国现行刑法的反对酷刑也产生了深刻的影响。随着世界范围的反酷刑，废除死刑和控制死刑适用的发展，我国也十分重视反酷刑人文思想建设，在吸收和继承传统儒家反酷刑人文思想合理内核的基础上，结合现代刑法反酷刑人文思想的要求，严格限制和控制死刑的适用，对保障人权起到了积极的作用。我国刑法在反酷刑、严格控制和适用死刑方面做出了巨大的努力，具体

---

① 《论语·尧曰》。
② 《孟子·梁惠王上》。
③ 《荀子·宥坐》。
④ 《论语·泰伯》。

体现在：

一、现行刑法明确规定了刑讯逼供罪、暴力取证罪、非法拘禁罪、虐待被监管人罪等酷刑范畴的罪名

我国刑法为了提倡司法文明，禁止司法暴力，反对酷刑，分别在《刑法》有关条文中规定了对酷刑的认定和处罚。如《刑法》第238条明确规定："非法拘禁他人或者以其他方法非法剥夺他人人身自由的，处三年以下有期徒刑、拘役、管制或者剥夺政治权利。具有殴打、侮辱情节的，从重处罚。犯前款罪，致人重伤的，处三年以上十年以下有期徒刑；致人死亡的，处十年以上有期徒刑。使用暴力致人伤残、死亡的，依照本法第二百三十四条、第二百三十二条的规定定罪处罚。国家机关工作人员利用职权犯前三款罪的，依照前三款的规定从重处罚。"《刑法》第247条明确规定："司法工作人员对犯罪嫌疑人、被告人实行刑讯逼供或者使用暴力逼取证人证言的，处三年以下有期徒刑或者拘役。致人伤残、死亡的，依照本法第二百三十四条、第二百三十二条的规定定罪从重处罚。"《刑法》第248条明确规定："监狱、拘留所、看守所等监管机构的监管人员对被监管人进行殴打或者体罚虐待，情节严重的，处三年以下有期徒刑或者拘役；情节特别严重的，处三年以上十年以下有期徒刑。致人伤残、死亡的，依照本法第二百三十四条、第二百三十二条的规定定罪从重处罚。监管人员指使被监管人殴打或者体罚虐待其他被监管人的，依照前款的规定处罚。"上述刑法规定对于减少司法人员对犯罪嫌疑人、被告人施用酷刑提供了法律保障，也体现了刑法人文精神。

二、限制和减少了死刑的适用

根据中国现阶段社会的实际情况和发展需要，基于反酷刑的人文思想，我国现阶段在死刑问题上一贯坚持的刑事政策是：保留死刑，限制死刑，坚持少杀，防止错杀。现行刑法较好地贯彻了这一政策，对死刑进行了严格的限制和削减。

（一）死刑适用的条件限制

《刑法》第48条第1款明确规定"死刑只适用于罪行极其严重的犯罪分子"，刑法通过对死刑适用条件的限制，将死刑的适用条件严格限制于性质极其严重、犯罪情节极其严重以及犯罪分子人身危险性极其严重的犯罪分子。

（二）从适用死刑的对象上进行严格限制

《刑法》第49条规定："犯罪的时候不满十八周岁的人和审判的时候怀孕的妇女，不适用死刑。审判的时候已满七十五周岁的人，不适用死刑，但以特别残忍手段致人死亡的除外。"这里所说的不适用死刑，既包括不适用死刑立即执行，也包括不适用死刑缓期2年执行。刑法的此条规定，不仅充分体现了我国传统的矜老恤幼的人文思想，而且充分体现国家和社会对老幼、孕妇的关爱，也体现了刑法人道主义精神。

（三）进一步大幅度削减了死刑罪名，减少死刑的适用范围

2011年2月25日通过的、自2011年5月1日起施行的《刑法修正案（八）》将13个经济性非暴力犯罪取消了死刑的规定，使我国死刑罪名由68个减至55个，这也是《刑法修正案（八）》中最引人注目的一项修改。这项修改是1979年新中国刑法颁布以来第一次削减死刑罪名，凸显了对生命的尊重和对人权的保障。《刑法修正案（八）》取消的13项死刑罪名是：票据诈骗罪，金融凭证诈骗罪，信用证诈骗罪，虚开增值税专用发票、用于骗取出口退税、抵扣税款发票罪，伪造、出售伪造的增值税专用发票罪，走私文物罪，走私贵重金属罪，走私珍贵动物、珍贵动物制品罪，走私普通货物、物品罪，盗窃罪，传授犯罪方法罪，盗掘古文化遗址、古墓葬罪，盗掘古人类化石、古脊椎动物化石罪。《刑法修正案（八）》大幅度削减死刑罪名，经过立法委员的慎重选择，将近年来很少使用的13个非暴力性涉财犯罪取消死刑的规定，充分体现了国家限制和较少死刑适用的决心和态度，这对于保障人权，反对酷刑人文思想的进一步弘扬具有极其重要的意义。

（四）从死刑的执行制度上进行限制

《刑法》第48条第1款规定："对于应当判处死刑的犯罪分子，如果不是必须立即执行的，可以判处死刑的同时宣告缓期二年执行。"我国死刑缓期执行制度的确立，为罪行较为严重的犯罪分子留出了一条改过自新之路。同时，《刑法》第50条明确规定："判处死刑缓期执行的，在死刑缓期执行期间，如果没有故意犯罪，二年期满以后，减为无期徒刑；如果确有重大立功表现，二年期满以后，减为二十五年有期徒刑；如果故意犯罪，查证属实的，由最高人民法院核准，执行死刑。"

（五）从死刑核准主体上予以限制

为了统一死刑的适用标准，严格控制死刑的适用，确保死刑的公正适用，

《刑法》第48条第2款明确规定："死刑除依法由最高人民法院判决的以外，都应当报请最高人民法院核准。死刑缓期执行的，可以由高级人民法院判决或者核准。"从刑法的此条规定来看，凡是被判处死刑立即执行的案件一律由最高人民法院核准，判处死刑缓期二年执行的案件由高级人民法院核准。这样规定，不仅在一定程度上保证了死刑适用的准确性，而且也有利于人权保障的实现。

死刑是剥夺人的生命的最严厉刑罚，对死刑适用的严格限制，不仅对于保障被告人的生命不被轻易剥夺具有重要意义，同时也体现儒家反酷刑人文精神对于刑法死刑规定的影响。

第四节　儒家生态人文思想对我国现行刑法的人文影响

实际上，儒家非常注重环境保护，注重生态文明，为我们留下了可贵的生态人文思想。儒家建立在"仁、恕"基础之上的生态思想，虽然受到时代的限制，有一定的封建思想意味，但这并不能排除对儒家生态保护人文思想合理内涵的科学吸收和继承。在很多的儒家古籍中都可以看到儒家重视生态保护的思想，如《礼记·祭义》记载说：曾子曰："树木以时伐焉，禽兽以时杀焉。"夫子曰："断一树，杀一兽不以其时，非孝也。"《大戴礼记》"卫将军文子"亦记载，孔子曰："开蛰不杀当天道也，方长不折则恕也，恕当仁也。"《礼记·月令》记载说："孟春之月：禁止伐木，毋履巢，毋杀孩虫胎夭飞鸟，毋麛，毋卵，毋聚大众，毋置城郭，掩骼埋胔．是月也，不可以称兵，称兵必天殃，兵戎不起，不可从我始。毋变天之道，毋绝地之理，毋乱人之纪。仲春之月：毋竭川泽，毋漉陂池，毋焚山林。季春之月：是月也，生气方盛，阳气发泄，句者毕出，萌者尽达，不可以内。田猎罝罘罗网毕翳餧兽之药，毋出九门。是月也，命野虞毋伐桑柘。孟夏之月：是月也，继长增高，毋有坏堕，毋起土功，毋发大众，毋伐大树。是月也，驱兽毋害五谷，毋大田猎。季夏之月：是月也，树木方盛，命虞人入山行木，毋有斩伐。"《荀子·王制》篇记载："圣王之制也：草木荣华滋硕之时，则斧斤不入山林，不夭其生，不绝其长也；鼋鼍鱼鳖鳅鳝孕别之时，罔罟毒药不入泽，不夭其生，不绝其长也；春耕、夏耘、秋收、冬藏，四者不失时，故五谷不绝，而百姓有余食也；污池渊沼川泽，谨其时禁，故鱼鳖优多，而百姓有余用也；斩伐养长不失其时，故山林不童，而百姓有余材也。"马克思曾经说过："文明如果是自发地发展，而不是自觉地发展，则留给自己的是荒漠。"这句名言深刻地揭示了人类文明与自然环境之间的关系，为我们环境的刑法保护指明了方向。随着世界范围现代化进程的加快，社会经济的快速发展，再加上一些个人和单位在唯利是图的极端个人主义思想引导下，不择手段地片面追求经济利益，因而出现了大量的违法排污、非法捕杀珍稀动物和盗伐、滥伐林木的违法犯罪行为。同时，随着我国改革开放政策的实施，为走私固体废物、走私珍稀动植物及其制品等犯罪提供了方便。破坏森林资源、破坏野生动植物资源、破坏矿产资源、水资源污染、非法进口洋垃圾等行为导致人类生存环境急剧恶化，已经引起国际社会极大的关注。党中央提出的科学发展观，强调社会的可持续发展，就是要在发展经济的同时，注重促进人与自然的和谐，实现经济发展和人口、资源、环境相协调，坚持走生态良好的文明发展道路。在当今的环境刑法保护过程中，我国现行刑法在一些方面适当地吸收和继承儒家生态保护人文思想，去其封建糟粕，这不仅具有人文历史意义，而且也有助于我们建立适合本国国情的生态刑法保护。现行刑法对环境资源保护的刑法规制主要体现在以下几个方面。

一、对污染环境的犯罪行为予以刑法规制

在司法实践中，一些企业和个人或疏于管理，或唯利是图，造成大量的污染物甚至是有毒物流入江河、排入空中，给人民群众的生命财产安全造成严重威胁甚至是直接损害。为了打击非法排放、倾倒或者处置有放射性废物、含传染病病原体的废物、有毒物质或者其他有害物质行为，防止严重污染环境的后果发生，保障环境资源的生态文明，《刑法》第 338 条规定了污染环境罪：“违反国家规定，排放、倾倒或者处置有放射性的废物、含传染病病原体的废物、有毒物质或者其他有害物质，严重污染环境的，处三年以下有期徒刑或者拘役，并处或者单处罚金；后果特别严重的，处三年以上七年以下有期徒刑，并处罚金。”

二、对擅自进口或非法处置进口固体废物的犯罪行为予以刑法规制

近年来随着改革开放的进行，有一部分不法分子，在获取高额不法利益的动机驱使下，从外国擅自进口固体废物或非法处置进口的固体废物，大肆将境外“洋垃圾”非法入境，使得擅自进口固体废物的违法犯罪呈蔓延之势，造成我国生存环境的极大破坏。为了打击此类违法犯罪行为，《刑法》第 339 第 1 款条规定了非法处置进口的固体废物罪：“违反国家规定，将境外的固体废物进境倾倒、堆放、处置的，处五年以下有期徒刑或者拘役，并处罚金；造成重大环境污染事故，致使公私财产遭受重大损失或者严重危害人体健康的，处五年以上十年以下有期徒刑，并处罚金；后果特别严重的，处十年以上有期徒刑，并处罚金。”《刑法》第 339 条第 2 款规定了擅自进口固体废物罪：“未经国务院有关主管部门许可，擅自进口固体废物用作原料，造成重大环境污染事故，致使公私财产遭受重

大损失或者严重危害人体健康的，处五年以下有期徒刑或者拘役，并处罚金；后果特别严重的，处五年以上十年以下有期徒刑，并处罚金。”《刑法》第 339 条第 3 款规定了走私废物罪：“以原料利用为名，进口不能用作原料的固体废物、液态废物和气态废物的，依照本法第一百五十二条第二款、第三款的规定定罪处罚。”

三、对破坏水产资源的犯罪行为予以刑法规制

近年来，在极端个人主义和自私自利的思想影响下，有一部分违法犯罪分子不顾国家水产资源法律规定，丧心病狂地在禁渔期、禁渔区或者使用禁用的工具和方法捕捞水产品，造成水产资源的枯竭，水产资源环境遭受极大的损害，生态环境不断恶化。为了打击此类不法行为，《刑法》第 340 条规定了非法捕捞水产品罪：“违反保护水产资源法规，在禁渔区、禁渔期或者使用禁用的工具、方法捕捞水产品，情节严重的，处三年以下有期徒刑、拘役、管制或者罚金。”

四、对非法猎捕、杀害珍贵、濒危野生动物的犯罪行为予以刑法规制

近几年来，由于我国珍贵、濒危野生动物数量的减少，其市场价值不断升值，有些不法分子丧心病狂地猎捕、杀害这些珍贵、濒危的野生动物，虽然我国在一些地方设立了自然保护区，使珍贵濒危野生动物的生存环境得以改善，但这也没有能够完全阻挡违法犯罪分子非法猎捕杀害珍贵、濒危的野生动物的行为发生。不法分子丧心病狂地猎捕、杀害这些珍贵、濒危的野生动物的行为严重破坏了珍贵、濒危的野生动物的正常生长和繁殖，甚至使一些珍贵、濒危的野生动物已经灭绝。还有一部分犯罪分子参与收购、运输、出售珍贵、濒危野生动物、珍贵、濒危野生动物制品。为了打击此类违法犯罪行为，《刑法》第 341 条第 1 款规定了非法猎捕、杀害珍贵、濒危野生动物罪；非法收购、运输、出售珍贵濒危野生动物、珍贵、濒危野生动物制品罪：“非法猎捕、杀害国家重点保护的珍贵、濒危野生动物的，或者非法收购、运输、出售国家重点保护的珍贵、濒危野生动物及其制品的，处五年以下有期徒刑或者拘役，并处罚金；情节严重的，处五年以上十年以下有期徒刑，并处罚金；情节特别严重的，处十年以上有期徒刑，并处罚金或者没收财产。”《刑法》第 341 条第 2 款规定了非法狩猎罪：“违反狩猎法规，在禁猎区、禁猎期或者使用禁用的工具、方法进行狩猎，破坏野生动物资源，情节严重的，处三年以下有期徒刑、拘役、管制或者罚金。”

五、对破坏矿产资源的犯罪行为予以刑法规制

当前，破坏矿产资源的违法犯罪行为主要表现在以下几方面：一是行为人在没有采矿许可证的情况下进行盗采滥采或哄抢矿产资源；二是虽然是有证开采，但不按照划定的界限进行开采，而是越界进行开采；三是有些矿山虽然取得了采矿许可证，但不按设计进行开采，而且采富弃贫，造成严重的资源浪费。大量的盗伐、滥伐矿产资源违法犯罪活动，不仅导致国有资产的严重流失，而且带来矿区社会秩序的极度混乱，并使矿区附近的土地遭到严重破坏，环境受到严重污染，并时常伴有其他恶性案件的发生。为了对此类违法犯罪行为进行有效的打击，保护国家的矿产资源，维护环境资源的常态化，《刑法》第 343 条第 1 款规定了非法采矿罪："违反矿产资源法的规定，未取得采矿许可证擅自采矿，擅自进入国家规划矿区、对国民经济具有重要价值的矿区和他人矿区范围采矿，或者擅自开采国家规定实行保护性开采的特定矿种，情节严重的，处三年以下有期徒刑、拘役或者管制，并处或者单处罚金；情节特别严重的，处三年以上七年以下有期徒刑，并处罚金。"《刑法》第 343 条第 1 款规定了破坏性采矿罪："违反矿产资源法的规定，采取破坏性的开采方法开采矿产资源，造成矿产资源严重破坏的，处五年以下有期徒刑或者拘役，并处罚金。"

六、对破坏森林资源及国家重点保护植物的犯罪行为予以刑法规制

据全国第五次森林资源调查统计，我国森林面积 15900 万公顷，森林蓄积量 126700 万公顷，森林覆盖率 16. 55%，远低于世界森林平均覆盖率 29. 6%，更低于多林国家的水平。例如，加拿大森林覆盖率 35%，人均占有森林面积 230 多亩；芬兰 61%，人均占有 60 多亩。我国人均森林面积仅为 0. 012 公顷，仅相当于世界平均水平的 1/6，我国人均森林资源蓄积量为 8. 6 立方米，仅相当于世界平均水平的 1/8。森林不仅具有净化空气、净化污水、降低噪声、调节气候、保持水土保护农田、森林和防护林带还能减轻风、旱、涝等灾害，同时森林还具有维护生态平衡、美化环境、促使人体健康等方面的作用。但目前，由于各种不良因素的影响，再加上一些违法犯罪分子唯利是图的动机驱使，大肆盗伐、滥伐森林树木，造成我国生态环境急剧恶化。据林业公安机关前几年的不完全统计资料表明，我国每年发生危害森林资源的案件大约有 10 多万起，其中构成犯罪的有 2 万多起。这 2 万多起危害森林资源的犯罪又大多是盗伐、滥伐林木案件。为了有效打击破坏森林资源和国家重点保护的植物资源的行为，保证森林资源和国家重点保护的植物资源不受非法损害，保障人类生存环境，《刑法》第 345 条第 1 款

规定了盗伐林木罪："盗伐森林或者其他林木，数量较大的，处三年以下有期徒刑、拘役或者管制，并处或者单处罚金；数量巨大的，处三年以上七年以下有期徒刑，并处罚金；数量特别巨大的，处七年以上有期徒刑，并处罚金。"《刑法》第345条第2款规定了滥伐林木罪："违反森林法的规定，滥伐森林或者其他林木，数量较大的，处三年以下有期徒刑、拘役或者管制，并处或者单处罚金；数量巨大的，处三年以上七年以下有期徒刑，并处罚金。"《刑法》第345条第3款规定了非法收购、运输盗伐、滥伐的林木罪："非法收购、运输明知是盗伐、滥伐的林木，情节严重的，处三年以下有期徒刑、拘役或者管制，并处或者单处罚金；情节特别严重的，处三年以上七年以下有期徒刑，并处罚金。"《刑法》第345条第4款还规定了"盗伐、滥伐国家级自然保护区内的森林或者其他林木的，从重处罚。"《刑法》第344条规定了非法采伐、毁坏国家重点保护植物罪，非法收购、运输、加工、出售国家重点保护植物、国家重点保护植物制品罪："违反国家规定，非法采伐、毁坏珍贵树木或者国家重点保护的其他植物的，或者非法收购、运输、加工、出售珍贵树木或者国家重点保护的其他植物及其制品的，处三年以下有期徒刑、拘役或者管制，并处罚金；情节严重的，处三年以上七年以下有期徒刑，并处罚金。"

七、对非法占用农用地的犯罪行为予以刑法规制

目前，我国的可用耕地和林地不断减少，而有些不法分子在获取不法利益动机的驱使下，无视国家有关土地法规，疯狂地非法占用农业耕地、林地，造成农用耕地、林地资源的严重破坏。为了打击非法占用农用耕地、林地的违法犯罪行为，《刑法》第342条规定了非法占用农用地罪："违反土地管理法规，非法占用耕地、林地等农用地，改变被占用土地用途，数量较大，造成耕地、林地等农用地大量毁坏的，处五年以下有期徒刑或者拘役，并处或者单处罚金。"为了准确有效地打击此类犯罪行为，做到罪刑法定，不枉不纵，2000年6月19日，最高人民法院颁布了《关于审理破坏土地资源刑事案件具体应用法律若干问题的解释》，该解释首先明确了什么是违反土地管理法规，非法占用耕地改作他用的"数量较大"标准：非法占用耕地"数量较大"，是指非法占用基本农田五亩以上或者非法占用基本农田以外的耕地十亩以上；其次，该解释又明确了什么是"造成耕地大量毁坏"的情形：造成耕地大量毁坏是指行为人非法占用耕地建窑、建坟、建房、挖沙、采石、采矿、取土、堆放固体废弃物或者进行其他非农业建设，造成基本农田五亩以上或者基本农田以外的耕地十亩以上种植条件严重毁坏或者严重污染。

第五节　儒家人文思想对现行刑法的其他人文影响

一、儒家罪刑相称人文法律思想对"罪责刑相适应"原则的人文影响

罪责刑相适应原则是我国刑法的三大基本原则之一，《刑法》第 5 条规定："刑罚的轻重，应当与犯罪分子所犯罪行和承担的刑事责任相适应。"罪责刑相适应原则的基本含义就是犯多大的罪，就应当承担多大的刑事责任。而且对犯罪分子确定其承担刑事责任的大小，应在分析其罪重罪轻和刑事责任大小的时候，不仅要看犯罪社会危害性的大小，而且要结合考虑行为人的主观恶性和人身危险性，从而确定其刑事责任大小，适用相应轻重的刑罚。中国现代法学家们一般都认为罪责刑相适应原则是西方的先哲们提出的。如孟德斯鸠说："惩罚应有程度之分，按罪大小，定惩罚轻重。"① 贝卡利亚也指出："犯罪对公共利益的危害越大，促使人们犯罪的力量越强，制止人们犯罪的手段就应该越强有力。这就需要刑罚与犯罪相对称。"② 但我们应该知道，无论是孟德斯鸠还是贝卡利亚，他们都是 17、18 世纪的外国法学家，而在中国早在两千多年以前中国的儒家先哲们就曾经提出罪刑相称的人文思想，同时也提出实现罪刑相称的方法，并且对中华法系人性化特点的形成起到了举足轻重的作用。如孔子提出了刑罚适用应罪刑相称，不能随意妄为。孔子曰："礼乐不兴，则刑罚不中；刑罚不中，则民无所措手足。"③ 后荀子也提出："赏不欲僭，刑不欲滥……若不幸而过，宁僭无滥。"也就是说赏当贤，刑当暴，做到罪刑相称。而且，刑罚必须与罪之轻重相称，重罪轻刑是对恶人的姑息养奸，也是致乱的原因。"罪至重而刑至轻，庸人不知恶矣，乱莫大焉。凡刑人之本，禁暴恶恶，且征其未也。杀人者不死，伤人者不刑，是谓惠暴而宽贼也，非恶恶也。"④ "刑当罪则威，不当罪则侮；爵当贤则贵，不当贤则贱。"⑤ 由此可以看出荀子也提出了罪刑相当，赏罚相称的刑罚适用原则。孔子认为为了实现罪刑相称，必须慎重，仔细察看案件的相关情况，提

---

① ［法］孟德斯鸠著：《波斯人信札》，商务印书馆 1962 年版，第 141 页。

② ［意］贝卡利亚著：《论犯罪与刑罚》，黄风译，中国大百科全书出版社 1993 年版，第 65 页。

③ 《论语 · 子路》。

④ 《荀子 · 正论》。

⑤ 《荀子 · 君子》。

出“众恶之，必察焉；众好之，必察焉。”[①] 同时，刑罚的适用必须随着形势以及刑罚适用条件的变化而变化，也就是要“时中”和“权”，才能做到真正的罪刑相称。因此，孔子认为：“可与立，未可与权。”[②] 权就是不违背原则的灵活性。孟子曰：“执中无权，犹执一也。所恶执一者，为其贼道也。”[③] 由上述可以看出中国的儒家先哲们不仅提出了罪刑相称原则，而且也提出了如何才能实现这一原则的途径和方法。儒家先哲们在适用刑罚时既注重罪刑相适应，也注重刑罚与犯罪人个人情况相适应。中国儒家先哲们的罪刑相适应观点比之西方的法学家们不仅要早一些，而且也要全面得多。我们在现代刑事法律的建设和完善过程中，应充分发挥儒家先哲们的人文思想，进一步对罪责刑相适应原则进行人文精神的充实，寻找探讨罪责刑相适应的实现方式和途径，以实现刑罚适用的公正、公平，以体现刑罚适用的人性化，彰显现代刑法的人文精神。

二、儒家人文法律思想对刑法溯及力规定的人文影响

《刑法》第12条规定：“中华人民共和国成立以后本法施行以前的行为，如果当时的法律不认为是犯罪的，适用当时的法律；如果当时的法律认为是犯罪的，依照本法总则第四章第八节的规定应当追诉的，按照当时的法律追究刑事责任，但是如果本法不认为是犯罪或者处刑较轻的，适用本法。本法施行以前，依照当时的法律已经作出的生效判决，继续有效。”《刑法》本条规定包括如下几方面的含义：一是新刑法原则上不具有溯及力。也就是说，不能用新刑法规定的犯罪行为去追究以前的非犯罪行为人的刑事责任。二是如果新刑法规定对行为人有利的，适用新刑法的规定。三是如果新法和旧法都规定为犯罪，而且量刑也是一样的，适用旧法。刑法这条关于刑法溯及力的规定体现了刑罚人道主义精神，也体现了儒家“不教而杀谓之虐”人文法律思想的要求。儒家要求统治者对百姓不能不教化就施以严刑酷法，孔子明确地提出了“不教而杀谓之虐”这个观点。子张问孔子曰：“何如斯可以从政矣?”子曰：“尊五美，屏四恶，斯可以从政矣。”子张曰：“何谓四恶?”子曰：“不教而杀谓之虐；不戒视成谓之暴；慢令致期谓之贼；犹之与人也，出纳之吝谓之有司。”[④] 这充分体现了孔子对民众的人文关爱，可以清楚地看出儒家人文思想是多么充满人性和前瞻性。我国现代刑法溯及力的规定不仅充分反映和吸收了儒家反对“不教而杀”的人文精神，而且也体现出立法者对待公民的宽容和人道。众所周知，刑法是国家的保障法，是最

① 《论语·卫灵公》。
② 《论语·子罕》。
③ 《孟子·尽心上》。
④ 《论语·尧曰第二十》。

严厉的法律，刑法的内容决定了其在设计时必须充分考虑其功能。刑法最重要的功能之一就是对公民的行为起到引导或指导功能，而在新刑法公布之前，公民不可能对新刑法的规定具有预测的能力，而只能按照旧刑法的规定规范自己的行为。新刑法公布后，公民才有可能知晓新刑法的相关规定，才能以新刑法来规范自己的行为。这样就要求立法者对公民新刑法公布以前的行为适用旧刑法，如果对公民新刑法公布以前的行为适用新刑法，就是“不教而杀”，是暴政的一种体现，也违背了刑法人道的人文精神的要求。

三、儒家人文精神对现行刑法犯罪主观方面规定的人文影响

尚书曾记载：“刑故无小，赦过无大。”① 汉朝大儒王充曰：“故曰：刑故无小，宥过无大。圣君原心省意，故诛故贳误。”② 也就是对故意犯罪的，再小也要予以惩罚，再大的过失犯罪也是可以赦免的。也就是说，要严惩故意犯罪的人，而对过失犯罪的人应当予以宽赦。董仲舒也曾经说：“春秋之听狱也，必本其事而原其志。志邪者，不待成；首恶者，罪特重；本直者，其论轻。是故逢丑父当斮，而辕涛涂不宜执，鲁季子追庆父，而吴季子释阖庐，此四者，罪同异论，其本殊也。俱欺三军，或死或不死；俱弑君，或诛或不诛；听讼折狱，可无审耶！故折狱而是也，理益明，教益行；折狱而非也，暗理迷众，与教相妨。教，政之本也，狱，政之末也，其事异域，其用一也，不可不以相顺，故君子重之也。”③ 也就是说，在刑事案件的处理过程中，一定要根据事实推究犯罪嫌疑人作案时的心理动机，并根据其心理动机的善恶情况予以分别惩罚。对那些动机邪恶的人，即使其犯罪未遂也须治罪；对首恶分子要严加量刑处罚，而对那些出于善意而犯下罪行的人，量刑一定从轻。这就是古代的“原心论罪”原则，“原心论罪”原则不仅成为中国古代非常重要的刑法原则，而且其对刑法的正确运用起到了非常重要的作用。当前我国的刑法对犯罪的主观方面也非常重视，并且将犯罪的主观方面作为犯罪构成的四个条件之一。

《刑法》第14条明确规定：“明知自己的行为会发生危害社会的结果，并且希望或者放任这种结果发生，因而构成犯罪的，是故意犯罪。”犯罪故意则是指行为人明知自己的行为会发生危害社会的结果，并且希望或者放任这种结果发生的主观心理态度。犯罪故意应具有两方面特征；第一，在认识因素上，行为人明知自己的行为会发生危害社会的结果，是构成一切故意犯罪在主观认识方面必须具备的特征。第二，在意志因素上，行为人对自己行为所导致的危害结果的发生

① 《尚书·大禹漠》。
② 汉·王充：《论衡·答佞》。
③ 《春秋繁露·精华第五》。

抱的希望或放任的心理态度。根据意志因素的不同，刑法理论将犯罪故意分为直接故意和间接故意。犯罪的直接故意，是指行为人明知自己的行为必然或者可能发生危害社会的结果，并且希望这种结果发生的心理态度。犯罪的间接故意，是指行为人明知自己的行为可能发生危害社会的结果，并且放任这种结果发生的心理态度。

犯罪过失是我国刑法规定的另一种主观罪过形式。根据《刑法》第15条规定，犯罪过失，是指行为人应当预见自己的行为可能发生危害社会性的结果，因为疏忽大意而没有预见，或者已经预见而轻信能够避免，以致发生了危害社会的结果的主观心理态度。从罪过内容上看，犯罪过失具有两方面特征：(1) 在意识因素上行为人应当预见自己的行为可能发生危害社会的结果，但是因疏忽大意而没有预见，或者已经预见但是轻信能够避免。(2) 在意志因素上，行为人对危害结果的发生是持根本否定态度的，根据罪过内容方面特点，刑法理论将犯罪过失分为疏忽大意的过失和过于自信的过失。疏忽大意的过失，是指行为人应当预见自己的行为可能发生危害社会的结果，因为疏忽大意而没有预见，以致发生这种结果的主观心理态度。过于自信的过失，是指行为人已经预见到自己的行为可能发生危害结果，但是轻信能够避免，以致发生这种结果的主观心理态度。同时，《刑法》第15条第2款规定："过失犯罪，法律有规定的才负刑事责任。"由此可以看出，过失犯罪必须法律明文规定才能构成，法律没有明文规定为过失犯罪的，不能追究行为人的刑事责任。

区分行为人犯罪的主观方面是故意还是过失，不仅有助于正确区分罪与非罪以及此罪与彼罪的界限，而且在量刑时也是十分重要的一个依据。一般来说，故意犯罪的主观恶性较大，人身危险性也较大，对社会的危害性也较大，因此对故意犯罪的刑事处罚也较过失犯罪要重一些。

同时犯罪动机也是犯罪主观方面的一个重要组成部分，它是指行为人实施犯罪的内心起因。虽然我国刑法对犯罪动机没有明文规定，它也不是犯罪构成的必备要件，但是，我国刑法有很多的条文都规定了犯罪动机作为"情节严重"、"情节恶劣"或"情节轻微"的一个重要内容。犯罪动机在现代司法实践中的表现是多种多样的。如有的犯罪人是为了追求生活享受而进行犯罪；有的犯罪人是为了让自己以及亲人生活得更好一点而进行犯罪；有的犯罪人因为亲人急需治病而缺乏费用而犯罪；有的犯罪人为满足一己私欲而犯罪；有的人是基于义愤而犯罪等。应该说，不同的犯罪动机，反映出犯罪人不同的犯罪起因，不同的犯罪内心起因表明犯罪人不同的主观恶性，而不同的主观恶性就会涉及对犯罪人的定罪量刑。虽然说我国刑法并没有将犯罪动机作为构成犯罪的必要要件，但是犯罪动机直接反映行为人的主观恶性大小，而我国刑罚的根本目的是教育改造犯罪人，因此，犯罪动机的善恶会影响到对犯罪人的量刑轻重。

第二章

儒家人文法律思想对现代刑事诉讼法的人文影响

2012年3月14日，《中华人民共和国刑事诉讼法修正案》（以下简称《刑事诉讼法修正案》）获得人大通过。这次《刑事诉讼法修正案》充分体现了以人为本，强化刑事诉讼中的人文关怀。中国自古就有丰富的人文传统，此次刑诉法修改在一定程度上吸收了儒家人文思想的合理内涵，并与现代人文要求相结合，使我国《刑事诉讼法》不再是充满暴力和冷冰冰，而是充满人性关怀、富有“人情味儿”法律，真正体现了刑事诉讼的人文精神。

第一节　尊重和保障人权的人文体现

我国传统儒家人文精神的根基就是对人的价值的肯定和尊重，现代人文精神也要求在刑事诉讼中对人的尊重，尤其是对人的生命的尊重，在一定程度的上二者具有一定的相通性。虽然儒家人文思想由于时代的局限性而具有一定封建主义色彩，在一定程度上并不能使人获得真正的个性发展与解放，但是不可否认儒家人文思想具有尊重人的人文精神科学要素。因此，合理继承儒家传统的人文精神，结合中国现代人文精神的要求，在刑事诉讼中坚持人本精神，尊重诉讼参与人的自由、权利和人格尊严，对诉讼参与人以“人”相待，承认并尊重其主体地位和诉讼权利，给予其作为人应有的待遇，并在侦查、审查起诉、审判和执行等各个诉讼环节上体现国家对他们的人文关怀。《中华人民共和国刑事诉讼法》（以下简称《刑事诉讼法》）第2条明确规定：“中华人民共和国刑事诉讼法的任务，是保证准确、及时地查明犯罪事实，正确应用法律，惩罚犯罪分子，保障无罪的人不受刑事追究，教育公民自觉遵守法律，积极同犯罪行为作斗争，维护社会主义法制，尊重和保障人权，保护公民的人身权利、财产权利、民主权利和其他权利，保障社会主义建设事业的顺利进行。”“尊重和保障人权”第一次写入我国刑事诉讼法典中，使其成为刑事诉讼活动必须遵循的一项基本原则，这无疑标志着我国在刑事诉讼中对保障和尊重人权的重视程度，标志着刑事诉讼的人道和文明，是宪法原则的具体化，真正体现刑事诉讼的人文关怀。尊重和保障人权贯穿于整个刑事诉讼始终，具体体现在以下几个方面。

一、强化了犯罪嫌疑人、被告人的辩护权

犯罪嫌疑人、被告人的辩护权是其诉讼权利的核心，依法保障犯罪嫌疑人、被告人的辩护权是刑事诉讼的基本人文要求。我国行修订后的刑事诉讼法将辩护人介入刑事诉讼的时间提前到了侦查阶段。《刑事诉讼法》第 33 条规定："犯罪嫌疑人自被侦查机关第一次讯问或者采取强制措施之日起，有权委托辩护人；在侦查期间，只能委托律师作为辩护人。被告人有权随时委托辩护人。"同时，为了进一步强化犯罪嫌疑人、被告人的辩护权，刑事诉讼法还扩大了辩护的法律援助范围，将犯罪嫌疑人、被告人可能被判处无期徒刑也纳入了法律援助范围；为了方便犯罪嫌疑人、被告人辩护权的行使，还强化了辩护人提请调取证据权，辩护人认为在侦查、审查起诉期间公安机关、人民检察院收集的证明犯罪嫌疑人、被告人无罪或者罪轻的证据材料未提交的，有权申请人民检察院、人民法院调取；《刑事诉讼法》第 31 条增加了辩护人有申请回避、申请复议的权利；《刑事诉讼法》第 47 条规定了辩护人的申诉或者控告权，以保证辩护人正常执行辩护职责；《刑事诉讼法》第 56 条规定辩护人有对非法证据的申请排除权；《刑事诉讼法》第 95 条还规定辩护人有申请变更强制措施的权利；第 159 条规定"在案件侦查终结前，辩护律师提出要求的，侦查机关应当听取辩护律师的意见，并记录在案。辩护律师提出书面意见的，应当附卷；《刑事诉讼法》第 160 条规定了辩护律师对案件移送与否的知情权；《刑事诉讼法》第 170 条规定了辩护人审查起诉参与权：人民检察院审查案件应当听取辩护人意见，并记录在案。辩护人提出书面意见的，应当附卷；《刑事诉讼法》第 240 条规定了辩护律师参与死刑复核的权利：最高人民法院复核死刑案件，辩护律师提出要求的，应当听取辩护律师的意见。

二、强化了证据制度中的人权保障

（一）确立了非法证据排除制度，以保障犯罪嫌疑人、被告人的合法诉讼权益

为了确保在刑事诉讼中，犯罪嫌疑人、被告人的合法权益能够得到保障，新刑事诉讼法结合人权保障的需要，为从制度上进一步遏制刑讯逼供和其他非法收

集诉讼证据的司法行为，规范整个诉讼程序，维护诉讼公平正义，继承和吸收儒家反酷刑人文思想的合理内核，刑事诉讼法确立了非法证据排除规则。刑事诉讼法相关条文明确了非法证据排除的条件、范围、程序和方法。《刑事诉讼法》第50条规定："审判人员、检察人员、侦查人员必须依照法定程序，收集能够证实犯罪嫌疑人、被告人有罪或者无罪、犯罪情节轻重的各种证据。严禁刑讯逼供和以威胁、引诱、欺骗以及其他非法方法收集证据，不得强迫任何人证实自己有罪。必须保证一切与案件有关或者了解案情的公民，有客观地充分地提供证据的条件，除特殊情况外，可以吸收他们协助调查。"《刑事诉讼法》第54条规定："采用刑讯逼供等非法方法收集的犯罪嫌疑人、被告人供述和采用暴力、威胁等非法方法收集的证人证言、被害人陈述，应当予以排除。收集物证、书证不符合法定程序，可能严重影响司法公正的，应当予以补正或者作出合理解释；不能补正或者作出合理解释的，对该证据应当予以排除。在侦查、审查起诉、审判时发现有应当排除的证据的，应当依法予以排除，不得作为起诉意见、起诉决定和判决的依据。《刑事诉讼法》第55条规定："人民检察院接到报案、控告、举报或者发现侦查人员以非法方法收集证据的，应当进行调查核实。对于确有以非法方法收集证据情形的，应当提出纠正意见；构成犯罪的，依法追究刑事责任。《刑事诉讼法》第56条规定："法庭审理过程中，审判人员认为可能存在本法第五十四条规定的以非法方法收集证据情形的，应当对证据收集的合法性进行法庭调查。当事人及其辩护人、诉讼代理人有权申请人民法院对以非法方法收集的证据依法予以排除。申请排除以非法方法收集的证据的，应当提供相关线索或者材料。"《刑事诉讼法》第57条规定："在对证据收集的合法性进行法庭调查的过程中，人民检察院应当对证据收集的合法性加以证明。现有证据材料不能证明证据收集的合法性的，人民检察院可以提请人民法院通知有关侦查人员或者其他人员出庭说明情况；人民法院可以通知有关侦查人员或者其他人员出庭说明情况。有关侦查人员或者其他人员也可以要求出庭说明情况。经人民法院通知，有关人员应当出庭。"《刑事诉讼法》第58条规定："对于经过法庭审理，确认或者不能排除存在本法第五十四条规定的以非法方法收集证据情形的，对有关证据应当予以排除。"

（二）对证人、鉴定人权益保护的规定

在刑事诉讼中，证人、鉴定人作证对于查明案情、正确侦查终结、审查起诉与审判均具有重要意义。但目前在刑事诉讼中，证人、鉴定人愿意作证，愿意出庭作证的非常少，影响了刑事诉讼的公正性。这其中固然有中国传统观念"多一事不如少一事"的影响，更多的是我国刑事诉讼中对证人、鉴定人利益保护不到位，使证人、鉴定人的人身、财产经常遭到犯罪分子及其亲属打击报复而遭受一

定的损失。英国学者丹宁曾指出："没有一种法律制度有正当理由能强迫证人作证，而在发现证人作证受到侵害时又拒绝给予救济。采用一切可行的手段来保护证人是法庭的职责。否则，整个法律诉讼就会一钱不值。"① 为了促使证人、鉴定人履行法定作证义务，切实保护好证人、鉴定人的人身和财产权利不受非法侵犯，保证刑事诉讼准确、顺利地进行，我国新刑事诉讼法对证人、鉴定人及其近亲属人身权益、财产权益保护做出了明确的规定。

1. 明确规定了对证人、鉴定人及其近亲属保护的主体。为了使证人保护工作有序进行，防止各部门之间相互推诿证人保护职责，切实保障证人、鉴定人及其近亲属的各项权益不受非法侵犯，《刑事诉讼法》第 61 条明确规定了"人民法院、人民检察院和公安机关应当保障证人及其近亲属的安全。对证人及其近亲属进行威胁、侮辱、殴打或者打击报复，构成犯罪的，依法追究刑事责任；尚不够刑事处罚的，依法给予治安管理处罚。"

2. 明确规定了证人、鉴定人及其近亲属保护的案件范围和保护措施。为了保证证人、鉴定人及其近亲属的人身、财产安全，《刑事诉讼法》第 62 条规定"对于危害国家安全犯罪、恐怖活动犯罪、黑社会性质的组织犯罪、毒品犯罪等案件，证人、鉴定人、被害人因在诉讼中作证，本人或者其近亲属的人身安全面临危险的，人民法院、人民检察院和公安机关应当采取以下一项或者多项保护措施：（一）不公开真实姓名、住址和工作单位等个人信息；（二）采取不暴露外貌、真实声音等出庭作证措施；（三）禁止特定的人员接触证人、鉴定人、被害人及其近亲属；（四）对人身和住宅采取专门性保护措施；（五）其他必要的保护措施。证人、鉴定人、被害人认为因在诉讼中作证，本人或者其近亲属的人身安全面临危险的，可以向人民法院、人民检察院、公安机关请求予以保护。人民法院、人民检察院、公安机关依法采取保护措施，有关单位和个人应当配合。"

3. 明确证人出庭作证的范围。为了保证审判顺利、准确进行，查明相关案件事实，体现诉讼公正，《刑事诉讼法》第 187 条规定了证人、鉴定人出庭作证的情形："公诉人、当事人或者辩护人、诉讼代理人对证人证言有异议，且该证人证言对案件定罪量刑有重大影响，人民法院认为证人有必要出庭作证的，证人应当出庭作证。公诉人、当事人或者辩护人、诉讼代理人对鉴定意见有异议，人民法院认为鉴定人有必要出庭的，鉴定人应当出庭作证。经人民法院通知，鉴定人拒不出庭作证的，鉴定意见不得作为定案的根据。"

4. 明确规定被告人近亲属不被强迫出庭作证。儒家人文思想从人性角度考虑，从亲亲思想出发，并不鼓励大义灭亲，而提倡亲亲相隐。虽然现代法律规定公民具有作证义务，我国刑事法律也做了如此规定，但"法律不强人所难"，强

---

① 【英】丹宁：《法律的正当程序》，李克强、杨百揆、刘墉安译，法律出版社 1999 年版，第 25 页。

迫被告人近亲属出庭作证既不符合人性的要求，也不符合现代良法要求。我国新刑事诉讼法在一定程度上，部分吸收了儒家亲亲相隐合理的人文思想内涵，考虑到强制配偶、父母、子女在法庭上对被告人进行指证，不利于家庭关系的维系，也不利于和谐社会的建设，况且被告人的近亲属与被告人具有天然的血脉联系，其证言的可靠性仍有待于进一步证实。因此，《刑事诉讼法》第 188 条第 1 款规定："经人民法院通知，证人没有正当理由不出庭作证的，人民法院可以强制其到庭，但是被告人的配偶、父母、子女除外。"由于大多数服刑人员刑满后还是要回归家庭，这项规定非常符合我国国情，也是符合和谐社会建设人文要求的，体现了刑事诉讼的人道，也体现了刑事诉讼对人性的尊重。如果以大义灭亲和破坏家庭和谐为代价去换取部分刑事案件并不十分可靠的证据，将很难实现刑事诉讼人文建设的目标，同时也是与构建社会主义和谐社会目标背道而驰的。

5. 明确规定了证人作证补偿制度。由于我国宪法和相关的法律都规定了公民具有作证的义务，导致在以往的司法实践中，证人作证的各种费用往往得不到国家的补偿，并且随着市场经济的推行，证人都有自己的日常工作，往往得不到证人所在单位的支持，对证人作证而耽误工作的，轻者扣发工资，重者予以开除，严重侵害了证人的各项利益。为了体现对证人作证的法定义务的支持，维护证人的经济权益，《刑事诉讼法》第 63 条对证人作证的经济补偿予以了明确规定："证人因履行作证义务而支出的交通、住宿、就餐等费用，应当给予补助。证人作证的补助列入司法机关业务经费，由同级政府财政予以保障。有工作单位的证人作证，所在单位不得克扣或者变相克扣其工资、奖金及其他福利待遇。"

三、强化了强制措施中的人权保障

（一）强化了取保候审中的人权保障

1. 明确了取保候审适用条件和对象。取保候审强制措施在司法实践中的运用非常广泛，但取保候审适用的对象在司法实践中也显得比较混乱，尤其是面临情与法的碰撞时，司法人员的选择更是多样化。为了进一步规范取保候审强制措施，解决司法实践中情与法的困惑，《刑事诉讼法》第 65 条规定了取保候审适用的条件和对象："人民法院、人民检察院和公安机关对有下列情形之一的犯罪嫌疑人、被告人，可以取保候审：可能判处管制、拘役或者独立适用附加刑的；可能判处有期徒刑以上刑罚，采取取保候审不致发生社会危险性的；患有严重疾病、生活不能自理，怀孕或者正在哺乳自己婴儿的妇女，采取取保候审不致发生社会危险性的；羁押期限届满，案件尚未办结，需要采取取保候审的。"

2. 明确了保证金收取的标准。为了使取保候审强制措施既能充分发挥保障刑事诉讼顺利进行，又能体现其人权保障之功能，《刑事诉讼法》第70条规定了取保候审保证金的收取标准："取保候审的决定机关应当综合考虑保证诉讼活动正常进行的需要，被取保候审人的社会危险性，案件的性质、情节，可能判处刑罚的轻重，被取保候审人的经济状况等情况，确定保证金的数额。"

（二）强化了监视居住适用中的人权保障

1. 明确了监视居住适用条件。在以往的刑事诉讼中，由于刑事诉讼法关于监视居住的使用条件并没有予以单独明确的规定，导致监视居住适用的混乱。为了进一步规范监视居住强制措施的适用保障有关人员的合法权益，《刑事诉讼法》第72条明确规定了监视居住的适用条件："人民法院、人民检察院和公安机关对符合逮捕条件，有下列情形之一的犯罪嫌疑人、被告人，可以监视居住：（一）患有严重疾病、生活不能自理的；（二）怀孕或者正在哺乳自己婴儿的妇女；（三）系生活不能自理的人的唯一扶养人；（四）因为案件的特殊情况或者办理案件的需要，采取监视居住措施更为适宜的；（五）羁押期限届满，案件尚未办结，需要采取监视居住措施的。"

2. 对"指定居所"监视居住作了严格限定。由于在司法实践中，有部分犯罪嫌疑人居无定所或者也不能提供保证人的，为了保证刑事诉讼活动的顺利进行，新刑事诉讼法规定了"指定居所"监视居住的形式。但"指定居所"监视居住的形式对于犯罪嫌疑人的人身自由限制较大，因此刑事诉讼法对"指定居所"形式的监视居住作了明确限制，以保障犯罪嫌疑人的人身权利。《刑事诉讼法》第73条规定"指定居所"监视居住的适用条件、批准程序及监督主体："对于涉嫌危害国家安全犯罪、恐怖活动犯罪、特别重大贿赂犯罪，在住处执行可能有碍侦查的，经上一级人民检察院或者公安机关批准，也可以在指定的居所执行。但是，不得在羁押场所、专门的办案场所执行。指定居所监视居住的，除无法通知的以外，应当在执行监视居住后二十四小时以内，通知被监视居住人的家属。人民检察院对指定居所监视居住的决定和执行是否合法实行监督。"同时也考虑到"指定居所"监视居住对犯罪嫌疑人的人身自由约束较大，而且时间较长，为了进一步保障犯罪嫌疑人的人身权利，而将"指定居所"监视居住的日期折抵刑期。《刑事诉讼法》第74条明确规定了指定居所监视居住的期限折抵刑期的标准："被判处管制的，监视居住一日折抵刑期一日；被判处拘役、有期徒刑的，监视居住二日折抵刑期一日。"

（三）增加了逮捕羁押必要性审查

逮捕作为最为严厉的强制措施，是限制犯罪嫌疑人、被告人人身自由权利的严厉强制措施，我国刑事诉讼法为了防止逮捕适用对犯罪嫌疑人、被告人的人身权利带来损害，明确规定了逮捕适用的条件和程序；同时为了保证逮捕适用的准确性和必要性，我国刑事诉讼法又规定了逮捕后由人民检察院对逮捕羁押的必要性进行审查制度。《刑事诉讼法》第93条规定："犯罪嫌疑人、被告人被逮捕后，人民检察院仍应当对羁押的必要性进行审查。对不需要继续羁押的，应当建议予以释放或者变更强制措施。有关机关应当在十日以内将处理情况通知人民检察院。"

四、明确了第一审刑事案件不开庭审理案件的范围

虽然现代刑事审判要求公开进行，以保证审判公正，保护被告人的合法利益，但是为了保护被告人或被害人的隐私、未成年人的合法利益以及国家秘密、商业秘密，刑事诉讼法对此做了特别规定，以体现人权保障理念。《刑事诉讼法》第183条规定："人民法院审判第一审案件应当公开进行。但是有关国家秘密或者个人隐私的案件，不公开审理；涉及商业秘密的案件，当事人申请不公开审理的，可以不公开审理。不公开审理的案件，应当当庭宣布不公开审理的理由。"同时，《刑事诉讼法》第274条规定："审判的时候被告人不满十八周岁的案件，不公开审理。"

五、对上诉不加刑原则进行了强化

（一）明确规定了上诉不加刑原则

被告人的上诉权是被告人辩护权的延伸和外在表现之一，保护被告人的上诉权就是维护被告人的辩护权。对辩护权的保护如何，在一定程度上代表了国家对被告人的人权保护程度，也体现了一国刑事诉讼人权保障的程度。为了确实保障被告人的辩护权得到充分行使，保证司法公正，体现诉讼文明，《刑事诉讼法》第226条规定："第二审人民法院审理被告人或者他的法定代理人、辩护人、近亲属上诉的案件，不得加重被告人的刑罚。"

（二）避免变相上诉加刑

"上诉不加刑"作为我国刑事诉讼中确立的保护被告人辩护权的一项重要原则，在以往的司法实践中存在通过第二审人民法院发回重审，下级人民法院在重审过程中加重被告人刑罚的现象，损害了被告人的合法权益。为了避免此种变相加重被告人刑罚现象的发生，《刑事诉讼法》第226条又规定："第二审人民法院发回原审人民法院重新审判的案件，除有新的犯罪事实，人民检察院补充起诉

的以外，原审人民法院也不得加重被告人的刑罚。”刑事诉讼法此条规定基本上保障了被告人上诉不加刑原则的落实。

第二节 儒家“慎刑、恤刑”人文法律思想对死刑复核程序的人文影响

儒家一直坚持“慎刑、恤刑”人文思想，要求统治者在法律适用时应当谨慎，尤其是死刑案件，“人命关天”、人死不能复生，现代死刑复核制度在一定程度上是儒家“恤刑”、“慎刑”人文法律思想在死刑问题上的必然要求和直接体现。由于死刑的严酷性和不可挽回性，再加上受儒家“恤刑、慎刑”人文法律思想的影响，对死刑案件严加审核是建设现代刑事司法公正的应有之义。儒家非常重视刑罚人道，为我国封建社会废除肉刑，减少死刑的适用，做出了巨大的努力和牺牲。由于我国是世界上人口最多的国家，并且地区经济发展不平衡，再加上中国人固有的“杀人偿命”报应思想因素的影响，现阶段还不能废除死刑，但对死刑的限制适用，坚持少杀、慎杀，防止错杀，是我国一贯坚持的处理死刑案件的方针。随着现代反酷刑人文思想在刑事领域的发展，各国都在限制和废除死刑方面作出了巨大的努力。基于反酷刑人文思想的要求，吸收和继承我国儒家传统的反酷刑及慎刑、恤刑人文思想的合理内核，我国一直强调和贯彻少杀、慎杀政策，我国刑事诉讼法为此也做出相应的规定，以贯彻反酷刑人文思想，确实保障被告人的合法权益。刑事诉讼法不仅明确规定死刑案件的一审由中级以上人民法院管辖，而且为了保证死刑适用的准确性和必要性，规定完整而规范的死刑复核程序是十分有必要的。

一、明确规定了死刑复核的主体

为了保证死刑适用的准确性，保证死刑适用标准的统一性，防止同罪异罚的出现，我国刑事诉讼法规定了死刑复核的主体。《刑事诉讼法》第235条规定：“死刑由最高人民法院核准。”《刑事诉讼法》第236条规定：“中级人民法院判处死刑的第一审案件，被告人不上诉的，应当由高级人民法院复核后，报请最高人民法院核准。高级人民法院不同意判处死刑的，可以提审或者发回重新审判。高级人民法院判处死刑的第一审案件被告人不上诉的，和判处死刑的第二审案件，都应当报请最高人民法院核准。”《刑事诉讼法》第237条规定：“中级人民法院判处死刑缓期二年执行的案件，由高级人民法院核准。”通过对死刑核准主体的确定，使死刑适用更加严格，更能体现对待死刑适用的态度，有利于“少

杀、慎杀”死刑政策的贯彻，体现反酷刑人文思想。

二、明确规定了死刑复核的审判组织

死刑复核是事关被告人生死的问题，从反酷刑人文思想和刑罚人道的角度考量，必须予以高度重视死刑复核。为了保证死刑复核的质量，《刑事诉讼法》第238条明确规定：“最高人民法院复核死刑案件，高级人民法院复核死刑缓期执行的案件，应当由审判员三人组成合议庭进行。”

三、明确规定了死刑复核应当充分保障被告人行使辩护权

由于死刑复核事关被告人的生死，为了准确地查明案件事实，正确适用死刑，及时、充分地听取被告人及辩护人的辩护意见是保证准确死刑适用的前提和基础。为此，《刑事诉讼法》第240条第1款规定：“最高人民法院复核死刑案件，应当讯问被告人，辩护律师提出要求的，应当听取辩护律师的意见。”同时，《最高人民法院关于适用〈中华人民共和国刑事诉讼法〉的解释》第345条第2款也明确规定：“高级人民法院复核死刑缓期执行案件，应当讯问被告人。”

四、有关司法解释明确规定了死刑复核应审查的内容

由于死刑复核事关被告人的生死，因此，必须维护死刑复核的严肃性和合法性，为了进一步规范死刑的适用，保证死刑适用的准确性，依法保障被告人的合法权益，《最高人民法院关于适用〈中华人民共和国刑事诉讼法〉的解释》第348条明确规定了死刑复核应审查的内容：“复核死刑、死刑缓期执行案件，应当全面审查以下内容：被告人的年龄，被告人有无刑事责任能力、是否系怀孕的妇女；原判认定的事实是否清楚，证据是否确实、充分；犯罪情节、后果及危害程度；原判适用法律是否正确，是否必须判处死刑，是否必须立即执行；有无法定、酌定从重、从轻或者减轻处罚情节；诉讼程序是否合法；应当审查的其他情况。”

五、明确规定了死刑复核的监督机制

死刑复核是关系到死刑适用的准确性的重要诉讼环节，除了加强死刑复核审判环节的自我规制以外，还必须充分发挥人民检察院的诉讼监督作用，人民检察院的监督作用发挥得如何直接关系到人权保障理念能否得到落实，被告人的合法

权益能否得到应有的保护。为了保证死刑复核的准确性和合法性，《刑事诉讼法》第240条明确规定："在复核死刑案件过程中，最高人民检察院可以向最高人民法院提出意见。最高人民法院应当将死刑复核结果通报最高人民检察院。"为了保障此条刑事诉讼法规定能够得到落实，《最高人民法院关于适用〈中华人民共和国刑事诉讼法〉的解释》第357条明确规定："死刑复核期间，最高人民检察院提出意见的，最高人民法院应当审查，并将采纳情况及理由反馈最高人民检察院。"

六、明确规定了死刑适用的防错程序

在死刑适用中由于诸多因素的影响，可能导致死刑的错误适用，侵害被告人的合法权益。刑事诉讼法为了防止错误适用死刑，保障被告人的合法权益不受侵犯，规定了较为严密的防错程序：

1. 明确规定了死刑案件由中级人民法院作为一审法院，以防止因审判人员素质、经验等因素的影响，而导致死刑案件审判质量不高的情况发生。《刑事诉讼法》第20条明确规定："中级人民法院管辖下列第一审刑事案件：危害国家安全、恐怖活动案件；可能判处无期徒刑、死刑的案件。"死刑案件由中级以上人民法院进行管辖，无论是从审判人员自身素质还是从审判经验来讲，基本可以保证正确审判死刑案件的需要，从而保障被告人的合法利益，维护司法公正。

2. 被告人如不服一审死刑判决享有上诉权。为了充分保障被告人的生命权，如果被告人对一审死刑判决不服可向上一级人民法院提出上诉。《刑事诉讼法》第216条第1款、第3款明确规定："被告人、自诉人和他们的法定代理人，不服地方各级人民法院第一审的判决、裁定，有权用书状或者口头向上一级人民法院上诉。被告人的辩护人和近亲属，经被告人同意，可以提出上诉。对被告人的上诉权，不得以任何借口加以剥夺。"根据此条法律规定，被告人对于一审死刑判决如果不服，可以在法定上诉期限内，既可以采用书面的形式，也可以采用口头的形式向上一级人民法院提出上诉；并且赋予了辩护人、被告人的近亲属有限上诉权，在一定程度上保障了被告人的上诉权的有效行使，体现了刑事诉讼法人权保障的人文精神。

3. 明确规定了死刑上诉案件应当开庭审理。我国二审案件的审理方式有开庭审理和不开庭审理两种方式。为了充分保护被告人辩护权的行使，保障死刑案件的审判质量，纠正一审死刑判决可能存在的错误，《刑事诉讼法》第223条第2项明确规定了被告人被判处死刑的上诉案件列为必须开庭审理的案件范围。

4. 明确规定了死刑执行前的纠错程序。我国的死刑适用经过上述多重关口把关，一般而言不会出现错误，但司法实践中由于有些死刑案件情况十分复杂，而在各种死刑适用程序中由于多方面因素的影响可能导致死刑案件的错误核准。为了有效保护被告人的生命权，体现刑法的人道主义精神，我国刑事诉讼法明确规定了在死刑执行前发现死刑裁定可能有错误的纠错程序。《刑事诉讼法》第251条明确规定："下级人民法院接到最高人民法院执行死刑的命令后，应当在七日以内交付执行。但是发现有下列情形之一的，应当停止执行，并且立即报告最高人民法院，由最高人民法院作出裁定：在执行前发现判决可能有错误的；在执行前罪犯揭发重大犯罪事实或者有其他重大立功表现，可能需要改判的；罪犯正在怀孕。前款第1项、第二项停止执行的原因消失后，必须报请最高人民法院院长再签发执行死刑的命令才能执行；由于前款第3项原因停止执行的，应当报请最高人民法院依法改判。"同时，《刑事诉讼法》第252条第1款、第4款明确规定："人民法院在交付执行死刑前，应当通知同级人民检察院派员临场监督。指挥执行的审判人员，对罪犯应当验明正身，讯问有无遗言、信札，然后交付执行人员执行死刑。在执行前，如果发现可能有错误，应当暂停执行，报请最高人民法院裁定。"最高人民检察院《刑事诉讼规则》还明确规定了对死刑执行的具体监督程序，保证了死刑适用的准确性与合法性。如最高人民检察院《人民检察院刑事诉讼规则（试行）》第635条规定："被判处死刑的罪犯在被执行死刑时，人民检察院应当派员临场监督。执行死刑临场监督，由检察人员担任，并配备书记员担任记录。"该规则第636条规定："人民检察院收到同级人民法院执行死刑临场监督通知后，应当查明同级人民法院是否收到最高人民法院核准死刑的裁定或者作出的死刑判决、裁定和执行死刑的命令。"该规则第637条规定："临场监督执行死刑的检察人员应当依法监督执行死刑的场所、方法和执行死刑的活动是否合法。在执行死刑前，发现有下列情形之一的，应当建议人民法院立即停止执行：被执行人并非应当执行死刑的罪犯的；罪犯犯罪时不满十八周岁，或者审判的时候已满七十五周岁，依法不应当适用死刑的；判决可能有错误的；在执行前罪犯有检举揭发他人重大犯罪行为等重大立功表现，可能需要改判的；罪犯正在怀孕的。"该规则第638条规定："在执行死刑过程中，人民检察院临场监督人员根据需要可以进行拍照、录像；执行死刑后，人民检察院临场监督人员应当检查罪犯是否确已死亡，并填写死刑执行临场监督笔录，签名后入卷归档。人民检察院发现人民法院在执行死刑活动中有侵犯被执行死刑罪犯的人身权、财产权或者其近亲属、继承人合法权利等违法情形的，应当依法向人民法院提出纠正意见。"

除此之外，刑事诉讼法为了防止错误适用死刑，还规定了死刑复核的核准主体和程序以及死刑复核的监督。通过这些死刑防错程序的设定，有效地防止了最严重的刑罚——死刑的错误适用，有效地保障了被告人的生命权益，在一定程度上起到了限制和慎用死刑的作用，使反酷刑人文思想在刑事诉讼中得以贯彻，刑事诉讼的公平正义的实现。

第三节 儒家“慎刑”人文法律思想对审判监督程序的人文影响

在中国古代，从汉代开始，由于儒家思想占据社会的主导地位，儒家“慎刑”人文思想也被历朝历代的统治者所采用，历代统治者为了能够及时发现冤假错案，修复被破坏的社会关系，大都采用了“录囚”制度，体现了尊重生命和对人的权利的尊重。所谓的“录囚”制度是指中国古代的一种司法制度，是指上级司法机关对在押囚犯的复核审录，以检查下级司法机关对有关案件的审理结果是否有失公正，并及时纠正冤假错案，这与儒家“慎刑”人文思想有很大的关系。古代的“录囚”制度实际上就是古代中国对刑事案件诉讼的一种审判监督制度，与现代的刑事审判监督程序具有异曲同工之妙。在现代刑事诉讼中，为了及时发现和纠正错误的生效判决和裁定，保护公民的人身权利、政治权利和财产权利不受非法的刑事司法的侵害，保障有关公民的合法权利在遭到国家司法公权力侵害时，能够得到有效的公权力的救济而规定的一种特殊的诉讼程序。因此，我国《刑事诉讼法》明确规定了具有刑事司法纠错功能的特殊诉讼程序——审判监督程序。在现代刑事审判监督程序中也可以见到儒家“慎刑”人文思想的踪迹。我国的错案救济一般是通过二审和审判监督程序来加以实现的，但对已经生效的错案只能通过审判监督程序来加以纠正。虽然有些学者对我国审判监督程序诟病很多，但总体来说，审判监督程序对于纠正冤假错案，维护司法公平正义，保障人权起到了不可忽视的作用。

一、明确规定了当事人及其法定代理人、近亲属的申诉权

在司法实践中，由于各种因素的影响，导致有的刑事案件的审判质量不高，有的甚至出现了冤假错案，使被告人及被害人的利益均受到了极大的损害，司法公正难以得以体现。为了对冤假错案及时予以更正，实现刑事诉讼法人权保障功能，真正实现司法正义，我国刑事诉讼法赋予了当事人及其法定代理人、近亲属的申诉权。《刑事诉讼法》第 241 条明确规定：“当事人及其法定代理人、近亲属，对已经发生法律效力的判决、裁定，可以向人民法院或者人民检察院提出申诉，但是不能停止判决、裁定的执行。”根据此条法律规定，当事人及其法定代理人、近亲属对已经发生法律效力的判决、裁定，如果认为确有错误，既可以向人民法院提出申诉，也可以向人民检察院提出申诉，从而保障了当事人的合法利益。

二、明确规定了申诉应当予以重新审判的法定情形

为了使当事人及其法定代理人、近亲属申诉权真正得以实现，真正发挥刑事诉讼法人权保障的功能，体现刑事诉讼以人为本的人文思想，《刑事诉讼法》第242条明确规定：“当事人及其法定代理人、近亲属的申诉符合下列情形之一的，人民法院应当重新审判：有新的证据证明原判决、裁定认定的事实确有错误，可能影响定罪量刑的；据以定罪量刑的证据不确实、不充分、依法应当予以排除，或者证明案件事实的主要证据之间存在矛盾的；原判决、裁定适用法律确有错误的；违反法律规定的诉讼程序，可能影响公正审判的；审判人员在审理该案件的时候，有贪污受贿，徇私舞弊，枉法裁判行为的。”根据此条法律规定，如果当事人及其法定代理人、近亲属申诉符合上述法定情形的任何一种，人民法院都应当对相关案件按照有关的审判程序予以重新审理，以确保司法公正的实现。

三、提起审判监督程序主体的广泛性

根据我国《刑事诉讼法》的规定，我国可以提起审判监督程序的主体是非常广泛的。《刑事诉讼法》第243条第1、2、3款规定：“各级人民法院院长对本院已经发生法律效力的判决和裁定，如果发现在认定事实上或者在适用法律上确有错误，必须提交审判委员会处理。最高人民法院对各级人民法院已经发生法律效力的判决和裁定，上级人民法院对下级人民法院已经发生法律效力的判决和裁定，如果发现确有错误，有权提审或者指令下级人民法院再审。最高人民检察院对各级人民法院已经发生法律效力的判决和裁定，上级人民检察院对下级人民法院已经发生法律效力的判决和裁定，如果发现确有错误，有权按照审判监督程序向同级人民法院提出抗诉。”虽然此规定对于维护生效判决、裁定的严肃性、稳定性而言是不利的，但其在一定程度上保证了刑事案件判决、裁定的公正真正能够得以实现，保障了相关当事人的合法权益，从而体现出了“有错必纠”的人文司法理念。

四、明确规定了严密的再审程序，保证再审的公正性

1. 明确规定了人民检察院抗诉的案件，接受抗诉的人民法院应当组成合议庭进行重新审理。人民检察院作为刑事诉讼的法定监督机关，有权利也有义务对已经生效的判决和裁定予以必要的法律监督，当已经生效的判决和裁定确有错误时，应依法向有关的人民法院提出抗诉，以纠正错误的判决和裁定。《刑事诉讼

法》第243条第4款规定："人民检察院抗诉的案件，接受抗诉的人民法院应当组成合议庭重新审理，对于原判决事实不清楚或者证据不足的，可以指令下级人民法院再审。"

2. 明确规定了指令再审的管辖法院。刑事案件的再审如果由原来的人民法院再审，原审人民法院不容易改变原审观点，不容易纠正原审判决、裁定中的错误，再加上再审案件一般都属于疑难、复杂的案件，由原审人民法院再审很难保证审判的公正性；但如果再审案件由上一级人民法院再审在维护司法公正方面可能会起到一定的作用，但同时又可能加重上级人民法院的审判负担。综合各方面的因素，在既要保证司法公正，保障当事人合法权益的情况下，又要实现各负其责的司法原则，我国刑事诉讼法作了变通规定。《刑事诉讼法》第244条规定："上级人民法院指令下级人民法院再审的，应当指令原审人民法院以外的下级人民法院审理；由原审人民法院审理更为适宜的，也可以指令原审人民法院审理。"同时为了保证由原审人民法院重新审判的正确性，维护司法公正，《刑事诉讼法》第245条规定："人民法院按照审判监督程序重新审判的案件，由原审人民法院审理的，应当另行组成合议庭进行。如果原来是第一审案件，应当依照第一审程序进行审判，所作的判决、裁定，可以上诉、抗诉；如果原来是第二审案件，或者是上级人民法院提审的案件，应当依照第二审程序进行审判，所作的判决、裁定，是终审的判决、裁定。人民法院开庭审理的再审案件，同级人民检察院应当派员出席法庭。"

3. 明确规定了人民法院可以决定中止原判决、裁定的执行。在司法实践中，有些刑事案件的生效判决、裁定根据现有的证据材料或新的证据材料表明已经是错误或很有可能是错误的，为了避免对当事人权益造成更大的侵害，避免造成更大的司法不公，减少当事人和国家的损失，《刑事诉讼法》第246条明确规定："人民法院按照审判监督程序审判的案件，可以决定中止原判决、裁定的执行。"

第四节 弱势群体特殊刑诉保护的人文体现

儒家历来重视对弱势群体的保护，尤其是对于生理性的弱势群体，如老人、未成年人、妇女、残疾人更是给予了巨大的关怀。虽然儒家"保护弱者"人文法律思想有其历史局限性，但不可否认其巨大的现代人文价值，合理继承传统儒家保护弱者的人文思想，结合现代刑事诉讼人文精神的要求，对弱者予以更多的刑事诉讼特殊保护是非常必要的，正如德沃金所言："在大多数社会里，给予老人、儿童和残疾人以明确的法律保护，这样做的原因是这些群体的成员自我保护的能力较弱，而不是由于这些人对社会更有道德价值。与此相类似，给予个人更多的权利保护，是因为面临政府滥用权力的时候，个人是脆弱的。权利理论强调个人权利，因为需要特殊保护的是个人而不是社会。”新刑事诉讼法修正案本着尊重和保障人权的精神，吸收了传统儒家保护弱者人文思想的合理内核，结合现代刑事诉讼的人文要求，在刑事诉讼各个环节，对弱势群体诉讼权利予以了更多的特殊保护。

一、对未成年犯罪嫌疑人、被告人特殊刑诉保护人文体现

近年来，未成年人犯罪有不断上升的趋势，未成年人犯罪问题已经成为和谐社会建设的一大阻碍。目前我国处在社会转型期，受多种不利因素影响，尤其是监护人监护的缺失导致目前大量出现的农村留守儿童、流浪儿童、失学儿童，导致未成年人犯罪逐年增长。但是，由于未成年人犯罪大多受外界诱惑影响所致，一般主观恶性较小，尚未形成反社会人格，可塑性较强，通过教育感化和挽救，容易回归社会。对于未成年人犯罪理应依法处罚，但根据“宽严相济”的刑事政策和未成年人犯罪“教育为主，惩罚为辅”的刑事诉讼原则，吸收和继承儒家“保护弱者”人文思想的合理内核，结合现代刑事法律的人文精神要求，在刑事诉讼中，加强未成年犯罪人的权利保护，使其感受到国家和社会对其的人文关怀，争取使其早日重返社会。为了保障未成年犯罪人的诉讼权益，我国刑事诉讼对未成年人诉讼程序予以了特别规定，并通过相关的司法解释来切实保护未成年人合法权益，充分体现了刑事诉讼巨大的人文关怀。

（一）确立了未成年人刑事诉讼的方针和原则

1. 确立了未成年人“教育、感化、挽救”刑事诉讼方针。由于未成年人的身心发育皆不成熟，对外界的事物认识和对自身行为和自为认识的评价还很不完整，对是非的界限还不是很清晰，由于未成年人世界观还没有完全成型，具有较大的可塑性，对其进行教育、感化和挽救具有一定的可能性；同时，未成年人承载着祖国、社会和家庭的未来和希望，是各项社会建设事业的继承者。因此，对未成年犯罪嫌疑人、被告人采取“教育、感化和挽救”的方针不仅具有可能性而且也具有现实必要性。结合我国刑事诉讼保护弱者人文精神建设的需要，《刑事诉讼法》第266条明确规定：“对犯罪的未成年人实行教育、感化、挽救的方针。”

2. 确立了“教育为主、惩罚为辅”的刑事诉讼原则。《刑事诉讼法》第266条第1款在规定了未成年人刑事诉讼基本方针的同时，还规定了未成年人刑事诉讼基本原则，即“坚持教育为主、惩罚为辅的原则”。这意味着，在未成年人刑事诉讼中，对于未成年犯罪嫌疑人、被告人，要坚持教育矫正为主，使其早日恢

复健康的心理，顺利回归社会，只有在确有必要的情况下，才能对未成年犯罪嫌疑人、被告人适用刑罚。这项未成年人刑事诉讼基本原则的确立，对于未成年人刑事诉讼具有重要的指导意义，不仅有利于未成年犯罪嫌疑人、被告人过早地贴上犯罪人的标签，而且也有利于未成年犯罪嫌疑人、被告人以后的成长，充分体现了刑罚人道，也体现了国家对未成年犯罪嫌疑人、被告人的关心和爱护，也充分体现了刑事诉讼人文精神。

3. 确立了保护未成年犯罪嫌疑人、被告人权利的原则。由于未成年人的身心皆不成熟，再加上其并不熟悉相关法律规定，时常在刑事诉讼中不知道如何保护自身的诉讼权利。为了保证未成年犯罪嫌疑人、被告人的诉讼权利能够得以正常行使，保障未成年犯罪嫌疑人、被告人的合法权益，《刑事诉讼法》第266条第2款规定："人民法院、人民检察院和公安机关办理未成年人刑事案件，应当保障未成年人行使其诉讼权利，保障未成年人得到法律帮助，并由熟悉未成年人身心特点的审判人员、检察人员、侦查人员承办。"

（二）确立了未成年人刑事诉讼社会调查制度

《刑事诉讼法》第268条明确规定："公安机关、人民检察院、人民法院办理未成年人刑事案件，根据情况可以对未成年犯罪嫌疑人、被告人的成长经历、犯罪原因、监护教育等情况进行调查。"《刑事诉讼法》此条规定表明，公、检、法三机关在办理未成年人犯罪案件过程中，必须查清未成年犯罪嫌疑人、被告人的成长经历、犯罪原因以及监护教育等主客观情况，这对于教育、感化和挽救未成年犯罪嫌疑人、被告人而言无疑具有十分重要的意义。社会调查制度的贯彻落实，有利于公、检、法三机关在处理未成年人犯罪案件中准确选择不同的感化点和突破口，并对未成年人适用刑罚上予以区别对待，以达到完全矫治未成年犯罪人的目的，促使其顺利回归社会。这不仅体现刑罚适用应坚持主客观相结合的原则，而且也体现了国家对未成年犯罪嫌疑人、被告人的人文关怀。

（三）在刑事诉讼各个环节严格审查未成年犯罪嫌疑人的年龄

根据《刑法》第17条第1、2款的规定，未满14周岁的人有危害社会行为的不负刑事责任；已满14周岁不满16周岁的人，只对故意杀人罪、故意伤害致人重伤或者死亡、强奸、抢劫、贩卖毒品、放火、爆炸、投放危险物质罪负刑事责任。因此，在处理涉及未成年人违法犯罪案件时，未成年人的行为是否构成犯罪、是否承担刑事责任都与未成年人的年龄有直接的关系，如果未成年人的年龄不符合刑法的相关规定，就不能追究未成年人的刑事责任。要求公安机关、人民检察院及人民法院在立案、侦查、审查起诉及审判过程中必须严格审查犯罪嫌疑人出生的具体日期，同时要求有充分的证据证明其年龄状况，不达到法定年龄的未成年人一律不予追究其刑事责任，以保障未达法定年龄的未成年人合法权益。为此，2006 年 1 月 23 日起施行的《最高人民法院关于审理未成年人刑事案件具体应用法律若干问题的解释》第 2 条明确规定："刑法第十七条规定的'周岁'，按照公历的年、月、日计算，从周岁生日的第二天起算。"该解释第 3 条又明确规定："审理未成年人刑事案件，应当查明被告人实施被指控的犯罪时的年龄。裁判文书中应当写明被告人出生的年、月、日。"该解释第 4 条也明确规定："对于没有充分证据证明被告人实施被指控的犯罪时已经达到法定刑事责任年龄且确实无法查明的，应当推定其没有达到相应法定刑事责任年龄。"

（四）对未成年犯罪嫌疑人、被告人严格限制适用逮捕措施

《刑事诉讼法》第 269 条第 1 款规定："对未成年犯罪嫌疑人、被告人应当严格限制适用逮捕措施。人民检察院审查批准逮捕和人民法院决定逮捕，应当讯问未成年犯罪嫌疑人、被告人，听取辩护律师的意见。"由于逮捕是最严厉的强制措施，涉及犯罪嫌疑人、被告人的人身自由被剥夺，我国刑事诉讼法规定对未成年犯罪嫌疑人、被告人适用逮捕强制措施必须严格限制是十分必要的。对于未成年人而言，随意适用逮捕强制措施，限制未成年犯罪嫌疑人、被告人的人身自由，由于未成年人心理特点的影响，容易引起未成年犯罪嫌疑人、被告人的抵触情绪，不利于对未成年犯罪嫌疑人、被告人进行教育、感化和挽救，自然也不利于对其的刑罚矫治。同时，为了严格限制逮捕强制措施的适用，刑事诉讼法规定了人民检察院审查批准逮捕和人民法院决定逮捕，应当讯问未成年犯罪嫌疑人、被告人，了解是否符合逮捕的条件；同时，为了保证逮捕适用的准确性和必要性，还必须听取辩护律师的意见。扩大辩护律师对审查逮捕程序的参与，主要是用以保障审查逮捕的正当性，因为辩护律师一般都具有较为丰富的刑辩经验，了解相关的法律法规，能够对未成年犯罪嫌疑人、被告人是否适合适用逮捕措施提出较为中肯的辩护意见，有利于正确适用逮捕措施，保证对未成年人严格限制适用逮捕措施。为了进一步明确对未成年人慎用逮捕措施，《人民检察院办理未成年人刑事案件的规定》第 12 条明确规定："人民检察院审查批准逮捕未成年犯罪嫌疑人，应当根据未成年犯罪嫌疑人涉嫌犯罪的事实、主观恶性、有无监护与社会帮教条件等，综合衡量其社会危险性，确定是否有逮捕必要，慎用逮捕措施，可捕可不捕的不捕。"该规定第 13 条也明确规定："对于罪行较轻，具备有效监护条件或者社会帮教措施，没有社会危险性或者社会危险性较小，不会妨害诉讼正常进行的未成年犯罪嫌疑人，一般不予批准逮捕。对于罪行比较严重，但主观恶性不大，有悔罪表现，具备有效监护条件或者社会帮教措施，不具有社会危险性，不会妨害诉讼正常进行，并具有下列情形之一的未成年犯罪嫌疑人，也可以依法不予批准逮捕：初次犯罪、过失犯罪的；犯罪预备、中止、未遂的；有自首

或者立功表现的；犯罪后能够如实交待罪行，认识自己行为的危害性、违法性，积极退赃，尽力减少和赔偿损失，得到被害人谅解的；不是共同犯罪的主犯或者集团犯罪中的首要分子的；属于已满十四周岁不满十六周岁的未成年人或者系在校学生的；其他没有逮捕必要的情形”。最高人民检察院《人民检察院刑事诉讼规则》（试行）第488条也作出了类似上述规定。同时该规则第489条明确规定：“审查逮捕未成年犯罪嫌疑人，应当重点查清其是否已满十四、十六、十八周岁。对犯罪嫌疑人实际年龄难以判断，影响对该犯罪嫌疑人是否应当负刑事责任认定的，应当不批准逮捕。”该规则第490条还规定：“在审查逮捕、审查起诉中，人民检察院应当讯问未成年犯罪嫌疑人，听取辩护人的意见，并制作笔录附卷。”通过上述一系列保障性规定，对逮捕未成年人设立了严格的审查制度，保证了未成年人合法权益，体现了国家对未成年人犯罪的人文关怀。

（五）确立了未成年人法律援助制度

根据《刑事诉讼法》第267条和《刑事诉讼法司法解释》第472条的规定，未成年犯罪嫌疑人、被告人没有委托辩护人的，人民法院、人民检察院、公安机关应当通知法律援助机构指派律师为其提供辩护。辩护权是未成年犯罪嫌疑人、被告人最基本的诉讼权利，虽然刑事诉讼法规定犯罪嫌疑人、被告人的辩护权既可以自行行使，也可以聘请辩护人行使。但由于未成年人自身身心条件以及法律知识和社会阅历的限制，导致其在刑事诉讼中不能很好地行使自己的辩护权。为了切实保护未成年犯罪嫌疑人、被告人的辩护权的有效行使，保障未成年犯罪嫌疑人、被告人的合法权益，体现刑事诉讼保护弱者的人文理念，体现国家对未成年人的关爱，规定在未成年犯罪嫌疑人、被告人没有委托辩护人的情况下，人民法院、人民检察院、公安机关有义务通知法律援助机构指派律师为其提供辩护是十分必要的，这在一定程度上体现我国诉讼文明。

（六）确立了未成年犯罪人分别关押、分别管理、分别教育制度

《刑事诉讼法》第269条第2款规定：“对被拘留、逮捕和执行刑罚的未成年人与成年人应当分别关押、分别管理、分别教育。”由于未成年人具有身心皆不成熟的特点以外，未成年人还具有较强的可塑性，如果在拘留、逮捕和执行刑罚过程中将其与成年人混合关押，不仅易使其遭受其他成年犯罪嫌疑人、被告人的教唆和引诱，容易进行一些新的违法犯罪活动；同时在混合关押过程中，由于其可塑性较强，也容易接受其他成年犯罪嫌疑人、被告人犯罪经验，容易形成错误的人生观、价值观，交叉感染十分严重，不利于对其进行矫治、教育。由于未成年人具有独特的心理特征，其人生观、价值观并没有定型，对事物的看法和理解并不成熟，各种理论知识和社会生活技能还非常缺乏，而其内心相对于成年人而

言又比较脆弱，对其不能适用较为粗放的管理方法，而应当采取较为细化的管理，做到润物无声。同时由于成年人和未成年人在思想和生活技能各方面均存在较大的差别，对其进行教育改造必须结合其自身矫治需要以及以后适用社会生活的需要，有针对性地进行教育矫治。此条法律规定，不仅充分体现国家对未成年人的关爱，而且也充分体现了刑事诉讼法的人文精神。

（七）在讯问过程中对未成年人权益的特殊刑诉人文保护

讯问是查明案件事实真相、获取相关证据的重要手段，但由于未成年人的身心特点的影响，未成年人在讯问过程中的自我保护能力较弱，基于现代诉讼公平理念，为了充分保护未成年犯罪嫌疑人、被告人的合法利益，刑事诉讼法对讯问成年人予以了严格的程序限制，具体体现在：

1. 讯问女性未成年人时应当有女工作人员在场。《刑事诉讼法》第 270 条第 2 款规定："讯问女性未成年犯罪嫌疑人时，应当由女性工作人员在场。"鉴于女性未成年人生理、心理的与男性相比，具有一定的特殊性；同时，为了防止在讯问女性未成年人发生个别不良司法人员利用职权对其进行人身侵害事件的发生，对未成年女性予以区别对待，以切实保障女性未成年人在讯问中的基本权利。

2. 讯问未成年人时应通知法定代理人到场。《刑事诉讼法》第 270 条规定："对于未成年人刑事案件，在讯问和审判的时候，应当通知未成年犯罪嫌疑人、被告人的法定代理人到场。无法通知、法定代理人不能到场或者法定代理人是共犯的，也可以通知未成年犯罪嫌疑人、被告人的其他成年亲属，所在学校、单位、居住地基层组织或者未成年人保护组织的代表到场，并将有关情况记录在案。到场的法定代理人可以代为行使未成年犯罪嫌疑人、被告人的诉讼权利。到场的法定代理人或者其他人员认为办案人员在讯问、审判中侵犯未成年人合法权益的，可以提出意见。讯问笔录、法庭笔录应当交给到场的法定代理人或者其他人员阅读或者向他宣读。"为了切实保障未成年犯罪嫌疑人、被告人的合法权益在讯问中不被侵犯，我国刑事诉讼法明确规定了讯问未成年人应当通知其法定代理人到场，如果其法定代理人不能到场的，可以通知未成年人其他成年亲属或所在学校、或居住地基层组织或者未成年人保护组织的代表到场，以监督讯问过程的合法性；同时，刑事诉讼法还赋予了法定代理人代为行使未成年人诉讼权利的权利。未成年人由于众所周知的原因，在讯问中可能不知或不会行使自己法定的诉讼权利，由其法定代理人代为行使相关诉讼权利，不仅有利于讯问的公正性，也有利于未成年人权益的保护；同时刑事诉讼法还赋予了法定代理人讯问监督权。即一方面如果法定代理人发现在讯问中有侵犯未成年人合法权益行为的，可以提出自己的意见；另一方面法定代理人有权阅读讯问笔录，以保证讯问笔录的完整和公正性。

3. 在讯问未成年人时一般不得使用械具。由于未成年人的自尊心较强，为了维护未成年人的身心健康，有关司法解释规定在讯问未成年人时一般不得使用械具。如最高人民检察院《人民检察院刑事诉讼规则（试行）》第491条明确规定："讯问未成年犯罪嫌疑人一般不得使用械具。对于确有人身危险性，必须使用械具的，在现实危险消除后，应当立即停止使用。"

（八）审查起诉过程中对未成年人权益的特殊人文保护

审查起诉是刑事诉讼程序中一个非常重要的程序，为了保护未成年人合法权益，我国刑事诉讼法作出了相应的特殊规定：

1. 审查起诉时检察院应听取犯罪嫌疑人的法定代理人、辩护人的意见。《刑事诉讼法》第170条规定："人民检察院审查案件，应当讯问犯罪嫌疑人，听取辩护人、被害人及其诉讼代理人的意见，并记录在案。辩护人、被害人及其诉讼代理人提出书面意见的，应当附卷。"

同时，《最高人民检察院办理未成年人刑事案件的规定》第16条规定："人民检察院对未成年犯罪嫌疑人审查起诉时，应当听取其父母或者其他法定代理人、辩护人、未成年被害人及其法定代理人的意见。"可以在一定程度上了解未成年犯罪嫌疑人的成长经历、家庭环境、个性特点、社会活动等情况，为是否提起公诉以及提出量刑建议提供参考。

2. 未成年人与成年人共同犯罪案件分案起诉制度。根据《最高人民检察院办理未成年人刑事案件的规定》第23条的规定，未成年人和成年人共同犯罪案件中，在不妨碍案件审查起诉和审理判决的情况下，人民检察院应当对未成年人与成年人共同犯罪案件分别提起公诉。这样可以避免忽视在共同审查中容易造成的对未成年人应有的保护程序。

3. 附条件不起诉制度。《刑事诉讼法》第271条规定了未成年人附条件不起诉制度："对未成年人涉嫌刑法分则第四章、第五章、第六章规定的犯罪，可能判处一年有期徒刑以下刑罚，符合起诉条件，但有悔罪表现的，人民检察院可作出附条件不起诉的决定。人民检察院在作出附条件不起诉的必经前置程序是应当听取被害人、公安机关的意见。"该条法律规定明确了人民检察院附条件不起诉制度，明确了附条件不起诉制度的适用对象、条件、申请复议的条件。未成年人附条件不起诉制度的设立，体现了国家对未成年人的关爱，符合刑事诉讼经济性的要求，在一定程度上有利于司法效率的提高；同时有利于保护未成年人，减少进入审判程序给未成年人带来的伤害以及监禁刑可能带来的交叉感染等问题，并促使其更快、更好地回归社会。附条件不起诉制度体现了宽严相济刑事政策中对未成年人保护的精神，附条件不起诉制度可以使未成年人免遭"诉讼程序的消极作用"，有利于其自我改过、重新融入社会。同时，附条件不起诉制度的设立，可以给未成年人一次反省过去、认识自己的行为对社会危害性的机会，有效预防和阻止其再犯，也有利于社会和家庭的和谐、稳定。

4. 为了切实保护未成年人的合法权益，规定了对未成年人的涉案情况予以保密。最高人民检察院《人民检察院刑事诉讼规则（试行）》第502条明确规定："人民检察院办理未成年人刑事案件过程中，应当对涉案未成年人的资料予以保密，不得公开或者传播涉案未成年人的姓名、住所、照片、图像及可能推断出该未成年人的其他资料。"该规则第503条规定："犯罪的时候不满十八周岁，被判处五年有期徒刑以下刑罚的，人民检察院应当在收到人民法院生效判决后，对犯罪记录予以封存。"该规则第504条规定："人民检察院应当将拟封存的未成年人犯罪记录、卷宗等相关材料装订成册，加密保存，不予公开，并建立专门的未成年人犯罪档案库，执行严格的保管制度。"

（九）审判程序中对未成年人权益的特殊人文保护

为了充分保护未成年人的合法权益，我国刑事诉讼法以及最高人民法院在《关于审理未成年人刑事案件的若干规定》等司法解释中对未成年人审判程序作了较明确的规定，给予了未成年被告人更多的保护，具体体现在：

1. 审判人员与审判组织专业化。为了贯彻教育、挽救和感化方针，《刑事诉讼法》第266条第2款对未成年人案件审判人员队伍作出了较为明确的要求："人民法院、人民检察院和公安机关办理未成年人刑事案件，应当保障未成年人行使其诉讼权利，保障未成年人得到法律帮助，并由熟悉未成年人身心特点的审判人员、检察人员、侦查人员承办。"《最高人民法院关于适用〈中华人民共和国刑事诉讼法〉的解释》第461条明确规定："审理未成年人刑事案件，应当由熟悉未成年人身心特点、善于做未成年人思想教育工作的审判人员进行，并应当保持有关审判人员工作的相对稳定性。未成年人刑事案件的人民陪审员，一般由熟悉未成年人身心特点，热心教育、感化、挽救失足未成年人工作，并经过必要培训的共青团、妇联、工会、学校、未成年人保护组织等单位的工作人员或者有关单位的退休人员担任。"同时，该解释第462条又规定："中级人民法院和基层人民法院可以设立独立建制的未成年人案件审判庭。尚不具备条件的，应当在刑事审判庭内设立未成年人刑事案件合议庭，或者由专人负责审理未成年人刑事案件。高级人民法院应当在刑事审判庭内设立未成年人刑事案件合议庭。具备条件的，可以设立独立建制的未成年人案件审判庭。"由于未成年人犯罪案件具有与一般刑事案件审判不同的特点，如何搞好未成年人审判工作，是困扰审判人员的一大难题。加强未成年人刑事案件审判队伍和审判组织建设是搞好未成年人刑事案件的审判工作的基础，只有让了解和熟悉未成年人心理特点的审判人员、人民陪审员进行审理未成年人犯罪案件，才能在更大程度上教育、感化未成年被告人，才能达到刑罚适用的教育目的，使其接受矫治，顺利地回归社会。

2. 未成年人案件一律不公开审理。为了维护未成年人的个人隐私，为了维护未成年人的成长环境，促使未成年人顺利接受教育、矫治，《刑事诉讼法》第274条明确规定："审判的时候被告人不满十八周岁的案件，不公开审理。但是，经未成年被告人及其法定代理人同意，未成年被告人所在学校和未成年人保护组织可以派代表到场。"此条法律规定，体现了对未成年人特殊保护的原则性与灵活性的结合。对于未成年人犯罪案件的审判原则上是不公开审判，以给予未成年人权益最大程度的保护；而在有些未成年人犯罪案件中，由于未成年人对自己行为严重性的认识以及可能面临的刑罚处罚的恐惧，极想见到往日教育他的老师，此种情况下，允许在未成年人被告人以及其法定代理人的同意后，允许未成年人学校代表到场可以起到安稳被告人心理的作用。未成年人犯罪案件不公开审理可以防止公开审判可能导致的给未成年人造成精神创伤，从而增加改造的难度等不利于其回归社会的消极后果。

3. 法定代理人可补充陈述。《刑事诉讼法》第270条规定："审判未成年人刑事案件，未成年被告人作出最后陈述后，其法定代理人可以进行补充陈述。"由于未成年被告人身心皆不成熟，其人生观价值观的也不成熟，再加之其知识程度、社会阅历的短缺，导致其在法庭审判中有时不能完全表达自己的意愿，甚至有时因为审判的压力，造成其心里异常紧张，不能正确表达自己的意思。为了确实维护未成年人合法权益，体现刑事诉讼法的人文关怀，规定其法定代理人在未成年被告人陈述完毕后，可以进行补充陈述，在一定程度上可以避免由于未成年语言表述的不完整或不正确而产生的审判不公；同时，在一定程度上也有利于审判人员准确了解未成年被告人的行为，正确适用法律，对其准确定罪量刑，做出公正的判决。

（十）执行过程中对未成年人权益的保护

根据我国《刑法》和《刑事诉讼法》以及相关司法解释的相关规定，为了更好地挽救、改造和教育未成年人，执行过程中对未成年人权益有如下特殊保护规定：

1. 对未成年犯执行刑罚场所的规定。为了防止未成年犯与成年犯混合关押带来的交叉感染的不利后果，进一步促使未成年犯尽快得到有效改造，顺利回归社会，《刑事诉讼法》第253条第4款明确规定："对未成年犯应当在未成年犯管教所执行刑罚。"

2. 未成年人犯罪记录封存制度。《刑事诉讼法》第275条规定："犯罪的时候不满十八周岁，被判处五年有期徒刑以下刑罚的，应当对相关犯罪记录予以封存。犯罪记录被封存的，不得向任何单位和个人提供，但司法机关为办案需要或者有关单位根据国家规定进行查询的除外。依法进行查询的单位，应当对被封存的犯罪记录的情况予以保密。”根据此规定，对犯罪时不满十八周岁，且对其判处五年以下刑罚的罪犯的材料公安、司法机关不仅要采取各种保密措施，妥善保存，非因法定事由不得向外界任何个人和单位提供。即使出于法制宣传需要，也不得出现未成年犯的姓名、年龄、住所、相貌等足以推测未成年人身份的内容。未成年人犯罪记录封存制度的设立，符合儒家保护弱者人文思想的要求，也符合刑法人道主义原则的要求。此项制度的创立，有利于未成年人回归社会后进行正常的生活，使得他们在人生的成长过程中，不会因为犯罪记录而耽误上学、就业，影响未成年人的前程。

3. 对未成年犯罪人的社区矫正。社区矫正是一种不使罪犯与社会隔离并利用社区资源教育改造罪犯的方法，简单地说，就是让符合法定条件的罪犯在社区中执行刑罚。2011 年 2 月 25 日全国人大常委会表决通过的《刑法修正案（八）》规定了依法实行社区矫正，自此，我国的社区矫正制度正式以法律形式定位下来。《刑事诉讼法》第 258 条进一步明确了社区矫正的对象及矫正的主体：“对被判处管制、宣告缓刑、假释或者暂予监外执行的罪犯，依法实行社区矫正，由社区矫正机构负责执行。”社区矫正是与监禁矫正相对的一种行刑方式，与监禁刑执行方式相比，由于社区矫正是将服刑人员放在社区进行改造，是服刑人员不脱离社会，在一定程度上也不脱离家庭，有利于服刑人员顺利回归社会，体现了刑事法律的人文关怀。目前我国未成年人由于自身因素及其他不良客观因素的影响，未成年人犯罪有逐年上升的趋势，而监禁改造对于未成年人来说效果并不十分明显，也不利于其顺利回归社会，在一定程度上还容易形成交叉感染，使未成年服刑人员服刑期满释放后学得“更坏”，显而易见，此种结果的出现并不是国家、社会、家庭所期待的。社区矫正行刑方式的出现，无疑为未成年人有效改造提供了一条光明之路。由于我国刑法和刑事诉讼法仅规定了对被判处管制、宣告缓刑、裁定假释、决定暂予监外执行的罪犯予以社区矫正，并没有规定社区矫正的具体方式方法。为了进一步规范未成年人社区矫正工作，《社区矫正实施办法》第 33 条明确规定：“对未成年人实施社区矫正，应当遵循教育、感化、挽救的方针，按照下列规定执行：对未成年人的社区矫正应当与成年人分开进行；对未成年社区矫正人员给予身份保护，其矫正宣告不公开进行，其矫正档案应当保密；未成年社区矫正人员的矫正小组应当有熟悉青少年成长特点的人员参加；针对未成年人的年龄、心理特点和身心发育需要等特殊情况，采取有益于其身心健康发展的监督管理措施；采用易为未成年人接受的方式，开展思想、法制、道德教育和心理辅导；协调有关部门为未成年社区矫正人员就学、就业等提供帮助；督促未成年社区矫正人员的监护人履行监护职责，承担抚养、管教等义务；采取其他有利于未成年社区矫正人员改过自新、融入正常社会生活的必要措施。犯罪的时候不满十八周岁被判处五年有期徒刑以下刑罚的社区矫正人员，适用前款规定。”上述规定明确了对未成年人实行社区矫正的方针、方法、参与矫正的人员工作职责及义务。这有利于未成年人改过自新并很好地融入正常的社会生活中。对监外罪犯进行社区矫正是维护社会稳定和社会综合治理工作的一个重要环节。

4. 有关司法解释对未成年犯减刑和假释条件放宽规定。在刑罚执行过程中，对服刑人员予以减刑和假释，无疑是促使服刑人员认真接受改造的重要途径和方法，对于促进服刑人员认罪伏法也起到了巨大的推动作用。为了在刑罚执行过程中体现对未成年人的特殊保护，相关的司法解释对未成年人的减刑和假释条件进一步放宽，体现国家和社会对未成年人的关爱，体现刑罚人道主义，也体现刑事法律的人文精神。《最高人民法院关于审理未成年人刑事案件具体应用法律若干问题的解释》第18条明确规定：“对未成年罪犯的减刑、假释，在掌握标准上可以比照成年罪犯依法适度放宽。未成年罪犯能认罪伏法，遵守监规，积极参加学习、劳动的，即可视为‘确有悔改表现’予以减刑，其减刑的幅度可以适当放宽，间隔的时间可以相应缩短。符合刑法第八十一条第一款规定的，可以假释。”

二、老年犯罪嫌疑人、被告人特殊刑诉保护人文体现

儒家非常提倡尊老爱幼，形成了中华民族尊老爱幼的传统美德，我国法制史上一直贯彻“矜老恤幼”的人文精神。在西周的法律中就有了对老年人犯罪从宽处罚的规定，以后各朝各代的法律都继承并发展了该人文法律内容，形成了较为完备的法律规定。许多国家和地区的刑法或刑事诉讼法都对老年人刑事处遇作出了特殊的保护性规定，如日本、巴西、法国以及我国台湾地区等。但对于老年人这一弱势群体，无论是1979年刑事诉讼法还是1997年刑事诉讼法以及修正后的刑事诉讼法都没有明确的相应的保护性规定。随着我国正逐步进入老龄化社会，人口老龄化已成为一个不容忽视的社会现象，伴随而来的老年人犯罪问题也将成为一个比较严重而又亟待解决的社会问题。虽然现阶段我国老年人犯罪率并不高，但可以预见的是随着我国逐步进入老年社会，老年犯罪率将会逐年提升，如何处罚和保护老年犯罪人，这不仅体现了国家对待老年人的态度，更体现了一国法律的文明程度。由于我国对于老年人刑事诉讼特殊保护研究的比较少，导致我国刑事诉讼法对老年人的保护性特殊规定仅散见在个别条文和相关的司法解释中。

（一）在强制措施适用过程中对老年人的特殊人文保护

《刑事诉讼法》第65条第3项规定：“人民法院、人民检察院和公安机关对有下列情形之一的犯罪嫌疑人、被告人，可以取保候审：患有严重疾病、生活不

能自理，怀孕或者正在哺乳自己婴儿的妇女，采取取保候审不致发生社会危险性的。"《刑事诉讼法》第72条第1、3项规定："人民法院、人民检察院和公安机关对符合逮捕条件，有下列情形之一的犯罪嫌疑人、被告人，可以监视居住：（一）患有严重疾病、生活不能自理的……（三）系生活不能自理的人的唯一扶养人。"上述条文虽然并没有直接表明对老年犯罪嫌疑人、被告人的特殊保护，但透过条文的规定也可发现其对老年人也是体现出一定特殊保护的。老年人一般由于年龄和生理原因的影响，患严重疾病以及生活不能自理的几率要远远大于其他人，上述刑事诉讼法的规定也在一定程度上体现出了对老年人的爱护。

（二）在法律援助制度上对老年人的特殊人文保护

《刑事诉讼法》第34条规定："犯罪嫌疑人、被告人因经济困难或者其他原因没有委托辩护人的，本人及其近亲属可以向法律援助机构提出申请。对符合法律援助条件的，法律援助机构应当指派律师为其提供辩护。"由于老年人的生理功能的退化，其通过劳动获得报酬的机会较其他人较少，导致其劳动收入的减少。再加上目前生活费用的加大以及其他费用支出增多，如医疗费用、看护费用，导致很多的老年人经济状况困窘，在刑事诉讼中经常由于经济困难而请不起辩护人，容易使自身的权益受到侵害。因此，此条法律规定在一定程度上也体现了国家对老年人的关爱。

（三）审判程序中对老年人的特殊人文保护

《刑事诉讼法》第200条规定："在审判过程中，有下列情形之一，致使案件在较长时间内无法继续审理的，可以中止审理：（一）被告人患有严重疾病，无法出庭的；（二）被告人脱逃的；（三）自诉人患有严重疾病，无法出庭，未委托诉讼代理人出庭的；（四）由于不能抗拒的原因。"辩护权是被告人的最基本诉讼权利，而在上述情况下中止审理合乎人权保障的需要。在审判过程中，由于老年被告人随着年龄的增大，生理退化原因的影响，其患有严重疾病的可能性也逐渐加大。为了充分保护老年被告人的辩护权，保护其合法权益，体现国家保护弱者人文思想，刑事诉讼法做出以上规定是合乎刑事诉讼人文要求的。

（四）监外执行适用中对老年人特殊人文保护

《刑事诉讼法》第254条第1、3项规定："对被判处有期徒刑或者拘役的罪犯，有下列情形之一的，可以暂予监外执行：（一）有严重疾病需要保外就医的……（三）生活不能自理，适用暂予监外执行不致危害社会的。对被判处无期徒刑的罪犯，有前款第二项规定情形的，可以暂予监外执行。"在刑罚执行过程中，由于年龄增长，生理功能退化因素的影响，有些老年服刑人员患有严重疾病、生活不能自理，其再次危害社会的可能性极小。对这部分老年服刑人员及时予以监外执行，既体现了刑事诉讼的人道主义，又体现了国家对老年服刑人员的关心。

三、残疾犯罪嫌疑人、被告人特殊刑诉保护人文体现

儒家历来重视对残疾人的保护，并且历代封建法典都对残疾人犯罪持一种宽容的态度，给予残疾人犯罪从宽处罚。在我国现行法律制度中，都体现对残疾人的特殊法律保护，体现了法律的人文特色。根据《中华人民共和国残疾人保障法》的规定，残疾人是指在心理、生理、人体结构上，某种组织、功能丧失或者不正常，全部或者部分丧失以正常方式从事某种活动能力的人。除了视力残疾、听力残疾、言语残疾、精神残疾外，残疾人还包括肢体残疾、智力残疾、多重残疾和其他残疾的人。残疾人包括视力残疾、听力残疾、言语残疾、肢体残疾、智力残疾、精神残疾、多重残疾和其他残疾的人。在我国残疾人的数量是非常惊人的，如根据第二次全国残疾人抽样调查数据推算，中国目前各类残疾人总数为8296万人，占全国人口总数的6.34%。各类残疾人的人数及其占残疾人总数的比重为：视力残疾1233万人（14.86%），听力残疾2004万人（24.1%），言语残疾127万人（1.5%），肢体残疾2412万人（29.07%），智力残疾554万人（6.68%），精神残疾614万人（7.4%），多重残疾1352万人（16.30%）。从全国残疾人统计数字来看，残疾人大约涉及全国1/5的家庭。残疾人由于生理、心理等多方面因素的影响，在现代社会激烈的竞争中往往处于弱势的地位，但国家和公众更多的是给予残疾人同情和对其生活、工作的关注，而对其刑事保护的关注力度不大。近年来，由于各方面因素的影响，残疾人犯罪问题越来越突出，并引发了一系列的社会问题。如何对待残疾人犯罪问题，体现了一个国家刑事法律的文明程度，也反映了一个国家刑事法律是否具有人文精神。我国刑法基于人道主义、刑事责任能力、刑罚的目的等，对于残疾人的犯罪都给予极大的谅解和宽容，对精神、言语、视力和听力残疾人的犯罪和刑事责任予以明确规定，并在刑事诉讼法中赋予了这些残疾人特殊的诉讼救济权利。

（一）残疾人辩护权特殊人文保护规定

随着残疾人犯罪问题日益突出，在刑事诉讼中给予残疾人的辩护权特殊保护就显得日益急迫。残疾人的辩护权是残疾人最基本的诉讼权利，由于残疾人自身残疾缺陷的影响，其学习机会较常人要少得多，导致其法律知识以及社会经验都不及常人，从而进一步导致残疾人辩护权在刑事诉讼中很难依靠自身能力得以充分行使。并且在现实生活中，残疾人由于生理功能的缺陷导致其就业的机会减

少，并造成其生活的困难，在刑事诉讼中其也可能因为经济原因聘请不起辩护人而导致其辩护权不能得到充分行使。为了充分保护残疾人的合法权益，体现刑事诉讼的人文精神，《刑事诉讼法》第34条第1、2款明确规定："犯罪嫌疑人、被告人因经济困难或者其他原因没有委托辩护人的，本人及其近亲属可以向法律援助机构提出申请。对符合法律援助条件的，法律援助机构应当指派律师为其提供辩护。犯罪嫌疑人、被告人是盲、聋、哑人，或者是尚未完全丧失辨认或者控制自己行为能力的精神病人，没有委托辩护人的，人民法院、人民检察院和公安机关应当通知法律援助机构指派律师为其提供辩护。"上述规定体现了国家对残疾犯罪嫌疑人、被告人的关爱，也体现我国刑事诉讼文明，体现保护弱者的人文思想。

（二）在立案过程中对残疾人特殊人文保护的体现

《刑事诉讼法》第110条明确规定："人民法院、人民检察院或者公安机关对于报案、控告、举报和自首的材料，应当按照管辖范围，迅速进行审查，认为有犯罪事实需要追究刑事责任的时候，应当立案；认为没有犯罪事实，或者犯罪事实显著轻微，不需要追究刑事责任的时候，不予立案，并且将不立案的原因通知控告人。"虽然此条法律规定并没有明确规定对残疾人的保护，但依据相关的刑法规定，精神病人在不能辨认和控制自己行为的时候发生危害社会性行为的，不以犯罪论，而精神病人属于精神残疾，理应成为残疾人的组成部分。因此，在立案过程中，必须查明行为人实施危害社会行为时的精神状况，如果有证据表明行为人属于刑法意义上的精神病人，理应依法不予立案，不追究行为人的刑事责任。在立案过程中，加大对残疾人合法权益的保护，是刑事诉讼弱者保护人文体现，进而体现国家对残疾人的同情与关爱。

（三）在讯问中对残疾人的特殊人文保护体现

《刑事诉讼法》第119条明确规定："讯问聋、哑的犯罪嫌疑人，应当有通晓聋、哑手势的人参加，并且将这种情况记明笔录。"由于聋哑人的语言与正常人的语言有一定的区别，而司法人员精通聋哑语言的并不多，为了切实保护聋哑人的辩护权和其他合法权益，体现诉讼文明，体现对其的特殊保护，刑事诉讼法做如此规定是十分必要的。

（四）适用强制措施对残疾人的特殊人文保护体现

《刑事诉讼法》第65条第3项规定："人民法院、人民检察院和公安机关对有下列情形之一的犯罪嫌疑人、被告人，可以取保候审：患有严重疾病、生活不能自理，采取取保候审不致发生社会危险性的。"《刑事诉讼法》第72条第1、3

项规定："人民法院、人民检察院和公安机关对符合逮捕条件，有下列情形之一的犯罪嫌疑人、被告人，可以监视居住：（一）患有严重疾病、生活不能自理的……（三）系生活不能自理的人的唯一扶养人。"在上述法律规定中，一方面，对于因患有严重疾病或残疾生活不能自理的残疾人犯罪的，在符合取保候审的条件下，依法可以对其取保候审或监视居住，体现了刑事诉讼的文明；另一方面，对于系生活不能自理的人的唯一扶养人虽然罪该逮捕，但基于儒家和现代刑事诉讼人道原则的要求，对其也可以适用监视居住，体现了国家对残疾人的关爱。

（五）在审判程序中对残疾人的特殊人文保护体现

1. 为了保障残疾人辩护权在审判中得以充分行使，在中止审理制度中对残疾人的权利予以了特殊保护。《刑事诉讼法》第200条规定："在审判过程中，有下列情形之一，致使案件在较长时间内无法继续审理的，可以中止审理：（一）被告人患有严重疾病，无法出庭的；（二）被告人脱逃的；（三）自诉人患有严重疾病，无法出庭，未委托诉讼代理人出庭的；（四）由于不能抗拒的原因。"审判过程中，如果残疾人由于自身生理功能不能支撑参加审判的，并进而影响其辩护权充分行使的，国家理应对此予以体谅和宽容，并暂停审判，待残疾人身体情况好转后再予以审判。因此，刑事诉讼法此条规定在一定程度上体现了国家对残疾人权利的人文保护，也在一定程度上体现了刑事诉讼的文明、民主。

2. 在简易程序适用上对残疾人予以了特殊人文保护。《刑事诉讼法》第209条第1项明确规定了如果被告人是盲、聋、哑人，或者是尚未完全丧失辨认或者控制自己行为能力的精神病人的不适用简易程序。为了提高诉讼效率，我国刑事诉讼法规定了相关简易程序。简易程序是将相关的普通程序简化而成的，虽然法律对适用简易程序的条件做出了明确规定，并要求适用简易程序必须征得被告人的同意，但同时要求被告人必须对自己同意适用简易程序的法律问题有一个清楚的了解。在司法实践中，由于盲、聋、哑人或者尚未完全丧失辨认或者控制自己行为能力的精神病人自身生理功能的限制，其对自身行为涉及的法律问题知晓不多，有时对简易程序的含义并不清楚，如果对其适用简易程序，很可能使这些残疾人的辩护权得不到充分、有效的行使而导致对残疾人合法权利的受到侵犯。因此，刑事诉讼法规定对盲、聋、哑人或者尚未完全丧失辨认或者控制自己行为能力的精神病人不适用简易程序，充分体现了国家对残疾人的关爱，体现了刑事诉讼保护弱者权利的人文思想。

（六）执行程序对残疾人的特殊人文保护体现

《刑事诉讼法》第254条第1、3项明确规定："对被判处有期徒刑或者拘役的罪犯，有下列情形之一的，可以暂予监外执行：（一）有严重疾病需要保外就医的……（三）生活不能自理，适用暂予监外执行不致危害社会的。”由于残疾人受自身生理功能缺陷的影响，其受刑能力较正常人要弱。在刑罚执行过程中由于残疾人残疾的影响，不能参加正常的劳动改造，甚至有些残疾人残疾加重，生活不能自理，本着刑法人道原则，基于保护弱者权利的人文思想的要求，应当对其予以监外执行。

四、妇女诉讼权益之刑诉特殊保护人文体现

儒家在重视人的价值的前提下，对妇女权益保护也是比较重视的，在古代法律中对妇女权益予以特殊保护的规定也有所体现。由于妇女天生的生理弱势，并承担养育下一代的责任，按照儒家“保护弱者”人文思想的要求，在现代刑事诉讼中，对妇女诉讼权益理应给予必要的特殊保护。我国刑事诉讼法对妇女权益的特殊保护主要体现在以下几个方面。

（一）在侦查过程中对妇女权益的特殊人文保护

在侦查过程中对妇女权益的特殊保护主要体现在检查、搜查措施中。《刑事诉讼法》第130条第1、3款明确规定：“为了确定被害人、犯罪嫌疑人的某些特征、伤害情况或者生理状态，可以对人身进行检查，可以提取指纹信息，采集血液、尿液等生物样本。检查妇女的身体，应当由女工作人员或者医师进行。”《刑事诉讼法》第137条第2款规定：“搜查妇女的身体，应当由女工作人员进行。”由于妇女的生理结构与男性天然具有一定的区别，若由男性司法工作人员对涉案妇女进行身体检查、搜查，不仅可能导致其在刑事诉讼中遭受司法人员的不法侵害，而且也使被检查、搜查妇女的女性贞洁权受到了一定的侵害。为了防止在检查、搜查过程中对妇女可能造成的二次伤害，体现诉讼文明，保护妇女的人身权益，刑事诉讼法作出上述规定是十分必要的。

（二）强制措施适用中对妇女权益的特殊人文保护

根据《刑事诉讼法》第65条第3项的规定，人民法院、人民检察院和公安机关对有下列情形之一的犯罪嫌疑人、被告人怀孕或者正在哺乳自己婴儿的妇女，采取取保候审不致发生社会危险性的，可以取保候审。根据《刑事诉讼法》第72条第2项的规定，人民法院、人民检察院和公安机关对符合逮捕条件，犯罪嫌疑人、被告人怀孕或者正在哺乳自己婴儿的妇女，可以监视居住。在刑事诉讼中，如果犯罪嫌疑人、被告人是正在怀孕或者正在哺乳自己婴儿的妇女，本着人道主义的原则，对其适用较为轻缓的强制措施，充分体现了保护弱者的人文思

想，体现了国家对怀孕或者正在哺乳自己婴儿的妇女关爱，也体现了刑事诉讼文明。

（三）在执行中对妇女权益的特殊人文保护

在执行过程中对妇女权益的特殊人文保护性规定主要体现在：

1. 死刑执行过程中如果发现被执行的被告人是正在怀孕的妇女应立即停止执行，并层报最高人民法院依法改判。《刑事诉讼法》第 251 条第 1 款、第 2 款第 3 项、第 3 款明确规定："下级人民法院接到最高人民法院执行死刑的命令后，应当在七日以内交付执行。但是发现罪犯正在怀孕的，应当停止执行，并且立即报告最高人民法院，由最高人民法院作出裁定。由于罪犯正在怀孕停止执行的，应当报请最高人民法院依法改判。"此条法律规定，是基于人道主义的要求作出的，充分体现了我国严格死刑适用的人文精神，同时也保护了无辜胎儿的性命，也在一定程度上体现了刑事诉讼法对妇女合法权益的保护。

2. 监外执行适用中对妇女的特殊人文保护。根据《刑事诉讼法》第 254 条第 2、3 款规定，对被判处无期徒刑、有期徒刑或者拘役的罪犯，如果其怀孕或者正在哺乳自己婴儿的，可以暂予监外执行。此条法律规定对怀孕或者正在哺乳自己婴儿的妇女不仅放宽了监外执行的条件，而且体现出对怀孕或者正在哺乳自己婴儿妇女的人文关怀。

第五节 儒家"和谐"人文思想在刑事诉讼中的体现——刑事和解程序的适用

在现代刑事诉讼中，继承和发扬儒家"仁爱"思想与"中庸"、"忠恕"、"保护弱者"等"和谐"人文思想的合理内涵，借鉴中国古代"调处"制度，结合中国现代刑事诉讼人文建设、发展的需要，建立具有中国特色的刑事和解制度。我国在当前的刑事诉讼改革过程中，过分强调国家对犯罪人刑事责任的追究，片面强调刑罚的作用，强调国家本位主义，忽略或抛弃了儒家倡导的"忠恕、中庸、仁爱"等本土"和谐"人文思想，实际上不利于因犯罪而损害的社会关系的修复。儒家"和谐"人文思想很好地契合了目前各国广泛提倡的恢复性司法或刑事和解的司法制度，对当前和谐社会建设具有重大的现实意义。新修订的刑事诉讼法，充分吸收和继承儒家"和谐"人文思想，结合中国的具体国情，建立了具有中国特色的公当事人和解的公诉案件诉讼程序，在一定程度上赋予被害人是否追究被告人的刑事责任的决定权，不仅能充分体现刑事诉讼的人文精神，同时也能顾及双方当事人的利益；不仅有利于和谐司法的建立，也有利于和谐社会的建设；不仅有利于修复受损的社会关系，而且也有利于社会秩序的稳定。

一、设立现代刑事和解制度的重要意义

（一）有利于被害人权益的保护

现代恢复正义已取代报复正义成为刑罚正义的主流，为了恢复犯罪给被害人、社会造成的损失，必须放弃国家利益和和社会秩序至上的观念，建立以被害人、社会利益至上的刑罚适用理念，充分体现现代刑事诉讼的人文关怀。犯罪从严格意义上来讲，更多的是对被害人或社会利益的损害，刑事和解制度就是以被害人的利益保护为核心，真正使被害人成为诉讼主体，而不是诉讼的客体。刑事和解不仅能使被害人积极参与犯罪人刑罚的适用，而且能够对刑事冲突的解决产生决定性的影响，进一步提升了被害人的诉讼主体地位。在刑事和解制度中，由于刑事和解的前提是以犯罪嫌疑人、被告人诚心悔罪并积极赔偿给予被害人造成的损失，得到被害人的谅解，从而使被害人在一定程度上放弃追究犯罪嫌疑人、被告人刑事责任，有利于被害人由于受害带来的各种损失补偿，从而有利于刑法公平的实现。在新刑诉法修改之前，由于片面地强调国家利益至上，片面地强调惩罚犯罪人，在很多的公诉案件刑事附带民事诉讼中，由于犯罪嫌疑、被告人即使积极赔偿被害人的各种损失，即使有很好地悔改表现最多也只能对其从轻处罚，而不能免除处罚。所以导致一些犯罪嫌疑人、被告人不愿与受害人的经济赔偿进行和解，最后法院只能对刑事附带民事诉讼予以判决，但判决之后，被告人或负有赔偿义务的人一是不积极履行生效判决确定的赔偿义务；二是被告人或负有赔偿义务的人隐匿财产来逃避执行赔偿义务，从而导致被害人的经济利益难以实现。甚至在很多的案件中导致被害人因为无钱医治而死亡，使被害人及其家属在仇视被告人的同时，也仇视社会和司法机关。刑事和解制度的设立，使案件双方当事人在一定的前提基础上，犯罪嫌疑人、被告人积极主动赔偿给被害人造成的各种损失，被害人能够获得及时有效赔偿，使被害人及其家属受伤的身心得以及时的平复，有利于被害人人权的保障。

（二）有利于修复被犯罪破坏的社会关系

在刑事和解过程中，由于解决刑事冲突的主动权在被害人手中，在一定程度上被害人具有刑事和解与否的决定权，若被害人不同意和解，则和解不可能达成；同时，犯罪嫌疑人、被告人也具有一定的和解主动权，如通过诚心悔罪、积极赔偿，从而获得被害人谅解的机会较多，在一定程度上能够促成刑事和解的达

成。在刑事和解过程中，被害人与犯罪嫌疑人、被告人都可以通过一定的证据充分阐述犯罪行为给他们造成的影响，并对犯罪嫌疑人、被告人满足被害人赔偿要求基础之上刑事责任承担发表各自的观点，从而当事人双方在一种较为和谐的环境下，选择当事人双方认同的和解方案：一是犯罪嫌疑人、被告人通过被害人认可的积极赔偿和诚心悔罪来弥补其犯罪给被害人所造成的损害；二是被害人接受犯罪嫌疑人、被告人诚心悔罪以及积极赔偿，对犯罪嫌疑人、被告人刑事责任提出具有决定意义的从轻、减轻或免除处罚的建议。通过刑事和解，被害人与犯罪嫌疑人、被告人在各自的利益上获得双赢，既使被害人从犯罪嫌疑人、被告人一方获得精神和物质双重补偿，又能够使犯罪嫌疑人、被告人赢得被害人谅解，从而满足减轻或免除刑事责任的愿望，并在一定程度上赢得改过自新、尽快回归社会的机会。再加上刑事和解是在有关司法机关的监督下进行的，保证了刑事冲突解决的合法性、正当性和有效性。刑事和解从本质上来说都是被害人与犯罪嫌疑人、被告人的内心愿望的外在体现，在合法的前提下对双方的愿望都得到了最大程度的满足。因此，刑事和解则是被害人和犯罪嫌疑人、被告人之间为了各自利益最大化而选择的和平解决方式，它在最大程度上修复了当事人之间正常的社会关系。

（三）有利于和谐社会的建设

在目前和谐社会建设中，刑事和解对于顺利解决法定刑事冲突，修复被犯罪侵害的社会关系，平和被害人的受伤内心，在使犯罪嫌疑人、被告人受到应有的惩罚的基础上，给予了犯罪嫌疑人、被告人改过自新、顺利回归社会的机会，使当事人双方均达到满意，化解了当事人双方的矛盾，对和谐社会建设起到了积极的推进作用。在刑事和解之前，无论是被害人还是犯罪嫌疑人、被告人都对彼此充满了仇恨，而随着刑事和解的进程，一方面，在犯罪嫌疑人、被告人真诚悔罪、主动赔礼道歉并积极赔偿的情况下，使被害人受伤的精神、心理得以最大程度的恢复，同时被害人的受损物质利益也得到及时赔偿，在一定程度上冲淡了因犯罪行为给被害人及其家属带来的报复情感。另一方面，犯罪嫌疑人、被告人通过与被害人及其家属的接触，也能深刻了解自己的犯罪行为给被害人及其家庭带来的痛苦，从一定意义上来讲也能促使犯罪嫌疑人、被告人进一步认识到自己犯罪行为的可谴责性，从而加大其悔过自新的内在动力。在这两者的共同作用下，无论是被害人还是犯罪嫌疑人、被告人均能认识到犯罪行为不仅仅是对被害人的伤害，其实犯罪行为对犯罪嫌疑人、被告人也是一种伤害。当事双方本着真诚的心态，既使被害人的利益得到合理合法的保护，也能使犯罪嫌疑人、被告人的利益得到及时合理的保护。在这种情况下，被害人对犯罪嫌疑人、被告人的怨恨得到最大程度的化解，同时，犯罪嫌疑人、被告人通过自己的努力争取得到一个较为光明的前途而感到满意，促使当事人双方去除心中的对对方的怨气，并使当事人双方因为利益的互相满足而握手言和。刑事和解的结果，使当事人双方均能达到自己想要的结果，从而化解双方的矛盾，不仅对于双方家庭的和谐稳定具有重大的意义，而且对于社会的和谐稳定也具有重大的意义。

（四）有利于宽严相济刑事政策的贯彻

最高人民法院2010年2月8日发布《关于贯彻宽严相济刑事政策的若干意见》明确提出："宽严相济刑事政策，是党中央在构建社会主义和谐社会新形势下提出的一项重要政策，是我国的基本刑事政策。它对于最大限度地预防和减少犯罪、化解社会矛盾、维护社会和谐稳定，具有特别重要的意义。宽严相济刑事政策是我国的基本刑事政策，贯穿于刑事立法、刑事司法和刑罚执行的全过程，是惩办与宽大相结合政策在新时期的继承、发展和完善，是司法机关惩罚犯罪，预防犯罪，保护人民，保障人权，正确实施国家法律的指南。"在此司法解释中又提出"要正确把握宽与严的关系，切实做到宽严并用。既要注意克服重刑主义思想影响，防止片面从严，也要避免受轻刑化思想影响，一味从宽。"根据刑事诉讼法的相关规定，刑事和解适用的案件性质一般都较轻，犯罪行为也不严重，对犯罪分子可能判处的刑罚一般都不重，对其从宽处罚符合此司法解释的要求。对犯罪行为较轻的，适用刑事和解体现了"宽严相济"的刑事法治理念，有利于化解当事人双方的矛盾，进一步维护家庭、社会和谐稳定。中国人非常重视邻里关系，自古就有"远亲不如近邻"，根据刑事诉讼法的规定，在公诉案件中，有时因为民间纠纷引起的较轻的犯罪行为，如果犯罪嫌疑人、被告人真诚悔罪，通过向被害人赔偿损失，赔礼道歉等方式获得被害人谅解，被害人自愿和解并达成和解协议的，公安机关可以项人民检察院提出从宽处理的建议。人民检察院可以向人民法院提出从宽处罚的建议；对于犯罪情节轻微，不需要判处刑罚的，可以作出不起诉的决定。人民法院可以依法对被告人从宽处罚。通过刑事和解程序在满足当事人双方各自诉求的基础上，还可以化解双方当事人的矛盾冲突，不仅有利于邻里和睦，而且也有利于社会和谐稳定，在一定程度上也充分体现了"宽严相济"刑事政策的人文要求。

（五）有利于提高诉讼效率

效率是现代刑事诉讼的重要价值之一。第二次世界大战以后，各国刑事诉讼对于诉讼效率的追求日益高涨，我国刑事诉讼法也以公平为根基，将追求高效率的刑事诉讼作为重要的价值目标，刑事和解程序的设立就是其中一个重要内容。对于个案而言，刑事和解制度能够提高个案的诉讼效率，一方面，犯罪发生之后，当事人双方原本并无多大的仇恨，尤其是很多适用刑事和解案件的双方当事人都是邻居或者彼此以前都认识，由于一时冲动或过失给被害人造成了伤害，因而具有一定的和解基础；另一方面刑事和解要求犯罪嫌疑人、被告人必须真诚悔罪，通过向被害人赔偿损失、赔礼道歉等方式获得被害人的谅解。在生活中，中国人一般都有一种“将心比心”的情结，当被害人面临犯罪嫌疑人、被告人真诚悔罪、赔礼道歉、积极赔偿的行为时，容易感受到犯罪嫌疑人、被告人真诚的态度，也容易为刑事冲突的及时和解解决奠定良好的基础。通过两方面的共同努力，再加上适用刑事和解解决个案较之其他程序个案解决而言动用的司法资源不多，所用时间也较短，从而在一定程度上提高了诉讼效率。从刑事和解案件整体适用效果而言，诉讼效率也可以得到一定程度的提高。一方面由于适用刑事和解的案件都比较轻微，动用的人力、物力司法资源一般都较少；另一方面根据刑事诉讼法的规定，刑事和解在侦查、审查起诉和审判过程中都可以进行，从一定意义上来说，适用刑事和解解决的案件所需时间大为缩短。从这两方面来看，刑事和解的适用，能从整体上提高诉讼效率，维护司法正义。在传统的单一纠纷解决机制下，一味地强调惩罚与制裁的严厉性，公诉案件的处理局限于冗杂的司法程序中，在拖沓漫长的案件处理程序中浪费了大量的诉讼资源。通过当事人平等协商最终形成合意来消解刑事冲突，使得刑事案件能得到及时分流，大大降低了刑事诉讼成本，从而使我国紧张的司法资源能够得到更合理的配置和利用，有效地提高了刑事诉讼的效率。

二、刑事和解制度内容

根据我国刑事诉讼法的规定，目前我国刑事和解在刑事诉讼中有较为广泛的运用，具体内容由：

（一）自诉案件的和解

《刑事诉讼法》第206条明确规定：“自诉人在宣告判决前，可以同被告人自行和解或者撤回自诉。”从本规定可以看出，自诉刑事案件双方当事人可以自行和解。

1. 自诉案件种类。

第一，告诉才处理的案件：侮辱、诽谤案（《刑法》第246条规定的，但严重危害社会秩序和国家的利益的除外）；暴力干涉婚姻自由案（《刑法》第257条第1款规定的）；虐待案（《刑法》第260条第1款规定的）；侵占案（《刑法》第270条规定的）。

第二，人民检察院没有提起公诉，被害人有证据证明的轻微刑事案件：故意伤害案（《刑法》第234条第1款规定的）；非法侵入住宅案（《刑法》第245条规定的）；侵犯通信自由案（《刑法》第 252 条规定的）；重婚案（《刑法》第 258 条规定的）；遗弃案（《刑法》第 261 条规定的）；生产、销售伪劣商品案（《刑法》分则第 3 章第 1 节规定的，但严重危害社会秩序和国家利益的除外）；侵犯知识产权案（《刑法》分则第 3 章第 7 节规定的，但严重危害社会秩序和国家利益的除外）；《刑法》分则第 4 章、第 5 章规定的，对被告人可能判处 3 年有期徒刑以下刑罚的案件。

第三，被害人有证据证明对被告人侵犯自己人身、财产权利的行为应当依法追究刑事责任，且有证据证明曾经提出控告，而公安机关或者人民检察院不予追究被告人刑事责任的案件。

自诉案件一般都属于罪行较为轻微的案件，或者是被害人和犯罪人有血缘关系的案件，允许被害人与被告人和解有利于“宽严相济”刑事政策的贯彻落实。

2. 自诉案件和解的期限。根据《刑事诉讼法》第 206 条的规定以及《最高人民法院关于适用〈中华人民共和国刑事诉讼法〉的解释》第 272 条第 1 款的规定：“判决宣告前，自诉案件的当事人可以自行和解，自诉人可以撤回自诉。”自诉案件和解的，必须在案件一审判决前进行，若一审判决后再提出和解的，应当不予允许。法律之所以如此规定，是为了防止自诉案件的解决过分迟延，影响诉讼效率。

3. 自诉案件和解的合法性审查。《最高人民法院关于适用〈中华人民共和国刑事诉讼法〉的解释》第 272 条第 2 款明确规定：“人民法院经审查，认为和解、撤回自诉确属自愿的，应当裁定准许；认为系被强迫、威吓等，并非出于自愿的，不予准许。”由上述司法解释规定可以看出，自诉案件的和解也必须符合自愿、合法的原则。如果自诉案件的和解并非出于当事人自愿，而是因对方强迫、威吓等行为而被迫和解的，人民法院经过审查，应当依法裁定不允许和解，从而加强自诉案件和解合法性的监督。有关司法解释这样规定主要是防止侵害自诉案件当事人的合法权益，维护司法公正，体现了刑事诉讼的人文关怀。

（二）刑事附带民事诉讼案件的和解

刑事附带民事诉讼是由刑事案件派生的，是在追究犯罪嫌疑人、被告人刑事责任的同时，附带追究行为人的损害赔偿责任。因此，刑事附带民事诉讼案件是以刑事案件的成立为前提，如果刑事案件不成立，附带民事诉讼就失去了存在的基础。因此，从适用法律角度来看，解决刑事附带民事诉讼问题既需要依照刑事法律的规定进行，也要按照民事法律的相关规定进行。我国刑事诉讼法对刑事附带民事诉讼和解并无规定，依照 2007 年修正的《民事诉讼法》第 51 条规定，双方当事人可以自行和解。依照《民事诉讼法》的规定，附带民事诉讼和解应当是指，在附带民事诉讼过程中，双方当事人在公、检、法机关的办案人员面前，就犯罪嫌疑人、被告人的犯罪行为给被害人带来的物质伤害涉及的有关内容进行自主协商，以达成和解协议，从而解决附带民事诉讼，终结诉讼程序的一种行为。由于刑事附带民事诉讼和解是原被告双方合意的体现，因此，在和解过程中，双方当事人必须在场的情况下才能进行。附带民事诉讼只要当事人是在自愿基础上达成和解的，且和解协议的内容不违反有关法律规定，不损害国家、集体和他人的合法权益，那么，有关的公检法机关就应当承认和解的有效性和合法性，依法认可刑事附带民事诉讼和解协议的法律效力。

（三）公诉案件的当事人和解

当事人和解的公诉案件诉讼程序是指，在公诉案件侦查、起诉、审判过程中，犯罪嫌疑人、被告人真诚悔罪，并通过向被害人赔偿损失、赔礼道歉等方式获得被害人谅解后，被害人自愿与犯罪嫌疑人、被告人和解的，国家专门机关可以对犯罪嫌疑人、被告人提出从宽处罚的一种处理公诉案件的特别程序。在贯彻宽严相济刑事政策和构建和谐社会的大背景下，公诉案件和解制度应运而生。2012 年 3 月 14 日通过的《中华人民共和国刑事诉讼法》修正案首次对当事人达成和解的公诉案件诉讼程序进行了专章规定，这一制度的出台无疑丰富和充实了我国刑事纠纷解决机制体系，这在一定程度上缓和了社会矛盾，满足了被害人权益的保护要求。在经过司法实务积极尝试运用、总结司法实践经验、借鉴国外司法理念后，终于得到了刑事诉讼法的正名。法律不再仅仅是单一的惩治犯罪，更关注到了被害人的人权保障，这是对刑事公诉国家本位主义的重大突破和进步，体现了刑事诉讼人文关怀。

1. 公诉案件当事人和解的适用范围。根据《刑事诉讼法》第 277 条的规定，当事人和解的公诉案件适用范围为：

第一，因民间纠纷引起，涉嫌《刑法》分则第 4 章、第 5 章规定的犯罪案件，即侵犯公民人身权利、民主权利罪和侵犯财产罪，可能判处 3 年有期徒刑以下刑罚的。从法律规定来看，这类案件适用刑事和解必须具备以下条件：一是此类案件发生的原因应是由民间纠纷引起的；二是涉嫌案件性质应当属于刑法分则第 4 章、第 5 章规定的犯罪案件；三是刑罚条件，即案件行为人依法可能被判处 3 年有期徒刑以下刑罚。上述三个条件缺一不可，必须同时具备方可适用。从上述法律规定来看，允许刑事和解的公诉案件一般都是罪行较轻的轻微刑事案件，对罪行轻微的刑事案件允许当事人进行和解，既能保障“宽严相济”刑事政策的落实，又能使被害人的权益得到进一步的保障。

第二，除渎职犯罪以外可能判处 7 年有期徒刑以下刑罚的过失犯罪案件。从法律规定来看，此类案件适用刑事和解必须具备以下条件：一是案件的性质属于过失犯罪案件；二是刑罚条件，即可能依法被判处 7 年以下有期徒刑；三是过失犯罪刑事和解适用例外的情形，即渎职犯罪的除外。对过失犯罪适用刑事和解，在一定程度上体现了国家对于过失犯罪宽容的态度，也体现了刑事诉讼的人文关怀。对相关的渎职犯罪行为禁用当事人和解程序，体现了国家打击渎职犯罪的决心，渎职犯罪虽然是过失犯罪，但渎职犯罪侵犯了国家公职人员的廉洁性、公正性，极大地妨害了国家机关的正常活动秩序，严重侵犯了国家和人民群众的利益，对其不使用刑事和解程序也是正当的。

第三，公诉案件当事人和解适用的例外。犯罪嫌疑人、被告人在 5 年以内曾经故意犯罪的公诉案件不适用当事人和解。根据法律规定，即使案件属于上列 2 种案件范围，如果案件犯罪嫌疑人、被告人在 5 年以内曾经故意犯罪，不论其是否被判处刑罚，也不论被判处什么样的刑罚，对其禁止适用当事人和解程序。之所以如此规定，是由于此类犯罪案件的行为人具有较大的人身危险性，并表现出行为人主观恶性较大，应当对其从重处罚，不应适用刑事和解。

2. 参与公诉案件和解的主体。关于参与公诉案件刑事和解的主体，刑事诉讼法只作出了原则性的规定。《刑事诉讼法》第 277 条第 1 款规定："犯罪嫌疑人、被告人真诚悔罪，通过向被害人赔偿损失、赔礼道歉等方式获得被害人谅解，被害人自愿和解的，双方当事人可以和解。"对公诉案件和解的主体最高人民法院做出了较为详细的规定。《最高人民法院关于适用〈中华人民共和国刑事诉讼法〉的解释》第 497 条规定："符合刑事诉讼法第二百七十七条规定的公诉案件，被害人死亡的，其近亲属可以与被告人和解。近亲属有多人的，达成和解协议，应当经处于同一继承顺序的所有近亲属同意。被害人系无行为能力或者限制行为能力人的，其法定代理人、近亲属可以代为和解。"该解释第 498 条规定："被告人的近亲属经被告人同意，可以代为和解。被告人系限制行为能力人的，其法定代理人可以代为和解。被告人的法定代理人、近亲属依照前两款规定代为和解的，和解协议约定的赔礼道歉等事项，应当由被告人本人履行。"由上述规定可以看出，参与公诉案件和解的主体有：

第一，公诉案件的被害人及犯罪嫌疑人、被告人及其法定代理人。

第二，被害人系无行为能力或者限制行为能力人的，其法定代理人、近亲属可以代为与犯罪嫌疑人、被告人和解。

第三，被害人死亡的，其近亲属可以与犯罪嫌疑人、被告人和解；近亲属有多人的，达成和解协议，应当经处于同一继承顺序的所有近亲属同意。

第四，被告人的近亲属经被告人同意，可以代为和解。

第五，被告人系限制行为能力人的，其法定代理人可以代为和解。

第六，被告人的法定代理人、近亲属代为和解的，和解协议约定的赔礼道歉等事项，应当由被告人本人履行。

3. 公诉案件刑事和解的合法性、自愿性审查。为了保证公诉案件刑事和解的合法性、自愿性，《刑事诉讼法》第 278 条规定：“双方当事人和解的，公安机关、人民检察院、人民法院应当听取当事人和其他有关人员的意见，对和解的自愿性、合法性进行审查，并主持制作和解协议书。”《最高人民法院关于适用〈中华人民共和国刑事诉讼法〉的解释》第 499 条规定：“对公安机关、人民检察院主持制作的和解协议书，当事人提出异议的，人民法院应当审查。经审查，和解自愿、合法的，予以确认，无需重新制作和解协议书；和解不具有自愿性、合法性的，应当认定无效。和解协议被认定无效后，双方当事人重新达成和解的，人民法院应当主持制作新的和解协议书。”该解释第 500 条规定：“审判期间，双方当事人和解的，人民法院应当听取当事人及其法定代理人等有关人员的意见。双方当事人在庭外达成和解的，人民法院应当通知人民检察院，并听取其意见。经审查，和解自愿、合法的，应当主持制作和解协议书。”根据上述规定可以看出，我国公诉案件刑事和解合法性、自愿性审查主要包括以下内容：

第一，公诉案件刑事和解审查主体。公诉案件刑事和解合法性、自愿性审查的主体为公安机关、人民检察院及人民法院。因为公诉案件刑事诉讼是分阶段进行的。在侦查阶段当事人和解的，由公安机关负责审查；在审查起诉阶段当事人和解的，由检察机关负责审查；在审判阶段当事人和解的，由人民法院负责审查。为此，根据案件可能发生的阶段刑事诉讼法规定了不同的审查主体，具有一定的合理性和科学性，只有如此，才能保证刑事和解的公正性和正当性。

第二，公诉案件刑事和解审查的内容。根据《刑事诉讼法》第 278 条的规定，对于公诉案件当事人和解的，公安机关、人民检察院、人民法院应当负责对和解的自愿性、合法性进行审查。同时，最高人民检察院《人民检察院刑事诉讼规则》（试行）第 515 条对和解的审查内容进行了明确规定：“人民检察院应当对和解的自愿性、合法性进行审查，重点审查以下内容：双方当事人是否自愿和解；犯罪嫌疑人是否真诚悔罪，是否向被害人赔礼道歉，经济赔偿数额与其所造成的损害和赔偿能力是否相适应；被害人及其法定代理人或者近亲属是否明确表示对犯罪嫌疑人予以谅解；是否符合法律规定；是否损害国家、集体和社会公共利益或者他人的合法权益；是否符合社会公德。”根据相关法律以及司法解释的规定，公诉案件刑事和解审查的内容应包括：一是和解自愿性审查。和解自愿性是刑事和解的前提和基础，刑事和解必须是在被害人与犯罪嫌疑人、被告人双方合意的基础上形成的，若有一方并非出自自愿形成的和解协议，而是被对方或第三方欺骗或逼迫进行和解，违背了当事人意志自治的原则，理应认定为非法和解。二是和解的合法性审查。和解的合法性是指和解应当符合相关的法律规定，既应符合刑法的规定，也应符合刑事诉讼法的规定。从实体角度而言，公诉案件当事人和解关于刑罚从宽的幅度不得超出法定的从宽幅度，否则应视为无效；从刑事诉讼法角度而言，当事人和解的案件范围不得超出《刑事诉讼法》277 条规定的范围；同时刑事和解的主体也必须符合刑事诉讼法及有关司法解释的规定，否则也应视为无效。公诉案件当事人和解的合法性、自愿性是刑事和解的基础，任何违反和解自愿性和合法性的和解都应视为无效和解。

第三，公诉案件刑事和解审查的程序。关于公诉案件刑事和解审查的程序有关法律作出了相关规定。《刑事诉讼法》第 278 条规定："双方当事人和解的，公安机关、人民检察院、人民法院应当听取当事人和其他有关人员的意见。"最高人民法院、最高人民检察院的相关司法解释对公诉案件的当事人和解审查程序作了具体规定，主要包括以下内容：一是双方当事人和解的，公安机关、人民检察院、人民法院应当听取当事人和其他有关人员的意见。在公诉案件当事人和解以后，有关的公、检、法机关按照各自的分工，对当事人和解的合法性、自愿性进行审查必须分别听取当事人的意见；在当事人属于限制行为能力或无行为能力人时，还应当听取其法定代理人的意见；在被害人死亡的情况下，还应听取被害人的近亲属的意见。二是双方当事人在庭外达成和解的，人民法院应当通知人民检察院，并听取其意见。三是审查时，应当在听取双方当事人和其他有关人员对和解的意见的基础上，告知刑事案件可能从宽处理的法律后果和双方的权利义务，并制作笔录附卷。四是经过审查，当事人和解符合自愿性及合法性要求的，应当主持制作和解协议书。

4. 公诉案件刑事和解的法律效力。《刑事诉讼法》第 279 条规定："对于达成和解协议的案件，公安机关可以向人民检察院提出从宽处理的建议。人民检察院可以向人民法院提出从宽处罚的建议；对于犯罪情节轻微，不需要判处刑罚的，可以作出不起诉的决定。人民法院可以依法对被告人从宽处罚。"根据刑事诉讼法的此条规定，在不同的诉讼阶段，公诉案件当事人和解的法律效力或法律结果不同。

第一，在侦查阶段当事人达成和解的法律效力及处理方式。公安部《公安机关办理刑事案件程序规定》第 327 条规定："对达成和解协议的案件，经县级以上公安机关负责人批准，公安机关将案件移送人民检察院审查起诉时，可以提出从宽处理的建议。"根据此规定以及刑事诉讼法的规定，在侦查阶段当事人达成和解协议的，公安机关侦查终结移送人民检察院审查起诉时，可以提出从宽处理的建议。

第二，审查起诉阶段当事人和解的法律效力及处理方式。根据最高人民检察院《人民检察院刑事诉讼规则（试行）》的有关规定，在审查起诉阶段当事人达成和解的，具有以下法律效力：

一是双方当事人在侦查阶段达成和解协议，公安机关向人民检察院提出从宽处理建议的，人民检察院在审查逮捕和审查起诉时应当充分考虑公安机关的建议。

二是人民检察院对于公安机关提请批准逮捕的案件，双方当事人达成和解协议的，可以作为有无社会危险性或者社会危险性大小的因素予以考虑，经审查认为不需要逮捕的，可以作出不批准逮捕的决定；在审查起诉阶段可以依法变更强制措施。

三是人民检察院对于公安机关移送审查起诉的案件，双方当事人达成和解协议的，可以作为是否需要判处刑罚或者免除刑罚的因素予以考虑，符合法律规定的不起诉条件的，可以决定不起诉。对于依法应当提起公诉的，人民检察院可以向人民法院提出从宽处罚的量刑建议。

四是人民检察院拟对当事人达成和解的公诉案件作出不起诉决定的，应当听取双方当事人对和解的意见，并且查明犯罪嫌疑人是否已经切实履行和解协议、不能即时履行的是否已经提供有效担保，将其作为是否决定不起诉的因素予以考虑。当事人在不起诉决定作出之前反悔的，可以另行达成和解。不能另行达成和解的，人民检察院应当依法作出起诉或者不起诉决定。当事人在不起诉决定作出之后反悔的，人民检察院不撤销原决定，但有证据证明和解违反自愿、合法原则的除外。

五是犯罪嫌疑人或者其亲友等以暴力、威胁、欺骗或者其他非法方法强迫、引诱被害人和解，或者在协议履行完毕之后威胁、报复被害人的，应当认定和解协议无效。已经作出不批准逮捕或者不起诉决定的，人民检察院根据案件情况可以撤销原决定，对犯罪嫌疑人批准逮捕或者提起公诉。

第三，在审判阶段当事人和解的法律效力及处理方式。根据《最高人民法院关于适用〈中华人民共和国刑事诉讼法〉的解释》的有关规定，在审判阶段当事人达成和解具有以下法律效力：

一是对达成和解协议的案件，人民法院应当对被告人从轻处罚；符合非监禁刑适用条件的，应当适用非监禁刑；判处法定最低刑仍然过重的，可以减轻处罚；综合全案认为犯罪情节轻微不需要判处刑罚的，可以免除刑事处罚。共同犯罪案件，部分被告人与被害人达成和解协议的，可以依法对该部分被告人从宽处罚，但应当注意全案的量刑平衡。

二是和解协议约定的赔偿损失内容，被告人应当在协议签署后即时履行。和解协议已经全部履行，当事人反悔的，人民法院不予支持，但有证据证明和解违反自愿、合法原则的除外。

三是双方当事人在侦查、审查起诉期间已经达成和解协议并全部履行，被害人或者其法定代理人、近亲属又提起附带民事诉讼的，人民法院不予受理，但有证据证明和解违反自愿、合法原则的除外。

四是被害人或者其法定代理人、近亲属提起附带民事诉讼后，双方愿意和解，但被告人不能即时履行全部赔偿义务的，人民法院应当制作附带民事调解书。

第四部分

现代刑事法律
人文不足的体现

刑事法律人文建设要求刑事法律必须在立法及司法过程中，充分尊重人性、道德伦理，加强对弱势群体的利益保护，并且在刑事法律中很好地加以体现。随着现代刑事法律人文建设的不断发展，刑事法律不仅要注重保护受犯罪行为侵犯的被害人的利益，而且也应当注重保护犯罪嫌疑人、被告人以及服刑人员的合法利益。加强刑事法律的人文建设，不仅有利于克服或减轻刑事法律固有的暴力属性，而且也体现了国家对相关人员应有的人文关怀。纵观我国刑事法律，不仅在立法上存在一些人文精神缺乏的现象，而且在刑事司法过程中这种现象也同样存在。随着我国和谐社会的建设和发展，对刑事法律人文内涵建设的要求越来越强烈，作为立法者和司法者必须充分注重刑事法律人文精神的内化。从目前我国刑事法律的人文建设现状来看，虽然立法者在弱势群体保护、罪刑相称、司法公正、社会伦理以及民生保护等方面都做出了巨大努力，但我国现代刑事法律的立法和司法仍然在很多方面存在一定的人文缺陷。笔者基于儒家有关人文法律思想的理解，仅对现行刑事法律的人文缺陷进行一定的分析，可能有些问题的分析论述不够全面和准确，敬请见谅。

第三章

现行刑法人文缺陷分析

我国刑法历经几次修订，在惩罚犯罪、保障人权方面做出了巨大的努力，并且在修订过程中，不仅吸收了现代刑法的人文精神的合理内核，也在一定程度上继承和吸收了以儒家为代表的中华民族人文精神的合理因素，在现代刑法本土化的建设中取得了很大的成就。如在刑法中，加强了对未成年人、老年人、妇女、残疾人等弱势群体权益的刑法保护；加强了民生安全刑法保护；加强了死刑适用的严格限制；加强了环境犯罪的打击范围和力度等，这些都充分反映了我国刑法“以人为本”人文精神的落实。但是，从儒家人文精神的要求和现代刑法人文精神的要求来看，我国现代刑法虽然人文精神得到一定程度的贯彻和落实，但还存在一定的缺陷和不足。

第一节　刑法罪刑制度缺陷分析

中国传统儒家人文思想非常重视“罪刑相称”，要求罚当其罪，这与现代刑事法律所要求的罪责刑相适应原则是一脉相通的。所谓的罪刑相当或罪刑相称，是指在刑法中对于不同的犯罪行为应当根据不同的犯罪性质、犯罪情节处以相应的刑罚，重罪重罚，轻罪轻罚，罪刑相当。罪刑相当是现代刑事法律公正的核心，也是公民对犯罪后果最直接的体验，因此，在对具体的犯罪的刑种和刑幅设计时，必须体现“宽严相济”基本理念，必须充分体现立法者的理性。无论是从儒家“罪刑相称”人文法律思想的要求还是从现代罪责刑相适应的人文精神要求来看，中国现代刑法都应当体现罪刑相当或罪刑相称。但令人遗憾的是，我国现代刑法规定中仍然存在罪刑不相当现象，这对于保障人权而言是十分不利的。

一、职务犯罪与非职务犯罪刑罚配置的不平等

中国几千年来“官本位”的意识非常强烈，从公务员考试的情况可以看出，

中国具有浓烈的“官本位”思想。在刑法立法过程中，对于有些条款的规定，立法者自觉不自觉地体现出了这种不良意识。这种不良“官本位”意识在刑法上最直接、最典型的表现就是在一般盗窃和贪污犯罪的罪行规定上不平等。虽然，一般盗窃犯罪经过刑法修正案的修订已经废除了死刑，而贪污罪仍然保留了死刑，但无论是从二者起点刑的规定、起点数额的规定还是刑幅的确定上都存在较大的差别。盗窃犯罪与贪污犯罪二者皆是贪利型犯罪，盗窃罪仅侵犯了公私财产的所有权，而贪污罪不仅侵犯了公共财产所有权，而且还侵犯了公职人员的廉洁性。依罪刑相称人文原则的要求，理应对贪污罪设定更低的入罪门槛，并适当提高法定刑，并确定较为严格的刑幅。但从现实刑法规定来看，二者在定罪配刑问题上存在较大的不同。一是入罪门槛不同。根据《刑法》第264条的规定，盗窃公私财物，数额较大的，或者多次盗窃、入户盗窃、携带凶器盗窃、扒窃的，均构成盗窃罪；而《刑法》第383条第4项规定，个人贪污数额不满5000元，情节较重的，处2年以下有期徒刑或者拘役；情节较轻的，由其所在单位或者上级主管机关酌情给予行政处分。由上述刑法规定可以看出，盗窃罪的不仅数额较大（根据最新司法解释规定“数额较大”为1000~3000元）可以够罪，而且多次盗窃、入户盗窃、携带凶器盗窃、扒窃的均可以够罪；而贪污罪的入罪要求不满5000元的，必须同时情节严重才够罪，否则只能对其予以行政处分。二者入罪门槛的不同规定，严重背离了罪刑相称原则的要求。二是起点刑的规定不同。根据《刑法》第264条的规定，构成盗窃罪的起点刑为3年以下有期徒刑、拘役或者管制，并处或者单处罚金；而构成贪污罪的起点刑为2年以下有期徒刑或者拘役。从刑法对二者的起点刑规定来看，也是背离了罪刑相称原则的。三是对贪污罪的出罪作了进一步明确规定，但对盗窃罪的出罪并没有明确规定。根据《刑法》第383条第3、4项的规定，个人贪污数额在5000元以上不满1万元，犯罪后有悔改表现、积极退赃的，可以减轻处罚或者免予刑事处罚，由其所在单位或者上级主管机关给予行政处分；个人贪污数额不满5000元，情节较重的，处2年以下有期徒刑或者拘役；情节较轻的，由其所在单位或者上级主管机关酌情给予行政处分。四是具体刑幅规定。根据《刑法》第264条规定个人盗窃公私财物数额巨大（以3万~10万元为起点）或者有其他严重情节的，处3年以上10年以下有期徒刑；而根据《刑法》第383条第1、2、3项的规定，个人贪污数额在10万元以上的，处10年以上有期徒刑或者无期徒刑，可以并处没收财产；情节特别严重的，处死刑，并处没收财产；个人贪污数额在5万元以上不满10万元的，处5年以上有期徒刑，可以并处没收财产；个人贪污数额在5000元以上不满5万元的，处1年以上7年以下有期徒刑；情节严重的，处7年以上10年以下有期徒刑。从上述规定可以看出，盗窃3万元的，有可能处10年有期徒刑，而贪污3万元的，仅可能判处7年有期徒刑。综合上述刑法规定可以看出，盗窃罪和贪污罪的行为内容基本相同，从一定程度上来说，贪污罪的社会危害性比盗窃罪的社会危害性还要大，如果按照罪刑相称的原则要求，理应降低贪污罪的入罪门槛，提高贪污罪的法定刑，但现行刑法的规定并非如此。同时，刑法对一般的贪利行为大多规定了罚金刑，而对贪污则仅在特殊情况下规定了没收财产，并没有规定罚金刑，在一定程度上放纵了贪污犯罪行为的发生。因此，现行刑法的相关规定严重背离了罪刑相称原则。

二、个别犯罪的刑罚配置失当

刑法配置应当符合罪刑相称的原则要求，犯罪社会危害性大的、性质和情节严重的理应规定较重的刑罚，反之亦然。但从我国现行刑法规定来看，犯罪刑罚配置失当的情况仍然存在。

（一）有些罪名的死刑配置失当

目前我国的死刑政策是少杀、慎杀，这与反酷刑的人文精神要求是相吻合的，通过刑法修正案的形式削减了 13 个非暴力经济型犯罪的死刑罪名，体现了立法者慎用死刑的态度，并且在刑事司法过程中设定了严格的死刑适用程序，以保证死刑适用的准确性。但从我国刑法设定的死刑适用罪名来看，仍然有个别罪名死刑配置不够恰当。如绑架罪，我国现行《刑法》第 239 条规定："以勒索财物为目的绑架他人的，或者绑架他人作为人质的，处 10 年以上有期徒刑或者无期徒刑，并处罚金或者没收财产；情节较轻的，处 5 年以上 10 年以下有期徒刑，并处罚金。犯前款罪，致使被绑架人死亡或者杀害被绑架人的，处死刑，并处没收财产。"从此规定来看，绑架致使被绑架人死亡或者杀害被绑架人的，一律处死刑。虽然绑架罪属于严重的暴力犯罪范畴，但从绑架罪的行为内容及主观故意来看，犯罪人主要是通过绑架达到其索要财物的目的，并非是杀死被绑架人的目的。虽然司法实践中有的绑架犯罪分子绑架过程中或犯罪完成后，为了灭口而杀害被绑架人的情况存在，对此行为理应予以严惩。但还有很大一部分绑架案件，被绑架人虽然出现了死亡，但这不是犯罪行为人所追求的，也不是其所希望的，而是由于被绑架人自身身体条件或客观条件造成的，超出了犯罪人的主观意志。对此，立法者理应从罪刑相称原则要求出发，区分绑架故意和过失致被害人死亡的情形分别配置不同的法定刑。

（二）有些罪名的一般刑罚配置失当

在我国有些刑法条文中，由于没有很好地考虑犯罪行为对刑法保护的法益带来的危害性，而仅仅考虑犯罪行为的某一方面危害，片面设置失当的法定刑，导致罪刑不相当，因而没有体现罪刑相称的要求。如虐待罪，我国现行《刑法》第260条规定，虐待家庭成员，情节恶劣的，处2年以下有期徒刑、拘役或者管制。犯前款罪，致使被害人重伤、死亡的，处2年以上7年以下有期徒刑。从现行刑法规定来看，此罪规定的人文缺陷在于：一是入罪门槛较高，刑法要求虐待家庭成员的行为必须达到情节恶劣的情形才够罪。根据刑法此条规定，虐待罪在客观方面要构成本罪必须具备以下条件：行为人要有对被害人肉体和精神进行摧残、折磨、迫害的行为。也就是说，行为人必须要有对被害人进行殴打、捆绑、禁闭、讽刺、谩骂、侮辱、限制自由、强迫超负荷劳动等积极行为，还经常伴有有病不给治疗、不给吃饱饭、不给穿暖衣等消极行为；同时，虐待行为还必须具有经常性、一贯性，这是构成虐待罪的一个必要特征；虐待行为必须是情节恶劣的，才构成本罪。按照有关的法律规定和司法解释，所谓"情节恶劣"，指虐待动机卑鄙、手段残酷、持续时间较长、屡教不改的、被害人大多是年幼、年老、病残者、孕妇、产妇等。二是基本刑配置太低，刑法对毫无人性的一般虐待犯罪仅处2年以下有期徒刑、拘役或管制，显属罪刑失称。因为与虐待犯罪相似的故意伤害罪而言，虐待犯罪不仅具有伤害罪的特征，而且还具有虐待行为长期性、残酷性，同时大多虐待犯罪行为还伴有精神虐待等特点，较之一般故意伤害行为给被害人带来的痛苦更多、更大，因此，理应比照故意伤害罪的刑罚规定对虐待犯罪行为从重处罚。三是虐待致使被害人重伤、死亡的，仅处2年以上7年以下有期徒刑也是不适当的。因为从虐待罪的主、客观方面来看，行为人具有虐待、伤害被害人身体健康的意图，同时具有残酷虐待、伤害被害人的行为，并且已经达到情节恶劣的程度。因此，对于因严重虐待行为导致被害人重伤、死亡的，理应依照《刑法》第234条故意伤害罪的规定从重处罚，而不应仅处2年以上7年以下有期徒刑。从上述虐待行为的客观构成来看，虐待罪不仅严重侵犯了被害家庭成员的身体健康（包括肉体和精神健康）权利，同时还侵犯被害家庭成员的亲情权，同时也严重违背了良好的家庭伦理和社会伦理要求。让人很难理解的是，常人经常受到上述的虐待、伤害行为也不能忍受，况且虐待的对象多是老年人、婴幼儿以及妇女等一些家庭弱势群体，刑法理应体现出刑法保护弱势群体利益的人文精神，对虐待行为予以严厉规制。再加上刑法还要求情节恶劣才能构成本罪，导致家庭弱势群体的人身权利经常得不到有效的刑法保护，不利于良好的家庭伦理和社会伦理建设。再如环境污染罪的法定刑配置与该犯罪行为的社会危害性相比明显罪刑失称。从目前司法实践来看，环境污染犯罪造成了无辜公民巨大的生命健康隐患，有些污染行为还造成了很多无辜人的伤亡；有些污染行为造成环境严重恶化，出现了一定的生存危机；还有一些污染行为严重污染了水资源，危及人类的生存；同时污染犯罪行为一般还会造成公私财物巨大损失。上述种种都说明了污染环境犯罪行为具有严重的社会危害性，必须对此类行为配置较高的法定刑进行严惩。而我国刑法对行为人严重污染环境的，仅规定处3年以下有期徒刑或者拘役，并处或者单处罚金；后果特别严重的，才处3年以上7年以下有期徒刑，并处罚金。对如此严重危害公共安全的行为，污染环境犯罪行为的社会危害性既有显性的，又有隐性的，有时其隐性危害很难被发现和评估，因此，刑法在立法时必须充分考虑污染环境犯罪的社会危害性，设置与之相当的法定刑。而在现行刑法中，不仅将具有如此巨大危害性的污染环境行为列入危害社会管理秩序的犯罪类罪中，而且没有充分考虑该犯罪行为的社会危害性严重程度，在一定程度上，想当然配置了较轻的法定刑，不仅违反罪刑相称刑法原则，而且在一定程度上放纵了污染环境犯罪行为的发生，实际上是对民生安全的漠视。

三、有些罪名对犯罪行为人主观方面区分不清，导致罪刑失称

在《刑法》第14条中对于犯罪故意和犯罪过失做出了明确的界定："明知自己的行为会发生危害社会的结果，并且希望或者放任这种结果发生，因而构成犯罪的，是故意犯罪。故意犯罪，应当负刑事责任。"第15条规定："应当预见自己的行为可能发生危害社会的结果，因为疏忽大意而没有预见，或者已经预见而轻信能够避免，以致发生这种结果的，是过失犯罪。过失犯罪，法律有规定的才负刑事责任。"由上述刑法规定可以看出，犯罪主观方面具有故意和过失两个不同的内容，犯罪主观方面不同的内容不仅对行为的定性具有直接的影响，而且对法定刑的配置也具有直接的影响。由于犯罪不同的主观方面内容，体现了犯罪人不同的主观恶性，也体现了对其需要惩罚的程度。在我国刑法分则中，在相关的犯罪中对不同的犯罪的主观方面配置了不同的法定刑。如故意杀人罪和过失致人死亡罪的法定刑有明显的区别：《刑法》第232条规定故意杀人的，处死刑、无期徒刑或者10年以上有期徒刑；情节较轻的，处3年以上10年以下有期徒刑。而《刑法》第233条规定过失致人死亡的，处3年以上7年以下有期徒刑；情节较轻的，处3年以下有期徒刑。由此可见，犯罪的主观内容不同，配置的法定刑应当不同，从而彰显罪刑相称，体现刑法理性。纵观中国现代刑法，在诸多罪名的法定刑配置上基本体现了对故意犯罪严惩，对过失犯罪宽容的罪刑相称原则，但由于立法者的疏忽，有些罪名在设定法定刑时没有考虑犯罪主观方面内容的不同而规定统一的法定刑，这是违背罪刑相称原则的。除上述绑架罪的法定刑配置存在此问题以外，再如环境污染罪规定也没有区分行为人的故意和过失，导致法定刑配置失当。《刑法》第338条污染环境罪规定："违反国家规定，排放、倾倒或者处置有放射性的废物、含传染病病原体的废物、有毒物质或者其他有害物质，严重污染环境的，处3年以下有期徒刑或者拘役，并处或者单处罚金；后果特别严重的，处3年以上7年以下有期徒刑，并处罚金。"在司法实践中，由

于多种因素的影响，我国环境污染造成的危害已经严重危及国家及群众的生存，对此严重犯罪行为理应予以严惩。虽然所有的污染环境的犯罪行为都违反了国家相关的环境法规及环境监管秩序，也在一定程度上侵犯了不特定公民的生命健康安全及不特定的公私财物安全，但从刑法理性和罪刑相称原则的要求出发，在对污染环境行为进行刑法规制的前提下，必须区分污染行为人的主观方面的内容，并据此配置合理的、不同的法定刑。在司法实践中，有一些行为人明知违法排放污染物会造成环境污染，甚至会对人体健康乃至生命造成巨大的危害，仍然违法排放，放任危害结果的发生，在主观上属于间接故意，对于此类故意污染环境的行为应当配置较重的法定刑，从严予以处罚；但在污染环境行为中，也有一部分人因为处理污染物方法不当或者不知道排放的物质能否对环境产生污染，或者根据已有技术理论确定排放物不能污染环境，但客观上造成环境污染的，其主观罪过乃是过失，对其理应配置较轻的法定刑，以充分体现罪刑相称原则的要求。

四、多种犯罪行为重叠的犯罪法定刑配置失当

在我国，由于不同的犯罪行为的社会危害性不同，因此，刑法对于不同的犯罪行为规定不同的法定刑。但在刑法条文及司法实践中，有些犯罪是多种犯罪行为重叠，在法定刑配置上理应较单一犯罪行为的法定刑配置重，这才能体现罪刑相称原则的要求，但我国刑法中，对于一些多种犯罪行为重叠的犯罪法定刑配置还不如单一犯罪行为的法定刑配置高；还有一些多种犯罪行为重叠的犯罪法定刑配置与单一犯罪行为的法定刑配置基本相当，这种规定明显违背了罪刑相称原则。如故意杀人罪与抢劫罪刑法配置在一定程度上就属于多种犯罪行为重叠的犯罪法定刑配置还不如单一犯罪法定刑配置高。根据《刑法》第232条规定，故意杀人的处死刑、无期徒刑或10年以上有期徒刑；根据《刑法》第263条规定，抢劫过程中，为抢劫而杀害被害人的，仅处10年以上有期徒刑、无期徒刑或死刑。从二者的法定量刑刑种的排列次序上来看，在对为抢劫并杀害被害人的处刑选择时，首先应考虑适用10年以上有期徒刑，其次再考虑对行为人适用无期徒刑，再次才考虑对行为人适用死刑；而对故意杀人行为人在适用刑罚时却与此正好相反。刑法如此规定，严重背离了罪刑相称原则。再如非法组织卖血罪、强迫卖血罪与故意伤害罪。根据《刑法》第333条规定，非法组织他人出卖血液的，处5年以下有期徒刑，并处罚金；以暴力、威胁方法强迫他人出卖血液的，处5年以上10年以下有期徒刑，并处罚金；有前款行为，对他人造成伤害的，依照本法第234条的规定定罪处罚。《刑法》第234条规定，故意伤害他人身体的，处3年以下有期徒刑、拘役或者管制；犯前款罪，致人重伤的，处3年以上10年以下有期徒刑；致人死亡或者以特别残忍手段致人重伤造成严重残疾的，处

10 年以上有期徒刑、无期徒刑或者死刑。本法另有规定的，依照规定。从上述刑法规定来看，非法组织他人卖血、强迫他人卖血造成他人伤害的双重犯罪行为的法定刑还不如非法组织他人卖血、强迫他人卖血单一犯罪行为的法定刑重，这样的刑法规定也明显违背了罪刑相称原则。

五、刑法对理应数罪并罚的犯罪行为规定为一罪，导致罪刑失当

刑法关于罪数的适用问题虽然在刑法理论上还存在一定的观点分歧，但在罪数的一些基本问题上已达成共识，根据罪刑相称原则的要求，行为人的罪数越多对其适用的刑罚就应当越严厉，为此，《刑法》第 69 条规定："判决宣告以前一人犯数罪的，除判处死刑和无期徒刑的以外，应当在总和刑期以下、数刑中最高刑期以上，酌情决定执行的刑期，但是管制最高不能超过三年，拘役最高不能超过一年，有期徒刑总和刑期不满三十五年的，最高不能超过二十年，总和刑期在三十五年以上的，最高不能超过二十五年。数罪中有判处附加刑的，附加刑仍须执行，其中附加刑种类相同的，合并执行，种类不同的，分别执行。"《刑法》第 70 条规定："判决宣告以后，刑罚执行完毕以前，发现被判刑的犯罪分子在判决宣告以前还有其他罪没有判决的，应当对新发现的罪作出判决，把前后两个判决所判处的刑罚，依照本法第六十九条的规定，决定执行的刑罚。已经执行的刑期，应当计算在新判决决定的刑期以内。"《刑法》第 71 条规定："判决宣告以后，刑罚执行完毕以前，被判刑的犯罪分子又犯罪的，应当对新犯的罪作出判决，把前罪没有执行的刑罚和后罪所判处的刑罚，依照本法第六十九条的规定，决定执行的刑罚。"从我国刑法规定来看，行为人罪数的多少直接反映了行为人的主观恶性的大小，对罪数多的犯罪行为人必须按照数罪并罚的规定处以较重的刑罚，反之亦然。但我国刑法有些犯罪的规定，把本该是两罪以上的数罪规定为一罪，从而在一定程度上导致罪刑失当。如《刑法》第 240 条的第 1 款第 3、4 项对"奸淫被拐卖妇女及强迫被拐卖的妇女卖淫的"行为，仅作为拐卖妇女罪的从重情节规定，这是不妥的，严重违反了数罪并罚的规定，也违背了罪刑相称原则。按照我国犯罪构成理论以及现行刑法规定，在拐卖妇女的过程中，无论是奸淫被拐卖妇女还是强迫被拐卖的妇女卖淫的行为，完全符合强奸罪或强迫他人卖淫的犯罪构成，理应构成数罪，按照刑法规定予以数罪并罚。刑法如此规定，不仅使刑事立法在一罪与数罪的问题上失去了统一性，也在一定程度上失去了刑法的公正性。再如第 358 条第 4 项规定"强奸后迫使卖淫的"仅作为强迫卖淫罪的一个从重处罚的情节也是不妥的，也违背了罪刑相称原则。在强迫他人卖淫过程中，先对被害妇女进行强奸，然后迫使被强奸妇女卖淫的行为，明显符合强奸罪和强迫卖淫罪的犯罪构成要件，其行为理应构成数罪，很显然，在此问题上，立

法者完全脱离了刑法总则规定。虽然从刑罚适用的最终结果来看，可能对强奸并迫使被害妇女卖淫的行为予以数罪并罚对犯罪分子适用死刑，也可能按照一罪配置的法定刑处罚犯罪分子也可以适用死刑，但在一定程度上会导致罪刑相称原则在刑法具体规定上的模糊，最终导致刑事司法的不公。因此，在刑法立法过程中，不能为了立法的简便，将本来应是数罪的犯罪行为规定为一罪，很容易导致罪刑失衡，从而失去刑法的公正。

第二节 弱势群体利益刑法保护人文缺陷分析

弱势群体在日常生活中的各项利益容易受到不法侵犯，要求国家采取各种方法和手段保护弱势群体的合法利益，包括动用刑法方法与手段，从而体现刑法的人文关怀。对弱势群体的刑法保护包括正向保护和逆向保护两个方面，忽略了弱势群体哪一方面权益的刑法保护，都可以说是刑法规定存在一定的人文缺憾。目前我国刑法对特殊群体的特殊刑法保护主要缺陷表现在两方面：一是没有对侵犯弱势群体合法权益的犯罪行为规定从严惩处。弱势群体的天生弱势，容易招致犯罪分子的侵害，刑法理应对他们的合法权益予以更多的关爱和保护，充分体现法律的公平正义，维护良好的社会秩序，保证社会和谐。二是没有对弱势群体的犯罪行为给予充分的谅解和宽容，在刑法上对犯罪弱势群体特殊保护性规定较少。在社会生活中，由于弱势群体的天生弱势，导致他们在社会竞争中处于弱势地位，使他们的生活水平远远低于正常人，这可能成为他们违法犯罪的社会根源，他们在生活困窘的情况下，可能促使他们铤而走险。再加上弱势群体由于生理功能、智力等因素的影响，也可能导致其刑事责任能力在一定程度上受到影响。在一定程度上，国家和社会理应对弱势群体的犯罪行为予以特殊的理解和宽容，并将其一起体现在刑法保护中。而我国刑法在这两方面做得都不够充分，显得人文气息不够浓郁。

一、对老年人刑法保护人文缺陷分析

随着社会的进步，人类文明的发展，刑法必须体现必要的人文关怀，再加上我国正在步入老年化社会，加强老年人权益的刑法保护势在必行。但令人失望的是，虽然在儒家尊老人文思想的影响下，我国具有尊老、爱老美德的悠久历史，也曾在历史上创造了不朽的中华伦理法系，尊老原则作为历代统治者在制定法律尤其是刑事法律时必须考虑的因素，并在具体法律条文中充分体现对老年人的关心和爱护。改革开放以来，由于我国受西方法治思想的影响，片面要求、强调法

不容情，对老年人的刑法特殊保护一直仅限于刑法分则中有限的几个条文，直到《刑法修正案（八）》才对老年人在死刑及缓刑适用问题上又做出了一点保护性的规定，且规定的尚不十分科学、合理。

（一）对老年人正向刑法保护存在一定的缺陷

1. 在刑法总则中对老年人利益的刑法特殊保护没有作出明确规定，存在一定的人文缺陷。由于老年人年龄的增加，生理功能的退化也导致其对外界违法犯罪的侵犯行为的防护能力逐渐减弱，出于尊老、爱老社会伦理的要求，理应对侵犯老年人的利益的违法犯罪行为予以严厉打击，以切实保障老年人的合法权益，使全社会重新树立尊老、爱老的伦理道德，使老年人能在安全的社会环境中安度晚年，而不用担心违法犯罪行为的侵犯。但现行刑法并没有在刑法总则中明确规定对老年人合法利益予以特殊保护的原则，对侵犯老年人合法利益的犯罪行为予以从重处罚原则，在一定程度上导致刑法人文精神的缺失。

2. 在刑法分则中没有对侵犯老年人合法权益的犯罪行为规定较低的入罪门槛并予以从重处罚。基于老年人生理功能不断退化及容易遭受犯罪行为侵害的客观现实考虑，为了加强老年人人身、财产安全的保护，在有关的刑法分则规定的罪名中理应加强对老年人合法权益的特殊刑法保护。但现行刑法在刑法分则规定的条文中，针对老年人利益保护的特殊条款除了少数不甚明显的保护性规定外，如虐待罪、遗弃罪，基本上再没有其他保护性规定。而这在一定程度上说明国家以及立法者在对老年人合法利益刑法正向保护问题的漠视，时常导致老年人的合法权益不能得到有效的刑法保护，暴露出我国刑法在老年人具体合法权益保护方面存在着一定的人文缺陷。

（二）对老年人刑法逆向保护规定存在的缺陷

1. 在刑法原则中规定对老年人犯罪从宽的规定存在一定的缺陷。随着我国步入老年化社会，不仅要加强对老年人各方面的社会保障制度建设，而且在法律保护方面也必须加强。从刑法角度而言，老年人由于随着年龄的增加，其各方面生理功能的退化，导致其刑事责任能力也逐渐弱化，理应对犯罪老年人予以从宽处罚。出于刑法人文精神建设以及和谐社会建设的考虑，必须对老年人刑法正向保护予以缜密的思考及设置。《刑法》第 17 条第 5 款规定：“已满 75 周岁的人故意犯罪的，可以从轻或者减轻处罚；过失犯罪的，应当从轻或者减轻处罚”。此条法律规定虽然在一定程度上显示了国家对老年人犯罪的宽容之心，但相较未成年人犯罪的从款规定，仍然存在着一定的不足。根据《刑法》第 17 条第 3 款规定，对未成年人犯罪的应当从轻或者减轻处罚，而对年龄已满 75 周岁的老年人只有在过失犯罪时才规定“应当从轻或者减轻处罚”，而对年龄已满 75 周岁的老年人故意犯罪规定仅是"可以从轻或者减轻处"，这体现了立法者在此问题上欠缺深入仔细、认真地思考，也体现了刑法人文精神存在一定的缺陷。

2. 对老年人犯罪承担刑事责任的年龄没有作出明确的界定。根据《刑法》第17条第1、2款的规定，已满16周岁的人犯罪，应当负刑事责任；已满14周岁不满16周岁的承担相对刑事责任；不满14周岁的人不负刑事责任。由此可以看出，我国刑法仅规定了负刑事责任年龄的下限，而没有规定负刑事责任年龄的上限，这既不科学也不符合人的发展自然规律。马克思主义哲学告诉我们，任何事物都有发生、发展、灭亡的过程，人也不例外。国家出于未成年人身心发展实际情况的考量，在刑法总则中明确规定了不承担刑事责任和有限承担刑事责任的年龄下限，这是十分必要的，也是刑法人文精神建设的内在要求。老年人虽然在人生阅历以及思想方面较未成年人要成熟一些，但不可否认的是，随着老年人生理功能的退化，其刑事责任能力也随之退化，这已经是不争的客观事实。在古代，封建统治者都能对老年人犯罪网开一面，为什么到了现代文明社会，刑法却不能对老年人犯罪网开一面呢？既然刑法能对承担刑事责任的下线作出较为科学、合理的限定，为什么对承担刑事责任的上限作出一个科学合理的界定呢？对老年人犯罪没有规定刑事责任年龄上限，既不人道，也不科学，这不能不说是刑法人文精神缺失的表现。

3. 没有对老年人承担刑事责任的范围作出明确的界定。根据《刑法》第17条第2款的规定，已满14周岁不满16周岁的人，犯故意杀人、故意伤害致人重伤或者死亡、强奸、抢劫、贩卖毒品、放火、爆炸、投放危险物质罪的，应当负刑事责任。由此法律规定可以看出，国家对同属弱势群体的未成年人承担刑事着责任的犯罪范围做出了明确的规定，但对于老年人的刑事责任承担范围并没有明确规定，那就意味着不管老年人年龄有多大，对所有刑法上规定的犯罪行为都应当承担刑事责任。刑法如此规定明显有违老年人生理功能退化导致刑事责任能力下降的客观事实，违反了刑法人道、谦抑的人文精神，存在一定的人文缺陷，理应予以补正。

4. 对老年人的过失犯罪刑事处罚从宽的规定存在一定的缺陷。儒家历来提倡"赦小过"人文思想，提倡"孰能无过过而能改"，这在一定程度上给予犯"小过"的人一定的重新做人的机会。在现代社会，随着刑法文明的进步，国家和社会对过失犯罪越来越持一种比较宽容的态度。《刑法》第15条明确规定了过失犯罪的概念及处罚原则："应当预见自己的行为可能发生危害社会的结果，因为疏忽大意而没有预见，或者已经预见而轻信能够避免，以致发生这种结果的，是过失犯罪。过失犯罪，法律有规定的才负刑事责任。"对于老年人而言，随着年龄的增长，老年人由于生理功能的退化，导致其听力、视力以及其他反应能力也下降；再加上现代社会的快节奏生活，老年人较之其他人过失犯罪的可能性大大增加。因此，无论是从刑事责任能力角度考虑，还是从儒家“赦小过”人文思想考虑，对老年人过失犯罪给予必要的宽容和理解，明确规定对老年人犯过失犯罪的一般不予追究刑事责任，即使老年人过失犯罪造成巨大损失的情况下追究其刑事责任，但也应当从轻、减轻或免除处罚。但我国刑法对老年人过失犯罪的仅规定“应当从轻或者减轻处罚”，而没有免除处罚的规定，既不利于老年人的权益保护，也显得刑法的人文精神不足。

5. 对老年人死刑适用的规定存在一定的缺陷。《刑法》第 49 条第 2 款规定，“审判的时候已满七十五周岁的人，不适用死刑，但以特别残忍手段致人死亡的除外”的规定既不科学，也容易导致司法腐败的产生。

一是“审判的时候已满七十五周岁的人，不适用死刑”的规定不科学。对老年人犯罪从宽处罚，主要是基于老年人生理、心理能力的退化，导致其认识能力和控制能力也在一定程度上发生退化，从而引起其刑事责任能力的降低，再加上尊老、爱老社会伦理的要求，因而在刑法上对其犯罪适用刑罚予以从宽规定。因此，笔者认为《刑法》第 49 条第 2 款的规定就显得不十分科学，没有体现刑罚的理性和刑法人文精神。

二是“审判的时候已满七十五周岁的人，不适用死刑”的规定容易滋生腐败行为。虽然《刑事诉讼法》对于侦查、起诉、审判的期限有明确的规定，但总体来说，在具体刑事诉讼过程中由于诸多不良因素的影响，实际办案过程中按照诉讼期限严格进行办案的标准并不统一，加上死刑案件一般都相当复杂，在审限上很难把握，刑法做出如此规定，容易使办案人员在具体掌握送交审判时间上发生一定的腐败行为。

三是将“使用特别残忍手段致人死亡”作为对年满 75 周岁的老年人适用死刑的例外既不科学也不符合刑罚人道的要求，并且在一定程度上也容易产生腐败行为。对老年人一般不适用死刑是国家和立法者对老年人刑事责任能力综合考虑的结果，同时也是中国传统“矜老”人文思想的内在要求，也是现代社会保护弱者的人文思想要求。笔者认为现行刑法将“使用特别残忍手段致人死亡”作为对年满 75 周岁的老年人适用死刑的例外是不妥当的。一方面，老年人已经步入人生的最后旅途，从人伦角度来讲，社会和国家有义务使老年人能够安享晚年，再加上老年人刑事责任能力的降低，即使老年人犯了大罪，也应给与必要的宽容和谅解，对其予以从宽处罚。那么对其适用死刑是否必要？是否符合刑罚人道？是否符合现代伦理要求？另一方面，对于什么是“特别残忍的手段”？刑法并没有作出明确的表述，而且也不好表述。笔者认为，所有致人死亡的手段一般都是比较残忍的，而且如果是用不残忍的手段致人死亡的，在司法实践中一般也不适用死刑，这是死刑适用一般原则要求的。既然如此，那么对老年人特殊刑法保护的意义在哪？同时，将“使用特别残忍手段致人死亡”作为对年满 75 周岁的老年人适用死刑的例外也容易导致司法腐败。既然刑法不能也不好将“特别残忍手段致人死亡”的情形做出准确的界定，那么对年满75周岁的老年人是否适用死刑基本需要靠审判法官的自由裁量权，而这无形当中将对年满75周岁的老年人是否适用死刑的主动权完全交给了法官，容易造成司法腐败，不利于司法公正的实现。

6. 没有规定对老年服刑人员实行分关、分押、分教制度。我国刑法对于未成年人明确规定了执行刑罚应分关、分押、分教制度，但对于老年服刑人员执行刑罚却没有规定分关、分押、分教制度，这既不利于教育改造老年服刑人员的，也不利于老年服刑人员顺利回归社会。由于老年服刑人员自身生理功能的退化，导致老年服刑人员具有独特的心理特征，再加上老年人自己的人生观、价值观一般都早已定型，如果教育改造不具有针对性，改造的效果就会不好，影响刑罚目的的实现。同时，如果老年服刑人员与其他青壮服刑人员一同服刑，不仅不能适应劳动改造的强度，而且由于其自身防范能力的减弱，其自身的合法权益还容易受到同监青壮服刑人员侵犯。因此，我国刑法没有规定对老年人执行刑罚分管分押分教制度是刑法人文缺陷的表现之一。

7. 对老年人减刑、假释适用上没有做出特殊的保护性规定。我国现行刑法对于减刑和假释制度只做了一般性的规定，并没有对老年人适用减刑和假释作出从宽适用的特殊规定。2012年7月1日起施行的《最高人民法院关于办理减刑、假释案件具体应用法律若干问题的规定》第20条规定，对于老年人的减刑、假释，应当主要注重悔罪的实际表现。能够认真遵守法律法规及监规，接受教育改造，应视为确有悔改表现，减刑的幅度可以适当放宽，起始时间、间隔时间可以相应缩短。假释后生活确有着落的，除法律和本解释规定不得假释的情形外，可以依法假释。虽然有关司法解释对老年人适用减刑和假释做了必要的从宽适用规定，但司法解释毕竟不是刑法，其效力也比刑法要差，并没有体现国家和立法者对老年犯罪人应有的人文关怀。由于老年人随着年龄的增长，其再次危害社会的可能性逐渐减少，从刑罚适用的目的考量，理应对老年人的假释和减刑放宽适用条件；同时从刑罚人道和社会伦理角度考虑，老年人随着年龄的增长其与家人团聚的时间也越来越少，对老年人适用减刑和假释也应放宽。基于老年人的生理特征，给予老年犯罪人在减刑、假释问题上予以从宽适用，这是人文精神在刑法上的具体体现和要求，而刑法在假释和减刑制度的规定中没有对老年人作出有特殊保护性规定也是刑法人文缺陷表现之一。

二、对未成年人刑法保护人文缺陷分析

从目前我国刑法对未成年人权益的刑法保护来看，国家和立法者已经比较充

分地认识到对未成年人加强正反向刑法保护的重要性，并在刑法相关规定中予以体现。但是现行刑法与未成年人的刑法保护要求相比，还是存在一定的人文缺陷，主要体现在：

（一）没有将保护未成年人利益作为刑法的重要原则加以体现

刑法承担着打击犯罪和保障人权的双重责任。由于未成年人是祖国和社会的未来，是社会可持续发展的基本主体，因此，在刑事立法过程中尤其应该注重惩罚侵犯未成年人合法权益的犯罪行为。但令人遗憾的是，虽然刑法经过多次修改，对未成年人权益的保护也仅限于修补具体之不足，而没有从原则层面来加以考虑，在一定程度上也使未成年人合法权益的刑法保护力度大打折扣。在刑法中将保护未成人利益作为一个基本原则，能够体现出国家和社会对未成年人的关心和爱护，而现行刑法将对未成年人的特殊刑法保护散落在刑法总则和刑法分则中，并没有一个灵魂予以统帅，容易导致未成年人刑法保护的不力。

（二）未成年人承担刑事责任的犯罪范围规定存在一定的缺陷

虽然《刑法》第 17 条第 2 款规定了已满 14 周岁不满 16 周岁的人，犯故意杀人、故意伤害致人重伤或者死亡、强奸、抢劫、贩卖毒品、放火、爆炸、投放危险物质罪的，应当负刑事责任，但是由于刑法此条规定不够具体和明确，导致在司法适用过程中出现混乱。为了解决未成年人承担刑事责任的范围，有关机关又相继出台了许多司法解释，这不仅没有能够解决未成年人应当承担刑事责任范围问题，反而造成了新的混乱。2002 年 8 月 22 日全国人大常委会在《对最高人民检察院关于已满 14 周岁不满 16 周岁的人承担刑事责任的范围问题的答复意见》中指出，现行《刑法》第 17 条第 2 款规定的 8 种犯罪，是指具体的犯罪行为，而不是具体罪名。但此解释仍然不能解决司法实践中面临的问题和困惑，如未成年人劫持航空器、抢劫枪支、弹药的行为应否定罪处刑？自 2006 年 1 月 23 日起施行的《最高人民法院关于审理未成年人刑事案件具体应用法律若干问题的解释》第 5 条规定：“已满十四周岁不满十六周岁的人实施刑法第十七条第二款规定以外的行为，如果同时触犯了刑法第十七条第二款规定的，应当依照刑法第十七条第二款的规定确定罪名，定罪处罚。”根据上述解释的规定，明显扩大了《刑法》第 17 条第 2 款的入罪范围，不仅对未成年人犯罪有客观归罪之嫌，而且不符合刑法对未成年人应有的保护和谦抑精神，不利于对未成年人合法权益的保护。由于我国刑法对于未成年人承担刑事责任的犯罪范围界定模糊，导致未成年人的刑法特殊保护处于一个较为尴尬的境地，在一定程度上导致了未成年人权益刑法保护的不力。

（三）刑法在正当行为中没有规定对未成年人的特殊保护

根据我国现行刑法的规定，正当行为有两种：一是正当防卫；二是紧急避险。《刑法》第20条规定了正当防卫："为了使国家、公共利益、本人或者他人的人身、财产和其他权利免受正在进行的不法侵害，而采取的制止不法侵害的行为，对不法侵害人造成损害的，属于正当防卫，不负刑事责任。正当防卫明显超过必要限度造成重大损害的，应当负刑事责任，但是应当减轻或者免除处罚。对正在进行行凶、杀人、抢劫、强奸、绑架以及其他严重危及人身安全的暴力犯罪，采取防卫行为，造成不法侵害人伤亡的，不属于防卫过当，不负刑事责任。"《刑法》第21条规定了紧急避险："为了使国家、公共利益、本人或者他人的人身、财产和其他权利免受正在发生的危险，不得已采取的紧急避险行为，造成损害的，不负刑事责任。紧急避险超过必要限度造成不应有的损害的，应当负刑事责任，但是应当减轻或者免除处罚。"从上述规定来看，正当行为的设立为维护国家、集体、社会、公民个人的合法利益不受非法侵犯起到了巨大的作用，但同时公民进行正当行为又存在巨大的刑事风险。因为刑法对公民进行正当行为设定了明确的条件，超出正当行为条件造成不应有损害的，应当承担刑事责任。而刑法对正当行为规定的认知条件均是按照一般正常公民的认知条件加以设立的，这对于未成年人合法权益的保护是不利的。因为未成年人处于人生发展期，其由于自身弱势容易遭到违法犯罪行为侵害，再加上未成年人在心理、知识以及对事物的理解能力都不高，在遇到不法侵害或其利益遭受危险时，要求未成年人对不法侵害的性质、程度、后果以及防卫手段、强度以及危险的紧急程度、合理的避让手段做出合理的判断和选择是否强其所难？未成年人在面临不法侵害或未知危险时，由于其身心发展水平限制，大都是出于本能进行抵抗或避让外来侵害或危险，因此，在其实行正当防卫、紧急避险的过程中难免会采取一切可以防止危害发生的手段，有时会导致其行为防卫过当或避险过当，造成较为严重的危害后果。对此，国家和立法者应当本着保护未成年人合法利益的立场，对未成年人正当防卫和紧急避险作出特殊的保护性规定，以体现刑法"保护弱者"的人文思想，但遗憾的是，刑法立法者并没有充分考虑这一点。在2006年1月23日起施行的最高人民法院《关于审理未成年人刑事案件具体应用法律若干问题的解释》第17条规定，对未成年人正当防卫或紧急避险超过必要限度，造成防卫过当或避险过当的，如可能被判处拘役、3年以下有期徒刑，并且悔罪表现好，应当免除处罚。虽然该司法解释有保护未成年人利益的人文体现，但其附加的各种适用条件，明显对未成年人合法利益的保护是非常不利的。因此，现行刑法在正当行为规定中，既没有充分考虑未成年人的身心状况，也没有作出有利于未成年人利益保护的特殊规定，是刑法人文缺陷之一。

（四）没有对未成年人的自首和立功条件规定宽松的适用条件

《刑法》第 67 条规定了犯罪人自首的条件以及处刑原则：“犯罪以后自动投案，如实供述自己的罪行的，是自首。对于自首的犯罪分子，可以从轻或者减轻处罚。其中，犯罪较轻的，可以免除处罚。被采取强制措施的犯罪嫌疑人、被告人和正在服刑的罪犯，如实供述司法机关还未掌握的本人其他罪行的，以自首论。”《刑法》第 68 条规定了立功的条件及处刑原则：“犯罪分子有揭发他人犯罪行为，查证属实的，或者提供重要线索，从而得以侦破其他案件等立功表现的，可以从轻或者减轻处罚；有重大立功表现的，可以减轻或者免除处罚。”最高人民法院《关于处理自首和立功具体应用法律若干问题的解释》进一步对自首、立功的条件和处刑原则进行了细化。同时为了加强未成年人利益的保护，最高人民法院《关于审理未成年人刑事案件具体应用法律若干问题的解释》第 17 条又规定，对未成年人犯罪后自首或者有立功表现的，如可能被判处拘役、3 年以下有期徒刑，并且悔罪表现好，应当免除处罚。但值得注意的是，无论是刑法规定还是有关的司法解释均未考虑未成年人的身心特点以及其发展情况，对未成年人的自首特殊规定均未提及。在司法实践中，由于未成年人一般都是在学校接受国家义务教育，同时其在家庭生活中均是在监护人的监护下进行的。一方面，未成年人违法犯罪后，可能基于害怕被处罚，不敢直接到公安、司法机关自首，而是选择向老师、监护人或同学说明案件的情况；另一方面由于未成年人社会交往不多，能够了解并揭发案件线索的并不多，导致其立功的机会微乎其微，重大立功的机会基本没有。因此，刑法和有关的司法解释关于自首和立功的规定并没有充分考虑未成年人自身的特殊情况，具有一定的片面性，不利于未成年人的利益保护。

（五）对于侵犯未成年人合法利益的刑法保护规定缺陷分析

无论是从世界范围来看，还是从我国具体国情来看，加强未成年人的刑法保护已经成为人权保护的重要内容之一。但从我国刑法的相关规定来看，对侵犯未成年人合法利益犯罪行为的罪刑规定还存在一定的缺陷。

1. 在刑法分则中有些侵犯未成年人利益的行为范围界定不准确，导致有些侵犯未成年人合法权益的行为无法规制。未成年人由于自身身心发展的特殊原因，其自身的抵抗外来侵害的能力大大不如常人，导致其在社会生活中，容易遭受外来不法侵害，进而损害其合法权益。为了保障未成年人能够健康成长，我国虽然专门制定了《未成年人保护法》，刑法为此也作出了巨大的努力，但从保护效果上来看，未成年人合法权益的保护现状不容乐观，导致这种现状出现的很重要一个原因就是刑法相关规定存在一定的缺陷所致。主要表现在犯罪人通过侵犯未成年人合法权益来获得一定的收益，但相关刑法规定存在一定缺陷，不能有效打击相关侵犯未成年人合法权益的犯罪行为。如雇佣童工从事危重劳动罪，《刑法》第244条第2款规定：“违反劳动管理法规，雇用未满十六周岁的未成年人从事超强度体力劳动的，或者从事高空、井下作业的，或者在爆炸性、易燃性、放射性、毒害性等危险环境下从事劳动，情节严重的，对直接责任人员，处三年以下有期徒刑或者拘役，并处罚金；情节特别严重的，处三年以上七年以下有期徒刑，并处罚金。有前款行为，造成事故，又构成其他犯罪的，依照数罪并罚的规定处罚。”上述刑法规定存在以下缺陷：一是主体范围规定过窄。从现行刑法规定来看本罪的犯罪主体是单位，而对非法单位、公民个人非法雇佣童工从事危重劳动的行为则无法规制。二是刑法对相关犯罪行为的界定存在一定的缺陷。在司法实践中，雇佣童工从事危重劳动仅是侵犯未成年人合法权益的一种表现形式，同时还存在大量的拐骗、收买、收养、租赁不满十六周岁的未成年人从事危重劳动的情形，对此，刑法则显得无能为力，未成年人的合法权益刑法保护不能落到实处。三是有关数罪并罚的规定有违主客观相结合原则。未成年人对从事的危重劳动的危险性根本不能认识，更谈不上有效防范相关的危险，因而经常在从事危重劳动过程中造成未成年人的伤亡。行为人在雇佣未成年人从事危重劳动过程中，应当明确认识到雇佣未成年人从事危重劳动具有极大的危险性，并且这种危险性随时都可能变成现实，行为人在主观上对危险的发生应是持放任的态度而不是过失，刑法规定依照相关的事故犯罪数罪并罚是不妥的。同理，《刑法》第244条第1款规定的强迫劳动罪，既没有将强迫未成年人劳动作为此罪的从重处罚情节，也没有规定强迫未成年人劳动造成未成年人重伤、死亡的刑罚处罚原则，仅以情节严重带过，这是十分不妥的。

2. 有些罪名的犯罪对象范围界定不完整和对相关危害后果考虑不周，导致相关刑法规定存在一定的缺陷。在现行刑法规定中，有些罪名是为了维护未成年人的合法利益而专门设定的，但由于立法者对罪名侵犯的犯罪对象以及由于犯罪行为可能造成的危害后果认识不足，导致相关刑法规定存在一定的缺陷。如《刑法》第262条第2款规定的强迫组织残疾人、儿童乞讨罪，刑法设立此罪的目的是保护残疾人和儿童的合法权益，打击侵犯残疾人或儿童人身权利的犯罪，维护残疾人、未成年人的人身自由和人格尊严。根据《刑法》第262条第2款的规定，本罪的犯罪对象仅限于不满14周岁的未成年人，将已满14周岁不满18周岁的未成年人排除在外。但在司法实践中，被强迫进行乞讨的未成年人不仅包括不满14周岁的未成年人，还有一些已满14周岁不满18周岁未成年人被犯罪分子打伤、打残被迫进行乞讨，这些未成年人的合法利益就不能得到刑法的有效保护，这不仅有违法律面前人人平等的原则，而且也违反对未成年人予以特殊保护的人文要求。同时，对于在组织残疾人、儿童乞讨过程中，使用暴力造成儿童重伤、死亡的，既没有规定数罪并罚，也没有规定依重罪规定从重处罚，明显罪刑不公，不利于未成年人合法权益的保护。

3. 个别罪名混淆未成年人合法权益与成年人合法权益保护的界限，存在很大的缺陷。由于未成年人身心发育皆不成熟，所以我国刑法对其采取多种保护措施，在打击侵犯未成年人身心健康的犯罪方面，刑法作出了巨大的努力。但同时我们也看到了刑法立法过程中，有些刑法规定混淆了未成年人合法权益与成年人合法权益保护的界限，导致有些规定存在巨大缺陷，不利于未成年人合法权益的保护。如嫖宿幼女罪，《刑法》第360条第2款规定，“嫖宿不满十四周岁的幼女的，处五年以上有期徒刑，并处罚金。”众所周知，不满14周岁的幼女正处于人生发展时期，其身心发育均未成熟，纵观古今中外立法均对幼女的性权利作出了特殊保护规定，即无论幼女是否表示同意与行为人发生性关系，只要行为人与幼女发生性关系，就构成强奸行为，无须考虑其他。无论是从刑法角度考虑还是从社会伦理保护角度考虑，幼女均属于特殊保护的对象之一，嫖宿与奸淫幼女的社会危害性基本是相同的。嫖宿幼女的行为既严重侵犯了幼女的身心健康及性自由，同时也破坏了良好的社会伦理道德，现行刑法将嫖宿幼女罪放置在妨害社会管理秩序罪中的组织、强迫、引诱、容留、介绍卖淫罪中，变相承认了幼女有卖淫的自主能力，这和保护幼女的合法权益的立法宗旨及刑法人文要求相差甚远，混淆了未成年人合法利益与成年人利益保护的界限，没有全面反映嫖宿幼女犯罪的本质特征。在具体认定上，强奸罪规定如果明知是幼女而与之发生性关系的无论幼女是否自愿，均以强奸罪从重处罚，而嫖宿幼女罪的构成不仅要求行为人明知对方是不满14周岁的幼女，却规定了比强奸幼女轻得多的刑罚，这不仅从立法上给犯罪人逃避严厉的刑事处罚留下了余地，而且不能有效预防和打击侵犯幼女身心健康的犯罪行为，幼女的合法权益得不到刑法的有效保护。由于嫖宿幼女罪的规定混淆了未成年人刑法保护与成年人合法利益刑法保护的界限，导致对打击嫖宿幼女犯罪行为不力，进而导致现实生活中嫖宿幼女案件发生频率很高，在一定程度上也败坏了国家和政府的形象，损害了法律的威严，给未成年人造成了严重的身心伤害。同理，《刑法》第358条规定的强迫卖淫罪将强迫不满十四周岁的幼女卖淫情形规定为从重处罚情节也是不妥当的，也是混淆了未成年人合法利益与成年人合法权益刑法保护的界限，导致未成年的合法权益保护不力，显得刑法人文精神不足。

（六）现行刑法及附属刑法有关未成年人监护人刑事责任的立法缺陷分析

由于现行刑法在监护人刑事责任立法问题上重视不够，导致我国监护人刑事责任制度存在巨大缺陷。现行刑法关于监护人刑事责任的立法缺陷主要表现在以下几个方面：

1. 立法思想存在的缺陷分析。现行刑法的立法者在考虑追究监护人刑事责任时，主要考虑了监护人与被监护未成年人的亲属关系，认为一般的监护行为是由民法和其他行政法律调整的范畴，刑法的介入会造成监护人与被监护未成年人之间关系的紧张，不利于被监护未成年人的权益保护。在这种立法思想指导下，现行刑法的有关监护人刑事责任的规定总是显得小心和谨慎。殊不知，正是由于立法者的这种小心和谨慎，在客观上导致了监护人不履行监护义务或不正确履行监护义务，导致诸多未成年人的合法权益遭到侵害，家庭秩序和社会秩序遭到巨大的破坏，严重影响了家庭和社会的稳定。汉代儒家郑昌认为："立法明刑者，非以为治，救衰乱之起也。"① 当前由于监护人不履行监护责任或不正确履行监护义务，造成众多的未成年人失学、流浪、留守以及违法犯罪，更有骇人听闻的虐待、遗弃以及杀害未成年人的行为时常发生。这不仅极大地损害了未成年人的身心健康，而且也造成了家庭伦理和社会伦理的沦丧。各种情况表明，对待监护人不履行或不正确履行监护义务，造成严重后果发生的，必须予以刑法规制。只有这样，才能有效地遏制目前监护人不履行监护责任的现状，有效地重建和谐的家庭伦理与社会伦理，维护稳定的社会秩序。在对待监护人刑事责任立法上，必须摒弃小心和谨慎，大胆而慎重是对待监护人刑事责任制度构建的指导思想。

2. 《刑法》第 17 条的立法缺陷分析。《刑法》第 17 条第 4 款规定："因不满十六周岁不予刑事处罚的，责令他的家长或者监护人加以管教；在必要的时候，也可以由政府收容教养。"从上述刑法规定来看，存在以下缺陷：

第一，本条规定因不满 16 周岁不予刑事处罚的，责令监护人予以管教。此规定存在以下两个缺陷：一是如果家长或监护人不履行监护管教义务，以致未成年人又进行严重违法犯罪行为或造成严重危害后果，家长或监护人是否应当承担刑事责任或承担什么样的刑事责任？刑法对此并没有做出明示规定。二是此条仅规定"因不满十六周岁不予刑事处罚的，责令他的家长或者监护人加以管教"，那么对于已满 16 周岁不满 18 周岁的未成年人不予刑事处罚的，是否监护人就不用予以严格管教？刑法对此并没有做出明确的规定，这不仅对已满 16 周岁不满 18 周岁违法犯罪的未成年人身心健康保护不力，而且也在一定程度上纵容了监护人不履行法定的监护义务。

第二，本条规定"在必要的时候，也可以由政府收容教养"。什么是"必要的时候"？是在家长或监护人不履行监护义务的情况下由政府收容教养？还是在违法未成年人又进行新的违法犯罪的情况下由政府收容教养？抑或是在没有家长或监护人的情况下由政府收容教养？还是政府根据案件以及行为人的具体情况可以直接决定收容教养？立法者之所以如此规定，实际上并没有充分认识到此条法

① 《汉书·刑法志》。

律规定对保护未成年人的身心健康的重要性，也没有充分认识监护人应当在刑法领域承担的监护责任。

3. 虐待罪立法缺陷分析。《刑法》第 260 条规定："虐待家庭成员，情节恶劣的，处二年以下有期徒刑、拘役或者管制。犯前款罪，致使被害人重伤、死亡的，处二年以上七年以下有期徒刑。第一款罪，告诉的才处理。"该条法律规定主要存在以下几个缺陷：

第一，将本罪的犯罪对象笼统地表述为家庭成员不妥。将虐待罪的犯罪对象笼统地表述为家庭成员，显然忽视了未成年人甚至婴儿的身心发育状况及其自身所独具的特点，将其与其他家庭成年人一样对待，显得立法者没有充分重视未成年人家庭刑法保护的重要性。

第二，虐待家庭成员，情节恶劣的表述存在较大缺陷。什么样的虐待家庭成员才属于情节恶劣？由于刑法对此并没有做出明确的界定，在追究监护人虐待被监护未成年人刑事责任时难以操作，使本来就难以确定的虐待行为难上加难。在司法实践中，大多数情况下，只有出现虐待未成年人出现重伤或死亡结果时，有关公安、司法机关才介入追究监护人的刑事责任，显得此条第 1 款刑法规定形同虚设，使被虐待的未成年人利益得不到刑法及时有效的保护。

第三，本条入罪标准的表述也有违罪刑法定的原则。罪刑法定原则要求刑法的相关规定应当明确、具体，不能模糊不清。而本条用不好理解和把握的"情节恶劣"作为入罪的标准，导致不利于对监护人虐待未成年人的行为界限的把握，同时也不利于监护人了解和掌握不当管教和虐待的区别。同时，虐待罪的入罪标准表述不够明确，有随意出入人罪的嫌疑。

第四，将虐待罪规定为告诉才处理，显然忽视了未成年人（包括婴儿）的身心特点。由于虐待行为往往是在家庭内部进行的，且常常会被他人误认为是监护人在正常管教被监护人，同时，由于被监护未成年人天生对监护人的畏惧，不敢向别人诉说受虐待的情况，害怕招致更严重的虐待。而婴儿有时连基本的说话能力都不具备，更谈不上向人民法院提起刑事自诉。立法者在立法时显然没有充分考虑未成年人的身心特点，更谈不上对未成年人权益的有效保护。

第五，虐待致被害人重伤、死亡的，仅规定处以 2 年以上 7 年以下有期徒刑，明显有违罪责刑相适应原则。在本罪刑罚的规定上，立法者过多地考虑了监护人与未成年人的亲属关系，忽视了即使是二者具有亲属关系，监护人在法律上也无权虐待被监护未成年人。因此，监护人和被监护未成年人之间的关系不应成为监护人虐待犯罪的保护伞或减轻处罚的理由。同时，由于虐待具有连续性、隐蔽性的特点，虐待致被监护未成年人重伤、死亡，一般都使被监护未成年人遭受了比一般伤害更为严重的痛苦，造成的社会影响更加恶劣，理应给予更严厉的惩罚。另外，亲属之间理应相亲相爱，而亲属相残严重违反了中国现代良好的社会伦理和家庭伦理，属于禽兽行为，理应予以严惩，否则，无疑会放纵亲属相残行为的发生，从而导致家庭秩序和社会秩序的混乱。

第六，虐待致被害人重伤、死亡的表述不科学，容易引起司法适用的混乱和无序，不利于准确追究监护人的刑事责任。本条的规定容易发生以下歧义：一是虐待直接造成被害人重伤、死亡；二是由于被害人不堪遭受虐待，自己自杀成重伤或身亡；三是由于被害人遭受虐待没有得到及时医治而重伤、死亡；四是由于被害人遭受虐待，出现其他意外情况而导致重伤、死亡。由于立法表述不清，导致司法适用的混乱，不利于未成年人的利益保护。

第七，本条规定的刑罚种类仅有有期徒刑、拘役或者管制，其刑种并不丰富，存在一定的缺陷，导致在司法实践中未成年人的利益得不到有效的保护。本条在立法时仅考虑了监护人与被监护未成年人之间的亲属关系，从而在适用刑罚上对犯罪监护人予以从轻处罚，但并没有考虑未成年人需要监护人生活以及各方面照顾，在适用刑罚种类上予以特殊规定。

4. 遗弃罪立法缺陷分析。《刑法》第 261 条规定："对于年老、年幼、患病或者其他没有独立生活能力的人，负有扶养义务而拒绝扶养，情节恶劣的，处五年以下有期徒刑、拘役或者管制。"本条规定存在以下缺陷：

第一，本罪主体的表述不科学。负有扶养义务和有扶养义务并具有扶养能力是两个概念，显然立法者在立法时没有充分考虑有一部分人虽有扶养义务，但却没有扶养能力。法律也不能强人所难，一般情况下，具有扶养能力而拒不履行扶养义务的人，才能成为本罪的主体。而对于具有扶养义务但不具有抚养能力的，只有在极其严格的条件下，才能对其追究刑事责任。因此，在立法上应对二者作区别规定。

第二，情节恶劣的入罪标准表述不科学。在什么情形下遗弃年幼、患病或者其他没有独立生活能力的人才属于情节恶劣？刑法对此并没有做出明确的界定，导致在司法实践中，只有出现监护人遗弃未成年人出现重伤或死亡结果时，有关公安、司法机关才介入追究监护人的刑事责任，使被遗弃的未成年人的利益得不到刑法及时、有效的保护。

另外，本条入罪标准的表述也有违罪刑法定的原则。罪刑法定原则要求刑法的相关规定应当明确、具体，不能模糊不清。而本条规定与虐待罪一样用不好理解和把握的"情节恶劣"作为入罪的标准，不利于对监护人遗弃被监护未成年人的行为界限的把握。同时遗弃罪的入罪标准表述不够明确，有随意出入人罪的嫌疑。

第三，遗弃罪规定的刑罚种类不丰富。本罪的刑罚种类仅有有期徒刑、拘役和管制，并没有处以罚金或其他形式的非刑罚处罚手段，没有考虑年幼的未成年人都需要监护人的关心和呵护，并需要从监护人处获得必要的生活来源，从而显得法律规定对需要监护的未成年人利益保护不够。

第四，对遗弃有可能与其他法条竞合的情形没有作出立法区分。监护人遗弃未成年人的行为容易和刑法规定的其他行为发生竞合，如监护人弃婴行为、长期使婴幼儿处于挨饿状态或长期使未成年人处于无人接触的封闭空间，不给饭吃而活活饿死等行为常常与杀人罪、故意伤害罪、非法拘禁罪发生竞合，但刑法上并没有予以立法区分，常常导致司法实践将此罪当成彼罪。由于遗弃未成年人的行为容易与其他法条发生竞合，应当在立法上加以明示，以利于司法操作，充分保障未成年人的生命、健康。

第五，刑法关于监护人遗弃行为导致未成年人重伤、死亡的情况并没有做出立法上的量刑规定，导致由于遗弃致被监护未成年人重伤、死亡的只能在 5 年以下有期徒刑量刑，这明显有违罪责刑相适应原则，应当予以修改完善。

5. 组织残疾人、儿童乞讨罪规定立法缺陷分析。《刑法修正案（六）》第 17 条规定："以暴力、胁迫手段组织残疾人或者不满十四周岁的未成年人乞讨的，处三年以下有期徒刑或者拘役，并处罚金；情节严重的，处三年以上七年以下有期徒刑，并处罚金。"此规定存在以下缺陷：

第一，本规定仅限于组织残疾人或不满 14 周岁的未成年人乞讨的范围，在大多数情况下，明显将监护人使用暴力、胁迫手段让被监护未成年人乞讨的情形排除在外。这不仅不利于保护被监护未成年人的身心健康，而且也不利于打击监护人的违法犯罪行为。

第二，将本罪的客观方面仅规定为"以暴力、胁迫手段"，显然不利于打击此类监护人侵犯被监护未成年人利益的违法犯罪行为。一是大多数情况下，由于监护人与被监护未成年人之间存在天然的亲属关系，其并不需要使用暴力、胁迫等手段即可让被监护未成年人进行乞讨；二是将监护人使用暴力、胁迫以外的引诱、教唆、利用等手段让被监护未成年人乞讨的情形排除在刑法保护范围之外。这在客观上不仅不利于保护被监护未成年人的身心健康，而且在一定程度上也会放纵监护人侵犯被监护未成年人各种合法利益。

第三，本规定没有对有可能产生的法条竞合以及可能出现的严重后果作出法律上的明示规定，缺乏可操作性，容易导致司法混乱。在现实生活中，由于监护人（行为人）使用暴力、胁迫等手段让被监护人的进行乞讨，很容易产生与其他法条竞合的结果。如使用暴力、胁迫可能会直接或间接致使未成年人伤残、死亡，但本规定对有可能出现的此种结果并没有予以立法明示，存在一定的缺陷。

第四，本规定使用了"情节严重"一词作为相关行为加重处罚的标准进行表述，其意义表述不清，有违罪刑法定原则。所谓的"情节严重"由于没有立法明示，也容易导致在司法实践中随意出入人罪，不利于司法操作。因此，此规定既不利于打击严重侵犯被监护未成年人身心健康的行为，也不利于公安、司法机关对监护人（行为人）的相关违法犯罪行为作出正确的法律评价，应当予以必要的完善。

第五，组织乞讨罪的犯罪对象限定为“残疾人和不满十四周岁的未成年人”，有违法律面前人人平等原则。在现实生活中，被组织乞讨的未成年人中，有相当一部分是已满14周岁且不满18周岁的未成年人，他们也是弱势群体，也易受到监护人（行为人）的利用、控制和侵害，理应对他们的合法权益也应予以必要的刑法保护。

6.《中华人民共和国治安管理处罚法》存在的立法缺陷。《治安管理处罚法》第41条第1款规定：“胁迫、诱骗或者利用他人乞讨的，处十日以上十五日以下拘留，可以并处一千元以下罚款。”此条规定与《刑法修正案（六）》第17条的明显存在矛盾，容易引起司法的混乱和无序，也容易放纵监护人犯罪行为，不利于被监护未成年人利益的刑法保护，应予以修改。

7.《中华人民共和国未成年人保护法》立法缺陷分析。

第一，《中华人民共和国未成年人保护法》第31条第2款规定：“遗弃婴儿的，由公安部门处以罚款；构成犯罪的，依法追究刑事责任。”根据此条规定，监护人遗弃婴儿的，首先是由公安部门予以罚款，这样的规定对于婴儿的合法权益的保护是否妥当？遗弃婴儿达到什么样的程度才构成犯罪，才能追究其刑事责任？由于婴儿的天生弱势，婴儿既无告诉能力，也无必要的生存能力，监护人随意将婴儿遗弃，常常导致被遗弃婴儿的身心健康遭受极大的损害，因此，对于弃婴行为必须动用刑法予以严格规制。

第二，《中华人民共和国未成年人保护法》第71条规定：“胁迫、诱骗、利用未成年人乞讨或者组织未成年人进行有害其身心健康的表演等活动的，由公安机关依法给予行政处罚。”此条规定显然与《刑法修正案（六）》第17条的规定明显冲突，应予以废除或修改，不然必定会导致公安、司法机关在认定、追究相关监护人（行为人）刑事责任时处于一种尴尬的境地，容易放纵监护人（行为人）的犯罪行为，不利于被监护未成年人利益的刑法保护。

8. 最高人民法院、最高人民检察院、公安部等六部门《关于打击拐卖妇女儿童犯罪有关问题的通知》（以下简称《通知》）存在的缺陷分析。《通知》第4条规定：“出卖亲生子女的，由公安机关依法没收非法所得，并处以罚款；以营利为目的，出卖不满十四周岁子女，情节恶劣的，借收养名义拐卖儿童的，以及出卖捡拾的儿童的，均应以拐卖儿童罪追究刑事责任。出卖十四周岁以上女性亲属或者其他不满十四周岁亲属的，以拐卖妇女、儿童罪追究刑事责任。”该通知存在的缺陷如下：

第一，此《通知》规定：“以营利为目的，出卖不满十四周岁子女，情节恶劣的……均应以拐卖儿童罪追究刑事责任。”此规定显然与监护人出卖未成年被监护人的行为性质不相符。监护人出卖不满 14 周岁子女显然不需要拐骗，并且将监护人出卖被监护未成年人依照拐卖儿童罪追究刑事责任在实践中难以认定。正如有的学者所说："由于在这些案件中出卖者与被卖者具有亲属关系，通常不会发生'拐'的问题，因此给司法认定工作带来了很大的难度。"① 甚至有学者认为："因为拐卖妇女、儿童罪侵犯的对象是他人家庭中的成员，出卖家庭成员不构成本罪，这只是不道德的行为，但不能构成犯罪。"② 因此，对监护人以营利为目的，出卖不满 14 周岁子女，情节恶劣的，应构建新的明确罪名，而不应依照拐卖儿童罪定罪处罚。

第二，《通知》规定："出卖十四周岁以上女性亲属或者其他不满十四周岁亲属的，以拐卖妇女、儿童罪追究刑事责任。"在司法实践中，监护人出卖 14 周岁以上不满 18 周岁男性被监护未成年人的情况并不少见，此规定明确忽略了已满 14 周岁男性未成年人的刑法保护。另外根据此通知规定，对于监护人出卖年满 14 周岁不满 18 周岁的被监护男性未成年人的，只能由公安机关依法没收非法所得，并处以罚款，这样规定则明显有放纵监护人出卖男性被监护未成年人之嫌。

第三，《通知》规定："出卖亲生子女的，由公安机关依法没收非法所得，并处以罚款"此规定明显注意了对亲生未成年人的保护，而忽略了未成年继子女、养子女的人身权益保护，不能不说存在一定的缺陷。根据现行民事法律规定，继子女、养子女与亲生子女享有同样的权利，在法律上应受到同等的保护。此通知的规定不仅有违法律面前人人平等原则，而且也容易使未成年继子女、养子女的合法权益得不到刑法的有效保护。

第四，《通知》规定："以营利为目的，出卖不满十四周岁子女，情节恶劣的……均应以拐卖儿童罪追究刑事责任。"此通知中的"情节恶劣"包括哪些情形并没有做出明确的界定，在司法中很难理解和把握，存在很大缺陷。监护人以营利为目的，丧失人性，出卖不满 14 周岁的未成年人子女，不仅表现出监护人道德伦理的沦丧，而且严重侵犯了未成年子女的人身利益，其行为本身就属于情节恶劣，应当追究其刑事责任。而此通知加上"情节恶劣"一词，有画蛇添足之嫌，也不利于司法操作。

9. 最高人民法院、最高人民检察院、公安部、司法部《关于依法惩治拐卖妇女儿童犯罪的意见》的缺陷。最高人民法院、最高人民检察院、公安部、司法部 2010 年 3 月 15 日颁布的《关于依法惩治拐卖妇女儿童犯罪的意见》第 16 条规定："以非法获利为目的，出卖亲生子女的，应当以拐卖妇女、儿童罪论处。"第

---

① 刘宪权：《刑法学》，上海人民出版社 2005 年版，第 589 页。

② 马克昌等：《刑法学全书》，上海科学技术文献出版社 1993 年版，第 327 页。

17 条规定："具有下列情形之一的，可以认定属于出卖亲生子女，应当以拐卖妇女、儿童罪论处：（1）将生育作为非法获利手段，生育后即出卖子女的；（2）明知对方不具有抚养目的，或者根本不考虑对方是否具有抚养目的，为收取钱财将子女'送'给他人的；（3）为收取明显不属于'营养费'、'感谢费'的巨额钱财将子女'送'给他人的；（4）其他足以反映行为人具有非法获利目的的'送养'行为的。不是出于非法获利目的，而是迫于生活困难，或者受重男轻女思想影响，私自将没有独立生活能力的子女送给他人抚养，包括收取少量'营养费'、'感谢费'的，属于民间送养行为，不能以拐卖妇女、儿童罪论处。对私自送养导致子女身心健康受到严重损害，或者具有其他恶劣情节，符合遗弃罪特征的，可以遗弃罪论处；情节显著轻微危害不大的，可由公安机关依法予以行政处罚。"该意见上述规定存在以下缺陷：

第一，该意见第 16 条规定："以非法获利为目的，出卖亲生子女的，应当以拐卖妇女、儿童罪论处。"此条规定仅规定了监护人出卖亲生子女的行为，应当以拐卖妇女、儿童罪论处，而对监护人出卖继子女、养子女的行为并没有予以刑事规制，这不仅违背了法律面前人人平等的原则，而且也不利于打击监护人出卖继子女、养子女的行为，更不利于继子女、养子女的权益保护。因此，此条司法解释存在较大的缺陷，应当予以修改和完善。

第二，该意见第 17 条规定："不是出于非法获利目的，而是迫于生活困难，或者受重男轻女思想影响，私自将没有独立生活能力的子女送给他人抚养，包括收取少量'营养费'、'感谢费'的，属于民间送养行为，不能以拐卖妇女、儿童罪论处。"此规定中所谓的少量"营养费"、"感谢费"，令人十分费解。"营养费"、"感谢费"少到什么程度是少量呢？该意见如此规定，直接导致在司法实践中认定监护人出卖被监护未成年人行为性质的难度加大，并且会使部分监护人出卖被监护人的行为得不到有效的刑法规制，使被监护未成年人的利益得不到有效的刑法保护。同时该条司法解释也有违罪刑法定原则，用模糊不清的"少量"一词作为区分罪与非罪的条件，明显有随意出入人罪的嫌疑，应当予以修改和完善。

10. 现行刑法及附属刑法关于未成年人监护人刑事责任制度的缺陷分析。现行刑法及附属刑法关于未成年人监护人刑事责任制度除现行规定存在一定的缺陷外，还存在以下不足：

第一，没有明确未成年人监护人不履行或不正确履行监护义务，造成严重后果的，应当承担刑事责任。目前，未成年人监护人不履行或不正确履行法定监护义务，不仅造成未成年人违法犯罪大量增加，而且也对被监护未成年人的利益造成了极大的损害。同时，未成年人监护人不履行或不正确履行法定监护义务，不仅造成家庭秩序和社会秩序的极大混乱，而且也严重损害良好的家庭伦理和社会伦理。因此，对未成年人监护人不履行或不正确履行监护义务，严重侵犯未成年人身心健康以及造成其他严重后果的，刑法应明确规定其应当承担刑事责任。

第二，没有明确未成年人监护人承担刑事责任的罪名。从我国现有刑法规定来看，已经认识到未成年人利益保护的重要性，明确将未成年人的利益作为刑法保护的重点，但由于传统思想的影响，并没有将监护人刑事责任制度予以立法明示。现行刑法将未成年人监护人侵犯被监护未成年人利益的行为与其他犯罪行为加以笼统规定，没有明确予以区分，导致在司法实践中法律适用的混乱。

第三，没有明确规定监护人放任、教唆被监护未成年人进行违法犯罪的，是否需要追究刑事责任以及如何追究其刑事责任，导致对未成年人监护人教唆、放任被监护未成年人违法犯罪的监护人得不到刑法及时和有效的惩罚，从而不仅损害了未成年人的利益，而且也损害了无辜公民的权益。因此，在刑法上应明确监护人教唆、放任被监护未成年人进行违法犯罪的，应当追究刑事责任，并从重处罚。

第四，对未成年人监护人犯罪行为予以追究时，现行刑法规定的刑罚体系和非刑罚体系明显存在一定的不足。

综上，现行刑法的立法者没有充分考虑监护人与被监护未成年人的天然血缘联系，导致被监护未成年人的利益经常受到二次伤害。同时，由于现有的刑罚体系和非刑罚体系不够丰富，导致在对未成年人监护人的违法犯罪行为处罚时，不能兼顾被监护未成年人的利益，显得现行刑法的人文精神存在一定的不足。

（七）未成年人财产刑制度人文缺陷分析

根据我国刑法相关规定，我国罚金刑和没收财产刑主要适用于以下犯罪：一是刑法分则第三章规定的破坏社会主义市场经济秩序罪，共有 90 多个条文，基本上都规定了独立或附加适用罚金或者没收财产。二是刑法分则第五章规定的侵犯财产罪，共有 14 个条文，其中 5 个法条规定了独立或附加适用罚金或者没收财产刑，占条文总数的 35% 以上；有 5 个法条规定独立或附加适用罚金刑，占条文总数的 35% 以上。三是刑法分则第六章规定的妨害社会管理秩序罪，共有 90 余个法条，其中约 50% 的法条规定了独立或附加适用罚金刑。四是拐卖妇女、儿童罪、强迫劳动罪、雇用童工从事危重劳动罪、绑架罪、出售、非法提供公民个人信息罪、非法获取公民个人信息罪、组织残疾人、儿童乞讨罪、组织未成年人进行违法治安管理活动罪也规定了并处或者单处罚金及没收财产刑。从上述分析可以看出，财产刑在我国刑法中具有广泛的适用范围，并且随着刑法轻缓化的推进，罚金刑和没收财产刑在整个刑罚体系中地位越来越重要。但财产刑适用仅规定应当根据犯罪情节决定罚金数额，没有对适用对象作出明确的限制，这样规定对于未成年人犯罪人而言是不妥当的。其不妥之处主要体现在以下几个方面：

一是一旦判决未成年犯罪人附加或独立适用财产刑，而未成年犯罪人一般不具有履行生效判决的经济能力，使生效判决的内容变得无法实行。二是如果判决后，由未成年犯罪人的监护人履行判决的内容，这就等于对未成年犯罪人的监护人适用刑罚，显然于法无据，也是违反刑罚仅适用于犯罪人的原则。由此来看，我国相关罚金和没收财产刑的规定存在一定的缺陷。

三、残疾人刑法保护人文缺陷分析

目前由于各种因素的影响，如环境污染、交通事故、各种抗生素的乱用、食品不安全等影响，导致我国的残疾人数量不断增加。残疾人由于生理功能的缺陷导致其在社会竞争中处于弱势，有时会影响其对事物的认识和辨别能力，同时也会在一定程度上影响其刑事责任能力；同时由于弱势群体生理功能弱化因素的影响，残疾人也容易成为犯罪分子侵害的目标。因此，刑法一方面应本着宽容的态度，对残疾人犯罪的给予必要的理解和宽容，对其犯罪从轻处罚；另一方面由于残疾人生活不易，对侵犯残疾人的合法权益的犯罪行为予以从重处罚。我国历来重视残疾人的刑法保护，在继承了刑法人道主义传统的基础上，并结合现代刑法谦抑原则的要求，对残疾人犯罪相应的刑事责任以及侵犯残疾人合法权益的行为作出了特殊的保护性规定，使残疾人的合法权益得到最大限度的刑法保护，体现了刑法的人文精神。但从我国刑法的相关规定来看，结合保护弱者人文思想要求，我国刑法对残疾人的特殊保护还存在一定的不足之处。

（一）没有将对残疾人利益保护作为刑法基本原则

由于残疾人在视力、听力、言语、肢体、智力等方面往往存在一定的缺陷，导致其全部或部分丧失以正常方式从事某种活动能力，往往处于社会的底层。在现实生活中，一方面残疾人由于生理弱势容易成为犯罪分子侵害的对象；另一方面，残疾人由于生理弱势导致其在很大程度上参与平等社会竞争胜出的机会减少，导致生活贫困，时常引发涉财犯罪。当残疾人违反刑法，侵犯刑法所保护的法益，危害社会秩序时，从刑法人道主义、刑事责任能力及刑罚适用的目的等方面考量，对于残疾人的犯罪行为予以必要的谅解，给予从宽处罚。同时，由于残疾人生活不易，又容易遭受犯罪分子的侵害，加强残疾人合法权益的刑法保护不仅是必要的，而且具有一定的现实性。因此，将残疾人利益保护作为刑法的一项基本原则，既能体现刑法保护弱者的人文思想，又在一定程度上体现了国家对残疾人的关心和爱护。但纵观中国整个刑法体系，虽然有保护残疾人合法利益的保护性条款，但由于没有一个保护性原则加以统领，因此显得相关规定比较散乱，不成体系，使残疾人的合法利益在司法实践中不能得到及时有效的保护，在很大程度上显得我国刑法人文气息不足。

（二）对残疾犯罪人的刑罚适用存在一定的缺陷

1. 对残疾人适用刑罚从宽原则规定不够科学。《刑法》第 18 条第 1、2、3 款规定："精神病人在不能辨认或者不能控制自己行为的时候造成危害结果，经法定程序鉴定确认的，不负刑事责任，但是应当责令他的家属或者监护人严加看管和医疗；在必要的时候，由政府强制医疗；间歇性的精神病人在精神正常的时候犯罪，应当负刑事责任；尚未完全丧失辨认或者控制自己行为能力的精神病人犯罪的，应当负刑事责任，但是可以从轻或者减轻处罚。"《刑法》第 19 条规定："又聋又哑的人或者盲人犯罪，可以从轻、减轻或者免除处罚。"从我国《刑法》第 18 条、第 19 条的规定分析，对残疾人刑罚适用从宽规定存在以下缺陷：

（1）对犯罪残疾人刑法保护面过窄。根据《刑法》第 18 条、第 19 条的规定来看，目前我国刑法规定的对残疾人犯罪从宽处罚仅体现在对精神病人、又聋又哑及盲人犯罪的保护，导致对残疾犯罪人刑法保护面过窄。目前残疾人残疾的表现主要有智力残疾、听力残疾、视力残疾、精神残疾、语言残疾以及肢体残疾，在这些残疾中，虽然精神残疾、听力残疾、视力残疾以及语言残疾对人的行为影响较大，对这些残疾人犯罪从宽处罚体现了刑法的人道主义精神，但刑法没有对智力残疾人以及严重肢体残疾人犯罪规定从宽处罚显得刑法残疾人保护面过窄。因为智力残疾人由于大脑受到器质性的损害或是由于脑发育不完全从而造成认识活动的持续障碍以及整个心理活动的障碍，智力残疾人一般都很难接受正常的教育，并且在社会上也很难得到他人的认同，导致个人生活能力和履行社会职责面能力都较正常人要差很多，从而导致智障残疾人在一定程度上对自己行为的认识、判断和控制能力都较差，从刑法上对其犯罪行为予以从宽处罚是有一定的理论和实践支撑的。因此，刑法没有将智障残疾犯罪人列为从宽适用刑罚的对象是不妥当的。同理，重度肢体残疾人由于其肢体严重伤残，行动不便，有些甚至生活不能自理，其与他人、社会的接触机会大量减少，进行恶性犯罪的机会也大大减少，这些重度肢体残疾人在一定程度上刑事责任能力也或多或少的受到一些影响，因此，刑法没有将其列为从宽适用刑罚的对象也是不妥当的。

（2）刑法的相关规定对精神病人的刑事责任规定不仅不够科学，也显得人文气息不足。根据《刑法》第 18 条的规定，精神病人只有在不能辨认或者不能控制自己行为的时候造成危害结果，经法定程序鉴定确认的，才不负刑事责任；而间歇性的精神病人在精神正常的时候犯罪，应当负刑事责任。《刑法》第 18 条规定存在以下缺陷：

第一，精神病人的法定术语表述不够科学。从司法精神病学的角度来看，精神病的概念可以有广义和狭义两种理解：从广义上看，精神病是指在各种内外致病因素导致大脑机能发生紊乱，从而引起认识、情感、行为和意志等精神活动不同程度的障碍，主要包括精神失常、变态人格和精神发育迟滞，这种理解实际上包括了所有的精神残疾和智力残疾。而狭义精神病仅指精神失常这一种精神疾病，而将智力残疾排除在外。[①] 由于现行刑法关于精神病人的概念界定不清，导致在司法适用过程中对精神病缺乏明确统一的适用标准导致了司法操作的混乱，并在一定程度上导致刑法理论与司法实践的脱节，造成相应的司法困惑。从我国刑法学理论研究来看，对于我国刑法采用的是狭义的精神病概念还是广义的概念争论不休；而从我国司法实践来看，当办案机关认为行为人精神不正常可能影响其刑事责任能力时，一般都要通过相应鉴定机构的司法精神病鉴定来确定行为人有无刑事责任能力以及刑事责任能力的大小，并且有时司法实践中还出现了办案机关随意决定对行为人进行精神病鉴定，出现许多“被精神病”的案例。这种混乱现象的出现，既不利于保障精神病人的合法利益，也不利于准确打击犯罪，保障无辜者的合法权益，且容易随意出入人罪，不利于维护司法公正。

第二，“间歇性的精神病人在精神正常的时候犯罪，应当负刑事责任”的刑法规定存在一定的缺陷，显得人文精神不足。

一是《刑法》第18条第2款规定没有必要。我国司法精神病学一般认为，刑法中所说的“间歇性精神病”是指具有间歇发作特点的精神病，如精神分裂症、躁狂症、抑郁症、癫痫性精神病、周期性精神病、分裂情感性精神病、癔症性精神病等。[②] 间歇性精神病人发生危害社会的行为时，其是否处于发病期，是否需要承担刑事责任，必须要分析其行为时是否具备刑法意义上的“不能辨认或控制自己行为”，而分析判断的依据同样是必须经过法定精神病鉴定程序得出的鉴定结论。因此，精神病人是否在精神正常的情况下犯罪，与其他精神病一样必须通过相应的鉴定手段来界定，既然《刑法》第18条第1款对此已经作出了较为明确的规定，《刑法》第18条第2款就显得没有必要。

二是对于间歇性精神病人在精神正常期间犯罪的，根据《刑法》第18条第2款的规定，应承担全部刑事责任，这样规定不科学，也不理性，同时这样的规定也不符合刑法人道和保护弱者人文思想的要求。间歇性精神病人在精神正常期间实施犯罪行为的，无疑应当依法承担刑事责任，但是间歇性精神病人在多大程度上承担刑事责任，应当值得探讨和研究。在日常生活中，由于间歇性精神病人容易受到家人及社会其他人的歧视，再加上间歇性精神病人得不到及时、有效的医治，社会上时常发生在发病期间伤人、杀人案，对这些精神病人理应依法不追

① 张旭：《减免刑事责任理论比较研究》，吉林大学博士学位论文，1993年7月。
② 高铭暄、马克昌：《刑法学》（第五版），北京大学出版社、高等教育出版社2011年版，第91页。

究刑事责任。从刑法意义上讲，由于间歇性精神病人精神残疾的情况，得不到良好的教育，同时也不能像正常人一样与他人、社会正常交往，在某种意义上，其社会处境可能还不如聋哑人、盲人，既然刑法对聋哑人、盲人犯罪的都能网开一面，对其从宽处罚，为何对间歇性精神病人犯罪的就不能网开一面呢？因此，现行刑法对间歇性精神病人精神正常期间犯罪的应当负刑事责任的规定存在一定的人文缺陷。

2. 对残疾人罚金刑及没收财产刑的滥用。罚金刑及没收财产刑是刑法规定的财产刑，修订之后的刑法又在一定程度上扩大了财产刑的适用范围，并提高了财产刑的惩罚力度，这无疑符合我国社会、经济发展的需要。但由于残疾人先天生理缺陷的存在，导致绝大部分的残疾犯罪人生活都相当困难，日常所获收入十分有限。在司法实践中，绝大部分的残疾人犯罪基本都是出于生活所迫，或难以就业，或难以通过正当的劳动获得生活来源。而残疾人犯罪后，如果司法机关依法对其适用财产刑，一是将会导致判决后无法履行的难题，导致法律权威受损；二是罚金刑或没收财产刑在判决后，不仅难以执行，而且一旦硬性执行，将会使本来就生活困难的残疾犯罪人的家庭雪上加霜，可能会导致更多的社会问题发生。如果残疾犯罪人因财产刑的适用造成犯罪人及其家庭生活陷入困境，有可能使残疾犯罪人释放后重新走上犯罪的道路，而这种结果的出现与我国刑罚适用的目的是相反的，缺乏必要的人道性。虽然《刑法》第 53 条规定，如果由于遭遇不能抗拒的灾祸缴纳确实有困难的，可以酌情减少或者免除（罚金）。但《刑法》第 53 条同时也规定，罚金在判决指定的期限内一次或者分期缴纳。期满不缴纳的，强制缴纳。对于不能全部缴纳罚金的，人民法院在任何时候发现被执行人有可以执行的财产，应当随时追缴。同时《刑法》第 59 条规定，没收财产是没收犯罪分子个人所有财产的一部或者全部。从上述刑法规定来看，财产刑的适用在一定程度上并没没有考虑犯罪分子的经济状况，也没有考虑犯罪分子的个体差异，显得刑法的人文气息不足，存在一定的人文缺陷。

3. 死刑适用没有将残疾人列为限制适用对象。根据《刑法》第 48 条的规定："死刑只适用于罪行极其严重的犯罪分子。对于应当判处死刑的犯罪分子，如果不是必须立即执行的，可以判处死刑同时宣告缓期二年执行。"同时，《刑法》第 49 条规定了死刑适用的限制对象："犯罪的时候不满十八周岁的人和审判的时候怀孕的妇女，不适用死刑。审判的时候已满七十五周岁的人，不适用死刑，但以特别残忍手段致人死亡的除外。"从上述死刑适用的规定来看，我国死刑是严格予以控制适用的，并对未成年人、孕妇以及年满 75 周岁的老年人予以了特殊的保护性限制规定，反映了刑法的人文精神。但遗憾的是对于同属弱势群体的残疾人，刑法在死刑适用上并没有予以严格限制，导致残疾人在死刑适用上没有得到刑法应有的特殊保护，尤其是没有对精神残疾、智力残疾的残疾人严格适用死刑，显得死刑适用对象上存在一定的人文缺陷。

4. 在缓刑、减刑、假释适用上没有对残疾人作出从宽适用的规定。

第一，在缓刑适用上没有对残疾人规定从宽适用。根据《刑法》第72条第1款的规定，“对于被判处拘役、三年以下有期徒刑的犯罪分子，同时符合下列条件的，可以宣告缓刑，对其中不满十八周岁的人、怀孕的妇女和已满七十五周岁的人，应当宣告缓刑：犯罪情节较轻；有悔罪表现；没有再犯罪的危险；宣告缓刑对所居住社区没有重大不良影响。”从上述刑法规定可以看出，适用缓刑的犯罪分子一般罪行都不是很严重，判处的刑罚也都较轻，对这类犯罪分子适用缓刑，体现了国家对他们的体恤之心，在某种程度上也是“宽严相济”刑事政策的具体运用，也体现了儒家“赦小过”的人文思想。为了体现对弱势群体的特殊刑法保护，考虑到不满18周岁的人、怀孕的妇女和已满75周岁的人的受刑能力都较差，刑法对不满18周岁的人、怀孕的妇女和已满75周岁的人的犯罪分子适用缓刑做出了从宽适用的特别规定，充分体现了国家对他们的宽容之心。但同为弱势群体的残疾人其受刑能力较之不满18周岁的人、怀孕的妇女和已满75周岁的人并强不了多少，甚至在一定程度上还不如他们。尤其是严重肢体残疾、听力残疾、视力残疾以及智力残疾、精神残疾的人，他们的劳动能力极大减弱，对他们从宽适用缓刑不仅是刑罚人道所要求的，也是保护弱者的人文思想所要求的，同时也符合刑罚经济性原则。因此，刑法没有将残疾人列为适用缓刑的从宽对象是不妥当的，也是违背刑法人文精神要求的。

第二，刑法在减刑、假释适用上没有规定对残疾人从宽适用。《刑法》第78条和第81条分别规定了减刑和假释的适用条件和相应的基本程序，对于符合条件的犯罪分子适当减刑与假释。减刑、假释作为对罪犯积极改造的一种奖励，是对犯罪人服刑表现的一种客观评价，不仅是对其劳动改造的评价，更是对其思想改造的肯定。对有关的犯罪分子适时、适当适用减刑和假释措施，从而实现刑罚适用的目的，达到教育、改造罪犯，预防犯罪的效果。但是我国刑法并没有对残疾犯罪人的减刑和假释适用作出特别的从宽规定，没有体现出对残疾人在减刑、假释适用过程中对他们的特殊关爱，表现出刑法的人文气息不足。虽然2011年11月21日通过的最高人民法院《关于办理减刑、假释案件具体应用法律若干问题的规定》对残疾人减刑和假释适用有从宽适用的规定，但司法解释的效力与刑法基本法的效力相差甚远，并不能代替刑法规定。由于残疾人的生理残疾因素的影响，对他们的受刑能力影响很大，本着刑罚人道原则和保护弱者的人文思想，理应对残疾人适用减刑和假释作出从宽适用的规定，但现行刑法却没有对残疾人规定从宽适用减刑和假释是刑法人文精神缺失的表现。同时，根据《刑法》第81条规定，对累犯以及因故意杀人、强奸、抢劫、绑架、放火、爆炸、投放危险物质或者有组织的暴力性犯罪被判处10年以上有期徒刑、无期徒刑的犯罪分子，不得假释。而严格的假释规定也断绝了对残疾人犯罪人的假释之路，即使残疾人有严重的残疾也不得假释，这既是刑罚报应思想的体现，也违背了刑罚人道原则，不利于残疾犯罪人的利益保护，在一定意义上也违背了刑法经济性原则。

（三）没有对残疾人正当行为作出特殊的保护性规定

1. 正当防卫制度没有对残疾人防卫权作出特殊规定。国家为了鼓励公民积极同违法犯罪行为作斗争，《刑法》第 20 条明确规定了公民享有正当防卫权利："为了使国家、公共利益、本人或者他人的人身、财产和其他权利免受正在进行的不法侵害，而采取的制止不法侵害的行为，对不法侵害人造成损害的，属于正当防卫，不负刑事责任。正当防卫明显超过必要限度造成重大损害的，应当负刑事责任，但是应当减轻或者免除处罚。对正在进行行凶、杀人、抢劫、强奸、绑架以及其他严重危及人身安全的暴力犯罪，采取防卫行为，造成不法侵害人伤亡的，不属于防卫过当，不负刑事责任。"在日常生活中，由于残疾人自身生理残疾的原因，容易遭受外来不法侵害，刑法也应当允许残疾人为了维护自身合法利益对外来的不法侵害进行正当防卫。但现行刑法规定正当防卫制度的适用条件均是按照正常人的情况进行设定的，没有考虑残疾人自身的实际防卫能力和防卫条件，容易在司法实践中使残疾人的合法权益受到二次伤害。直到现在，刑法学专家还在对正当防卫中涉及的不法侵害的内容、防卫的时间、防卫手段、防卫限度进行不休的争论，即使正常人在防卫过程中都容易防卫过当，而让残疾人准确进行把握防卫条件，适度防卫是否强人所难呢？因此，刑法在立法时理应考虑残疾人自身的残疾情况对其防卫能力的影响，对其作出特殊的保护性规定，以维护残疾人的合法权益不受非法侵害，但遗憾的是刑法并没有作出相应的规定，表现出刑法的人文气息不足。

2. 紧急避险制度没有对残疾人做出特殊的保护规定。在日常生活中，有时合法利益会面临各种危险的威胁，国家为了保护国家、公共利益、本人以及他人的人身、财产和其他权益免受正在发生的危险，规定了紧急避险制度。《刑法》第 21 条规定："为了使国家、公共利益、本人或者他人的人身、财产和其他权利免受正在发生的危险，不得已采取的紧急避险行为，造成损害的，不负刑事责任。紧急避险超过必要限度造成不应有的损害的，应当负刑事责任，但是应当减轻或者免除处罚。"残疾人由于生理残疾，导致其在面临危险时，对危险性质、来源、程度、紧急状态等方面的判断能力以及对危险的排除能力都与常人存在一定的差异。而刑法在立法时，完全按照常人的一般避险能力设定避险条件，并规定了避险过当应当负刑事责任，并没有考虑残疾人的实际情况，没有对残疾人紧急避险作出特殊的刑法保护，这也是刑法紧急避险制度存在的一个人文缺陷。

（四）对残疾人合法利益的特殊刑法保护存在一定缺陷

由于残疾人天生的生理功能缺陷，导致其抵抗外来侵害的能力大大减弱，致使其遭受不法侵害的可能性要远远大于常人，残疾人的特殊情况要求社会和国家对残疾人权益保护给予更多的关注，基于保护弱者人文思想的要求，在一定程度上对残疾人利益给予刑法的特殊保护是非常必要的。虽然我国刑法有些保护残疾人合法权益的条款，但由于立法者对残疾人的特殊情况认识不足，对残疾人利益予以特殊保护的重要性认识不够，导致对残疾人在刑法特殊保护性规定上存在一定的缺陷，显得人文气息不浓。

1. 没有规定对侵犯残疾人财产的犯罪予以从严惩处。如前所述，由于残疾人的生理功能先天不足，容易遭受犯罪分子的抢劫、盗窃、诈骗、抢夺，同时，残疾人由于天生生理缺陷，其依靠正当手段获得生活来源较正常人要艰难很多。而一旦残疾人的相关财产遭受犯罪侵犯，将会给残疾人的正常生活造成极大的困境，在当今社会保障体系还不健全的情况这对残疾人及其家庭而言无疑是非常巨大的打击，有时甚至是毁灭性的打击，因此，刑法理应对侵犯残疾人财产权益的违法犯罪行为予以从严惩处。但从现行刑法的相关财产犯罪的规定来看，刑法仅仅从刑法面前人人平等的角度考虑问题，并没有看到残疾人和正常人的差别，而对这种差别的忽视，实质体现了刑法面前不平等。因为犯罪之所以应受到刑罚的惩罚正在于其具有社会危害性，不同社会危害性的犯罪行为对其应处以不同的刑罚。同等数额的钱财对于不同的社会主体而言其作用并不相同，如同样是1000元钱，对于残疾人可能是一笔巨款，而对于有钱的人可能就显得可有可无，在被犯罪分子非法占有以后，相较而言，对残疾人造成的危害更大一些。因此，刑法没有对侵犯残疾人财产的犯罪行为规定予以从重处罚，显得刑法对残疾人的财产利益保护不到位，在一定程度上损害了残疾人的财产权益，同时也使刑法的人文精神没有得到有效的彰显。

2. 对侵犯残疾人人身权益的犯罪打击力度不够。残疾人本来就由于生理或精神的残疾而生活的十分艰难，如果其人身权益再遭受犯罪的侵害，导致其身体状况更加不堪，在现有医疗保障体系和劳动保障体系还不健全的情况下，就会进而导致残疾人的生活更加困难。因此，无论是从和谐社会建设的角度，还是从保护弱者人文思想要求来看，对残疾人的人身权益予以特殊的刑法保护是势在必行的。但纵观我国刑法规定，基本上所有的侵犯公民人身权益的刑法条文中均没有对侵犯残疾人人身权益的犯罪予以从重处罚的规定，仅有组织残疾人乞讨罪是针对残疾人人身权益作出的唯一特殊保护性规定，而且刑法此条规定还存在一定的缺陷：一是起刑点太低。该犯罪行为不仅严重侵犯了残疾人的人身权益，而且也严重侵犯了良好的社会伦理道德，同时，组织残疾人乞讨也严重妨碍了社会治安管理秩序，对其理应严厉处罚。此犯罪构成的手段要求有暴力、胁迫，其表现出的社会危害性与抢劫罪相仿，而抢劫罪我国刑法规定起刑点是 3 年以上 10 年以下有期徒刑，并处罚金；而该罪的起刑点仅规定为 3 年以下有期徒刑或者拘役，并处罚金。二是没有对暴力、胁迫残疾人乞讨，致使残疾人造成伤亡的情形应如何处罚。如果按照该法条的规定，将暴力、胁迫残疾人乞讨，致使残疾人造成伤亡的情形作为本罪的“情节严重”的情形，仅能对犯罪人判处 3 年以上 7 年以下有期徒刑，并处罚金，而这明显有悖罪责刑相适应原则，明显对犯罪人处罚过轻。因此，从刑法的相关规定来看，没有体现出对侵犯残疾人人身权益的犯罪行为予以从严、从重打击，在一定程度上不利于残疾人的人身权益的保护。

3. 没有对教唆、引诱残疾人犯罪的行为予以从严、从重处罚。残疾人由于生理缺陷的影响，尤其是精神、智力有缺陷的残疾人，在社会生活中容易受到外来不法分子的教唆或引诱时，由于自己本身判断是非能力较弱，不能很好地辨认或控制自己的行为，容易受他人的教唆或引诱而走上违法犯罪的道路，从而使残疾人以及他人的合法权益受到一定的损害。《刑法》第 29 条第 1 款仅对教唆未成年人犯罪的做了从重处罚的原则性规定，而未对教唆智力或精神有缺陷的残疾人犯罪规定从重处罚。同时，《刑法》第 353 条第 3 款、第 359 条第 2 款对于引诱未成年人吸食、注射毒品或者引诱不满 14 周岁的幼女卖淫的犯罪行为予以从重处罚，没有任何刑法条文规定对于引诱智力或精神有缺陷的残疾人犯罪从重处罚。从刑法的相关规定可以看出，我国刑法虽然已经重视对弱势群体权益予以特殊的刑法保护，但对于残疾人的刑法特殊保护认识不足，重视程度不够，因而没有将残疾人特殊刑法保护体现在相关的刑法条文中，在一定程度上不利于智力或精神有缺陷的残疾人合法利益的保护，显得刑法的人文精神不足。

四、对妇女权益保护的人文缺陷分析

随着女权主义的发展，女性的社会地位得到了极大提高，男女平等已经成为一个宪法原则。在男女平等原则的掩盖下，女性由于天生生理的差别带来的法律问题也简单化处理，在一定程度上损害了妇女合法权益的保护。目前我国刑法对于妇女合法权益的保护虽然做了较为周密的规定，但仍然对侵犯女性人身权利的犯罪刑法规制存在一定的缺陷。

（一）对侵犯妇女权益的异种犯罪行为规定为一罪

目前我国刑法针对侵犯妇女人身权益异种犯罪行为规定为一罪的主要规定

有：《刑法》第 240 条将奸淫被拐卖的妇女的以及诱骗、强迫被拐卖的妇女卖淫或者将被拐卖的妇女卖给他人迫使其卖淫的行为作为拐卖妇女罪的加重处罚情节；《刑法》第 358 条规定的组织他人卖淫罪、强迫他人卖淫罪将强奸后迫使卖淫的行为作为一个加重处罚情节。刑法这样规定不仅违背了罪刑相称原则，也违背了数罪的规定，同时在一定程度上不利于对侵犯妇女人身权益犯罪行为的严厉打击，导致妇女的人身权益得不到刑法的有效保护，从而导致刑法的人文精神存在一定的缺陷。

（二）对妇女性骚扰行为刑法保护存在一定的缺陷

随着我国社会各方面的进步和发展，性解放思潮在我国各个生活和文化层面不同程度体现出来，随之而来对女性性骚扰事件也越来越多。虽然现在新闻媒体对性骚扰问题给予了很高的关注，并且已经引起了相关人大代表的重视，并多次向权力机关提出了立法建议，以保障妇女的人身权益不受非法侵犯。但从我国现行刑法的规定来看，对女性性骚扰的严重社会危害性还没有引起立法者的高度重视，对女性性骚扰行为入罪问题还是没有得到根本的解决。目前，对女性性骚扰给有关被害人带来的烦恼和痛苦越来越大，不仅影响到被害人正常的身心健康，而且因性骚扰引发的恶性案件也时常发生，性骚扰还严重影响到社会秩序的稳定，有碍和谐社会建设。为了保护妇女身心健康，使妇女免受性骚扰的痛苦，《刑法》第 237 条规定："以暴力、胁迫或者其他方法强制猥亵妇女或者侮辱妇女的，处五年以下有期徒刑或者拘役。聚众或者在公共场所当众犯前款罪的，处五年以上有期徒刑。"但是对于该规定而言，存在以下具体缺陷：一是对"暴力"的定义仅限于明显的肢体暴力，并没有将当下大量存在的长期的短信骚扰、语言挑逗等软暴力性骚扰行为列入其中。而从目前的司法实践来看，长期的短信骚扰、语言挑逗骚扰不仅对相关的妇女造成了极大的身心损害，而且还可能引发其他的危害后果发生，如离婚、家庭暴力、自杀等。因此，对妇女长期软暴力性骚扰，并造成严重危害后果行为不入罪是对妇女身心健康刑法保护不周到的表现，也是刑法人文精神缺乏的表现。二是使用"强制"一词界定本罪是不妥当的。所谓的"强制"应当是指行为人使用暴力、胁迫方法或其他方法致使被害妇女不能反抗、不知反抗、不敢反抗，这明显地违背妇女意志的，应当属于刑法规制的范畴。但是在日常生活中，由于各种因素的影响，在公共场所向妇女故意显露生殖器、抠摸等猥亵妇女的行为，实际上并没有"强制"因素出现，但这些猥亵、骚扰行为仍然侵犯了妇女的身心健康，仍然违背了妇女意志。因此，猥亵、骚扰妇女的行为从其本质上来讲都是违背妇女意志的，而不应以是否强制妇女为客观特征。

第三节　民生刑法保护人文缺陷分析

我国刑法对民生保护日益重视，并在刑法分则中加大了对侵害民生安全的犯罪行为的打击力度，极大地保障了民生安全。但在刑法相关规定中，对民生保护仍然存在一定的缺陷。

一、事故类犯罪刑法规定的人文缺陷分析

目前我国刑法规定的责任事故类犯罪大致主要包括以下内容：一是涉及交通运输类安全事故犯罪：《刑法》第131条规定的重大飞行事故罪；第132条规定的铁路运营安全事故罪；第133条规定的交通肇事罪。二是涉及生产过程中的重大责任事故犯罪：《刑法》第134条规定的重大责任事故罪、强令违章冒险作业罪；第135条规定的重大劳动安全事故罪。三是大型群众活动重大安全事故罪。四是《刑法》第136条规定的危险物品肇事罪。五是工程、设施类事故犯罪：《刑法》第137条规定的工程重大安全事故罪；第138条规定的教育设施重大安全事故罪。六是《刑法》第139条规定的消防责任事故罪。七是《刑法》第139条规定的不报、谎报安全事故罪。八是卫生类事故罪：《刑法》第335条规定的医疗事故罪，第334条规定的采集、供应血液、制作、供应血液制品事故罪。九是环境类事故犯罪：《刑法》第338条规定的污染环境罪；第339条规定的非法处置进口的固体废物罪、擅自进口固体废物罪。纵观我国刑法关于上述事故类犯罪的有关规定，还存在以下缺陷：

（一）有的事故类犯罪主体规定存在一定的缺陷

从我国现有刑法规定来看，我国刑法对有些责任事故类犯罪没有设定单位犯罪，如教育设施重大安全事故罪、消防责任事故罪等。但从责任事故类犯罪的原因来看，任何一起责任事故的发生都是多种原因交织而造成的，既有责任人的个人原因，也有领导和单位监督不力的原因。任何刑法意义上的过失，只要存在必要的犯罪结果，按照刑法一般过失理论，所有对过失犯罪负有责任的单位和个人都应承担相应的刑事责任。例如，矿山生产作业过程中，挖煤工人违章作业造成重大安全事故，对此，既要考虑违章挖煤的相关人员的过失，又要考虑没有对违章挖煤的相关人员的直接领导的过失，有时还要考虑相关单位领导集体对事故的过失责任，有时还要考虑单位本身安全管理体制有无疏漏。如果相关单位因为没有完善的安全管理机制或者相关领导没有尽到安全监督职责而导致有关人员违章

操作造成重大矿山事故的，理应共同承担过失结果相应的刑事责任，追究单位的刑事责任，仅仅让直接行为人承担刑事责任是不恰当的。

（二）事故类犯罪刑罚种类不够丰富

根据我国事故类犯罪的相关规定，对犯罪行为的处罚大多使用较为单一的刑罚。在上述各种事故类犯罪中，除了工程重大安全事故罪、污染环境罪、非法处置进口的固体废物罪、擅自进口固体废物罪规定在处自由刑的同时可处罚金刑以外，其余的犯罪所配置的法定刑均为自由刑。如果与国外刑法相关规定进行比较，我们可以发现，国外刑法不仅重视自由刑在惩罚事故类犯罪分子的作用，而且也非常重视资格刑和罚金刑的作用。在一定程度上，对事故类犯罪设定多种刑罚选择体系，有利于法官根据犯罪人的具体情况作出适当的刑罚规制，可以在一定程度上减少事故类犯罪案件的发生。在司法实践中，事故类犯罪的发生的原因是非常复杂的，按照一般思路考虑，作为对犯罪反应的刑罚方法也应该与事故类犯罪的复杂性相适应，从而保证在对其适用的刑法种类上与其行为的社会危害性相适应，而且也与事故类犯罪行为人具体犯罪情况相适应。由上述分析可以看出，目前我国对事故类犯罪的刑法规制还处于一个比较初级的水平，既不利于对事故类犯罪的打击，也不利于民生保障，在一定程度上体现了刑法的人文精神不足。

（三）有些事故类犯罪的主观方面刑法规定存在一定的缺陷

根据现行刑法规定以及刑法通说理论一般都认为，事故类犯罪的主观方面均是由过失构成。但对具体的责任事故类犯罪的主观方面进行深入研究会发现，在有些责任事故类犯罪中，简单将犯罪人的主观方面界定为过失是不妥当的。如工程重大安全事故罪，《刑法》第 137 条规定："建设单位、设计单位、施工单位、工程监理单位违反国家规定，降低工程质量标准，造成重大安全事故的，对直接责任人员，处五年以下有期徒刑或者拘役，并处罚金；后果特别严重的，处五年以上十年以下有期徒刑，并处罚金。"本罪的主观方面一般认为是过失，但对本罪的客观行为进行分析时可以发现，仅仅以过失来界定本罪的主观方面是不妥的，不仅不利于打击此类犯罪行为，也不利于保护公共安全。从本罪的主体构成来看，本罪的主体应是建设单位、设计单位、施工单位、工程监理单位中，对建筑工程质量安全负有直接责任的人员，而这些人员对于工程质量不合标准可能造成的危害结果都应当是明知的，只不过是对危害结果发生的可能性大小认知程度不同而已；从本罪的客观方面来看，本罪的客观方面表现为行为人违反国家规定，降低工程质量标准，造成重大安全事故的行为。"违反国家规定"一般是指违反国家关于建筑工程质量监督管理的法律、法规。降低工程质量的标准有诸多表现，如提供、使用不合格的建筑材料、建筑设备，施工中偷工减料，不按建筑工程质量标准进行设计、施工或者降低标准进行监理等行为。对于行为人定罪必须坚持主客观相结合的原则，必须查明行为人的主观方面。在司法实践中，有些行为人在建筑过程中，没有严重降低质量标准，仅是没有严格按照国家建筑工程质量标准进行施工、监理，在选用建筑材料或建筑设备、配件过程中，选用一些十分接近国家标准但又没有完全达到国家标准的建筑材料或建筑设备、配件，而且在其认知当中并不认为会发生严重危害后果；但还有些行为人在工程建设过程中，为了获取非法利益，使用严重不符合国家建筑质量标准的材料、设备，根据其自身的认知条件，明确认识到此种建筑工程即使建成也使用不了多长时间，很有可能随时会发生严重后果发生，如现实中的“豆腐渣”工程即是实例。在上述两种情形中，行为人对于发生危害后果的主观认知并不相同。在第一种情形下，行为人根据自身的建筑工程知识和建筑工程经验，对于行为严重后果的发生基本上是过于自信的过失，这是建立在其客观行为基础之上的主观认知；但在第二种情形下，如果将行为人的主观方面认定为过失，那是疏忽大意的过失还是过于自信的过失呢？无论认定为哪种过失均无客观依据支持。因为在此种情形下，行为人明知采用严重不符合国家标准的建筑材料、建筑设备或配件，必然会发生严重危害后果，只是对危害后果发生的时间不确定而已，但其为了追求非法利益，仍然放任危害后果的发生。对此种情形下的行为人主观方面应当认定为间接故意，而不能认定为过失。因此，我国刑法中将工程重大安全事故罪的主观方面认定为过失，并规定很轻的刑罚，是违反刑法主客观相结合原则的，存在一定的缺陷。同理，在我国相关责任事故类犯罪中类似情形很多。如果对于责任事故类犯罪不能准确认定犯罪的主观构成，很容易放纵此类犯罪的发生，不利于民生的保护。

（四）有些事故类犯罪量刑存在罪刑失衡问题

从刑法学角度看，在刑法中设定刑罚的轻重必须要考虑犯罪行为的社会危害性大小，对社会危害性大的犯罪行为必须设定较高的法定刑。根据现有的刑法学理论，犯罪社会危害性的大小，必须从犯罪客体、犯罪主观方面、犯罪对象、犯罪结果等几方面来综合分析、考量。从责任事故类犯罪侵犯的客体来看，该类犯罪侵犯的大多是公共安全，危及公共利益，严重危及民生安全，性质不能不说是非常严重的；从该类犯罪的主观方面来看，既有过失，又有间接故意，对间接故意事故类犯罪的社会危害性明显较过失犯罪的要大；从犯罪侵害的对象来看，该类犯罪侵害的犯罪对象一般是国家利益、民众生命、健康、财产权益；从犯罪结果来看，事故类犯罪发生后，除个别事故犯罪外，绝大部分的事故类犯罪带来的社会危害结果都是极其巨大的。如教育设施重大安全事故罪，消防责任事故罪等一旦发生，都严重危及民众生命安全，造成许多家庭支离破碎，严重影响了社会秩序的稳定，其犯罪结果不能不说是十分严重。尤其是现在事故类犯罪高发的情况下，现有刑法已经不能适应打击此类犯罪的要求。就事故类犯罪而言，其社会危害性较之一般犯罪都要大，因此，对事故类犯罪设定的法定刑都不应低于普通的犯罪。但我国刑法对事故类犯罪的规定在一定程度上存在罪刑失衡问题，主要表现为：

1. 现行刑法没有区分事故类犯罪的主观方面，导致罪刑失衡。从上述分析可以看出，在一些事故类犯罪中，行为人对危害结果的发生并不都是持过失的态度，还有一些是持放任的心理态度，而我国刑法相关规定并没有对其加以区分，一律都认定为过失犯罪，所规定的法定刑明显偏轻，与其社会危害性不符。纵观我国刑法关于事故类犯罪的刑罚规定，最高刑不过仅仅是10年有期徒刑，这不能不说是立法者没有很好区分事故类犯罪的主观方面而导致的罪刑失衡。

2. 现行刑法没有考虑事故类犯罪的社会危害性，导致罪刑失衡。从上述分析可以看出，事故类犯罪从犯罪客体、犯罪主观方面、犯罪对象、犯罪结果等几方面来看，事故类犯罪的社会危害性较普通的犯罪的社会危害性要大得多，而事故类犯罪即使都按照过失犯罪论，较之一般的过失犯罪规定的刑罚基本相当。例如，在多种事故类犯罪中都或多或少导致人员伤亡，如教育设施重大安全事故罪一旦发生，都会造成大量的人员伤亡，而《刑法》第138条规定："明知校舍或者教育教学设施有危险，而不采取措施或者不及时报告，致使发生重大伤亡事故的，对直接责任人员，处三年以下有期徒刑或者拘役；后果特别严重的，处三年以上七年以下有期徒刑。"《刑法》第233条规定："过失致人死亡的，处三年以上七年以下有期徒刑；情节较轻的，处三年以下有期徒刑。本法另有规定的，依照规定。"《刑法》第235条规定："过失伤害他人致人重伤的，处三年以下有期徒刑或者拘役。本法另有规定的，依照规定。"从上述刑法规定可以看出，事故类犯罪处刑与普通过失犯罪的处刑基本相同，并无多大的区别。而刑法规定的普通过失致人死亡、致人重伤大多都是单一的后果，而事故类犯罪大多导致多重后果的发生，其社会危害性较之一般的过失犯罪要严重得多，这不能不说是罪刑失衡的表现。

二、食品安全刑法规制存在人文缺陷分析

《中华人民共和国食品安全法》第99条第2款明确了食品安全的定义："食品无毒、无害，符合应当有的营养要求，对人体健康不造成任何急性、亚急性或者慢性危害"，这是食品安全的法定概念。食品是人类赖以生存和发展的物质基础，自古就有"民以食为天"的名言，流传古今。历代统治者都十分重视民众的

食品安全。在现代，世界各国都制定了大量的刑法条文，对危害民生安全的食品犯罪予以严厉的刑法规制，以保障民生食品安全。在前一段时间，有些违法犯罪分子受巨大的不法经济利益的驱使，置广大民众的生命健康于不顾，制造、销售大量有毒有害食品，导致食品安全事故频繁发生。如在有些食品中大量使用非法添加剂、苏丹红、毒火锅，三聚氰胺牛奶，导致了大量民众身体健康受到极大损害，“大头娃娃”出现更是震惊世界。随着民众健康需求的日益增长，加快食品安全立法、严惩危害食品安全犯罪的呼声日益高涨。针对食品安全的现状，我国也加大了对食品犯罪的刑法规制的力度。我国刑法，尤其是《刑法修正案（八）》更是对相关食品安全犯罪的刑法条款予以新的修订，以保证打击食品犯罪的需要。但我国现阶段的食品安全刑法规制仍然存在一定的缺陷，主要表现在以下几个方面：

（一）危害食品安全犯罪在刑法体系中分类归属不当

我国目前刑法体系对各种犯罪按照其侵犯的客体予以分类，危害食品安全犯罪行为目前基本上都被分在刑法第三章破坏社会主义市场经济秩序罪第一节生产、销售伪劣商品罪中，主要涉及的法条有：《刑法》第143条规定的生产、销售不符合卫生标准的食品罪以及《刑法》第144条规定的生产、销售有毒、有害食品罪。从这两个罪名的侵犯的犯罪客体来看，应属于复杂客体。该种犯罪不仅侵犯了不特定多数人的身体健康和生命安全，而且还侵犯了国家食品卫生管理制度，同时也扰乱了正常的社会主义市场秩序。既然该类犯罪侵犯的犯罪客体是一个复杂客体，在对其进行刑法体系归类时，必须确定其侵犯的主要犯罪客体是什么。我国现行刑法体系犯罪归类基础认为危害食品安全的犯罪侵犯的主要犯罪客体是社会主义市场经济秩序，笔者认为这种观点值得商榷。社会注意市场经济秩序与不特定公民的生命身体健康相比，不特定公民的生命及身体健康的法益价值应当凌驾社会注意市场经济秩序法益价值之上，因此，不特定公民的生命及身体健康才是食品安全犯罪侵犯的主要客体，应将其列入危害公共安全犯罪体系中。

（二）危害食品安全的刑罚规定存在一定的缺陷

刑罚是立法者对犯罪行为的具体反应，是对犯罪分子予以必要惩罚的体现，良好的犯罪刑罚规定能够体现罪刑法定原则及罪责刑相适应原则，体现刑法的良好人文精神。但现有食品安全犯罪的刑罚体系存在一定的缺陷，表明刑法在一定程度上缺乏必要的人文精神。

1. 量刑标准规定不够严密。根据罪刑法定原则的要求，对任何行为进行定罪处罚必须具有明确的标准或依据，不能随意出入人罪。《刑法》第143条规定：“生产、销售不符合食品安全标准的食品，足以造成严重食物中毒事故或者其他严重食源性疾病的，处三年以下有期徒刑或者拘役，并处罚金；对人体健康造成严重危害或者有其他严重情节的，处三年以上七年以下有期徒刑，并处罚金；后果特别严重的，处七年以上有期徒刑或者无期徒刑，并处罚金或者没收财产。”《刑法》第144条规定：“在生产、销售的食品中掺入有毒、有害的非食品原料的，或者销售明知掺有有毒、有害的非食品原料的食品的，处五年以下有期徒刑，并处罚金；对人体健康造成严重危害或者有其他严重情节的，处五年以上十年以下有期徒刑，并处罚金；致人死亡或者有其他特别严重情节的，依照本法第一百四十一条的规定处罚。”从上述刑法规定来看，危害食品安全的犯罪的2个罪名中，多次提及“情节严重”、“情节特别严重”，并将其作为加重处罚的基本依据，但什么是“情节严重”、“情节特别严重”，刑法并未作出明确的规定，有时不得不依靠相关的司法解释，但相关司法解释仍有规定不明确之处。最高人民法院、最高人民检察院《关于办理生产、销售伪劣商品刑事案件具体应用法律若干问题的解释》在第4条、第5条规定中，使用了“其他严重后果”、“其他特别严重后果”以及“严重残疾”等字眼，司法解释对相关量刑标准界定不清，很有可能导致实践操作缺乏必要的可行性，从而有失刑法公平。

2. 危害食品安全犯罪的起刑点较低。《刑法》第143条规定的生产、销售不符合安全标准的食品罪的起刑点仅为3年以下有期徒刑或者拘役，并处罚金；《刑法》第144条规定的生产、销售有毒、有害食品罪起刑点仅为5年以下有期徒刑，并处罚金。按照刑法理论分析，对犯罪行为处以相应的刑罚，既是罪刑相称原则的要求，也是惩治犯罪、保障人权的要求，对较严重的犯罪处以较低的刑罚是不妥当的。上述两种危害食品安全的犯罪行为侵犯了多个犯罪客体，具有很大的社会危害性，对其分别规定3年以下有期徒刑或者拘役，并处罚金以及5年以下有期徒刑，并处罚金的起刑点不符合罪刑相称原则要求，存在一定的缺陷。

3. 危害食品安全犯罪的财产刑规定存在的缺陷。

第一，没有规定对“对人体健康造成严重危害或者有其他严重情节的”的危害食品安全犯罪规定适用没收财产刑。生产、销售不符合安全标准的食品罪以及生产、销售有毒、有害食品罪均是社会危害性很大的食品安全犯罪，严重危及公民的身体健康和生命权力，刑罚适用既应达到特殊预防的目的，也应达到一般预防的目的。相对于犯罪人而言，如果不能剥夺其再犯的条件和工具，并让其感受到一定的痛苦，就不能达到特殊预防的效果；对于潜在的犯罪人而言，如果对相关犯罪行为处罚罪刑不相称，就会给那些不稳定的潜在犯罪分子造成不良影响，甚至在一定程度上促使了这类犯罪分子的产生。因此，我国刑法对“对人体健康造成严重危害或者有其他严重情节的”危害食品安全的犯罪行为仅处以较低的自由刑和罚金刑不能体现罪刑相称原则要求，存在一定的缺陷。

第二，罚金刑的规定存在一定的缺陷。根据《刑法》第143条、第144条的规定，对生产、销售不符合安全标准的食品罪以及生产、销售有毒、有害食品罪不同情形均规定了罚金刑，但规定不够明确，有滥用刑罚的嫌疑，并且相关的司法解释也没有给出明确的规定。由于对罚金刑规定的不明确，会导致在在具体司法适用过程中出现以下不足或缺陷：一是由于没有具体的罚金适用标准，会使法官无所适从，造成同罪异罚，违背刑法公平原则。二是会造成相应的司法腐败问题。由于刑法没有规定对相应的犯罪分子规定处多少罚金，使法官自由裁量权大大增强，在当今司法体制下容易使法官产生司法腐败，违背刑法正义要求。三是罚金刑没有具体适用的标准违背了罪刑法定原则。罚金刑在危害食品安全犯罪中存在较大的缺陷，体现了刑法人文精神的不足。

4. 刑法对危害食品安全犯罪没有设立资格刑。目前，我国刑法对于危害食品安全的犯罪行为均没有规定资格刑，仅仅设立了自由刑和部分财产刑，这远远不能满足打击危害食品安全犯罪的要求。由于从事相关的食品行业需要一定的相关技术和相关的准入资格，如果刑法不剥夺犯罪人的食品从业资格将会使犯罪人在刑满释放后仍然可以从事相关的食品行业，这将导致相关的犯罪人有可能也有条件继续从事危害食品安全的犯罪行为，不利于民生保护。从外国的相关刑法规定来看，基本上对于食品安全犯罪都规定了一定的资格刑，以剥夺犯罪人从事相关食品职业的一定期限资格为内容，这对于预防和控制此类食品安全犯罪行为具有较大的作用。虽然在《刑法修正案（八）》对被判处管制和被宣告缓刑的犯罪分子规定了以“禁止犯罪分子从事特定活动，进入特定区域、场所，解除特定的人”为内容的禁止令，但不具有普适性。

（三）刑法没有规定过失危害食品安全犯罪行为

从我国刑法的具体规定来看，我国仅规定故意危害食品安全的犯罪行为，而没有对违反食品安全义务，过失危害食品安全的行为予以刑法规制，导致了在一定程度上放纵了此类危害行为的发生。为了更好地保护民生，保障食品安全，不仅有些国家设立了过失危害食品安全犯罪，而且也有些国家设立严格责任制度，从而加大打击食品安全犯罪的力度。与世界上其他国家的刑法典有关规定相比，我国刑法没有设立过失危害食品安全犯罪是不妥当的，是民生刑法保护的缺失。首先，随着我国食品安全问题的逐渐暴露，在食品生产、销售、流通领域各种从业人员对食品安全生产、销售、流通中应遵守的国家食品安全法规以及相关安全义务理应熟知，但由于从业人员的水平参差不齐，再加上有些从业人员的责任心较差，导致时有从业人员过失违反食品安全义务行为的发生，且该行为还常伴有严重食品安全事故的发生。对此类过失危害食品安全的行为，仅予以行政规制，不仅不能很好地保障食品安全秩序，而且也不能有效保障民生。其次，在司法实践中，有很多行为人在主观上是否“了解”和“明知”可能发生的危害后果很难认定。这主要是因为从业人员有关食品安全的知识水平和经验差别较大，其对行为和危害后果的认识就存在较大的差别，因而导致在对危害食品安全的行为人主观方面认定时存在较大难度。而在司法实践中，如果因为对该类犯罪的行为人主观故意认定较难而让行为人承担过失事故责任，仅承担行政处罚或者民事赔偿，恐怕对相关的行为人有放纵之嫌疑，不利于民生保护。

（四）将生产销售不符合安全标准的食品罪界定为危险犯存在一定的缺陷

《刑法》第 143 条规定：“生产、销售不符合食品安全标准的食品，足以造成严重食物中毒事故或者其他严重食源性疾病的，处三年以下有期徒刑或者拘役，并处罚金。”根据上述刑法规定，明确将“足以造成严重食物中毒事故或者其他严重食源性疾病”作为生产、销售不符合安全标准的食品罪的基本条件，从而将此罪规定为危险犯，这无疑会给打击惩治此类犯罪带来证明上的难度和障碍。刑法的此规定缺陷在于：一是在现代科技条件下，食品安全带来的技术风险不断加大，而有关司法机关由于受食品安全检测技术手段和方法的限制，对相关危及食品安全的行为是否达到“足以造成严重食物中毒或者食源性疾病”无法作出准确认定。再加上食品安全的危害后果都或多或少地存在一定的潜伏期，等潜伏期过后，再对相关行为的危险性进行检测和认定则为时已晚，比如转基因食品的危害后果就需要经历很长时期才能显现出来。二是刑法对于“足以造成严重食物中毒事故或者其他严重食源性疾病”的基本内涵并没有给予准确的界定，导致司法操作较难。虽然最高人民法院、最高人民检察院《关于办理生产、销售伪劣商品刑事案件具体应用法律若干问题的解释》第 4 条规定：“经省级以上卫生行政部门确定的机构鉴定，食品中含有可能导致严重食物中毒事故或者其他严重食源性疾患的超标准的有害细菌或者其他污染物的，应认定为《刑法》第 143 条规定的‘足以造成严重食物中毒事故或者其他严重食源性疾患’。”但由该司法解释的规定来看，也没有对“足以造成严重食物中毒事故或者其他严重食源性疾患”的基本认定标准作出准确的界定，从而增加了对此类危害食品安全行为危险性的认定难度，不利于对此类犯罪行为的打击，也不利于维护民生安全。

三、对危害药品安全行为刑法规制的人文缺陷分析

近年来，由于药品安全事件频发，药品安全已经成为全社会关注的热点问题。危害药品安全的违法犯罪问题屡禁不止，极大损害了政府的公信力，也损害了民众的身体健康，危及百姓的生命权益。在市场经济中，有些唯利是图的黑心单位和人员为了追求高额利润，丧心病狂生产、销售假药、劣药，严重危及民生安全。药品安全与否直接关系到民众身体健康和生命安全与否，是人命关天的大

事。目前层出不穷的药品安全事件，其危害后果较一般的违法犯罪行为造成的危害后果更为严重，容易引起人民群众的恐慌不安，在一定程度上导致民众没有安全感，从而影响社会稳定与经济发展，更不利于和谐社会的建设。虽然《刑法修正案（八）》对药品犯罪的刑法规制作了较为充分的改革，进一步加大了危害药品安全行为刑事规制的力度，但仍然存在一定的缺陷和不足。

（一）对于生产、销售劣药罪规定为结果犯是不妥的

《刑法》第142条规定："生产、销售劣药，对人体健康造成严重危害的，处三年以上十年以下有期徒刑，并处销售金额百分之五十以上二倍以下罚金；后果特别严重的，处十年以上有期徒刑或者无期徒刑，并处销售金额百分之五十以上二倍以下罚金或者没收财产。"从上述刑法规定可以看出，生产、销售劣药罪的客观方面要求行为人除实行生产、销售劣药行为以外，还必须对人体健康造成严重危害结果才能构成本罪，否则不构成本罪。此规定存在以下缺陷：一是劣药对人体必然会产生一定的危害，但由于劣药在一定程度上具有药品的成分，其对人体的危害短时间内并不容易被发现，因此，刑法此规定在一定程度上放纵了生产、销售劣药的行为，危害了民生安全。二是此规定仅是将生产销售劣药对人体健康造成严重危害的结果行为列入了刑法规制范畴，而将因被害人服用劣药而导致延误诊治时间，从而造成严重危害后果的生产、销售劣药的行为排除在刑罚惩罚范围之外。这样的规定，在一定程度上也是放弃了对民众身体健康的刑法保护，实际上也是对民生不负责任的态度，不利于打击危害药品安全的行为。

（二）没有规定过失生产销售、假药、劣药罪

从《刑法》第141条、第142条规定的生产销售假药罪、生产销售劣药罪的规定来看，这两个涉药犯罪的主观构成要件均要求是故意才能构成。药品安全事关民生和社会稳定，因此，对于药品行业的从业者而言理应被赋予更高、更全面的注意义务。在生产销售药品过程中，要求相关从业人员从重视民生的角度熟悉了解相关药品生产、销售的法律规定以及行业规定，尽职尽责，一丝不苟，减少因个人不负责任而造成的过失药品安全事故。但部分人在药品生产、运输、储存过程中，由于其不熟悉相关的相关药品生产、销售的法律规定以及行业规定，或者责任心不强可能导致药品变质、过期或混入有毒有害物质，都可能导致食品药品安全事故的发生。而我国刑法对于过失生产、销售假药、劣药并造成危害后果的，由于缺少立法规制，只能按过失以危险方法危害公共安全罪或者重大责任事故等罪名处理，这样一来，又有违反罪刑法定之嫌疑，也不利于全面、有效打击食品药品过失犯罪。

（三）生产、销售假药、劣药罪的资格刑不足

目前我国刑法对危害药品安全的生产、销售假药、劣药罪的刑法规制主要采用自由刑、财产刑来加以规制，但没有从根本上解决生产、销售假药问题。参照国外与药品相关的立法例，国外多数国家对生产销售假药、劣药的犯罪行为基本都设置了资格刑，即在一定期限内，剥夺犯罪人或单位继续从事药品生产和销售的资格，从而剥夺对犯罪人的再犯可能，从一定程度上保障民生安全。事实上资格刑在惩处食品药品安全犯罪上有着不可替代的优势，可以有效地防止其利用该种资格再次从事食品药品安全犯罪活动，打破“罚完了再犯、犯完了再罚”的规制怪圈，以此应对当前愈演愈烈的食品药品犯罪。

第四节　环境污染刑法规制人文缺陷分析

随着社会的发展，在经济取得一定增长的同时，环境污染问题随之而来。而环境污染如水污染、土地污染、空气污染、噪声污染和固废污染的日益严重，将逐渐成为制约我国经济发展、影响社会发展和稳定的重要因素。环境污染不仅会导致大模的疾病暴发和流行，前些年的禽流感以及非典疾病的流行正说明了这一点，而且还会产生不明原因的疾病、劳动力丧失、残疾甚至早亡。同时环境污染还会对国民经济的发展造成极大危害，如“镉大米”、“毒鸡蛋”等事件的出现，无不对环境污染提出了严重的警告。我国环境污染的发展比环境科学的发展要快，已经到了相当严重的地步。为了解决环境污染问题，我国政府已经采取多种措施加以应对，强调用刑法手段来惩治污染环境行为，保护良好的生存环境已成为全社会的共识。目前，我国用刑法规制的污染环境犯罪规定在《刑法》第六章“妨害社会管理秩序罪”第六节“破坏环境资源保护罪”中，共有3个罪名。从现行刑法的规定来看，对打击污染环境犯罪起到了一定的作用，但由于刑法规定本身存在一定的缺陷，在一定程度上导致打击污染环境犯罪的不力。

一、污染环境犯罪罪刑失衡

刑罚的设定应当与行为的社会危害性的大小成正比，社会危害性越大的行为，处刑就应该越重，反之亦然。但是，我国刑法对污染环境犯罪行为的刑罚处罚与污染环境犯罪造成危害结果显然是不成正比的，在一定程度上显得罪刑失衡，不能有效地规制污染环境犯罪。《刑法》第338条规定：“违反国家规定，排放、倾倒或者处置有放射性的废物、含传染病病原体的废物、有毒物质或者其

他有害物质，严重污染环境的，处三年以下有期徒刑或者拘役，并处或者单处罚金；后果特别严重的，处三年以上七年以下有期徒刑，并处罚金。”从刑法此规定可以看出，污染环境罪即使导致后果特别严重的，最高刑期才仅为7年有期徒刑。最高人民法院、最高人民检察院《关于办理环境污染刑事案件适用法律若干问题的解释》第3条对于“后果特别严重”基本构成条件解释为：“实施刑法第三百三十八条、第三百三十九条规定的行为，具有下列情形之一的，应当认定为‘后果特别严重’：（一）致使县级以上城区集中式饮用水水源取水中断十二个小时以上的；（二）致使基本农田、防护林地、特种用途林地十五亩以上，其他农用地三十亩以上，其他土地六十亩以上基本功能丧失或者遭受永久性破坏的；（三）致使森林或者其他林木死亡一百五十立方米以上，或者幼树死亡七千五百株以上的；（四）致使公私财产损失一百万元以上的；（五）致使疏散、转移群众一万五千人以上的；（六）致使一百人以上中毒的；（七）致使十人以上轻伤、轻度残疾或者器官组织损伤导致一般功能障碍的；（八）致使三人以上重伤、中度残疾或者器官组织损伤导致严重功能障碍的；（九）致使一人以上重伤、中度残疾或者器官组织损伤导致严重功能障碍，并致使五人以上轻伤、轻度残疾或者器官组织损伤导致一般功能障碍的；（十）致使一人以上死亡或者重度残疾的；（十一）其他后果特别严重的情形。”从上述司法解释中可以看出，作为“后果特别严重”的基础构成条件比一般的过失犯罪造成的危害后果就要严重得多，但其刑罚却与一般过失犯罪刑罚相当。如《刑法》第233条规定：“过失致人死亡的，处三年以上七年以下有期徒刑；情节较轻的，处三年以下有期徒刑。”从该条法律规定可以看出，过失致人死亡最高刑期也是7年，相较而言，过失致人死亡大多1次致死1人，而环境污染犯罪行为1次造成的严重危害结果一般都是致多人伤亡。再加上过失致人死亡的结果一般都是及时显现的，容易被人们感知，犯罪人大多能够得到刑法的及时规制；而污染环境造成的结果一般都具有迟显性的特点，大多造成的危害结果都是隐性的，再加上环境监测技术的落后，环境污染造成的危害结果不易为人们及时感知，等能够感知其危害结果时，其危害结果一般都是巨大的，甚至是灾难性的。而且在司法实践中，披露出的环境污染犯罪案件造成的危害后果均远远超出了司法解释中规定的危害后果范畴。因而，污染环境犯罪如此严重的危害结果，其法定刑却与一般的过失犯罪相当，显而易见违背了罪刑相称原则，显失刑法公平。

二、我国刑法对污染环境犯罪的刑法规制范围不够全面

我国对污染环境犯罪的刑法规制有法可依的仅有3条，即《刑法》第338条规定的污染环境罪、《刑法》第339条规定的非法处置进口的固体废物罪以及擅

自进口固体废物罪。但从我国相关的司法实践来看，随着社会经济的发展，各种污染行为随之而来，如水污染、土地污染、空气污染、噪声污染和固废污染的大量出现，不仅给民生安全带来了极大破坏，并且日益严重影响民众的健康和生命安全，再加上污染环境危害后果的迟显性以及技术层面因素的影响，导致对污染环境行为的法律规制效果不显。而刑法作为保障法，当其他法律手段不能保障社会正常秩序不被破坏，公共利益得不到其他法律有效保护时，必须及时动用刑罚手段对有关污染环境的行为予以规制，从而有效打击和预防污染环境犯罪行为的发生，维护民生安全。由于我国刑法对污染环境犯罪的范围界定过窄，使许多带有犯罪特征的严重危害环境的行为难以受到应有的刑法制裁，在一定程度上放纵了此类犯罪行为的发生，带来许多的负面影响。同时现行刑法和有关司法解释过分注重财产和人身损害后果，没有充分考虑污染环境危害后果发生具有迟显性的特征，对于此类污染环境的犯罪人制裁力度不大，而过分注重突发显性危害后果的行为人的制裁。

三、没有针对污染环境犯罪的特点规定特殊的追诉时效

目前我国对环境类犯罪的犯罪追诉时效仍然适用普通犯罪的追诉时效是不妥的。根据我国刑法的规定，污染环境罪的最高刑期为 7 年有期徒刑；非法处置进口的固体废物罪最高刑期为 10 年以上有期徒刑；擅自进口固体废物罪最高刑期为 10 年以下有期徒刑。同时根据我国《刑法》第 87 条的规定，污染环境类犯罪的追诉时效大部分为 10 年，只有非法处置进口的固体废物罪造成“特别严重”的后果的是 15 年。污染环境类犯罪与普通犯罪所不同的是，污染环境类犯罪的危害后果一般具有迟显性的特点，不容易被发现，很难及时得到刑罚的惩罚；而普通犯罪的危害后果一般都是即显性的，容易被发现，一般能够得到及时的刑罚惩罚。再加上污染环境类犯罪的犯罪人进行污染环境犯罪行为具有很大的隐蔽性，一般不易被司法机关发觉。在司法实践中，污染环境类犯罪一般都是经过多年，其行为的危害结果基本成为显性结果时才被追究相应的刑事责任。因此，对于污染环境类犯罪行为的追诉时效与普通犯罪的追诉时效一致的刑法规定，难以有效打击污染环境类犯罪，维护民生安全。

四、没有对污染环境类犯罪确立资格刑

根据刑法相关规定，目前我国刑法对污染环境类犯罪的行为人的刑罚适用只规定了自由刑和财产刑，而没有规定资格刑，这是我国刑法的一大缺陷。同危害食品安全和药品安全犯罪一样，对于污染环境类犯罪的主体而言，大多是以单位

为主体，并且在司法实践中，大多数直接责任人员也应当具有相应的从业资格。资格刑作为刑罚惩罚的手段而言是在一定期限内，剥夺相关单位、直接责任人员从事某种特定职业或资格作为内容的。污染环境犯罪一般都具有连续性和习惯性的特点，只有剥夺相关单位与直接责任人员从事某种特定职业或资格才能在一定程度上有效地防止污染环境类犯罪犯罪的不断发生，才能保障民生安全。

五、污染环境类犯罪的分类归属存在一定的缺陷

一般认为，对犯罪的分类归属应当以犯罪侵害的客体作为主要的分类依据，我国刑法分则体系基本上是按照犯罪侵害的客体以及犯罪的性质严重程度来进行分类的。污染环境的犯罪侵犯的客体是一个复杂客体，其不仅侵犯了公共安全秩序，而且还侵犯公共卫生秩序，同时也侵犯了社会管理秩序，并且在很大程度上还侵犯了公共福利，对民生足以造成巨大危险。污染环境犯罪不仅使人们日常生活陷入深切恐惧中，而且还使民众的身心健康和生命、财产处于极不安全稳定的状态，危及社会秩序的稳定。因此，污染环境犯罪所侵犯的主要客体正是人们的共同生活安全本身，正是公共安全。因此，理应将污染环境归属于危害公共安全罪，而不应简单将其归属于破坏社会管理秩序罪中。笔者认为，对犯罪分类归属的刑法规定，在一定程度上体现了立法者对所保护法益的重视程度，将污染环境犯罪归属于破坏社会管理秩序犯罪中，在一定程度上体现出立法者对民生保护漠视的态度，也体现出刑法的人文精神存在一定的缺陷。

第五节 死刑制度存在的人文缺陷分析

死刑是剥夺犯罪人生命的刑罚，从其严厉程度上来看，其属于酷刑是无疑的。但是刑罚从其产生之日起就注定了刑罚的残酷性，因为刑罚本身就具有报应和惩罚的含义，如果刑罚缺少了报应和惩罚，刑罚就不能称之为刑罚。作为刑罚最严厉的一种——死刑，就更具残暴性。虽然现在学界和实务界对于死刑到底是存是废争论的十分激烈，但笔者对此不想做更多的论述，笔者认为死刑既然在现阶段仍然存在，如何分析死刑制度存在的具体缺陷，为对其进行一定的人文改良，使其在某种程度上具有一定的人文气息是非常必要的。基于儒家一直提倡“反对酷刑”的人文思想，慎用死刑是儒家人文思想的要求，也符合现代刑罚文明发展的要求。本节根据儒家“反对酷刑”人文思想的要求和现代刑罚人文精神的要求，对我国死刑有关刑法规定存在的缺陷进行一些分析。

一、死刑适用条件存在的人文缺陷分析

（一）死刑立即执行适用条件存在的缺陷

《刑法》第48条第1款规定：“死刑只适用于罪行极其严重的犯罪分子。”现行刑法对死刑适用的条件仅仅作了概括性的规定，其可操作性不强，具有较大的主观随意性。虽然有关学者对死刑适用的条件进行了相关解释，所谓罪行极其严重，是犯罪性质极其严重、犯罪情节极其严重、犯罪分子的人身危险性极其严重的统一。[①] 但与死刑的严厉程度相比，对于死刑适用的条件无论是法律规定还是学者的解释都不能说是完善的，不符合死刑严厉程度以及生命人道的要求。

同时，现行刑法规定的死刑适用条件只是对犯罪人造成的客观危害结果予以了体现，而没有对犯罪人的主观恶性予以规定，这有悖刑罚适用的目的。因为按照死刑适用的基本要求是对那些不具有改造可能的犯罪人，且罪行极其严重，从而采用消灭其肉体的方式剥夺其重新危害社会的可能性。而从我国相关刑法规定来看，却找不到死刑适用的主观限制，这不能不说是我国死刑适用的一大缺陷。同时，从死刑适用目的来看，死刑适用必须达到一般预防和特殊预防的目的。从一般预防角度来看，对犯罪人正确适用死刑能够震慑社会上的不稳定分子，同时教育广大人民群众遵纪守法；从特殊预防角度来看，对犯罪分子适用死刑，一般是在犯罪人不具有改造可能性的前提下，可以剥夺犯罪人的再犯可能性。而犯罪人的主观恶性大小，正能说明犯罪人具不具有改造的可能性以及可能性的大小。因此，刑法缺乏对死刑适用犯罪人主观恶性大小的界定标准，不利于死刑的准确适用，在一定程度上是人文精神缺失的表现。

同时，目前刑法规定对死刑适用条件规定模糊不清，给具体司法适用带来相当大的困难，在一定程度上导致了相当司法腐败的存在，不利于刑法公正的实现。

（二）死刑缓期2年适用条件存在的缺陷

《刑法》第48条第1款同时还规定：“对于应当判处死刑的犯罪分子，如果不是必须立即执行的，可以判处死刑同时宣告缓期二年执行。”从刑法规定来看，对犯罪人适用死刑缓期2年执行的适用条件也没有明确规定，仅用“如果不是必须立即执行的”，显得死刑缓期2年执行的适用不严肃，不符合罪刑法定的原则要求。死刑立即执行与死刑缓期2年执行虽然同属于死刑范畴，但总体来看二者差别较大，可以说是生死两重天，一面是死，一面是生。而现行刑法竟未对生死之线确定清楚，在一定程度上混淆了二者的界限，是非常巨大的缺陷。虽然有学

① 高铭暄、马克昌：《刑法学》，北京大学出版社、高等教育出版社2011年第5版，第237页。

者对“不是必须执行”的内容进行了解释，“根据刑事审判经验，应当判处死刑但具有下列情形之一的，可以视为‘不是必须执行’的犯罪分子：犯罪后自首、立功或者有其他法定从轻情节的；在共同犯罪中罪行不是最严重的或者其他在同一或同类犯罪案件中罪行不是最严重的；被害人的过错导致犯罪人激愤犯罪的；犯罪人有令人怜悯之情形的；有其他应当留有余地情况的，等等”，[①] 但学者的解释毕竟不是法律，也不能代替法律指导死刑的司法适用。同时，由于死刑缓期2年执行的界限模糊，导致有关法官自由裁量权过大，经常导致司法腐败的产生，有时会对社会矛盾的激化产生重大影响，影响和谐社会建设。

二、死刑适用对象限制存在的人文缺陷分析

《刑法》第49条第1款、第2款规定：“犯罪的时候不满十八周岁的人和审判的时候怀孕的妇女，不适用死刑。审判的时候已满七十五周岁的人，不适用死刑，但以特别残忍手段致人死亡的除外。”从我现行刑法规定来看，对死刑适用对象限制主要是未成年人、怀孕的妇女以及年满75周岁的老年人，体现了刑法保护弱者的人文思想。对死刑适用对象予以必要的限制是符合儒家反酷刑人文思想的要求的，但是我国现行刑法对死刑适用对象的限制性规定存在先天不足。从现代刑法人权保障和儒家反酷刑人文法律思想的要求来看，目前我国刑法对死刑适用对象适当扩大限制适用范围还过窄，体现出死刑适用的人文不足。

（一）刑法规定“审判的时候已满七十五周岁的人，不适用死刑，但以特别残忍手段致人死亡的除外。”存在的人文缺陷分析

虽然《刑法修正案（八）》增加了对老年人适用死刑应当限制的相关条款，但相关刑法规定仍然存在一定的人文缺陷。

1.“审判的时候已满七十五周岁的人，不适用死刑”的规定存在一定的缺陷。用“审判的时候”来界定已满75周岁的人不适用死刑不妥当。对老年人适用死刑加以限制体现了中国传统尊老美德，但在现代刑法对老年人适用死刑加以限制最主要是考虑到老年人的刑事责任能力与受刑能力，同时考虑刑罚人道主义的要求，从而对达到一定年龄的老年人不适用死刑。有关医学研究表明，人的生理功能在达到一定年龄后，开始随着年龄的增长逐步退化，并且随着生理功能的退化，其智力、心理等方面也逐渐出现一定的缺陷，继而影响人的行为能力。因而，从这个角度来看，对老年人犯罪从宽适用刑罚，是具有一定的科学依据的。但我国刑法规定“审判的时候已满七十五周岁的人不适用死刑”并没有科学依

---

① 高铭暄、马克昌：《刑法学》，北京大学出版社、高等教育出版社2011年第5版，第239页。

据，仅能体现国家和社会对老年人犯罪的宽容和谅解，并且在一定程度上为司法腐败行为的产生提供了一定的条件。

第一，规定“审判的时候”已满75周岁的人不适用死刑不科学。根据国务院及相关部委的文件规定，女55岁，男60岁就要退休。有关文件之所以作如此规定，主要是考虑了年龄对人心理、生理的影响，达到一定年龄以后，人已经不能或不能很好地胜任相应的工作要求。如此看来，年龄对人的认识能力、行为能力的影响很大，直接导致人的行为能力下降。从刑法角度来看，基于老年人生理、心理能力的退化，导致其认识能力和控制能力一定程度的同时退化，从而引起其刑事责任能力的退化，因而，在刑法上对老年人犯罪及适用刑罚时理应予以从宽规定。但《刑法修正案（八）》规定“审判的时候已满七十五周岁的人，不适用死刑”而不是规定达到一定年龄犯罪不适用死刑就显得不十分科学。在司法实践中，有些刑事案件发生后，罪犯可能经过长时间才被抓捕归案，其在审判时可能年满75周岁，基于人道和道德因素的考量，法院在量刑时有可能对其从轻或减轻处罚而不对其适用死刑。但有一点是谁也不能否定的，那就是该犯罪人在犯罪时不具有任何从轻或减轻处罚的法定理由，如果因为其故意逃避法律的严惩而使对其审判的时间过分迟延，同时其年龄达到75周岁以上，就规定对其不适用死刑，那将会造成有些犯罪分子采取各种手段极力逃避公安司法机关的惩罚，不仅使刑法正义得不到及时伸张，而且使被害人的利益得不到及时的补偿，也会使受损的社会关系得不到及时的修补，从而引发诸多社会矛盾的发生。对于此类犯罪分子，即使其在审判时年龄已达75周岁以上，也不应对其从宽处罚。从刑事责任角度来看，老年人随着年龄的增加，其生理功能逐步退化，导致其刑事责任能力也逐步退化，理应对老年人犯罪抱着宽容的态度，对其从宽适用刑罚。因此，笔者认为，现行刑法的相关规定仅体现了“矜老”人文思想，既不符合人的生长规律，也没有与现代刑事责任能力理论结合起来，显得科学性不足。

第二，现行刑法的规定容易导致司法腐败的产生。如果规定“审判的时候已满七十五周岁的人，不适用死刑”，在有些死刑案件的处理过程中，容易使办案人员徇私枉法、贪赃枉法，故意拖延办案期限，从而使本应判处死刑的罪犯逃脱法律的制裁，使刑法正义得不到实现。

2. 刑法将“以特别残忍手段致人死亡”作为已满75周岁老年人不适用死刑的例外规定存在一定的缺陷。从《刑法》第49条的规定来看，我国对老年人适用死刑是持基本否定的态度的，这与刑罚人道和我国“少用、慎用”死刑刑事政策是相吻合的。同时，从司法实践来看，目前已满75周岁老年人犯罪在整个犯罪总量中只占极少一部分，这主要是老年人基本已经丧失进行严重暴力犯罪的生理条件，再加上老年人的心理影响，一般老年人很少进行恶性暴力犯罪。因此，

《刑法》第 49 条第 2 款将“使用特别残忍的手段致人死亡”作为已满 75 周岁老年人不适用死刑的例外规定，既不符合刑罚人道和我国“少用、慎用”死刑刑事政策，也不符合老年人犯罪的现状。同时，刑法对于什么是“使用特别残忍的手段致人死亡”?“特别残忍的手段”是指的什么手段?“致人死亡”是指的故意杀人，还是只要致人死亡的都在此条刑法规制之列?因此，刑法将“以特别残忍手段致人死亡”作为已满 75 周岁老年人不适用死刑的例外规定存在一定的缺陷。

（二）死刑适用限制对象过窄

《刑法》第 49 条仅对未成年人、审判时怀孕妇女不适用死刑和审判时已满 75 周岁的老年人适用死刑作出了限制性规定，而未对残疾人适用死刑作出必要的限制是不妥的。《刑法》第 18 条明确规定：“间歇性的精神病人在精神正常的时候犯罪，应当负刑事责任。尚未完全丧失辨认或者控制自己行为能力的精神病人犯罪的，应当负刑事责任，但是可以从轻或者减轻处罚。”《刑法》第 19 条也明确规定：“又聋又哑的人或者盲人犯罪，可以从轻、减轻或者免除处罚。”从上述刑法规定可以看出，立法者已经考虑到残疾人因为生理、精神、智力残疾对残疾人的刑事责任能力和受刑能力的影响，并在一定程度上对他们的犯罪行为予以谅解和宽容，体现了刑法人道主义和儒家“保护弱者”人文思想。但是，我国刑法并没有在死刑适用上将残疾人作为有限的限制适用对象，不仅违背刑法人道，而且也背离了儒家“保护弱者”人文思想的要求，在一定程度上也显失刑法公平。

（三）死刑适用限制对象上没有适当考虑“存留养亲”的需要

从我国现行刑法规定来看，现行刑法在一定程度上片面强调“刑法面前人人平等”，没有考虑受刑个体的差异，导致刑罚适用上的形而上学，使得刑罚适用有时不仅没有平息社会矛盾，反而在一定程度上激化了社会矛盾。因此，在死刑适用上有必要按照我国的实际情况，对死刑适用对象加以必要限制，目前我国刑法已经注意到了对死刑适用对象限制的必要性，并规定对未成年人、怀孕妇女不适用死刑，对年满 75 周岁的老年人一般也不适用死刑，但是刑法对独生子女的死刑适用限制问题并没有考虑，存在一定的人文缺陷。从目前形势来看，由于计划生育政策的推行，导致新生人口增长的速度还赶不上老年化的速度，我国已经进入老年化社会，养老问题已经被提上议事日程。国家固然需要通过各种途径和方法提供各种保障措施，使老年人能够安享晚年，但在我国目前社会保障体系下，要达到“老有所养”还存在很大的难度。从刑法角度来考虑，对独生子女死刑适用加以必要的限制，有条件地适用“存留养亲”制度，以达到“老有所养”是十分必要的。在中国古代可以说刑罚比现代刑罚要残酷的多，而在当时统治者都能考虑百姓的养老需要，规定“存留养亲”，法律文明发展到今天反而做不到这一点了吗？中国人传统观念是养儿防老，而独生子女一旦犯罪被判处死刑立即执行，其生身父母将无人奉养天年。而造成现在独生子女普遍存在的情况是国家计划生育政策造成的，不能让无辜的父母承担国家政策造成的后果，更不能让无辜的父母承担无人奉养的恶果。因此，我国刑法没有对独生子女死刑适用作出限制规定是存在一定人文缺陷的。

三、死缓制度存在的人文缺陷分析

《刑法》第 50 条规定："判处死刑缓期执行的，在死刑缓期执行期间，如果没有故意犯罪，两年期满以后，减为无期徒刑；如果确有重大立功表现，二年期满以后，减为二十五年有期徒刑；如果故意犯罪，查证属实的，由最高人民法院核准，执行死刑。对被判处死刑缓期执行的累犯以及因故意杀人、强奸、抢劫、绑架、放火、爆炸、投放危险物质或者有组织的暴力性犯罪被判处死刑缓期执行的犯罪分子，人民法院根据犯罪情节等情况可以同时决定对其限制减刑。"笔者认为，刑法关于死刑缓期 2 年执行的制度存在一定的缺陷。

（一）死缓执行死刑的条件存在一定的缺陷

依照《刑法》第 50 条规定，对死缓犯执行死刑的条件是只要死缓犯在死缓期间实施了故意犯罪的行为，则不论是何种故意犯罪以及犯罪情节的轻重，都应当执行死刑的规定是不妥的。在死刑缓期 2 年执行期间，死缓犯只要犯故意犯罪，不论故意犯罪的性质和情节轻重就必须对其执行死刑的规定是非常不科学的，也是不人道的，同时也不符合儒家"赦小过"的人文法律思想。事实上，在死缓执行期间，有些死缓犯由于一时冲动，而犯下罪行比较轻（一般认为可能判处 3 年以下有期徒刑或拘役、管制）的故意犯罪，其社会危害性也比较小；还有些故意犯罪，是死缓犯出于正当动机，由于没有把握好相应的界限结果导致故意犯罪，如防卫过当或避险过当。同时，在共同犯罪中有主犯、从犯、胁从犯之分；在司法实践中，故意犯罪的引发因素很多，如果是由被害人严重过错引发的故意犯罪是否也不加以区分？如果在死刑缓期执行期间故意犯罪的犯罪分子不论什么情况一律执行死刑，与我国少杀、慎杀的死刑刑事政策相悖，也不利于实现死缓制度的目的，同时也违背了儒家"反酷刑和慎刑"人文法律思想的要求，更与现代刑罚轻缓化要求相背离，存在一定的人文缺陷。

（二）死缓减刑条件规定存在一定缺陷

从《刑法》第 50 条规定可以看出，刑法对于"无故意犯罪而有立功表现的"与"没有故意犯罪亦无立功表现"情况没有作出有所区别的规定，显然既不合理，也背离了刑罚的教育改造的目的。因为犯罪分子凡是具有立功表现，即使不属于重大立功，也足以表明犯罪人在很大程度上悔罪自新，这种行为表现理应对其处理结果有所影响。但上述规定使得“无故意犯罪而有立功表现”的罪犯与“无故意犯罪亦无立功表现”之罪犯一样，被减为无期徒刑，此规定不利于改造死缓犯罪人，存在一定的缺陷。

（三）死缓执行期间既有重大立功表现又有故意犯罪情形的法律适用没有加以规定

从《刑法》第50条规定可以看出，刑法只对死缓执行期间有重大立功表现的死缓犯的法律处理及有故意犯罪的死缓犯的法律处理规定，但并没有对既有重大立功表现，又有故意犯罪的死缓犯应如何适用法律的规定，导致司法适用的混乱，在一定程度上损害了死缓犯的合法利益，不利于死缓犯的人权保障。如果犯罪分子在死刑缓期执行期间既实施了故意犯罪，又有重大立功表现，表明犯罪分子的主观恶性与悔过之心同时存在。如果犯罪人在死缓执行期间，先故意犯罪后有重大立功表现，则表明犯罪人有悔过之心；如果犯罪人先有重大立功表现，后又故意犯罪，则表明犯罪人在主观恶性的改造上具有一定的反复，同时也表明其具有一定的可改造性。因此，为了准确适用死刑，打击极少数严重犯罪分子，维护法律尊严，实现刑法惩罚犯罪与保障人权任务，对于在死缓执行期间，犯罪人既有故意犯罪又有重大立功表现的，刑法理应对此作出明确的处理规定，但现行刑法对此种情况并没有作出明确界定，存在一定的人文缺陷。

（四）刑法对死缓实际执行刑期未予明确规定

《刑法》第78条第2款第3项只对死刑缓期2年执行限制减刑的实际执行刑期作出了明确限定：“人民法院依照本法第五十条第二款规定限制减刑的死刑缓期执行的犯罪分子，缓期执行期满后依法减为无期徒刑的，不能少于二十五年，缓期执行期满后依法减为二十五年有期徒刑的，不能少于二十年。”同时，《刑法》第78条第2款第1项、第2项对于管制、拘役、有期徒刑、无期徒刑的实际执行刑期也作了明确限定，但唯独没有对死刑缓期2年执行没有限制减刑的犯罪分子实际执行刑期作出限定，显示出刑罚制度的连贯性不够，存在一定的缺陷。最高人民法院《关于办理减刑、假释案件具体应用法律若干问题的规定》第9条第2款规定：“死刑缓期执行罪犯经过一次或几次减刑后，其实际执行的刑期不能少于十五年，死刑缓期执行期间不包括在内。”虽然该司法解释对死缓实际执行刑期作了规定，但从死缓的性质和刑罚的严重程度来看，由司法解释对死刑缓期2年执行没有限制减刑的犯罪分子实际执行刑期作出限定，既不严肃，也不科学，存在一定的缺陷。

（五）对在死缓执行过程中具有多个立功表现如何减刑

1. 刑法没有规定在死缓执行过程中死缓犯没有故意犯罪，但有多个一般立功表现的，应如何处理？

根据《刑法》第50条第1款规定，在判处死缓期间，只要犯罪人没有故意犯罪，2年期满后，对犯罪人减为无期徒刑。但刑法没有规定在死缓执行期间，没有故意犯罪，但具有一般立功表现或具有多个一般立功的应如何减刑。如果根据现行刑法规定，在死缓期间，没有故意犯罪，且具有多个一般立功的死缓犯只能与没有立功表现，也没有故意犯罪的死缓犯一样在2年期满后减为无期徒刑。由于刑法没有对此作出必要的区分，很难促使有关的死缓犯积极立功，认真改造，有违刑罚适用的目的。

2. 刑法没有规定在死缓执行期间如果死缓犯具有多个重大立功表现的，应如何处理？

根据《刑法》第50条第1款的规定，如果死缓犯在死缓执行期间确有重大立功表现的，2年期满后减为25年有期徒刑。也就是说只要死缓犯在死缓执行期间具有一个重大立功表现，在2年执行期满后就可以减为25年有期徒刑，即使死缓犯具有多个重大立功表现的也只能减为25年有期徒刑，这样的刑法规定不利于死缓犯的改造，也不利于实现司法公正，有违刑罚适用的目的。

3. 刑法及司法解释对于重大立功的认定标准仍有模糊之处。

根据《刑法》第78条规定，在减刑过程中，有下列情形视为重大立功表现：阻止他人重大犯罪活动的；检举监狱内外重大犯罪活动，经查证属实的；有发明创造或者重大技术革新的；在日常生产、生活中舍己救人的；在抗御自然灾害或者排除重大事故中，有突出表现的；对国家和社会有其他重大贡献的。但从现行刑法规定来看，对于重大立功的认定标准仍有模糊和不确切之处。例如，如何认定对国家或社会有其他重大贡献？以什么标准来认定？最高人民法院《关于处理自首和立功具体应用法律若干问题的解释》第7条规定："前款所称'重大犯罪'、'重大案件'、'重大犯罪嫌疑人'的标准，一般是指犯罪嫌疑人、被告人可能被判处无期徒刑以上刑罚或者案件在本省、自治区、直辖市或者全国范围内有较大影响等情形。"该司法解释中"一般"是指在正常情况下应当如此，那么是否还有特殊情况不这样呢？那特殊情况又是指的什么情况呢？因此，刑法及司法解释对于重大立功的界定不清晰，认定标准不规范，导致在司法实践中认定犯罪人行为是否构成重大立功随意性较大，容易同罪异罚，导致司法不公。同时刑法及司法解释的规定给予了法官极大的自由裁量权，也容易导致司法腐败的产生。

（六）刑法限制特定犯罪的死缓犯限制减刑制度存在一定的缺陷

我国刑法规定对判处死刑缓期执行的被告人限制减刑，并不是为了单纯加重死缓的严厉性，而是为严格执行死刑政策，通过延长部分死缓犯的实际服刑期，充分体现死缓的严厉性，改变过去“死刑过重、生刑过轻”的刑罚执行不平衡现象。《刑法》第 50 条第 2 款的规定：“对被判处死刑缓期执行的累犯以及因故意杀人、强奸、抢劫、绑架、放火、爆炸、投放危险物质或者有组织的暴力性犯罪被判处死刑缓期执行的犯罪分子，人民法院根据犯罪情节等情况可以同时决定对其限制减刑。”根据此条刑法规定，对特定被判处死刑缓期执行的犯罪分子人民法院可以同时限制其减刑的依据或标准并没有作出明确的规定，存在一定的缺陷。为了明确限制减刑的条件和依据，最高人民法院《关于死刑缓期执行限制减刑案件审理程序若干问题的规定》第 1 条规定：“根据刑法第 50 条第 2 款的规定，对被判处死刑缓期执行的累犯以及因故意杀人、强奸、抢劫、绑架、放火、爆炸、投放危险物质或者有组织的暴力性犯罪被判处死刑缓期执行的犯罪分子，人民法院根据犯罪情节、人身危险性等情况，可以在作出裁判的同时决定对其限制减刑。”根据此司法解释，对特定犯罪的死缓犯适用限制减刑主要依据是“犯罪情节”和犯罪人的“人身危险性”，而我国刑法中仅对犯罪情节进行了有限的规定，但对什么是人身危险性以及认定人身危险性的依据和标准是什么并没有明确的规定，在此解释中引入“人身危险性”的概念似乎比较突兀，也不十分妥当。由此可见，我国刑法和相关司法解释并没有对死缓犯限制减刑的依据和标准作出明确的界定，容易侵犯犯罪人的合法权益，也容易导致法官乱用自由裁量权，产生司法腐败，出现司法不公的现象。如果因为没有统一对死缓犯限制减刑的依据和标准，对本不应该限制减刑的死缓犯适用了限制减刑，不仅导致司法不公，而且也容易影响死缓犯的改造效果，有违刑罚适用的目的。因为一旦对死缓犯适用限制减刑，即使死缓犯改造表现再好也不能得到法律的认可，那对于死缓犯而言不仅将毫无参加改造的动力，更是背离了刑罚的教育功能，不仅是不人道的，而且也是不科学的。

第六节　刑法具体罪名人文缺陷分析
——以绑架罪为例

一、引言

云南晋宁县农民余有伙同他人绑架三个孩子，勒索 15 万元未果，良心发现的他一边催款一边劝同伙放人，最后将身上仅有的 20 元钱给了孩子们，教他们一遍遍熟背回家的路线，自己则步行 3 个小时回家。但余有终因绑架罪被当地法院判处有期徒刑6年，并处罚金3万元。[①]

重庆张家兄弟当街劫人质为母筹医药费案公开宣判，最后判决结果如下：哥哥张方述判刑5年6个月，弟弟张方均属从犯，判刑2年缓刑3年执行。……在上月27日一审开庭时，公诉人出乎意料地为被告人“求情”，在指出“为了给被害人一个公道，维护法律的公正，两被告人应该受到惩处”的同时，又提出“与一般人犯罪不同，是为尽孝铤而走险，建议轻判”。[②]

从伦理道德层面来看，上述案例中的绑匪显然是“善良”的绑匪，但从刑法意义上来看，再“善良”的绑匪也是绑匪。我们在为他们的行为感到痛心和怜悯的同时，也不能不思考在对待同样“善良的绑匪”时，刑法真的就能那样残暴、无情吗？依照现行刑法规定，余有、张方述、张方均犯有绑架罪是毫无疑问的，但令人深思的是案件判决的结果却引发了各方的争议：“理性地看，或者纯粹地从法治的视角看，这一判罚其实无可争议。毕竟法官不是普通民众，他们必须依据法律法规，而不能依靠主观意志和自己的道德良心判案。……而如果把司法仅仅看作是一种法律的机械或简单适用，把法官仅仅当作一个‘套用’法律的工匠，是不正确、不全面的，或者不是‘艺术’的。”正如一个网友所说“绑架罪是不轻，但是事实本身并未给受害人造成实质的伤害，他们判轻一点或重一点，也许会直接决定下一个绑匪是被感化还是被迫强化暴力。如果有一天危险真的来临，最可怕的不是危险分子本身，而是我们对他们的态度。”[③] 也有人认为：“法律本身就具有双重性，一方面以铁律严规惩罚有过错者，寄望他们在法律面前重新做人；另一方面也具有警示和震慑的作用，以消除那些试图实现恶念的潜在者。虽然法律也讲究宽严相济，但过度的宽容很容易让法律失去应有的惩戒作用。”[④] 对于上述两起普通绑架案件的不同反应，反映了公众对待犯罪与刑罚关系的考虑日趋理性。社会公众同情这些“善良绑匪”，不仅仅是出于一般的道德判断那么简单，也不仅仅是一种价值观念的选择。对此，我们理应对绑架罪的规定进行深刻的人文反思。进行必要的人文反思并不是为心理扭曲的绑架犯开脱罪责，“恰恰相反，目的是为了摆脱对这极端少数的过分注意，而将全部注意力集中于占着人口绝大多数的普通人的心灵：他们之喜、忧、乐、怒。毕竟，与我们日常打交道的，构成和谐社会之主体的，更多的是这些普通人。”[⑤]

2009年2月28日第十一届全国人大常委会第7次会议通过了《中华人民共和国刑法修正案（七）》（以下简称《刑法修正案（七）》），该修正案第6条：

---

① 易家言：《对“善良的绑匪”，应宽恕有度》，载于《检察日报》2007年6月13日。

② 林霞虹：《重庆兄弟劫持人质案今宣判》，载于《广州日报》2009年9月27日。

③ 石敬涛：《法律、良心、香蕉皮与“善良绑匪”》，国际在线 www.crionline.cn，2007年6月6日。

④ 李龙：《作案动机“善良”，就该得到“善意”的轻判?》，载于《广州日报》2009年9月28日。

⑤ 肖余根：《同情杀人犯王斌余的警示信号》，载于《潇湘晨报》2005年9月8日。

"以勒索财物为目的绑架他人的，或者绑架他人作为人质的，处十年以上有期徒刑或者无期徒刑，并处罚金或者没收财产；情节较轻的，处五年以上十年以下有期徒刑，并处罚金。犯前款罪，致使被绑架人死亡或者杀害被绑架人的，处死刑，并处没收财产。以勒索财物为目的偷盗婴幼儿的，依照前两款的规定处罚。"从《刑法修正案（七）》绑架罪的有关修订来看，立法者显然已经注意到原刑法对于绑架罪规定的人文不足，并且已经着手予以解决。但与相关罪名如抢劫罪相比，绑架罪的刑罚规定仍显过重，人文表现依然不足。对此，我们不得不对绑架罪的规定进行深层次的人文反思，而儒家"省刑、慎刑、罪行相称、恤刑"等人文法律思想为我们对绑架罪的规定进行人文反思提供了一定的思想指导。

二、现行绑架罪规定人文精神之不足

（一）现行刑法对绑架致使被绑架人死亡的一律处死刑的规定人文精神存在一定的不足

1. 该规定不仅与我国死刑适用原则相冲突，而且也与儒家"慎刑"人文法律思想相冲突。根据《刑法》第48条规定，死刑只适用于罪行极其严重的犯罪分子。而所谓的"罪行极其严重"是指犯罪的性质极其严重、犯罪的情节极其严重、犯罪的社会危害性极其严重以及犯罪分子的人身危险性极其严重的统一。①固然绑架犯罪的性质是极其严重的，但是仅凭绑架罪性质非常严重就要剥夺犯罪人的生命是否过于儿戏？人的生命只有一次，尊重他人的生命，也就是尊重自己的生命，即使统治者也不能"合法"地随意剥夺他人生命。由于死刑是最严厉的刑罚，我国历来贯彻"少杀、慎杀"方针。在绑架案件中，有的犯罪分子确实穷凶极恶，犯罪手段之残忍令人发指。如有的绑匪收到勒索的财物后仍残忍地将被绑架人杀死；还有的因为被绑架人家属没有按照犯罪人的要求交纳赎金或对其报警心存不满，而将被绑架人残忍地杀害，对这些残忍的绑架分子处以极刑是符合死刑适用原则的。但是在有的绑架案中，绑架分子进行绑架犯罪有的是出于生活的逼迫；有的是出于善良动机；还有一些绑架分子在绑架过程中一直善待被绑架人，而由于绑架人不能预见或过失导致被绑架人死亡。对于此类绑架致死被绑架人的，如果对绑架人也一律适用死刑，不仅有违死刑适用的原则，同时也有违儒家"慎刑"、"恤刑"思想。肖扬在2006年《最高人民法院工作报告》中提出了适用死刑应当坚持宽严相济的人文思想："贯彻宽严相济的刑事政策，对罪当判处死刑但具有法定从轻、减轻处罚情节或者不是必须立即执行的，依法判处死缓

① 高铭暄、马克昌：《刑法学》，北京大学出版社、高等教育出版社2007年第5版，第258页。

或无期徒刑。”《报告》同时强调“坚持宽严相济的刑事政策，对犯罪情节轻微或具有从轻、减轻、免除处罚情节的，依法从宽处罚。”① 培根也认为：“在有关人命的大案中，为法官者应当在法律的范围内以公平为念而毋忘慈悲；应当以严厉的眼光对事，而以悲悯的眼光对人。”② 陆贾也曾说过：“怀道者众归之，恃刑者民畏之。归之者附其侧，畏之者去其域。”③ 对于在绑架过程中出于灭口或报复的原因残忍杀害被绑架人的，对其适用死刑，百姓也能理解并且予以支持，也符合百姓的人情要求；但如果由于绑架人不能预见的原因或过失或被绑架人自身原因造成被绑架人死亡的，对绑架人处于死刑，就显得刑罚过于残暴。而过于残暴的刑罚将会导致民众性格乖戾、残忍，时间一长，就会遭到民众的怨愤。贾谊曰：“以刑罚治之者，积刑罚。刑罚积而民怨背……驱之以法令者，法令极而民风衰。”④ 因此，对某些犯罪情节较轻的绑架犯罪，如果刑罚处罚过重，导致罪刑失当，也会使刑罚丧失正义性，最终导致民心向背。

2. 现行绑架罪规定违背儒家罪刑相称人文法律思想和现代罪责刑相适应原则。儒家罪刑相称人文法律思想要求在对犯罪分子确定和适用刑罚时，必须考虑犯罪的性质、情节轻重、犯罪分子的主观恶性以及其他犯罪的具体情况，做到对主观恶性大以及犯罪情节严重的犯罪行为，应当处以较重的刑罚，反之亦然。我国罪责刑相适应原则要求犯多大的罪，就应承担多大的刑事责任，法院也应判处其相应轻重的刑罚，做到重罪重罚，轻罪轻罚，罪刑相称，罚当其罪；在分析犯罪人罪重罪轻和刑事责任大小时，不仅要看犯罪的客观社会危害性，而且要结合考虑行为人的主观恶性和人身危险性，把握罪行和罪犯各方面因素综合体现的社会危害性程度，从而确定其刑事责任，适用相应轻重的刑罚。⑤ 但《刑法》第239条和《刑法修正案（七）》第6条规定：“致使被绑架人死亡或者杀害被绑架人的，处死刑，并处没收财产。”刑法如此规定，表明立法者只重视了绑架犯罪性质和犯罪造成的客观后果的严重性，而忽视了犯罪人的主观心态以及主观恶性大小，也忽视了对犯罪过程中被绑架人致死具体原因的分析，这种极端规定很难做到罪刑相称，也很难做到罪责刑相适应。现行刑法的此项规定不仅使刑罚的残暴得到淋漓尽致的体现，而且对犯罪人来讲也是不公正的，没有充分体现现代刑罚的文明性和人道性，使得刑法的人文精神略显不足。

3. 现行绑架罪的规定违背了儒家和现代刑罚适用应坚持主客观相结合的原则。儒家一直重视人的主观方面对定罪量刑的作用。受儒家思想的影响，在汉

---

① 肖扬：《2006年十届全国人大四次会议最高人民法院工作报告》。

② ［英］培根：《培根论说文集》，百花文艺出版社2005年版，第194页。

③ 《新语·至德》。

④ 《汉书·贾谊传》。

⑤ 高铭瑄、马克昌：《刑法学》，北京大学出版社、高等教育出版社2007年第5版，第28页。

代，统治者非常重视犯罪人的主观罪过，论心定罪是“春秋决狱”或“经义决狱”的最主要的司法原则。汉儒董仲舒对此原则解释说：“《春秋》之听狱也，心本其事而原其志。志邪者不待成，首恶者罪特重，本直者其论轻。”① “志善而违于法者免，志恶而合于法者诛。”② 由此可以看出，汉朝法律对于行为人犯罪的主观动机是非常重视的，这不仅体现了刑法应当具备的惩罚教育功能，而且在一定程度上符合现代刑罚的人文精神要求。同时，一直以来，犯罪人的主观方面都是现代刑法对犯罪分子定罪量刑的主要依据，《刑法》第 61 条规定：“对于犯罪分子决定刑罚的时候，应当根据犯罪的事实、犯罪的性质、情节和对于社会的危害程度，依照本法的有关规定判处。”而此处的犯罪事实，不仅应包括犯罪的具体行为、手段、方法以及其他的客观事实，而且也应当包括犯罪人在绑架过程中的主观事实如犯罪的动机、犯罪心理等。而现行刑法对绑架罪的刑罚规定仅仅考虑了绑架罪的客观事实即绑架的性质、后果以及手段，并没有充分考虑绑架的主观事实，在相当程度上忽视了犯罪人的主观方面对定罪量刑的影响，这样就很难避免对绑架犯罪分子适用刑罚时有失偏颇。

（二）现行刑法对绑架犯罪分子在处以较重刑罚的同时，一律并处罚金或没收财产的规定人文精神略显不足

现行刑法规定对绑架犯罪分子在处以较重刑罚的同时，一律并处罚金或没收财产实际上是国家“不仁”的表现。“仁”是孔子学说的核心内容，体现了孔子对人的价值、地位、尊严的认识，他认为“故为政在人，取人以身，修身以道，修道以仁。仁者，人也。亲亲为大。”③ 孔子明确地指出，“仁”是为政的根本，充分肯定了人的地位、价值和尊严。儒家的“仁爱”思想要求在制定和适用刑罚时必须理性，而就目前绑架罪的刑罚规定来看，理性成分偏少而感性成分居多，从而显得人文精神不足。现实绑架案中大多数的犯罪人都是因为生活窘迫，没有经济来源才铤而走险，而刑法却规定对其并处罚金或者没收财产。显而易见，此条法律规定不仅忽略了犯罪人的实际情况，而且在司法实践中也难以得到贯彻，从而显得此规定冷酷无情，缺乏必要的“仁爱”。任何雷霆的法律在贫穷面前都会显得苍白无力，我们固然反对犯罪人通过非法绑架手段获取赖以生存的财富，但我们也必须正视贫穷对犯罪的影响。现代国家理应对每个公民体现出“仁爱”之心，即使他是一个犯罪人，国家不能也不应该忽略其实际生存状况，而片面、想当然地规定刑罚。有时对贫穷的绑架犯罪人判处罚金或没收财产比对他们适用死刑实际上没有多大的差别。如果国家随意将其赖以生存的经济来源都予以剥

① 《春秋繁露 · 精华》。

② 《盐铁论 · 刑德》第五十五。

③ 《论语 · 中庸》。

夺，将会使其亲属生活无着落，这不仅会为社会制造新的不稳定因素，而且也不符合现代和谐社会建设的要求。如果我们因为绑架犯罪具有经济因素而片面地对其一律予以经济制裁，忽略了犯罪分子的实际经济承受能力，这将导致绑架分子存在再次进行犯罪的潜在危险性。刑罚的适用理应体现国家对犯罪分子的理性制裁，既使犯罪人受到应有的刑罚惩罚，但又要体现国家对犯罪人的关心，不会断绝犯罪人及其亲属的生存之路，从而体现刑罚的人道。

（三）现行刑法绑架罪的规定对婴儿以外其他弱势群体的特殊保护存在一定的人文不足

现行《刑法》第239条以及《刑法修正案（七）》第6条规定：“以勒索财物为目的偷盗婴幼儿的，依照前款的规定处罚。”由此可以看出现行刑法仅仅对婴儿采取了特殊刑法保护，而对其他特殊弱势群体并没有特殊的保护性规定。婴儿属于无行为能力人，固然属于弱势群体的范畴，理应受到刑法的特殊保护，但是对于其他没有行为能力或部分行为能力的弱势群体刑法是否也应当予以特殊保护呢？儒家历来提倡尊老爱幼，保护弱者，并且提出“老吾老以及人之老，幼吾幼以及人之幼”[①] 孔子认为：“故人不独亲其亲，不独子其子，使老有所终，壮有所用，幼有所长，鳏寡、孤独、废疾者皆有所养；男有分，女有归。”[②] 儒家保护弱者的人文思想为历代统治者所采用，并在历代刑法中一直都有所体现。依照儒家保护弱者的人文思想，不仅应对婴儿给予特殊的刑法保护，而且对于精神病人、老年人、未成年人等弱势群体理应也给予刑法特殊保护。在现实生活中，精神病人、未成年人、老年人由于自身生理和心理存在一定的缺陷，极易受到绑架犯罪分子的诱惑、欺骗或暴力而遭到绑架。同时，由于精神病人、未成年人、部分老年人较正常人缺乏必要认识和辨认能力，也缺乏自我保护能力，在绑架过程中极易遭受人身伤害。因此，刑法对于对没有行为能力或部分行为能力的精神病人、未成年人以及部分老年人的合法利益也应给予特殊保护。

（四）现行刑法没有针对绑架罪规定从重、从轻、减轻及免除处罚的情节

我国刑法虽然规定了很多的从重、从轻、减轻或免除刑罚的情节，但分析发现，这些规定虽然基本上可以在认定绑架犯罪时加以适用，但是绑架犯罪相对于其他犯罪而言具有一定的特殊性，而遗憾的是刑法并没有针对绑架案件自身的特点来设置必要的从重、从轻、减轻或免除刑罚处罚的规定。而这一点，德国刑法和日本刑法人性化规定为我们提供了一定参考，如德国《刑法》第239条C规

---

① 《孟子·梁惠王下》。

② 《礼记·礼运》。

定："行为人放弃实行，使被掳人得以脱离禁锢者，法院得依第 49 条第一次减轻其刑。虽非行为人之作为，亦得减轻其刑"。日本《刑法》第 33 章"掠取和诱拐罪"第 228 条之二也规定，犯第 225 条、第 227 条第 2 项或第 4 项之罪的人，"在提起公诉前，将被掠取或者被诱拐的人解放至安全场所，减轻刑罚"。[①] 如果刑法不明确相关的犯罪情节对刑罚适用的影响，不仅会对犯罪人适用刑罚时可能轻重不分，也可能在一定条件下对绑架犯罪人造成误导，从而促使其继续为恶，发生本应不该发生的损害后果。所以，刑法明确绑架罪的具体犯罪情节对刑罚适用的影响就显得非常有必要。

① 周帆、张冬霞：《绑架罪之法定刑分析——兼论〈刑法修正案（七）〉对绑架罪的修改》，载于《中国人民公安大学学报（社会科学版）》2009 年第 2 期。

第四章

刑事诉讼法人文缺陷分析

我国2011年新修订的《中华人民共和国刑事诉讼法》（以下简称《刑事诉讼法》），充分体现了惩罚犯罪与保障人权并重，将实现惩罚犯罪与保障人权作为刑事诉讼法的核心价值。在刑事诉讼中，坚持程序公正，依法充分保护诉讼参与人的诉讼权利。尤其是，随着建设和谐社会理念的提出，人文精神逐步融入刑事司法过程。进一步加强刑事司法领域的人文精神建设，努力丰富司法人性化的内容，有利于促进和谐社会的构建，加强司法文明建设。为此，新刑事诉讼法还在完善证据制度，强化弱势群体诉讼权利保障，完善相关的审判程序、完善死刑复核程序、完善审判监督程序以及公诉案件刑事和解等方面作出了巨大的努力，在一定程度上有利于司法正义的实现。新刑事诉讼法在吸收和继承儒家传统“亲亲相隐”、“和为贵”“慎刑”以及“保护弱者”等人文思想的合理内核的基础上，结合现代刑事诉讼的要求，在一定程度上体现了中国本土诉讼应有的特色。虽然新刑事诉讼法在很多方面的规定充分体现了现代人文精神，但在新刑事诉讼法中有些地方仍然存在一定的人文缺陷。

第一节　弱势群体诉讼权益保护人文缺陷分析

刑事诉讼的重要宗旨是惩罚犯罪和保障人权，刑事诉讼是通过发现、证实犯罪和惩罚犯罪来保障公民权利，维护公共安全秩序的。而在刑事诉讼中，由于弱势群体生理功能或多或少存在一定缺陷或特殊性，导致在刑事诉讼中其权益容易遭受损害，因此，刑事诉讼法在弱势群体的诉讼权利保障方面应给予特殊的保护，以保障弱势群体的诉讼权益不受损害，保证刑事诉讼的公正性。为此，我国刑事诉讼法在继承儒家传统“保护弱者”人文思想的基础上，结合我国刑事诉讼的实际情况和现代刑事诉讼的人文要求，对弱势群体的诉讼权利在不同程度上作出了特殊的保护规定，尤其是对未成年人诉讼权利保护的规定特别明显。虽然现代刑事诉讼法对弱势群体诉讼权利特别保护作出了巨大的努力，但在一些方面还存在一定的人文缺陷。

一、老年人诉讼权益刑诉保护人文缺陷分析

（一）没有将依法保护老年人诉讼权益作为刑事诉讼的基本原则

在刑事诉讼中，由于老年人的生理功能的退化，导致其在刑事诉讼中不能有效地自我行使法定的诉讼权利，应当对其采取严格的保护性措施，使其诉讼权利在刑事诉讼过程中得以充分有效地行使。而为了使老年人的诉讼权利得以充分有效地行使，除在各项诉讼制度设计上充分考虑老年人的实际情况，并设定特殊的保护性规定以外，必须对老年人各项刑事诉讼保护性制度设定一个灵魂，那就是将老年人诉讼权利予以特殊保护作为刑事诉讼的一个基本原则。而遗憾的是，我国刑事诉讼法并没有将对老年人的诉讼权利予以特殊保护作为刑事诉讼的基本原则加以规定。

（二）对老年人适用强制措施人文缺陷分析

为了保障我国刑事诉讼的顺利进行，《刑事诉讼法》第 64 ~ 98 条规定了拘传、取保候审、监视居住、拘留和逮捕 5 种强制措施，并在取保候审和监视居住强制措施中对老年犯罪嫌疑人、被告人作了相应的保护性规定，体现了国家对老年犯罪嫌疑人、被告人的人文关怀。但遗憾的是，在强制措施相关规定中，对老年人权利的保护仍然存在一定的缺陷。

1. 在取保候审规定中，没有对老年犯罪嫌疑人、被告人作出明确的保护性规定。根据《刑事诉讼法》第 65 条第 3 项规定，对患有严重疾病、生活不能自理，怀孕或者正在哺乳自己婴儿的妇女，采取取保候审不致发生社会危险性的犯罪嫌疑人、被告人可以取保候审。从该项规定可以看出，刑事诉讼法仅对患有严重疾病、生活不能自理的犯罪嫌疑人、被告人规定可以取保候审，其中当然包括患有严重疾病、生活不能自理的老年犯罪嫌疑人、被告人，但并没有从整体上对老年犯罪嫌疑人、被告人规定从宽适用取保候审，显得刑事诉讼法的人文关怀存在一定的缺失。

2. 在监视居住规定中，也没有对老年犯罪嫌疑人、被告人作出明确的保护性规定。根据《刑事诉讼法》第 72 条规定，对于应当逮捕的，但患有严重疾病、生活不能自理的犯罪嫌疑人、被告人，可以监视居住。从监视居住的该项规定中可以看出，刑事诉讼法仅对患有严重疾病、生活不能自理的犯罪嫌疑人、被告人规定了适用监视居住，体现了国家对患有严重疾病、生活不能自理的犯罪嫌疑

人、被告人关爱，也体现刑事诉讼的人文精神，但并没有规定对老年犯罪嫌疑人、被告人从宽适用监视居住，人文精神略显不足。

3. 没有规定对老年犯罪嫌疑人、被告人严格限制适用逮捕。由于老年人随着年龄的增长，其生理功能逐渐退化，再犯的可能性逐渐减少，对其适用羁押性强制措施的必要性不大，应当对其适用逮捕强制措施时充分考虑其实际状况，对其严格限制适用。但从我国刑事诉讼法的相关规定看出，我国刑事诉讼法仅对逮捕规定了一般适用，并没有对老年犯罪嫌疑人、被告人适用逮捕作出保护性限制适用规定。虽然最高人民检察院《刑事诉讼规则》第 144 条第 6 项规定，年满 75 周岁以上的老年人犯罪嫌疑人涉嫌的罪行较轻，且没有其他重大犯罪嫌疑，可以作出不批准逮捕的决定或者不予逮捕。这项司法解释显然体现了国家对老年人的诉讼权益保护，但是司法解释毕竟不是刑事诉讼法，不具有普适性。因此，刑事诉讼法没有对老年犯罪嫌疑人、被告人严格限制适用逮捕作出保护性限制适用规定，显得刑事诉讼法人文精神不足。

（三）对老年犯罪嫌疑人、被告人法律援助规定人文缺陷分析

为了保证诉讼当事人在刑事诉讼中充分、有效行使诉讼权利，保证不受客观因素影响其诉讼权利的正常行使，保障诉讼公正，我国刑事诉讼法规定了法律援助制度。《刑事诉讼法》第 34 条、第 267 条对特定的犯罪嫌疑人、被告人具有法定情形的，规定了法律援助制度。《刑事诉讼法》第 34 条第 2 款规定："犯罪嫌疑人、被告人是盲、聋、哑人，或者是尚未完全丧失辨认或者控制自己行为能力的精神病人，没有委托辩护人的，人民法院、人民检察院和公安机关应当通知法律援助机构指派律师为其提供辩护。"《刑事诉讼法》第 267 条规定："未成年犯罪嫌疑人、被告人没有委托辩护人的，人民法院、人民检察院、公安机关应当通知法律援助机构指派律师为其提供辩护。" 从上述刑事诉讼法规定来看，刑事诉讼法对同属弱势群体的未成年人、残疾人的辩护权作出了特别保护性规定，但对老年犯罪嫌疑人、被告人却没有作出相应的特殊保护性规定，不能不说是刑事诉讼法人文缺陷的表现。

（四）讯问中对老年诉讼权利保护存在的人文缺陷

根据《刑事诉讼法》第 116～121 条及 270 条规定，侦查机关为了查明案情，依法可以讯问犯罪嫌疑人。在刑事诉讼法中，除对未成年人作出了特别保护性规定外，对老年犯罪嫌疑人的讯问并没有作出特别保护性规定，显得刑事诉讼法存在一定的人文缺陷。

1. 没有规定在讯问老年犯罪嫌疑人时，应当邀请其辩护律师或近亲属在场。老年犯罪嫌疑人由于年龄较大，生理功能退化，导致其反应能力、视听能力都有

不同程度的退化，会在一定程度上影响其诉讼权利的行使，从而影响其合法权益的保护。

2. 没有规定在讯问老年犯罪嫌疑人时全程录像。根据《刑事诉讼法》第121条规定，对可能判处无期徒刑、死刑的案件或者其他重大犯罪案件，应当对讯问过程进行录音或者录像，但讯问其他犯罪嫌疑人时只规定可以进行录音或录像。如前所述，老年犯罪嫌疑人受生理功能的限制，其在讯问中的诉讼权益容易遭受侵犯，理应对讯问老年犯罪嫌疑人进行全程录音或录像，以保证讯问的合法性。但刑事诉讼法并没有对此作出规定，显得讯问的规定人文表现不足。

（五）不起诉制度存在的人文缺陷分析

《刑事诉讼法》第173条规定了不起诉制度，包括法定不起诉、存疑不起诉、酌定不起诉以及针对未成年人适用的附条件不起诉。针对老年犯罪嫌疑人而言，检察机关在确定酌定不起诉时，理应考虑老年犯罪嫌疑人由于其自身生理功能的退化，导致其刑事责任能力与受刑能力不同程度地减弱的实际状况，在对其适用不起诉时从宽掌握。但遗憾的是，刑事诉讼法以及相关的司法解释并没有对此加以规定，显得刑事诉讼法的人文精神不足。

（六）简易程序适用人文缺陷分析

为了提高诉讼效率，我国刑事诉讼法规定了审判简易程序。从简易程序适用的目的和过程来看，简易程序的适用在提高了诉讼效率的同时，如果操作不当，不可避免地会在一定程度上损害被告人的合法利益。虽然我国刑事诉讼法为了保障在适用简易程序过程中能确保审判公正，规定了若干限制程序，但为了确保被告人的利益不受程序损害，《刑事诉讼法》第208条第1项以及相关司法解释对特定弱势群体的残疾人明确禁止适用简易程序："被告人是盲、聋、哑人，或者是尚未完全丧失辨认或者控制自己行为能力的精神病人的。"但遗憾的是，刑事诉讼法并没有对同属于弱势群体的老年被告人作出禁止适用的保护性规定。受老年人生理功能退化的影响，老年被告人的认知能力和判断、反应能力都有一定程度的退化，如果在审判过程中适用简易程序，会导致其在较短时间内无法对于相关证据以及法律规定进行准确的认知和判断，其认识可能会出现一些偏差，从而不利于其诉讼权益保障。因此，我国刑事诉讼法没有将老年被告人列为禁止适用简易程序的对象之一，不能不说是立法者没有很好地考虑老年被告人的实际情况，是人文缺失的体现之一。

（七）自诉规定中存在的人文缺陷分析

《刑事诉讼法》第204条规定："自诉案件包括下列案件：告诉才处理的案

件；被害人有证据证明的轻微刑事案件；被害人有证据证明对被告人侵犯自己人身、财产权利的行为应当依法追究刑事责任，而公安机关或者人民检察院不予追究被告人刑事责任的案件。”最高人民法院关于适用《中华人民共和国刑事诉讼法》的解释第1条进一步明确了自诉案件的范围：（1）告诉才处理的案件：侮辱、诽谤案（《刑法》第246条规定的，但严重危害社会秩序和国家利益的除外）；暴力干涉婚姻自由案（《刑法》第257条第1款规定的）；虐待案（《刑法》第260第1款规定的）；侵占案（《刑法》第270条规定的）。（2）人民检察院没有提起公诉，被害人有证据证明的轻微刑事案件：故意伤害案（《刑法》第234条第1款规定的）；非法侵入住宅案（《刑法》第245条规定的）；侵犯通信自由案（《刑法》第252条规定的）；重婚案（《刑法》第258条规定的）；遗弃案（《刑法》第261条规定的）；生产、销售伪劣商品案（《刑法》分则第3章第1节规定的，但严重危害社会秩序和国家利益的除外）；侵犯知识产权案（《刑法》分则第3章第7节规定的，但严重危害社会秩序和国家利益的除外）；刑法分则第4章、第5章规定的，对被告人可能判处3年有期徒刑以下刑罚的案件。本项规定的案件，被害人直接向人民法院起诉的，人民法院应当依法受理。对其中证据不足、可以由公安机关受理的，或者认为对被告人可能判处3年有期徒刑以上刑罚的，应当告知被害人向公安机关报案，或者移送公安机关立案侦查。（3）被害人有证据证明对被告人侵犯自己人身、财产权利的行为应当依法追究刑事责任，且有证据证明曾经提出控告，而公安机关或者人民检察院不予追究被告人刑事责任的案件。上述自诉案件的规定，在对老年人权益保护过程中起到了一定作用，但也存在一定的人文缺陷。

1. 将《刑法》第260第1款规定的虐待罪规定为告诉才处理的案件存在一定的缺陷。在司法实践中，虐待对象有很大一部分都是行动不便的老年人，这些行动不便的老年人在遭受虐待之后，还要搜集各种被虐待的证据，才能向人民法院提出控告；若没有或搜集的证据不符合法定起诉的要求，则没有办法维护自己的合法权益；再加上老年人搜集证据的能力有限，不掌握或不知道取证的方法和手段，导致受虐待老年人合法利益不能得到及时有效的保护。因此，将虐待罪规定为告诉才处理的自诉案件，为老年人维护自身合法权益增添了许多困难，并且在一定程度上放纵了虐待老年人的犯罪人。在司法实践中，虐待罪的犯罪人固然与被虐待的老年人一般存在一定的亲属关系，犯罪的社会危害性表现相对封闭，社会危害性不易被外界感知。但不可否认的是，虐待老年人的犯罪行为不仅给被虐待的老年人身心带来巨大的伤害，同时也伤害了良好的家庭伦理，同时也极大地败坏了社会风气，理应对虐待犯罪行为予以严惩。因此，刑事诉讼法将虐待罪列为自诉案件，并规定为告诉才处理的案件存在一定缺陷，不利于老年人的合法利益的保护。

2. 将遗弃案件列为自诉人有证据证明的轻微刑事案件范畴，并确定为自诉案件，与保护老年人的诉讼权益要求不符。在司法实践中，遗弃罪的对象有很多是没有独立生活能力的老年人，将对老年人遗弃的犯罪行为列为自诉案件也有较大缺陷。一是将遗弃罪列为自诉案件，在一定程度上很难保证老年人的诉权得以实现。因为提起自诉的前提条件是起诉证据确实、充分，而仅靠被遗弃的老年人去搜集相关充足的证据难度较大，不利于老年人诉权的实现，从而不利于老年人合法权益的保护。二是被遗弃的老年人一般情况下大多行动不便，既不清楚自诉的要求，也不清楚如何自诉，一般很少能够通过准确、及时地自诉维护其自身合法权益。三是被遗弃的老年人在刑事诉讼中大多没有经济来源，无力聘请代理人，而相关的刑事诉讼法又没有对此作出是否应当予以法律援助的相关保护性规定，导致被遗弃的老年人通过自诉维护自身权益较难。

3. 将侮辱、诽谤、故意伤害（轻伤害）、重婚等犯罪行为规定为自诉案件，这对于老年被害人是不合适的。例如，让被害老年人去搜集相关的证据进行自诉，而老年被害人一般缺乏收集相关证据的技术手段，同时也在一定程度上增加了老年被害人的讼累，因而对老年人的合法权益保护是不利的。尤其是告诉才处理的案件规定更是不利于老年人合法权益的保护。

4. 有关司法解释存在的人文缺陷。

第一，老年被害人的诉权在一定程度上得不到保障。《最高人民法院关于适用〈中华人民共和国刑事诉讼法〉的解释》第 260 条规定：“对于自诉案件，如果被害人死亡、丧失行为能力或者因受强制、威吓等无法告诉，或者是限制行为能力人以及因年老、患病、盲、聋、哑等不能亲自告诉，其法定代理人、近亲属告诉或者代为告诉的，人民法院应当依法受理。”从最高人民法院的司法解释规定来看，该司法解释虽然在一定程度上考虑到了老年人自诉能力较差，其诉权可能得不到有效的行使，因此，对老年人的诉权行使作出了一定的特殊保护性规定。但在司法实践中，有些老年人的合法权益之所以受到非法侵犯，正是由于其法定代理人或近亲属犯罪行为所致，而该解释却规定由被害老年人的法定代理人或近亲属代为告诉，这在一定程度上也很难保证老年被害人诉权的实现，导致老年被害人权益受到损害。

第二，限制了老年被害人诉权的行使。《最高人民法院关于适用〈中华人民共和国刑事诉讼法〉的解释》第 261 条规定：“提起自诉应当提交刑事自诉状；同时提起附带民事诉讼的，应当提交刑事附带民事自诉状。”依据此规定，老年被害人提起刑事自诉必须提交刑事自诉状，没有规定自诉可以通过口头提起，这在一定程度上限制了老年被害人诉权的行使，不利于维护老年被害人的合法权益。因为老年被害人在日常生活中，当其合法权益受到非法损害时，必须为其法律维权制定较为便利的维权程序。在其法律维权过程中，老年被害人大多既不了解相关的刑事法律的规定，更不知刑事自诉状的写法，再加上由于年龄原因导致视力下降，看不清楚字迹，书写能力降低等因素的影响，书写刑事自诉状存在一定的难度。而该司法解释如此规定，无疑增加了老年被害人自诉的难度，在一定程度上限制了老年被害人诉权的行使。

（八）执行程序人文缺陷分析

刑罚执行过程中，对老年犯罪人理应体现国家对老年犯罪人的关心和爱护，在刑事执行过程中对老年犯罪人规定有别于其他犯罪人的特别执行程序，以保护老年犯罪人的合法权益。但纵观刑事诉讼法的相关执行规定，除在监外执行相关条款中有对老年犯罪人特殊保护性体现以外，再没有对老年犯罪人刑罚执行特别的保护性程序规定，存在一定的人文缺陷。

1. 没有规定对老年犯罪人分关、分押、分教。我国刑事诉讼法仅对未成年人刑罚执行规定了分关、分押、分教制度，而未对老年犯罪人作出相关的保护性规定。考虑到老年犯罪人的受刑能力较差，老年犯罪人身体条件不允许其从事重体力劳动，并且老年犯罪人具有独特的心理特点，与其他服刑人员在一起服刑，对老年犯罪人不容易取得良好的改造效果。

2. 没有明确规定对老年犯罪人适用减刑、假释从宽适用。在我国刑事诉讼法中，仅对减刑和假释做出了一般性的规定，并没有对老年犯罪人作出从宽适用的规定，这在一定程度上对老年犯罪人合法利益保护是不利的。《最高人民法院关于办理减刑、假释案件具体应用法律若干问题的规定》第20条规定："老年、身体残疾（不含自伤致残）、患严重疾病罪犯的减刑、假释，应当主要注重悔罪的实际表现。基本丧失劳动能力、生活难以自理的老年、身体残疾、患严重疾病的罪犯，能够认真遵守法律法规及监规，接受教育改造，应视为确有悔改表现，减刑的幅度可以适当放宽，起始时间、间隔时间可以相应缩短。假释后生活确有着落的，除法律和本解释规定不得假释的情形外，可以依法假释。"虽然上述司法解释规定对老年犯罪人减刑、假释可以从宽适用，体现了对老年犯罪人的人文关怀，但司法解释毕竟不能代替刑事诉讼法，不具有普适性。因此，从总体上来看，刑事诉讼法没有对老年犯罪人减刑、假释规定从宽适用的保护性特殊规定，没有体现国家对老年犯罪人的宽容和体恤之心，人文精神略显不足。

二、未成年人诉讼权益刑诉保护人文缺陷分析

未成年人是祖国的未来，是刑事诉讼法重点保护对象，理应对其诉讼权益加以特殊保护。我国刑事诉讼法为了保护未成年人的诉讼权益，在刑事诉讼的各个环节都制定了相应的特殊保护性规定，并且还专门制定了未成年人刑事诉讼程

序，体现了国家对未成年人诉讼权益保护的高度重视，也体现了我国刑事诉讼的人文精神。但是，刑事诉讼法对于未成年人诉讼权益的保护还存在一定的缺陷。

（一）自诉制度的人文缺陷分析

在刑事诉讼中，由于我国自诉制度存在一定的人文缺陷，导致未成年人的权益经常得不到刑事诉讼法的保护，有违刑事诉讼法惩罚犯罪、保障人权的立法宗旨。

1. 将虐待未成年人犯罪作为告诉才处理的自诉案件存在一定的人文缺陷。由于未成年人年龄因素的影响，其身心皆不成熟，对外界侵害的防御、抵抗能力较差，容易成为犯罪行为的侵害对象。由于市场经济带来的竞争压力过大，再加上其他因素的影响，在家庭生活中，有些家长对未成年人残酷虐待，经常有骇人听闻的虐待未成年人案件发生。而这些屡屡发生的恶性虐待未成年人案件说明，我国刑事诉讼法对未成年人遭受虐待后的诉权保护规定上还存在很大的缺陷：

第一，让未成年人遭受虐待后提起自诉的规定既不现实，也不可能。我国在制定自诉制度时没有考虑未成年人的特殊情况，简单地将虐待未成年人犯罪行为与其他虐待行为一起规定为自诉案件，没有充分考虑未成年人身心发展情况，尤其是遭受虐待的还包括儿童和婴儿，让这些未成年人享受诉权，还不如说没有诉权更好一些，因为他们根本就不具备行使诉权的行为能力。

第二，刑事诉讼法没有规定未成年人在遭受虐待后的诉权救济途径和手段。虽然《最高人民法院关于适用〈中华人民共和国刑事诉讼法〉的解释》第260条规定了限制行为人在遭受属于自诉案件的犯罪行为时，可以通过法定代理人、近亲属告诉或者代为告诉，但虐待这些未成年人的可能恰恰正是他的法定代理人或近亲属，如果如此，这样的规定也太荒唐了！同时，该解释也没有规定没有行为能力的未成年人遭受虐待时其诉权救济的途径和手段。

第三，有关司法解释在一定程度上限制了未成年人诉权的行使。我国刑事诉讼法对自诉的提起方式并没有加以明确规定，但《最高人民法院关于适用〈中华人民共和国刑事诉讼法〉的解释》第261条却明确规定："提起自诉应当提交刑事自诉状；同时提起附带民事诉讼的，应当提交刑事附带民事自诉状。"从此解释的规定来看，凡是提起刑事自诉的，必须向人民法院提交刑事自诉状，如果不提交，人民法院则不予以受理，即使是不具有行为能力的未成年人提起刑事自诉也必须通过提交书面刑事自诉状的方式进行。事实上该司法解释在一定程度上限制了遭受虐待的未成年人诉权的行使，不利于未成年人的合法权益的保护。如果这样，遭受虐待未成年人的合法利益怎能得到有效的保护？

综上所述，将虐待未成年人的犯罪案件规定为自诉案件存在很大的人文缺陷。

2. 将遗弃未成年人案件作为自诉案件的规定存在一定的人文缺陷。

第一，将遗弃案件的诉权赋予被遗弃的未成年人是不科学的。根据我国刑事诉讼法和《最高人民法院关于适用〈中华人民共和国刑事诉讼法〉的解释》第1条的规定，将遗弃未成年人的案件归属于自诉案件的范畴。近年来屡屡发生的遗弃未成年人案件，尤其是遗弃婴幼儿的案件时常发生，但这些被遗弃的未成年人通过刑事自诉的方式进行维权的却绝无仅有。尤其是对婴幼儿而言，遭受遗弃后根本就不能利用法律来维护自身的合法权益，只会悲惨地呐喊，甚至以死亡来结束自己幼小的生命。2013年6月21日上午，南京市江宁区泉水新村的一居民家中，一名1岁和一名3岁女童被发现死于家中，尸体已经腐烂。从上述事件中可以看到遗弃的罪恶，如果这两个女婴没有饿死，那么谁能告诉她们该如何通过诉讼救济途径来维护自身合法权益呢？是该自己到法院提起刑事自诉？还是由她们的法定代理人、近亲属提起刑事自诉呢？抑或让她们的法定代理人、近亲属向警方报案呢？好像这些刑事救济的途径和方法都不适合她们，难道她们只能等待被遗弃后活活饿死吗？南京两幼女被遗弃的悲惨结局正在拷问刑事自诉制度的合理性和科学性。从这一点上看来，将遗弃未成年人案件列为自诉案件既不科学，也不合理，我国刑事诉讼法的相关规定存在很大的人文缺陷。

第二，遭遗弃的未成年人刑事诉权救济途径存在一定的缺陷。我国刑事诉讼法并没有规定遭遗弃的未成年人诉权救济途径，《最高人民法院关于适用〈中华人民共和国刑事诉讼法〉的解释》第260条规定：“对于自诉案件，如果被害人死亡、丧失行为能力或者因受强制、威吓等无法告诉，或者是限制行为能力人以及因年老、患病、盲、聋、哑等不能亲自告诉，其法定代理人、近亲属告诉或者代为告诉的，人民法院应当依法受理。”同时该解释第1条对于虐待案件还规定：“被害人直接向人民法院起诉的，人民法院应当依法受理。对其中证据不足、可以由公安机关受理的，或者认为对被告人可能判处三年有期徒刑以上刑罚的，应当告知被害人向公安机关报案，或者移送公安机关立案侦查。”从上述司法解释的规定来看，似乎为被遗弃的未成年人刑事诉权救济提供了一定的途径和方法，但仔细推敲后发现，此规定对于被遗弃的未成年人而言仍然是水中花、镜中月。一是遗弃未成年人的常常是他们的法定代理人或近亲属，由他们代为告诉显而易见有自欺欺人之嫌，缺乏可行性。二是相关刑事诉讼法及司法解释并没有规定，如果被遗弃的未成年人的法定代理人或近亲属没有及时向人民法院提起自诉或向公安机关报案应承担什么样的法律责任？三是相关刑事诉讼法及司法解释并没有规定，被遗弃未成年人在上述救济途径走不通的情况下，还有什么救济途径来保障被遗弃未成年人的合法权益？

综上所述，我国刑事诉讼法将遗弃未成年人案件列为自诉案件不仅不合理，也不科学，不利于未成年人的合法权益保护。

（二）未成年人犯罪记录封存制度存在一定的缺陷

《刑事诉讼法》第275条规定了未成年人犯罪记录封存制度："犯罪的时候不满十八周岁，被判处五年有期徒刑以下刑罚的，应当对相关犯罪记录予以封存。犯罪记录被封存的，不得向任何单位和个人提供，但司法机关为办案需要或者有关单位根据国家规定进行查询的除外。依法进行查询的单位，应当对被封存的犯罪记录的情况予以保密。"为了进一步明确未成年人犯罪记录封存程序，《最高人民法院关于适用〈中华人民共和国刑事诉讼法〉的解释》第469条规定："审理未成年人刑事案件，不得向外界披露该未成年人的姓名、住所、照片以及可能推断出该未成年人身份的其他资料。查阅、摘抄、复制的未成年人刑事案件的案卷材料，不得公开和传播。"第487条规定："对未成年人刑事案件宣告判决应当公开进行，但不得采取召开大会等形式。对依法应当封存犯罪记录的案件，宣判时，不得组织人员旁听；有旁听人员的，应当告知其不得传播案件信息。"通过上述刑事诉讼法的规定以及相关司法解释的规定可以看出，我国对于未成年人犯罪的宽容与保护之心，体现了刑事诉讼法的"保护弱者"的人文思想。但该制度仍然存在以下几点缺陷：

1. 仅对犯罪时不满18周岁的并判处5年以下有期徒刑的未成年人犯罪人相关犯罪记录予以封存的规定存在一定的不妥。由于未成年人是祖国的未来，如果对其犯罪记录不予以封存，在一定程度上断绝了未成年人悔过自新之路。虽然刑事诉讼法规定了未成年人犯罪记录封存制度，但刑事诉讼法笼统地将犯罪时不满18周岁的并判处5年以下的未成年人犯罪记录予以封存的规定，不利于未成年人的利益保护。按照刑法规定，已满14周岁不满16周岁的未成年人只对8种严重犯罪行为负刑事责任，而已满16周岁的应对全部犯罪负刑事责任。相应的刑事诉讼法应对未成年人犯罪记录封存也应按照未成年人犯罪时的实际年龄予以一定的区分，而不应笼统地予以规定。

2. 有关单位查询的界定界限不明确，有泛滥的趋势。根据《刑事诉讼法》第275条第2款的规定，犯罪记录被封存的，不得向任何单位和个人提供，但司法机关为办案需要或者有关单位根据国家规定进行查询的除外。该条规定虽然明确了司法机关为办案需要可以查询，但是对"有关单位"却没有作出明确的界定，致使未成年人犯罪记录封存制度有形同虚设之感。如果可以查询未成年人犯罪记录的"有关单位"范围无限扩大，未成年人犯罪记录封存制度对未成年人利益的保护将毫无任何意义可言。

3. 未规定如果查询单位或有关人员未尽保密义务如何处理。根据《刑事诉讼法》第275条第2款的规定，依法进行查询的单位，应当对被封存的犯罪记录的情况予以保密。刑事诉讼法此款规定仅规定了相关单位查询未成年人犯罪记录应当保密，但未规定如果相关单位查询后未履行保密义务，从而造成未成年人利益遭受损害的情形应如何追究法律责任。没有相应的泄密追责程序，就等于该款法律规定在实际执行过程中面临巨大的风险，而这些风险实际上是转嫁到了未成年犯罪人身上，由他们来承担相关单位未履行保密义务造成的损害后果，这是不科学的，也是违背刑事诉讼法“保护弱者”人文思想的。

（三）未成年人附条件不起诉制度的缺陷

《刑事诉讼法》第271条规定了未成年人附条件不起诉制度：“对于未成年人涉嫌刑法分则第四章、第五章、第六章规定的犯罪，可能判处一年有期徒刑以下刑罚，符合起诉条件，但有悔罪表现的，人民检察院可以作出附条件不起诉的决定。人民检察院在作出附条件不起诉的决定以前，应当听取公安机关、被害人的意见。”为了更好地实行附条件不起诉制度，最高人民检察院《刑事诉讼规则》第492~501条对附条件不起诉制度相关程序进行了细化。对未成年人适用附条件不起诉制度，符合未成年人权益保护的要求，也体现刑事诉讼人文关怀，蕴涵着巨大的人文精神。但是，未成年人附条件不起诉制度仍然存在一定的人文缺陷。

1. 未成年人附条件不起诉的可能刑罚条件设定过于苛刻。根据《刑事诉讼法》第271条以及最高人民检察院的相关司法解释规定，对未成年人附条件不起诉的可能刑罚条件为刑法分则第四章、第五章、第六章规定的犯罪，可能被判处1年有期徒刑以下刑罚的案件。但根据刑法相关的规定，在这3章中，法定最高刑为1年以下有期徒刑的犯罪只有2个，即：《刑法》第252条规定的侵犯通信自由罪和第322条规定的偷越国（边）境罪。同时，在最高人民法院制定的《人民法院量刑指导意见（试行）》中，有可能被判处1年有期徒刑以下刑罚的常见犯罪共有9种，分别是非法拘禁罪，盗窃罪，诈骗罪，抢夺罪，职务侵占罪，敲诈勒索罪，妨害公务罪，寻衅滋事罪，掩饰、隐瞒犯罪所得、犯罪所得收益罪。由上述分析可以看出，未成年人附条件不起诉的案件范围十分有限，显得未成年人附条件不起诉制度的可能刑罚条件设定过于苛刻，不利于未成年人的利益保护，显得刑事诉讼法人文气息不足。

2. 规定检察机关对附条件不起诉的未成年犯罪嫌疑人进行监督考察存在一定的缺陷。根据《刑事诉讼法》第272条规定，在附条件不起诉的考验期内，由人民检察院对被附条件不起诉的未成年犯罪嫌疑人进行监督考察。根据刑事诉讼法此条规定，未成年人在附条件不起诉考验期内，由相关的人民检察院予以监督考察。但是从司法实践以及人民检察院的法定分工及职责来看，此条规定在具体落实过程中可能会遇到较大的困难。

第一，从人民检察院的刑事诉讼法定分工及职责来看，人民检察院主要是对刑事诉讼的合法性予以监督，同时承担审查、决定或批准逮捕，审查起诉、部分刑事案件的侦查以及提起公诉。如果在附条件不起诉的考验期内，由人民检察院对被附条件不起诉的未成年犯罪嫌疑人进行监督考察，那又有哪个机关对人民检察院的监督考察工作是否到位、是否合法进行监督呢？因此，从检察机关承担的刑事诉讼职责来看，由其来担任具体的未成年人附条件不起诉考验期的监督考察工作与其刑事诉讼职责不符。

第二，从检察机关的实际工作来看，由检察机关负责对未成年犯罪嫌疑人附条件不起诉考验期内的监督考察的规定不科学。根据《刑事诉讼法》第 272 条规定，被附条件不起诉的未成年犯罪嫌疑人，应当遵守下列规定：遵守法律法规，服从监督；按照考察机关的规定报告自己的活动情况；离开所居住的市、县或者迁居，应当报经考察机关批准；按照考察机关的要求接受矫治和教育。同时，按照最高人民检察院《刑事诉讼规则》第 498 条规定，人民检察院可以要求被附条件不起诉的未成年犯罪嫌疑人接受下列矫治和教育：完成戒瘾治疗、心理辅导或者其他适当的处遇措施；向社区或者公益团体提供公益劳动；不得进入特定场所，与特定的人员会见或者通信，从事特定的活动；向被害人赔偿损失、赔礼道歉等；接受相关教育；遵守其他保护被害人安全以及预防再犯的禁止性规定。由上述相关规定可以看出，检察机关对附条件不起诉未成年犯罪人不起诉考验期内的监督考察工作内容是非常繁重的，而人民检察院的日常工作也是非常繁重的，很难胜任对被附条件不起诉的未成年犯罪嫌疑人进行监督考察工作。因此，在司法实践中，人民检察院不可能对附条件不起诉的未成年犯罪人进行实质性的监督考察，只能进行形式上的监督考察，从而可能使这项工作落不到实处，有损法律的严肃性。

3. 监护人的管教责任范围未明确规定，也没有规定其不配合监督的法律后果。《刑事诉讼法》第 272 条第 1 款规定：“未成年犯罪嫌疑人的监护人，应当对未成年犯罪嫌疑人加强管教，配合人民检察院做好监督考察工作。”从本条款规定以及相关司法解释规定来看，未成年犯罪嫌疑人的监护人在附条件不起诉考验期内有义务对未成年犯罪嫌疑人进行必要的管理和教育，并且按照人民检察院的要求做好监督考察的配合工作。虽然本条款的立法本意是好的，但存在以下缺陷：

第一，此条款没有明确规定监护人的管教职责范围。法律规定义务应当是明确的，才有可能让人遵守，如果法律规定的义务是模糊不清的，极容易在执行过程中因为没有明确的认定标准而无法认定其行为是否违背了法律规定。我国刑事诉讼法虽然规定了未成年犯罪嫌疑人的监护人在附条件不起诉考验期应当对未成年犯罪嫌疑人履行管教职责，但没有明确规定在附条件不起诉考验期内监护人的管教职责范围，容易使监护人不明管教职责的范围而放松监管义务的履行；同时，由于检察机关对未成年犯罪嫌疑人的监督考察工作又不能保证随时随地进行，从而可能导致未成年犯罪嫌疑人违反附条件不起诉应当遵守的规定，进而被人民检察院撤销附条件不起诉而被起诉，损害未成年犯罪嫌疑人的利益。

第二，没有规定监护人不履行管教职责的法律后果。虽然我国刑事诉讼法规定了未成年犯罪嫌疑人监护人在附条件不起诉考验期内对未成年犯罪嫌疑人具有管教的义务，但又没有明确如果监护人不履行管教义务而应承担的法律后果。从司法实践来看，很多未成年人之所以走向犯罪道路，与监护人的监护不力甚至违法犯罪行为有很大的直接关系，而附条件不起诉制度的配合监督考察工作又主要是靠监护人的监护完成的。如果不明确未成年犯罪嫌疑人的监护人不履行管教职责的法律后果，很难对未成年犯罪嫌疑人的监护人起到应有的约束作用，容易使相关的法律规定成为空谈，损害法律的严肃性。同时，如果不明确未成年犯罪嫌疑人的监护人不履行管教职责的法律后果，也容易导致未成年犯罪嫌疑人脱离监护人的监管，进行新的严重违法犯罪行为，从而导致人民检察院撤销附条件不起诉，而对未成年犯罪嫌疑人提起公诉，这对于未成年人的权益保护而言是非常不利的。

三、残疾人诉讼权益刑诉保护人文缺陷分析

残疾人由于生理功能的缺陷原因，出于“保护弱者”人文思想的要求，结合现代刑事诉讼人文要求，我国刑事诉讼法对残疾人规定了一些特殊保护措施，强化了刑事诉讼中残疾人的人权保障，体现了国家对残疾人的关心和爱护。但从现行刑事诉讼法的规定来看，对残疾人的刑事诉讼特殊保护还存在一定的人文缺陷，主要表现在以下几个方面：

（一）没有将保护残疾人诉讼权益作为刑事诉讼基本原则

对残疾人及其他弱势群体利益的保护程度如何，体现了一个国家的社会文明和法律文明程度。我国自古就有“保护弱者”人文思想的历史传统，并在历代立法过程中都注重对残疾人的权益保护。现代刑事诉讼法在吸收我国“保护弱者”人文思想合理内核的基础上，结合现代刑事诉讼人权保障的人文原则，不断强化残疾人诉讼权益的刑事诉讼保护，并在各个诉讼环节加强了对残疾人诉讼权益的保护，体现了刑事诉讼的人文精神。残疾人本来因为生理残疾就已经非常的不幸，无论残疾人是被害人还是犯罪人，国家和社会有义务在刑事诉讼中对残疾人的诉讼权利予以特殊保护，并保障其诉讼权利不受损害。同时残疾人由于生理、心理、精神残疾的影响，其刑事诉讼能力在一定程度上也随之减弱，要求国家从立法上加强残疾人的诉讼权利保护，从而实现诉讼正义，体现诉讼公平。但我国

刑事诉讼法仅对残疾人的特殊诉讼保护零星规定在具体的诉讼环节当中，并没有当成一个基本原则来加以规定，导致我国司法实践中常有损害残疾人利益的事件发生。

（二）强制措施适用方面存在的人文缺陷分析

1. 在取保候审、监视居住适用中，没有明确对严重残疾人从宽适用的规定。根据《刑事诉讼法》第 65 条第 3 项的规定，患有严重疾病、生活不能自理，采取取保候审不致发生社会危险性的，犯罪嫌疑人、被告人可以适用取保候审；根据《刑事诉讼法》第 72 条第 1 项的规定，对符合逮捕条件，但患有严重疾病、生活不能自理的犯罪嫌疑人、被告人，可以监视居住。从这两条法律规定来看，刑事诉讼法已经注意到了残疾人的特殊性，并在一定程度上对其采取了从宽适用取保候审和监视居住强制措施，但存在下列缺陷：

第一，关于“患有严重疾病”的界定不明确，导致司法适用的混乱。《刑事诉讼法》第 65 条、第 72 条有关款项的规定是刑事诉讼人文体现，对于残疾人的诉讼权益保障具有一定作用。但刑事诉讼法对于什么是“严重疾病”的范围没有作出明确的界定，同时，对于“严重疾病”的认定标准是什么，认定机关又属于哪一个机构，认定程序如何等问题均没有加以明确规定，导致司法实践中对于“严重疾病”适用的标准不一，既不利于残疾人的权益保障，也不利于法律严肃性的维护，有时还产生一些腐败行为。在司法实践中，残疾人不论是属于哪种残疾，均有轻重之分，但哪些残疾属于刑事诉讼法所规定的“严重疾病”范畴，刑事诉讼法都没有作出明确的规定，导致对残疾人的诉讼权益保护不力。

第二，没有明确对严重残疾人从宽适用取保候审、监视居住。由于残疾人的生理缺陷导致其在各方面的能力均普遍不如常人，尤其是一些精神残疾人、智力缺陷的残疾人、严重肢体残疾且生活不能全部自理的人，其受羁押能力明显弱于常人。如果对这些严重残疾人不规定从宽适用取保候审，而导致一些严重残疾人被羁押，这些严重残疾人难免在羁押过程中会受到其他共同被羁押人的侵犯，同时也可能会在一定程度上因关押使这些严重残疾人得不到有效的医治而使其病情进一步恶化，从而显得强制措施适用不人道。因此，我国刑事诉讼法仅笼统规定对患有严重疾病、生活不能自理的人可以适用取保候审或监视居住是存在一定缺陷的。

2. 没有明确规定对残疾人严格适用逮捕。《刑事诉讼法》第 79 条仅规定了逮捕的一般适用条件，并没有对残疾人适用逮捕等严厉的强制措施作出限制性的规定，在一定程度上显得刑事诉讼的人文精神不足。从刑事诉讼法的规定来看，逮捕是最严厉的强制措施，是在犯罪嫌疑人、被告人具备相应的证据条件、罪责条件和社会危险性条件时，经检察机关批准或决定以及人民法院决定，由公安机关执行逮捕。虽然刑事诉讼法为了保证逮捕的准确性和必要性规定了相应的逮捕程序，并新增了逮捕必要性审查制度，但这些程序和制度并没有明确体现出对残疾人严格限制适用逮捕的程序，没有体现国家对残疾人在适用逮捕过程中的特殊关爱，存在一定的人文不足。

（三）刑事法律援助制度存在的人文缺陷分析

1. 刑事法律援助辩护存在的人文缺陷分析。辩护权是犯罪嫌疑人、被告人在刑事诉讼中最基本的诉讼权利，是犯罪嫌疑人、被告人所有诉讼权利的基础。为了保障犯罪嫌疑人、被告人的辩护权利得到充分有效地行使，保障犯罪嫌疑人、被告人的人权，《刑事诉讼法》第 34 条规定了刑事法律援助辩护制度：“犯罪嫌疑人、被告人因经济困难或者其他原因没有委托辩护人的，本人及其近亲属可以向法律援助机构提出申请。对符合法律援助条件的，法律援助机构应当指派律师为其提供辩护。犯罪嫌疑人、被告人是盲、聋、哑人，或者是尚未完全丧失辨认或者控制自己行为能力的精神病人，没有委托辩护人的，人民法院、人民检察院和公安机关应当通知法律援助机构指派律师为其提供辩护。犯罪嫌疑人、被告人可能被判处无期徒刑、死刑，没有委托辩护人的，人民法院、人民检察院和公安机关应当通知法律援助机构指派律师为其提供辩护。”从上述刑事诉讼法的规定可以看出，国家已经注意到了对盲、聋、哑或者是尚未完全丧失辨认或者控制自己行为能力的精神病犯罪嫌疑人、被告人辩护权的特殊保护，体现了刑事诉讼的人道性。但遗憾的是，上述规定对残疾犯罪嫌疑人、被告人辩护权特殊保护的范围还是过窄，在一定程度上使部分残疾犯罪嫌疑人、被告人的辩护权不能得到有效的行使。因为，残疾人除却盲、聋、哑人，或者是尚未完全丧失辨认或者控制自己行为能力的精神病人外，还有大量智力缺陷、肢体严重残疾的犯罪嫌疑人、被告人，这些残疾犯罪嫌疑人、被告人由于自身残疾的影响，其辩护权的行使也会在一定程度上受到影响，也需要国家对其辩护权予以特殊保护。

2. 刑事法律援助代理存在的人文缺陷分析。“二战”以后，被害人的诉讼权利保护逐渐受到各国的重视，我国也逐步重视提高被害人诉讼地位，并且采取各种措施对被害人的诉讼权益予以特殊保护。但遗憾的是，我国刑事诉讼法并没有对被害人法律援助作出明确的规定，当然更没有对残疾被害人法律援助作出规定，这在一定程度上使残疾被害人诉讼权益不能得到有效的保护，显得刑事诉讼法人文气息不足。

第一，刑事诉讼法没有明确残疾被害人在刑事诉讼中应当享有法律援助的权利。纵观刑事诉讼法的相关规定，刑事诉讼法并没有规定对残疾被害人在刑事诉讼中享有法律援助的权利。有关刑事法律援助代理的内容仅在《法律援助条例》第 11 条第 2 项、第 3 项规定中有所体现：“在刑事诉讼中，有下列情形之一的，公民可以向法律援助机构申请法律援助：公诉案件中的被害人及其法定代理人或者近亲属，自案件移送审查起诉之日起，因经济困难没有委托诉讼代理人；自诉案件的自诉人及其法定代理人，自案件被人民法院受理之日起，因经济困难没有委托诉讼代理人的。”上述《法律援助条例》的相关规定在一定程度上体现了国家对被害人的诉讼权益保护，但也没有对刑事案件残疾被害人的法律援助权利作出明确的特殊保护性规定，不利于残疾被害人诉讼利益的保护；同时，《法律援助条例》是国务院颁布的行政法规，其法律效力远不能与刑事诉讼法相比。

第二，刑事诉讼法在当事人诉讼平等保护方面存在一定的人文缺陷。我国刑事诉讼法为了保证犯罪嫌疑人、被告人的辩护权充分、有效行使，明确规定了刑事法律援助辩护制度，但对于同属当事人的被害人却没有予以明确的法律援助代理制度。固然在公诉案件中，犯罪嫌疑人、被告人在面临强大的公诉机关时，确实需要对其辩护权加以特殊的诉讼保护。但对同属于当事人的被害人而言，虽然公诉机关代表国家对被害人的利益在一定程度上予以了保护，但公诉机关毕竟不能完全代表被害人的利益，对作为当事人之一的被害人诉讼权益也应作出同等的特殊诉讼保护，以体现诉讼平等保护的现代人文精神。在刑事诉讼中，残疾被害人由于自身残疾的影响，导致其诉讼能力减弱，仅靠公诉机关的保护，残疾人的诉讼权益并不能得到有效充分的保护。尤其是在一些存在司法腐败的案件中，只有赋予残疾被害人法律援助代理的权利，才能在一定程度上保障残疾被害人的诉讼权益，充分体现刑事诉讼平等保护的人文精神。

（四）讯问、询问残疾人存在的人文缺陷分析

我国刑事诉讼法仅对讯问、询问未成年人作出了特殊的保护性规定，但对残疾人的讯问、询问并没有规定特殊的保护性规定，尤其是对精神残疾、智力残疾的残疾人没有规定讯问、询问的保护性措施，显得讯问、询问人文精神不足，不利于残疾人诉讼权益的保护。

1. 讯问残疾犯罪嫌疑人没有做出特殊的保护性规定。纵观刑事诉讼法的有关规定，只有《刑事诉讼法》第119条规定了对讯问聋哑犯罪嫌疑人做了一点保护性规定：“讯问聋、哑的犯罪嫌疑人，应当有通晓聋、哑手势的人参加，并且将这种情况记明笔录。”严格意义上而言，上述规定对于残疾犯罪嫌疑人诉讼权益的保护作用并不明显。国家之所以如此规定，更多的是考虑侦查机关在面对聋哑犯罪嫌疑人时，可能由于语言的差别出现交流障碍，不利于案件事实的查清，所以才作出上述规定的。讯问是侦查机关查明案件事实的基本手段，但讯问是否合法将会影响残疾犯罪嫌疑人的诉讼权益保护。而残疾人尤其是智力残疾、精神残疾的残疾犯罪嫌疑人在讯问中，在面临侦查人员严肃讯问时，较常人更加紧张，惶恐不安，语无伦次，从而在一定程度上有损残疾犯罪嫌疑人的诉讼权益。

因此，对严重残疾可能影响其诉讼权益保护的残疾犯罪嫌疑人，国家理应采取各种保护性措施，防止严重残疾犯罪嫌疑人的诉讼权益遭受损害。但我国刑事诉讼法并没有考虑残疾犯罪嫌疑人的现实情况，对残疾犯罪嫌疑人的讯问并没有任何的诉讼规制和诉讼保护措施，在司法实践中难免会使残疾犯罪嫌疑人的诉讼权益受到一定的损害，显得刑事诉讼人文精神不足，对残疾犯罪嫌疑人的诉讼权益保护存在一定的缺陷。

2. 询问残疾被害人没有做出特殊的保护性规定。从我国现行刑事诉讼法以及相关司法解释的规定来看，并没有对询问残疾被害人作出特别保护性规定。从司法实践来看，残疾人由于自身残疾因素的影响，容易成为犯罪行为侵害的对象。而对于残疾被害人而言，尤其是智力残疾、精神残疾的被害人，当他们在遭受犯罪侵害以后，在面临侦查机关的侦查人员询问时，会感到非常紧张，常常对案件事实陈述不清，甚至有时由于自身残疾因素的影响，不客观地陈述一些对自身利益不利的事实，导致其自身诉讼权益受到损害，这实际上是对残疾人诉讼权利的忽视，也是刑事诉讼法人文精神缺失的表现。

（五）在不起诉中没有对残疾人作出特殊保护

《刑事诉讼法》第173条规定了不起诉制度，包括法定不起诉、存疑不起诉、酌定不起诉以及针对未成年人适用的附条件不起诉。从司法适用角度来看，针对残疾犯罪嫌疑人而言，检察机关在确定酌定不起诉时，理应考虑残疾犯罪嫌疑人，尤其是严重智力残疾、精神残疾的犯罪嫌疑人的实际情况，是否会导致其刑事责任能力与受刑能力不同程度的减弱，从而在酌定不起诉时，对其从宽掌握相关的条件。但遗憾的是，刑事诉讼法以及相关的司法解释并没有对此加以规定，显得刑事诉讼法的人文精神不足。

（六）没有规定对残疾犯罪人分管、分押、分教制度

由于残疾犯罪人生理功能的缺陷影响，残疾犯罪人的服刑能力或多或少均不同程度的减弱。但我国刑事诉讼法并没有考虑残疾犯罪人的实际受刑能力，没有对残疾犯罪人刑罚执行做出特出的保护性规定。首先，如果将残疾犯罪人与其他正常犯罪人关押在一起予以改造，在一定程度上会损害残疾犯罪人的利益，不利于残疾犯罪人的改造。其次，由于残疾犯罪人的生理功能缺陷，在对其进行劳动改造时，也不能安排其从事正常犯罪人的劳动种类，以保护残疾犯罪人的合法利益。再次，由于残疾人自身生理功能的缺陷的存在，导致其思想在一定程度上也异于常人，如果按照正常犯罪人的思想改造方式对其进行改造，并不会取得最好的矫治效果。最后，如果将残疾犯罪人与正常犯罪人一起改造，容易造成交叉感染，不利于残疾犯罪人的改造。因此，刑事诉讼法没有对残疾犯罪人刑罚执行做

出特殊的保护性规定，没有规定对残疾犯罪人的分关、分押、分教制度，实际上是刑事诉讼法人文精神缺失的表现。

第二节 公诉案件当事人和解程序人文缺陷分析

当事人和解的公诉案件诉讼程序作为本次刑事诉讼法修正案的一大亮点，在与立法机关严厉打击犯罪的宗旨和原则不相悖的前提下，把抚慰受害人心理创伤并弥补其经济损失、辅助被告人回归社会等人文关怀引入其中，更加体现了《刑事诉讼法》的人权保障价值。在吸收儒家传统“和为贵”人文思想的基础上，结合现代刑事诉讼人文要求，修正后的《刑事诉讼法》第277条确立了公诉案件当事人和解制度：“下列公诉案件，犯罪嫌疑人、被告人真诚悔罪，通过向被害人赔偿损失、赔礼道歉等方式获得被害人谅解，被害人自愿和解的，双方当事人可以和解：因民间纠纷引起，涉嫌刑法分则第四章、第五章规定的犯罪案件，可能判处三年有期徒刑以下刑罚的；除渎职犯罪以外的可能判处七年有期徒刑以下刑罚的过失犯罪案件。犯罪嫌疑人、被告人在五年以内曾经故意犯罪的，不适用本章规定的程序。”公诉案件当事人和解作为一种新型的解决刑事纠纷的方式，具有传统刑事处罚方式不具有的优点和功能，是建设和构建和谐刑事司法重要举措。这种充分尊重双方当事人意愿的案件处理方式，不仅能够使被害人的物质损害和心理创伤得到及时的补偿，并且使加害人得到被害人的谅解与宽恕，促进犯罪嫌疑人、被告人顺利回归社会，有利于当事人之间的利益纠纷关系得以圆满的解决，有助于实现法律效果和社会效果的有机统一。通过当事人和解结案，能够大大提高诉讼效率，节省有限的司法资源，还可以避免缠讼和上访的发生。公诉案件当事人和解诉讼制度的亮相无疑丰富和充实了我国刑事纠纷解决机制体系，在一定程度上缓和了社会矛盾。但由于我国刑事诉讼法规定的公诉案件当事人和解制度是一种新型的刑事纠纷解决方式，难免存在一定的人文缺陷。

一、公诉案件当事人和解的适用范围规定人文缺陷分析

（一）适用当事人和解的公诉案件范围限制过严

依据《刑事诉讼法》第277条的规定，目前我国公诉案件的当事人和解适用范围仅限于：因民间纠纷引起，涉嫌刑法分则第四章、第五章规定的犯罪案件，可能判处3年有期徒刑以下刑罚的；除渎职犯罪以外的可能判处7年有期徒刑以下刑罚的过失犯罪案件。从刑事诉讼法规定以及相关司法解释的规定来看，能够

适用公诉案件当事人和解的案件非常有限：首先，犯罪所侵犯的法益只能是因民事纠纷引起的公民人身权、民主权或财产权，在侵犯与被侵犯关系中的双方当事人，被害人有权处分法律赋予其的双重权利，即“放弃权利的权利”和“和解权”。如果被侵犯的是国家、社会、公共利益，在国家追诉主义的背景下，“和解”尚无法可依。其次，“3 年有期徒刑以下刑罚”和“7 年有期徒刑以下刑罚”的刑度限定要求案件对社会造成的危害程度相对较小，被破坏的社会关系尚有可弥补和恢复的余地，通过忏悔、道歉、赔偿等途径能够获得被害人的谅解的机会比较大，属于轻微刑事案件。最后，犯罪嫌疑人、被告人的主观恶性更多的是源自过失、冲动或疏忽大意，其人身危险性相对较低。从上述分析可以看出，我国公诉案件当事人和解适用案件的范围，不仅将刑法分则第四章、第五章规定之外所有犯罪均排除在外，并且将刑法分则第四章、第五章规定的有可能被判处 3 年有期徒刑以上刑罚的故意犯罪和有可能被判处 7 年有期徒刑以上刑罚的过失犯罪也排除在外，这是不科学的，也不符合刑罚适用的根本目的以及保护被害人合法权益的要求的。公正的法律和文明的法律应当对所有犯罪人和被害人都保持一个平等保护的态度，创设公诉案件当事人和解制度的目的一方面在于促使被告人真心悔罪，有效地达到刑罚适用的目的；另一方面在于通过刑事和解，通过犯罪人的真心悔罪和积极赔偿，能够弥补其犯罪行为给被害人、社会所造成的损害，修复被破坏的社会关系，建设和谐社会。在相当一部分刑事案件中，只要犯罪嫌疑人、被告人能真心悔罪，并积极给予被害人赔偿，法律就应当给予犯罪人一个重新改过自新的机会。让人难以置信的是法律文明和社会文明发展到今天，为什么就不能对犯罪人保持一种宽容的态度，面对犯罪人真心悔过，并有实际悔过行为，立法者难道不应该给其一个悔过自新、重新做人的机会吗？现代刑罚早已脱离单纯报复的范畴，而是矫正和报复并存。因此，现行刑事诉讼法关于公诉案件当事人和解适用案件范围的规定，在很大程度上断绝了一大部分犯罪人悔过自新之路，存在一定人文缺陷。

（二）没有对特殊犯罪主体规定予以从宽适用和解

从刑事诉讼法对公诉案件当事人和解适用案件的范围规定来看，立法者在设定公诉案件当事人和解适用案件的范围时只考虑了案件的罪刑因素和社会危害性大小的因素，部分考虑了犯罪主观因素（故意与过失），但并没有考虑犯罪主体因素以及对犯罪主观因素的细化。而无论是犯罪主体因素还是犯罪主观因素细化对公诉案件当事人和解的适用都应当具有重要的决定性作用。如犯罪人是老年人、未成年人、残疾人以及怀孕或正在哺乳婴幼儿的妇女、身患重病的人，国家出于对这些弱势群体利益保护的需要考虑，刑法和刑事诉讼法对上述弱势群体无论是从定罪量刑还是从刑事诉讼权益保护方面都作出了巨大的努力，但对这些弱势犯罪群体的宽容和谅解，为什么就不能成为公诉案件当事人和解适用的重要条件呢？对这些弱势群体犯罪行为的宽容和谅解并将其充分地体现到刑法和刑事诉讼法中，是刑事法律人文精神建设的需要，而我国刑事诉讼法恰恰缺少这部分人文精神。

（三）将犯罪嫌疑人、被告人在5年以内曾经故意犯罪以及渎职犯罪排除在公诉案件当事人和解范围之外是不妥的

根据我国现行刑事诉讼法的规定，公诉案件当事人和解案件范围将渎职类犯罪和5年以内曾经故意犯罪的情形排除在外，这是不妥当的。对于5年以内曾经故意犯罪的犯罪人来说，这类犯罪人的主观恶性确实较大，理应予以严惩。但对这部分犯罪人一律规定不许和解，显得刑事诉讼法人文精神不足。因为犯罪人在5年内故意犯罪包括的情形有很多，既有直接故意犯罪，也有间接故意犯罪；既有进行正当行为，但超出了法定的界限而导致的故意犯罪，如防卫过当、避险过当等；同时还有一些故意犯罪情节较轻，所判处的刑罚不重等。如果对这部分犯罪人一律不许和解，无疑在一定程度上断绝了其悔过之路，既不利于刑罚目的的实现，也不利于被害人利益的保护，同时也不利于这部分犯罪人的教育改造。对于渎职类犯罪而言，尽管法律根据国家利益、社会秩序对国家机关工作人员履行法定职责提出了更为严格的要求，而国家机关工作人员的渎职犯罪也确实侵害了国家机关正常的管理活动，也败坏了国家和政府的形象，给国家和社会及公共利益、公民个人利益造成了一定损失。而对于渎职犯罪造成国家财产、公共利益、公民个人利益严重损失的，固然应当受到法律的严惩，而对于犯罪人能够悔过自新，并积极赔偿损失的，为什么就不能给予其一次重新做人的机会呢？如果不给予渎职类犯罪和5年以内曾经故意犯罪的犯罪人和解的机会，因渎职或故意犯罪受损的国家财产、公共利益、公民个人利益将得不到必要的补偿，尤其是公民的个人利益将遭受很大的损害；如果给予这部分犯罪人一次悔过和解的机会，不仅能够使受损的国家财产、公共利益、公民个人利益得到必要的补偿，而且也能够使犯罪人受到应有的教育和惩罚，体现刑罚的人文精神。因此，将渎职类犯罪和5年以内曾经故意犯罪的情形排除在公诉案件当事人和解的适用范围之外，是不妥当的。

二、公诉案件当事人和解主体、方式人文缺陷分析

（一）公诉案件当事人和解主体规定人文缺陷分析

我国刑事诉讼法将公诉案件当事人和解主体限定为犯罪嫌疑人、被告人和被

害人。最高人民检察院《刑事诉讼规则》第511条进一步明确了可以参与刑事和解的主体：“被害人死亡的，其法定代理人、近亲属可以与犯罪嫌疑人和解。被害人系无行为能力或者限制行为能力人的，其法定代理人可以代为和解。”第512条又规定：“犯罪嫌疑人系限制行为能力人的，其法定代理人可以代为和解。犯罪嫌疑人在押的，经犯罪嫌疑人同意，其法定代理人、近亲属可以代为和解。”最高人民法院《关于适用〈中华人民共和国刑事诉讼法〉的解释》第497条也明确规定：“符合刑事诉讼法第277条规定的公诉案件，被害人死亡的，其近亲属可以与被告人和解。近亲属有多人的，达成和解协议，应当经处于同一继承顺序的所有近亲属同意。被害人系无行为能力或者限制行为能力人的，其法定代理人、近亲属可以代为和解。”该解释第498条规定：“被告人的近亲属经被告人同意，可以代为和解。被告人系限制行为能力人的，其法定代理人可以代为和解。被告人的法定代理人、近亲属依照前两款规定代为和解的，和解协议约定的赔礼道歉等事项，应当由被告人本人履行。”从上述规定可以看出，无论是刑事诉讼法还是相关的司法解释，基本上都规定参与公诉案件当事人和解的主体是犯罪嫌疑人、被告人和被害人及其法定代理人、近亲属，除此之外并无他人。刑事和解固然应当充分尊重当事人双方的意愿，但当双方的意愿表达存在一定法律障碍时，相关刑事诉讼法和司法解释并没有给出解决路径。在司法实践中，很多的当事人及其法定代理人、近亲属并不懂相关法律，无法表达当事人的真实意愿，无法全面维护当事人的双方的合法利益；还有的和解案件一方当事人聘请了辩护人或代理人，而另一方则没有聘请辩护人或代理人，这就导致当事人双方在法律了解方面不对等，很可能导致一方当事人的利益受损，有悖公诉案件当事人和解制度设立的初衷，不仅不能达到和解的目的，还可能引发更多的社会问题。

（二）公诉案件当事人和解方式人文缺陷分析

根据刑事诉讼法的相关规定来看，公诉案件当事人和解的方式仅为诉讼和解，并无其他方式。最高人民检察院《刑事诉讼规则》第514条规定了诉讼外和解：“双方当事人可以自行达成和解，也可以经人民调解委员会、村民委员会、居民委员会、当事人所在单位或者同事、亲友等组织或者个人调解后达成和解。”国家之所以设立公诉案件当事人和解制度，主要是考虑和谐司法建设的需要、被害人权益保护的需要以及促进犯罪人悔过自新，促使其顺利回归社会的需要而设立的。公诉案件当事人和解本身就是解决刑事纠纷解决方式新的探索，而且随着法律文明和社会文明的进步和发展，现代社会刑事纠纷解决方式应当是多元的，而不是单一的诉讼解决方式。虽然最高检的司法解释规定了诉讼外和解，但不具有普适性。同时，在司法实践中，由于是在侦查、起诉、审判环节进行刑事和解，导致调停人混乱。在侦查过程中，办案的侦查人员常常充当了调停人；在审查起诉过程中，检察官又常常充当了调停人；在审判过程中，法官也常常充当了调停人。在这种情形下，致使侦查人员、法官、检察官的公权力或多或少对当事人产生影响，在一定程度上导致双方当事人不能充分表达意愿。因此，和解方式的单一化非常不利于刑事和解的公正进行，有必要确立多种和解方式。

三、公诉案件当事人和解的内容人文缺陷分析

（一）赔偿损失的内容不明确

根据《刑事诉讼法》第 277 条的规定，公诉案件当事人和解的内容包括赔偿损失、赔礼道歉等内容，但此规定没有明确赔偿损失的内容都包括哪些。在司法实践中，被害人遭受犯罪行为的侵害，其遭受的损失有两个方面：一是物质损失；二是精神损失。被害人的物质损失理应包括已经遭受的实际物质损失，也包括将来必然要遭受的物质损失，但是对犯罪造成的间接损失是否属于赔偿范围，刑事诉讼法及相关司法解释未作规定。同时，犯罪行为在给被害人造成物质损失的同时，也会给被害人造成一定的精神损失，那么，对于被害人遭受的精神损失是否应予以赔偿，刑事诉讼法也未作规定。

（二）在没有造成物质损失的和解案件中，是否不需要给予被害人相应的物质赔偿

根据刑事诉讼法的规定适用公诉案件当事人和解的案件范围中，有些刑事案件，犯罪行为不一定会造成被害人的精神损失，如非法拘禁案件。那在没有给被害人造成物质损失的情况下，犯罪人仅向被害人赔礼道歉是否能够使被害人满意，从而达成和解呢？显然是不行的。在这种情况下，如果犯罪人向被害人进行物质赔偿没有法律依据，很可能导致非法和解。

（三）赔偿损失的标准不确定

任何法律适用都应当有明确的标准，不然就会造成司法实践操作层面的困难。而《刑事诉讼法》第 277 条仅规定了公诉案件当事人和解，犯罪嫌疑人、被告人可以通过向被害人赔偿损失的方式进行。但是犯罪嫌疑人、被告人以什么标准向被害人进行赔偿？如何有效防止“花钱买刑”现象的发生？如何在保障被害人利益的同时，使犯罪嫌疑人、被告人的利益也能得到保护，避免被害人无限制要求赔偿损失情况的发生。同时，如果法律承认犯罪嫌疑人、被告人需要对被害人的精神损失予以赔偿，那赔偿的标准又是什么？不然的话，被害人精神损失的大小就很难确定。在司法实践中，由于刑事诉讼法没有明确赔偿损失的标准，导

致在有些公诉案件当事人和解中，一方面，犯罪嫌疑人、被告人真诚悔罪，因被害人掌握了控制被告人是否成为罪犯或刑罚轻重的筹码，为了得到轻缓的处理，犯罪嫌疑人、被告人极力满足被害人的要求；另一方面，被害人由于掌握对犯罪嫌疑人、被告人刑罚适用的大权，常常不顾法律规定，狮子大张口，要求赔偿的损失常常超出犯罪嫌疑人、被告人能够承担的能力范围之外，造成犯罪嫌疑人、被告人心生怨恨，很难达到刑事和解的目的。

四、刑事和解的监督机制人文缺陷分析

自公诉案件当事人和解制度出台以来，各种“花钱买刑”、“以权谋私”的说法就不断出现。当然，公众、社会以及舆论的怀疑也并非空穴来风，正是由于在司法实践过程中，还存在一些司法腐败现象，为这种说法的存在提供了依据。再加上刑事和解制度的设立，实际上是将在多大程度上追究犯罪嫌疑人、被告人刑事责任的权力交给了被害人，这对被害人维护自身利益起着很大的作用，但同时也给被害人造成了巨大的压力。有时还会遭受犯罪嫌疑人、被告人及其近亲属的威胁、恐吓甚至报复，使被害人违心和解。为了从根本上杜绝“花钱买刑”、“以权谋私”的发生，杜绝司法腐败现象，同时也为了维护公诉案件当事人和解的公正性，刑事和解合法正当与否的监督制度设定至关重要。《刑事诉讼法》第278条只规定了公安司法机关应当对刑事和解的自愿性和合法性进行审查，并没有对公诉案件当事人和解的监督予以明确规定。既没有明确规定公诉案件当事人和解监督的主体，也没有明确规定公诉案件当事人和解监督的方式和途径，同时也未规定公诉案件当事人和解监督的法律效力及运用。在现代刑事诉讼中，缺乏监督的制度只会导致腐败。

五、公诉案件当事人和解的效力规定人文缺陷分析

《刑事诉讼法》第279条规定：“对于达成和解协议的案件，公安机关可以向人民检察院提出从宽处理的建议。人民检察院可以向人民法院提出从宽处罚的建议；对于犯罪情节轻微，不需要判处刑罚的，可以作出不起诉的决定。人民法院可以依法对被告人从宽处罚。”从此规定来看，刑事诉讼法仅对于各个诉讼阶段达成和解协议的处理方式予以了规定，但并没有就和解协议的法律效力予以明确规定，导致司法适用的混乱。

（一）公诉案件达成和解协议法律效力的规定缺陷

从《刑事诉讼法》第279条的规定来看，对于当事人达成和解协议的，刑事

诉讼法用“可以”从宽的规定是不恰当的。因为公诉案件当事人和解后，达成和解协议的，说明犯罪嫌疑人、被告人真诚悔罪，并向被害人赔礼道歉，而且已经满足了被害人的赔偿要求，在此情况下，国家理应对犯罪嫌疑人、被告人不处罚或者从轻处罚。那么，刑事诉讼法规定“可以”从宽的规定是否还意味着在一些情况下，即使当事人双方达成和解协议也不能对犯罪嫌疑人、被告人从宽处罚呢？那如果存在这种情形，那犯罪嫌疑人、被告人真诚悔罪、积极赔偿的法律效果又怎样体现呢？

（二）刑事诉讼法没有规定当事人没有达成和解协议或和解协议无效的，能否对犯罪嫌疑人从重处罚

《刑事诉讼法》第278条规定：“双方当事人和解的，公安机关、人民检察院、人民法院应当听取当事人和其他有关人员的意见，对和解的自愿性、合法性进行审查，并主持制作和解协议书。”最高人民检察院《刑事诉讼规则》第522条也规定：“犯罪嫌疑人或者其亲友等以暴力、威胁、欺骗或者其他非法方法强迫、引诱被害人和解，或者在协议履行完毕之后威胁、报复被害人的，应当认定和解协议无效。已经作出不批准逮捕或者不起诉决定的，人民检察院根据案件情况可以撤销原决定，对犯罪嫌疑人批准逮捕或者提起公诉。”从上述刑事诉讼法及有关司法解释的规定来看，导致和解协议不能达成或协议无效的原因主要有：（1）加害人并非真心悔罪。所谓“加害人并非真心悔罪”是指加害人的悔罪行为、赔礼道歉、赔偿损失等并非发自内心，发自肺腑，其悔罪表现目的仅仅是为了在得到被害人的谅解后争取从宽处罚或不处罚的结果。但“法不诛心”，在司法实践中，造成和解协议不能达成或无效的主要原因只能是加害人不履行或不完全履行其承诺的行为，如不能履行赔偿义务或赔礼道歉不真诚等。（2）被害人不自愿。被害人在公诉和解过程中的心理相对复杂，可能受到来自外界的各种压力，可能受到犯罪嫌疑人、被告人或其近亲属的威胁、恐吓、利诱、欺骗，可能急于获得大量的金钱赔偿等。无论何种情形，被害人作出的意思表示都是存在瑕疵的，是不完整的，都会影响到和解协议的效力。（3）外来不合法因素的介入。公安、司法机关机关的工作人员在公诉案件当事人和解过程中，滥用职权、徇私枉法，在这种环境下产生的和解协议无疑是无效的。对于上述导致刑事和解无效或不能达成和解协议的原因分析来看，如果当事人双方不同意造成的和解协议不能达成，依法不能对犯罪嫌疑人、被告人从重适用刑罚；但是对于由于犯罪嫌疑人、被告人或其近亲属的威胁、恐吓、利诱、欺骗而不能达成和解协议或致使和解协议无效的情形下，能否对犯罪嫌疑人、被告人从重处罚呢？无论是刑事诉讼法还是相关的司法解释都没有对此作出明确规定，显得刑事诉讼法存在一定的人文缺陷。

六、没有对刑事和解的次数予以明确规定

从现行刑事诉讼法以及司法解释的规定来看，并没有对公诉案件当事人刑事和解的次数进行限制，但也没有规定刑事和解的次数。那么从一般意义上理解，法无明文禁止即许可，即公诉案件当事人和解在法定期限内可以反复多次进行。但如果是因为犯罪嫌疑人、被告人或其近亲属的威胁、恐吓、利诱、欺骗而导致前次和解失败或无效，是否还可再次进行和解呢？在这种情况下如果还可以再允许当事人和解，势必使法律成为犯罪嫌疑人、被告人手中的玩物，不利于维护法律的尊严，也不利于被害人利益的维护。因此，刑事诉讼法对此理应作出明确规定。

综上，由于公诉案件当事人和解程序规定还比较粗疏，该制度实行的时间还过短，难免存在许多缺陷，立法机关应当积极听取各方意见和建议，及时予以修订，避免被不法分子加以利用，造成司法不公，损害司法正义。

第三节　死刑复核及死刑执行人文缺陷分析

一、死刑复核程序人文缺陷分析

死刑是剥夺犯罪分子生命的刑罚，是刑法所规定的诸刑种中最严厉的一种，称为极刑。死刑复核程序作为一个特殊的诉讼程序，其设置的初衷就是充分保障被告人的人权，控制和减少死刑的适用，提高死刑案件的质量。死刑复核程序作为一种特殊程序，是死刑案件均需具有的一种纠错程序，主要是通过对原审及二审法院认定的案件事实和法律适用进行全面、严格的审查，保障死刑适用的准确性，为被告人提供最后辩护的机会，充分体现了对生命权的尊重。我国历来重视死刑的适用，并采取各种措施不断完善相应的死刑复核程序，但修改后的死刑复核程序仍然存在一定的缺陷。这些缺陷的存在，既不利于被告人生命的保障，而且也不利于刑事诉讼人文精神建设。

（一）死刑复核程序的立法较为粗疏

根据我国现行刑事诉讼法的规定，死刑复核程序仅有 6 个简单的条文规定，相较死刑严厉程度而言，显得较为笼统和模糊，导致死刑司法适用的混乱，在一定程度上也说明了立法者对生命的漠视，显得刑事诉讼法对被告人生命权益尊重

不够。现行刑事诉讼法仅对死刑复核的主体、审判组织，复核后的处理、律师有限地参与、有限检察监督等问题作了比较笼统的规定之外，并未对死刑复核需要报请的具体内容、死刑复核的方式、被告人辩护权的行使、人民检察院的具体监督方式和途径以及死刑复核期限等相关问题作出明确界定。现行刑事诉讼法对于死刑复核程序规定的如此笼统和模糊，与当前刑事诉讼的“尊重和保障人权”基本理念相悖。因为死刑是剥夺犯罪人生命的刑罚，是最为严厉的刑罚，为了保证死刑适用的准确性，理应设立更为严密、更为周全的纠错程序。虽然相关司法解释对死刑复核程序进行了一定的补充和完善，但司法解释毕竟不能代替刑事诉讼法，不具有普适性。

（二）死刑复核程序中被告人辩护权的保障存在一定缺陷

1. 辩护律师参与死刑复核程序的规定存在一定缺陷。《刑事诉讼法》第 240 条规定：“最高人民法院复核死刑案件，应当讯问被告人，辩护律师提出要求的，应当听取辩护律师的意见。”最高人民法院《关于适用中华人民共和国刑事诉讼法的解释》第 356 条也规定：“死刑复核期间，辩护律师要求当面反映意见的，最高人民法院有关合议庭应当在办公场所听取其意见，并制作笔录；辩护律师提出书面意见的，应当附卷。”新的刑事诉讼法及相关司法解释规定涉及辩护律师参与死刑复核程序的部分参与的权限，除此之外再无其他相关规定，相关的司法解释也没有对辩护律师参与死刑复核作出明确的规定。从此规定来看，在死刑复核过程中，既不允许律师阅卷，也不允许会见被告人，更谈不上进行调查取证，因此，辩护律师参与死刑复核程序是非常有限的。死刑是剥夺人生命的最严厉的刑罚，因此对死刑的适用必须慎之又慎，尽可能地充分保障被告人的诉讼权利，确保死刑的质量。而保障死刑质量的重要途径就是尽可能扩大辩护人参与死刑复核的权限和途径，以保障被告人的辩护权充分、有效的行使。辩护人有效地参与死刑复核，有助于维护被告人的生命权益，也有助于准确适用法律，维护死刑适用的公正性和客观性。虽然我国刑事诉讼法为保障被告人辩护权的行使，规定了较为完善的辩护制度，但针对死刑复核程序而言，被告人的辩护权行使则受到很大的限制，辩护律师的知情权和参与死刑复核的路径、方式有很大的缺陷。

2. 在死刑复核程序中排除非律师辩护人介入存在一定的缺陷。《刑事诉讼法》第 32 条规定：“犯罪嫌疑人、被告人除自己行使辩护权以外，还可以委托一至二人作为辩护人。下列的人可以被委托为辩护人：（一）律师；（二）人民团体或者犯罪嫌疑人、被告人所在单位推荐的人；（三）犯罪嫌疑人、被告人的监护人、亲友。”根据此条规定，犯罪嫌疑人、被告人除可以聘请律师作为自己的辩护人以外，还可以聘请人民团体或者犯罪嫌疑人、被告人所在单位推荐的人以及犯罪嫌疑人、被告人的监护人、亲友作为自己的辩护人。因此，在有关的诉讼程序中，为了保障犯罪嫌疑人、被告人辩护权得以充分有效地行使，维护其自身的合法权益，除侦查程序以外都应当允许辩护人的充分、有效地参与。死刑复核程序作为死刑适用的纠错程序，理应保障被告人辩护权充分、有效地行使，但现行刑事诉讼法将非律师辩护人排除在死刑复核程序之外，很难使被告人的诉讼权益和生命权益得到有效的保护，且此规定既无宪法依据，也无法理依据，显得刑事诉讼法的人文气息不足。

3. 死刑复核中没有规定被告人享有法律援助权利。为了保证被告人的辩护权得到有效的行使，维护被告人的诉讼权益，我国刑事诉讼法规定了刑事法律援助制度，并且对法定特殊情形规定了强制法律援助。《刑事诉讼法》第34条明确规定："犯罪嫌疑人、被告人因经济困难或者其他原因没有委托辩护人的，本人及其近亲属可以向法律援助机构提出申请。对符合法律援助条件的，法律援助机构应当指派律师为其提供辩护。犯罪嫌疑人、被告人是盲、聋、哑人，或者是尚未完全丧失辨认或者控制自己行为能力的精神病人，没有委托辩护人的，人民法院、人民检察院和公安机关应当通知法律援助机构指派律师为其提供辩护。犯罪嫌疑人、被告人可能被判处无期徒刑、死刑，没有委托辩护人的，人民法院、人民检察院和公安机关应当通知法律援助机构指派律师为其提供辩护。"根据此规定，死刑复核程序作为刑事诉讼的一个特殊程序，尤其是涉及被告人的生死程序，国家理应保障被告人的辩护权得以充分、有效地行使。在死刑复核程序中，被告人如果没有聘请辩护律师，有关法院理应为其指定承担法律援助义务的律师为其进行辩护。但遗憾的是，刑事诉讼法和相关的司法解释既没有对被告人没有聘请辩护律师的，是否应当指定辩护律师为其提供法律帮助作出规定，也没有对指定辩护律师为其提供法律帮助的方式方法作出规定，不利于死刑的正确适用，也不利于被告人生命权的保护，存在较大的人文缺陷。

（三）被害人的意愿在死刑复核程序中没有得到应有的尊重和重视

"药家鑫案件"发生后，被害人近亲属的意见一直受到各级审判机关的重视，体现了各级审判机关对被害人权益的保护。被害人作为刑事诉讼中重要的当事人，其诉讼权益理应得到充分、有效的保护。在死刑复核过程中，被害人有积极参与诉讼的愿望，其对被告人是否适用死刑理应可以表达自己的意愿，有关法院理应采取各种措施和方法保证其意愿能够得到实现。作为犯罪行为的被害人，其本身利益遭受了巨大损害，有权利对案件的事实和法律适用发表自己的观点和看法，这一权利不能被剥夺。近年来，随着被害人人权保障运动的兴起，要求在刑事诉讼中，必须重视被害人的诉讼权益保护，切实维护被害人的合法权益。在死刑复核过程中，有关法院在听取被告人意见的同时，必须重视被害人的意见，如果被害人的意愿得不到有效的表达，将会造成被害人上访、缠讼等行为发生，严重的还有可能导致被害人采取极端方式报复社会，可能导致被害人成为“潜在的犯罪人”，影响社会的安全稳定，不利于和谐社会的建设。而现行刑事诉讼法及相关的司法解释既没有规定死刑复核应否听取被害人的意见，也没有规定被害人的意愿通过何种渠道予以反映以及有关法院应如何运用被害人的意愿。刑事诉讼法及相关司法解释的这些缺陷，实际上是剥夺了被害人参与死刑复核的权利，对维护被害人的合法权益是非常不利的。

（四）未明确规定死刑复核的期限

长期以来，我国死刑复核程序都是在漫无期限下进行的。任何审判都应当是可期的，而不是茫无期限的。如果死刑复核没有固定的期限，对被害人而言，迟来的正义对于被害人就是损害；从被告人角度而言，被告人心焦的等待实际上是对被告人的一种无形煎熬；从司法正义角度而言，审判必须及时终结，哪怕是死刑复核也必须如此；从刑罚适用的目的来看，及时终结审判程序，可以加大对社会不稳定分子的震慑，时间越久，这种震慑起到的效果就越不明显。目前，为了保证刑事诉讼及时进行，对于侦查、审查起诉以及一审、二审、审判监督的审理期限都加以了明确规定，唯独没有对死刑复核审理期限作出规定。死刑复核程序作为刑事诉讼中的一种特殊纠错程序，如果规定的复核期限稍微长一点儿人们也能理解。但是对死刑复核期限不予限制，一方面可能会导致复核期限无限期延长，可能会导致证据材料因时间过长而遭受损坏，既严重影响了程序正当性，同时也不利于被害人、被告人的人权保护，同时也不符合刑法人道主义精神；另一方面无限期的死刑复核，在一定程度上也容易滋生司法腐败。

（五）死刑复核的监督程序存在较大缺陷

为了保证死刑复核的正确进行，应当对死刑复核程序进行必要的监督。为此，《刑事诉讼法》第 240 条规定：“在复核死刑案件过程中，最高人民检察院可以向最高人民法院提出意见。最高人民法院应当将死刑复核结果通报最高人民检察院。”最高人民法院《关于适用中华人民共和国刑事诉讼法的解释》第 357 条同时也规定：“死刑复核期间，最高人民检察院提出意见的，最高人民法院应当审查，并将采纳情况及理由反馈最高人民检察院。”该解释第 358 条规定：“最高人民法院应当根据有关规定向最高人民检察院通报死刑案件复核结果。”作为刑事诉讼的法定监督机关，最高人民检察院《刑事诉讼规则》也对死刑复核监督在刑事法律监督一章中作了专节规定，但从该司法解释规定来看，仍然有很多不足之处。况且司法解释毕竟不是刑事诉讼法，不具有普适性，很难对法院的死刑复核程序起到真正监督作用。目前，检察机关作为死刑复核程序的法定监督机构，其监督作用的发挥还存在以下缺陷：

1. 没有规定检察机关应当全程参与死刑复核程序。检察机关作为刑事诉讼的法定监督机关，在死刑复核程序中理应发挥应有的检查监督作用。但是由于法律规定的缺陷，导致检察机关不能全程参与死刑复核程序，也就不能对人民法院死刑复核是否合法实行监督。同时由于上级人民检察院对死刑复核程序监督提出监督意见主要是依据下级检察机关报送的相关材料，不能真正掌握第一手材料，其监督作用是十分有限的。在过去一段时间里，相继发生的死刑冤假错案，与检察机关死刑复核监督不到位应该说具有很大的关系。如，刑事诉讼法没有规定相关的人民检察院在进行死刑复核监督时应当讯问被告人，听取辩护人的意见，同时听取被害人及其法定代理人、近亲属、诉讼代理人的意见，这就导致相关的人民检察院仅仅是根据相关的案件材料进行分析提出监督意见，无法提出有针对性的监督意见，导致监督不到位。

2. 没有为死刑复核监督预留一定的期限。由于死刑复核没有法定的期限，有权人民法院的死刑复核可能复核得较快，也可能复核得较慢，这就给有权监督的人民检察院的死刑复核监督制造了巨大的困难。虽然为了保证死刑复核监督的效果，保证死刑监督及时到位，最高人民检察院《刑事诉讼规则》第 607 条规定："省级人民检察院发现死刑复核案件被告人自首、立功、达成赔偿协议取得被害方谅解等新的证据材料和有关情况，可能影响死刑适用的，应当及时向最高人民检察院报告。"虽然《刑事诉讼法》第 240 条规定，最高人民法院应当将死刑复核结果通报最高人民检察院。但是，如果最高人民法院将死刑复核结果通报最高人民检察院以后，很快就下发核准死刑裁定或执行死刑命令，等最高人民检察院的监督意见发到最高人民法院，原审人民法院已经对被告人死刑执行完毕，如果这样，再有效的检察监督也不能挽救被告人的生命。而可能出现这种局面的重要原因，就是刑事诉讼法并没有规定，最高人民法院将死刑复核结果通报最高人民检察院以后，预留一定的时间，在接到最高人民检察院的监督意见以后，最高人民法院才能下发死刑核准裁定或死刑执行命令。但遗憾的是，刑事诉讼法及相关的司法解释并没有对此作出规定，在一定程度上导致人民检察院的死刑复核监督不到位。

二、死刑执行人文缺陷分析

（一）死刑执行方式的缺陷分析

1. 死刑执行方式种类人文缺陷分析。《刑事诉讼法》第 252 条第 2 款规定："死刑采用枪决或者注射等方法执行。"最高人民法院《关于适用中华人民共和国刑事诉讼法的解释》第 425 条第 1 款、第 3 款也规定："死刑采用枪决或者注射等方法执行。采用枪决、注射以外的其他方法执行死刑的，应当事先层报最高人民法院批准。”从我国刑事诉讼法及相关的司法解释规定来看，目前我国死刑执行的主要方式是枪决和注射，从司法实践来看，最常用的死刑执行方式是枪决。因为注射执行死刑的成本较高，再加上其他一些不为人知因素的影响，如收集器官等，国内死刑的最基本方式就是枪决。早在 1984 年 5 月 25 日联合国经济及社会委员会通过的《关于保证面对死刑的人的权利的保护的保障措施》第 9 项就规定：“在有死刑的场合，死刑应该以施加最小痛苦的方法执行。”而死刑的残酷早就为人所知，并且在近百年来，枪决一直在死刑适用中占据着主要地位。而枪决的方式早为世人所诟病，主要是枪决的方式并不人道，主要是由于枪决可能导致罪犯的面目全非，不仅显得死刑非常残酷，还会引发其他一些不良的社会后果。同时，有时因为执行死刑的主体射击水平有限，不能一枪毙命，需要多枪才能毙命，致使罪犯遭受更多的痛苦，显得死刑执行不够人道。

2. 没有赋予罪犯有权选择死刑的方式。根据《刑事诉讼法》第 252 条的规定，死刑执行方式主要是枪决和注射。根据最高人民法院《关于适用中华人民共和国刑事诉讼法的解释》第 425 条第 1 款、第 3 款也规定：“采用枪决、注射以外的其他方法执行死刑的，应当事先层报最高人民法院批准。”根据刑事诉讼法以及相关司法解释的规定，只要是犯罪人应当被执行死刑的，其行刑方式都是法定的，各执行法院都可以根据执行的实际情况来确定执行死刑的方式，而不管被执行死刑的罪犯愿意不愿意。但笔者认为，既然罪犯生死不能由自己选择，但罪犯应当有权决定以什么样的方式来结束自己的生命，法律对此也不应粗暴地剥夺罪犯的此种最基本的权利要求。我国是个多民族的国家，每个民族都有自己的生活方式和生活习惯，同样也存在着各种各样的风俗习惯，就是对待死亡也有不同的观念，这点已经被实践所证明。而我国刑事诉讼法却没有考虑这些因素，既没有规定多样的死刑执行方式，也没有赋予罪犯自己选择死亡的方式，这不仅有违死刑人道的要求，而且也不符合和谐社会建设的要求。

（二）死刑执行其他人文缺陷分析

1. 死刑执行场所存在一定的缺陷。《刑事诉讼法》第 252 条第 2 款规定：“死刑可以在刑场或者指定的羁押场所内执行。”从此规定来看，死刑执行的场所既可以在刑场执行，也可以在羁押场所内进行。如果对罪犯在羁押场所执行死刑，既不需要动用大量的人力、物力，节省有限的司法资源，又可以避免“示众”嫌疑，有助于被执行人个人隐私的保护。因为从监所将被执行人带到刑场执行，不可避免地要加强沿途警戒，动用大量的人力、物力，防止罪犯逃脱或其他意外发生；同时，在将被执行人带到刑场执行路途中，免不了有大量的群众观看，甚至到了行刑现场，也往往聚集了大量的观看群众，不仅使被执行人的个人隐私得不到有效的保护，而且也有可能使被执行人的亲属受到不利影响的波及。

2. 没有明确规定公布死刑的方式。《刑事诉讼法》第252条第5款规定“执行死刑应当公布，不应示众。”根据此条款规定，各级执行死刑的人民法院一般都能尽量避免对死刑犯的“示众”，但由于对执行死刑的公布方式未加以明确限制，导致有些地方死刑公布与“示众”差别不大。如有的地方人民法院通过新闻媒体的途径对被执行死刑的罪犯进行传播，以达到震慑社会不稳定分子的效果，但如此一来，被执行死刑罪犯的个人隐私暴露无遗。犯罪人被执行死刑本来就给犯罪人的家属带来无比的痛苦，如果再将犯罪人被处死的情况公布于众，造成犯罪人的家属在当地无脸见人，见人都觉得比别人矮三分。我国刑法明确规定罪责自负，但现在的法律规定，在一定程度上，死刑执行的公布明显造成了死刑的责任后果不仅让犯罪人承受，而且也波及了犯罪人的亲属。因此，使犯罪人被执行死刑的后果波及亲属的影响过大，这显然不符合罪责自负的原则，也是有违刑事诉讼人文精神要求的。

3. 未明确规定死刑执行前是否允许死刑犯会见家属。《刑事诉讼法》第252条第7款规定：“执行死刑后，交付执行的人民法院应当通知罪犯家属。”从此规定来看，显然刑事诉讼法并没有要求在执行死刑前就通知死刑犯家属与其会见。然而，被执行死刑的罪犯，在临刑前也有权享受与亲人短暂相处的权利，最高人民法院显然已经注意到了这一问题。罪犯无论是为人子还是为人父，在其临刑之前与家人短暂相会，向家人嘱托临终遗言，这是人之常情，尤其是中国人对此十分看重。最高人民法院《关于适用中华人民共和国刑事诉讼法的解释》第423条规定：“第一审人民法院在执行死刑前，应当告知罪犯有权会见其近亲属。罪犯申请会见并提供具体联系方式的，人民法院应当通知其近亲属。罪犯近亲属申请会见的，人民法院应当准许，并及时安排会见。”在执行死刑前，罪犯提出会见其近亲属或者其近亲属提出会见罪犯申请的，人民法院应当许可，体现了刑事诉讼人道精神，同时也体现了国家对死刑犯的怜悯之心。但是该司法解释毕竟不是刑事诉讼法，不具有普适性。现行刑事诉讼法对此并没有做任何的规定，显得刑事诉讼法残暴有余，而人文气息不足。

4. 在一定程度上剥夺了死刑立即执行罪犯的申诉权。《刑事诉讼法》第241条规定：“当事人及其法定代理人、近亲属，对已经发生法律效力的判决、裁定，可以向人民法院或者人民检察院提出申诉，但是不能停止判决、裁定的执行。”《刑事诉讼法》第242条规定：“当事人及其法定代理人、近亲属的申诉符合下列情形之一的，人民法院应当重新审判：有新的证据证明原判决、裁定认定的事实确有错误，可能影响定罪量刑的；据以定罪量刑的证据不确实、不充分、依法应当予以排除，或者证明案件事实的主要证据之间存在矛盾的；原判决、裁定适用法律确有错误的；违反法律规定的诉讼程序，可能影响公正审判的；审判人员在审理该案件的时候，有贪污受贿，徇私舞弊，枉法裁判行为的。”从上述刑事诉讼法规定来看，如果当事人及其法定代理人、近亲属不服已经发生法律效力的判决、裁定，可以向人民法院或者人民检察院提出申诉，虽然申诉不能停止生效判决、裁定的执行，但申诉如果具有法定情形的，人民法院应当重新审判，也可能导致改变原判的结果。但《刑事诉讼法》第 251 条第 1 款规定：“下级人民法院接到最高人民法院执行死刑的命令后，应当在七日以内交付执行。”死刑案件由于涉及公民的生命权益，所以我国一般刑事案件经过二审就是终审，而对于死刑案件，必须要经过死刑复核程序才能最终获得生效的判决、裁定，并由最高人民法院院长签发执行死刑命令后方能执行。但由于刑诉法留给被执行死刑人及其近亲属申诉的时间只有 7 天，根本来不及行使申诉权利，而等犯罪人被执行死刑，其近亲属即使申诉胜诉，也无法挽回被执行死刑罪犯的生命。刑事诉讼法如此规定，在一定程度上剥夺了犯罪人申诉的权利，不利于犯罪人生命权益的保护，存在一定的人文缺陷。

5. 死刑执行主体规定存在一定的缺陷。《刑事诉讼法》第 251 条规定：“下级人民法院接到最高人民法院执行死刑的命令后，应当在七日以内交付执行。”《刑事诉讼法》第 252 条第 4 款规定：“指挥执行的审判人员，对罪犯应当验明正身，讯问有无遗言、信札，然后交付执行人员执行死刑。”从我国刑事诉讼法的相关规定来看，并没有对死刑执行的主体作出明确界定，导致对死刑主体认识的混乱，不利于刑罚的正确执行。从我国刑事诉讼法的相关规定来看，刑罚的执行一般包括交付执行刑罚的对象、刑罚执行机关、刑罚执行的监督机关以及刑罚执行的程序。从一般意义上来讲，死刑也是刑罚的一种，死刑的执行也应与一般刑罚执行一样具备相关要素。作为审判机构和死刑复核机构的人民法院，理应成为死刑执行对象的交付机关，并不应当成为死刑的执行机关。从理论上来讲，如果认定人民法院既可以作为审判机关，又可以成为刑罚的执行机关，显然在一定程度上违背了审判权应当中立的基本原则。从司法实践角度来看，人民法院也不具备死刑执行的条件。由于执行死刑大多是执行枪决，人民法院不具备一枪毙命的工作人员，如果由人民法院作为执行主体，那对罪犯而言也是不人道的。

6. 未明确规定被执行死刑的罪犯尸体完整权。据卫生部统计，中国每年约有 150 万人需要器官移植，但是每年仅 1 万人能够接受移植手术，器官缺乏是主要原因。由于缺乏公民的自愿捐献，中国此前绝大多数的移植器官来源于死囚捐献。中国人历来讲究“身体发肤，受之父母，不敢毁伤，孝之始也”，中国人历来重视“孝”，并将孝顺父母作为一种传统美德。随着法治建设的进步、人权保障意识的不断提高，即使对死刑罪犯的器官使用也必须尊重罪犯的意愿。而当下，由于我国器官移植的需求量大，不仅导致非法买卖器官行为的产生，而且对罪犯执行死刑后，也有随意处理死刑犯器官现象的发生，严重影响了死刑犯的尸体完整权及其家属的知情权。但我国刑事诉讼法关于死刑犯执行死刑后，并没有对其尸体的处理予以明确的规定。最高人民法院《关于适用中华人民共和国刑事诉讼法的解释》第428条第2项也仅规定：执行死刑后，“通知罪犯家属在限期内领取罪犯骨灰；没有火化条件或者因民族、宗教等原因不宜火化的，通知领取尸体；过期不领取的，由人民法院通知有关单位处理，并要求有关单位出具处理情况的说明；对罪犯骨灰或者尸体的处理情况，应当记录在案。”根据此司法解释的规定，也仅是对罪犯的尸体处理做了笼统的规定，并不利于司法操作。现有针对罪犯尸体处理的法律依据是1984年10月9日由最高人民法院、最高人民检察院、公安部、司法部、卫生部、民政部《关于利用死刑罪犯尸体或尸体器官的暂行规定》的相关规定。该规定第3条规定，以下几种死刑罪犯尸体或尸体器官可供利用：无人收殓或家属拒绝收殓的；死刑罪犯自愿将尸体交医疗卫生单位利用的；经家属同意利用的。第4条第4项规定：“利用死刑罪犯尸体或尸体器官要严格保密，注意影响，一般应在利用单位内部进行。确有必要时，经执行死刑的人民法院同意，可以允许卫生部门的手术车开到刑场摘取器官，但不得使用有卫生部门标志的车辆，不准穿白大衣。摘取手术未完成时，不得解除刑场警戒。”从上述规定来看，对被执行死刑罪犯的尸体处理存在以下缺陷：

第一，对罪犯的尸体处理缺乏明确的刑事诉讼法的规定，不利于罪犯死后尊严的保护。

第二，现有处理死刑犯尸体的法律依据是近30年前规定的，而现代社会发展以及法律文明建设速度极快，该规定还能否有效规范死刑罪犯的尸体处理，能否符合现代刑事诉讼人权保障的需要，这都是值得思考的问题。

第三，死刑犯的自愿捐献应如何认定。在死刑犯捐献器官的过程中，其到底是否出于自愿而捐献，这由哪个机关来而定？又由哪个机关来监督？由于在司法实践中，相较司法机关的强大，死刑犯处于一个相对“弱势”的地位，因此，确认其捐献器官的“自愿性”就显得非常重要。如果死刑犯的器官捐献不是建立在完全自愿的基础上，而是非自愿或不完全自愿的，那么，强迫死刑犯同意捐献其器官是完全不公平的。

第五部分
现代刑事法律之人文改良

随着社会的发展，文明的进步，党的十六大明确提出了弘扬人文精神，倡导人文关怀的思想。同时人文精神的重要内容之一保障人权，已经被提到由宪法规定的高度，并于2004年3月14日第十届全国人民代表大会第二次会议以宪法修正案的形式——以最高法律的形式规定并确认“保障人权”条款。因此加强刑事法律的人文精神建设，淡化刑事法律的政治本色，是我国现代刑事法律建设和完善首先应予以考虑的问题。刑事法律制度的设立与完善必须强调以人为本，也就意味着刑事法律本身应当体现对人的本性的尊重和理解，对人的生命权利、人身自由权利、政治权利、财产权利以及其他权利的肯定和维护，从这层意义来看，基于人性而产生的人文关怀无论是在古代社会，还是在现代社会，都应当予以彻底的保护，而刑事法律制度对于人文精神的关注，无疑应当成为现代刑事法律的应有内涵。随着刑事法律人文建设的发展，克服刑事法律残暴和冷酷，逐步增强刑事法律的人文气息，已经成为现代刑事法律人文改良的发展趋势。儒家人文思想主要体现为：仁义、爱人、宽容与和谐，并通过多种渠道和方式影响、渗透于中华民族的政治、经济、哲学、伦理、心理、美学、民俗等社会生活的各个方面，产生了陶冶情操、崇尚人格、尊老爱幼、安定家庭、协调社会、治国安邦、顺应自然、天人和谐等多种功能和影响，对中华民族丰富多彩、博大精深的古代法文化的形成，做出了极其重要的贡献。在现代刑法完善中，儒家人文伦理思想仍具有一定的现代价值。在现代刑事法建设过程中，一方面我们应当继承和发扬传统儒家人文法律观念，将儒家人文思想与刑事立法、司法很好地结合起来，使冷冰冰的刑事立法、司法具有一些温情脉脉的形式和内容，使刑事法更具有一定的现代人文气息，使其真正达到在惩罚犯罪的同时，又能及时修复被犯罪侵害的社会关系；既能使犯罪分子真正认罪伏法，又能使被害人体会到国家的关心和关爱，使现代刑事法律具有人性化的特点；另一方面还应克服传统儒家人文思想带来的不利消极的影响，充分张扬现代法治精神，使刑事法律具有现代人文气息。在现代中国刑事法律的人文建设和完善过程中，中国传统的儒家人文法律思想无疑是中国现代刑事法律建设和完善的历史根基，而中国现代刑事法律人文化则是中国传统儒家人文法律文化的历史继承。应在我国现代刑事法律人文重建过程中，吸收和扬弃儒家法律人文精神，既保持传统人文精神的合理内核，又吸收其他国家刑事法律人文精神有益成分，建设富含中国人文特色的刑事法律体系。从刑法角度而言，通过相应的刑法修正案的修订，尤其是《刑法修正案(八)》的出台，表明中国现行刑法正逐渐从国家本位向社会本位转化、从国权主义刑法向民权主义刑法演进，彰显出中国现代刑法日益倾注的法律人文关怀。从刑事诉讼法角度而言，通过刑事诉讼法的修订，刑事司法注重人文精神建设已经成为现代刑事诉讼的一种基本理念。在刑事诉讼过程中必须体现对人的尊重，对人价值和尊严的认可，并在刑事诉讼各个环节制定切实可行的制度措施，以保证其实现。在现代刑事诉讼过程中，重视对弱势群体的利益保护，以体现诉讼公平；在现代刑事诉讼中，加强反酷刑制度建设，以体现刑事诉讼的人文精神；在现代刑事诉讼中，重视和加强对人的价值尊重和保护，是现代刑事诉讼人文精神建设的要求。同时，刑事法律道德化和道德法律化是现代刑事法律的发展趋势，刑事法律与伦理道德的紧密结合，重现中国伦理特色的现代刑事法治，已经成为我国刑事法律人文改良趋势。由于笔者的精力有限，本部分仅结合儒家人文法律思想的要求，对几个重要的刑事法律人文改良作出论述。

第五章

弱势群体刑事法律保护人文改良

当前，随着刑事法律人文建设的发展，弱势群体的权利保护问题已成为我国政治、法律、社会生活的一个重大主题，并日益引起人们的关注与重视。我国2004年宪法修正案规定："国家尊重和保障人权"，明确表明了国家"以人为本"的保护原则，而弱势群体正是人权保护中最需要关注与投入的一种。随着人权保障观念在刑事法律领域的不断强化，对未成年人、老年人、妇女、残疾人等特殊群体的刑事法律保护，将在未来的刑法和刑事诉讼法立法和司法过程中得到进一步加强，并需要对现有的刑事法律进行必要的人文改良。在刑法方面，一方面，加强对侵害弱势群体利益的犯罪行为予以从重打击，以体现国家重视弱势群体利益的保护；另一方面对弱势群体的犯罪行为予以必要的宽容和谅解，给予弱势群体犯罪一定程度的从轻处罚，以体现国家对其的人文关怀。在刑事诉讼中，一方面国家强化对犯罪弱势群体诉讼权益的保护，保证其诉讼权益能够得到有效、充分地实现；另一方面，在相关的刑事诉讼制度中，对弱势被害群体予以特殊的诉讼保护，防止其"二次被害"。通过对弱势群体利益的正反刑事法律保护，体现国家对他们的关心和爱护，体现刑事法律的公平、正义原则，体现刑事法律"保护弱者"的人文精神。正如有的学者所说："社会弱者的保护体现为一种特殊保护或倾斜性保护，因为在社会竞争中，强者往往能够通过自身的力量捍卫自己的利益，而弱者需要借助外力的支持与帮助。同情弱者，扶助弱者，这是弱者人权保护的基本道德要求，是对善良人性的一种呼唤。"①

第一节　老年人刑事法律保护人文改良

随着中国步入老年化社会，加强对老年人权益保护的重要性日益凸显，在刑

① 周慧：《弱者人权与中国传统伦理思想的相容性》，载于《湖南师范大学社会科学学报》2006年第7期。

事法律的制定和执行过程中，必须重视老年人合法权益的保护，以体现国家对于老年人的关心和爱护。在刑事法律制定和执行过程中，既要对侵犯老年人合法权益的犯罪行为予以从重、从严处罚，又要对老年犯罪人持一种宽容和谅解的态度，对他们的犯罪行为予以从宽、从轻处罚。对待老年人利益刑事保护的态度实际上反映出一个社会的文明程度，同样也反映出一个国家的法律文明程度。在提倡人权保障的今天，我们在对待老年人利益保护问题上必须进行必要的人文反思，而实际上中华传统儒家“仁爱、矜老、恤刑”等人文思想早已给我们正确对待老年人利益的刑事保护做出了指引。儒家人文思想是世界上最古老、最著名、最重要的人文思想体系，在数千年中国封建社会的历史进程中，引导中华民族形成了尊老爱幼的传统美德，并以其几千年的生命力向世人证明了它自身存在价值。儒家的“仁爱、矜老、恤刑”人文法律思想不仅对中国古代历朝刑事立法与司法产生了重要影响，而且在中国现代刑事法律制度的人文建设进程中，也具有极其重要的指导作用。我们在完善现代刑事法律过程中，弘扬儒家“仁爱、尊老、敬老”人文精神，有助于克服刑事法律本身具有的残暴与冷酷以及由此而导致的某些困境，尤其有利于当代和谐社会伦理的重建，从而有利于和谐社会秩序建设。同时，同情、保护弱者才能使刑事法律保持基本公正，如果人人都恃强凌弱，而国家和刑事法律对此又视而不见，那么现代刑事法律的人文精神将无从体现。同时，儒家“仁爱、矜老、恤刑”等人文思想要求统治者在制定法律和执法过程中应当注意老幼废疾等弱势群体的权益保护，注意法律与人情的结合。曹错认为：“其为法也，合于人情而后行之……情之所恶，不以强人；情人所欲，不以禁民。”[①] 即使在当时以严格法纪的法家慎到也认为：“法，非从天下，非从地生，发于人间，合乎人心而已。”[②] 我们现在正在建设社会主义法治，应当是为建设和谐社会保驾护航的，如果脱离社情民意，片面强调法律面前人人平等，忽视弱势老年人与其他青壮之间存在的生理、心理差别，不承认这种差别的存在，并在刑事法律上予以体现，那刑事法律的人文精神就值得我们反思。

以下结合儒家“矜老”人文思想，针对我国刑事法律对老年人利益保护不周之处，提出相应的改良意见。

一、老年被害人刑事法律保护人文改良

（一）加强对侵害老年人合法权益犯罪行为的打击

老年人都对社会和国家的建设和发展做出了很多的努力，国家和社会有义务

① 《汉书·曹错传》。
② 《慎子·佚文》。

使老年人安享晚年，享受人生最后的生活，并采取各种保护措施保证其合法权益不受非法侵害。随着年龄的增长，老年人生理功能逐步退化，其对外界侵害行为的反应能力和抵抗能力逐渐减弱，因此，国家对侵害老年人合法权益的犯罪行为理应予以从严、从重处罚，以保护老年人的合法权益不受非法侵害。当下，我国老年人人口激增，加强对老年人合法权益的刑法特殊保护已经势在必行，这既是现代“保护弱者”人文思想的要求，也是继承传统儒家“矜老”人文思想的要求。

1. 在刑法总则上明确规定，国家依法保护老年人的合法利益不受犯罪侵犯，对于侵犯老年人的犯罪行为予以从严从重处罚。对老年人合法权益依法予以刑法保护，不仅体现了国家对老年人的关心和爱护，同时也体现了刑法的人文精神。

2. 在刑法分则中对侵犯老年人合法权益的犯罪行为规定较低的入罪门槛并予以从重处罚。为了加强老年人人身、财产安全的保护，在有关的刑法分则规定的罪名中理应加强对老年人合法权益的特殊刑法保护。由于老年人生理功能的退化，在其人身权益受到损害后，由于其身体自愈能力较差，受到伤害后，容易引发一些其他方面的疾病，威胁到老年人的生命权益。因此，一方面对侵犯老年人人身权利的犯罪行为应加大处罚力度。另一方面由于老年人获得生活收入的来源受到很大的限制，并且由于其生理功能退化的原因，其医病费用大幅增加，一旦老年人的财产权益受到损害，容易引发相关的不利后果。因此，对于侵犯老年人财产的犯罪行为在认定上应降低入罪门槛，并对侵犯老年人财产权益的犯罪行为加大处罚力度。

（二）加强对老年被害人诉讼权益的特殊保护

1. 将依法保护老年人诉讼权益作为刑事诉讼的基本原则。在刑事诉讼中，基于老年人生理功能退化而导致其在刑事诉讼中不能充分、有效地行使法定的诉讼权利的特点，应当对其采取严密的保护性措施。为了使老年人（包括老年被害人及老年犯罪嫌疑人、被告人）的诉讼权利得以充分有效地行使，必须将对老年人诉讼权利予以特殊保护作为刑事诉讼的一个基本原则。只有如此，才能使老年人的诉讼权益得到有效的保护，维护老年人的合法权益。

2. 老年被害人的诉权保护的人文改良。根据《刑事诉讼法》第204条规定以及最高人民法院《关于适用〈中华人民共和国刑事诉讼法〉的解释》的相关规定，我国规定的涉及老年人自身利益的自诉案件大致包括以下案件：侮辱、诽谤案（《刑法》第246条规定的，但严重危害社会秩序和国家利益的除外）；暴力干涉婚姻自由案（《刑法》第257条第1款规定的）；虐待案（《刑法》第260第1款规定的）；故意伤害案（《刑法》第234条第1款规定的）；非法侵入住宅案（《刑法》第245条规定的）；侵犯通信自由案（《刑法》第252条规定的）；

重婚案（《刑法》第258条规定的）；遗弃案（《刑法》第261条规定的）等。在上述案件中，按照相关的法律规定，自诉案件需要被害人自己举证，如果举证不能或者举证不充分，法院不会受理。而如果法院不受理，老年被害人的合法权益将得不到法律的保护，很有可能使老年人合法权益遭受二次侵害。因此，对于侵犯老年人合法利益的犯罪行为，尤其是严重侵害老年人人身权利的虐待、遗弃犯罪案件，应当规定为公诉案件，只要老年被害人向公安机关报案，公安机关就应当针对侵犯老年人合法权益的犯罪行为予以立案侦查，切实维护老年人的合法权益。

二、老年犯罪人刑事救济（保护）人文改良

（一）对老年犯罪人予以特殊刑事救济（保护）的正当性

对老年犯罪人给予必要的、特殊的刑事救济既符合儒家人文思想的要求，也符合现代法治的人文要求。

1. 符合老年人的生理和心理特征要求。人和任何事物一样，都有一个发生、发展壮大和衰弱、灭亡的过程。在生理上，老年人由于机体衰老及脑功能的衰退，各项生理功能及躯体状况减退，导致老年人对外界事物反应能力降低，活动能力迟钝。在心理上，由于老年人生理功能的退化，导致老年人接触外界的机会和能力都有所减弱，使老年人在心理上常常会出现莫名的孤独与寂寞，并且经常会由此产生悲观和若有所失的情绪。老年人的外在行为多表现为固执任性，敏感多疑，并且容易激动，使老年人对意外刺激反应耐受性差，极易促发或诱发暴力行为。中国有句古话形容老年人为“老小孩”，意思是说老年人的行为很多的时候表现像个孩子一样，这不仅是说明其行为像个孩子，而且由于其大脑各项功能的不断退化，导致其在心理上也与孩童相近。因此，从生理和心理方面来看，由于老年人的心理、生理机能逐步减弱，其刑事责任能力也随之逐渐减弱，而一个人的刑事责任能力的强弱将直接决定其受惩罚的程度。因此，在刑事法律立法过程中，给予老年犯罪人特殊的刑事救济或刑事保护是符合儒家“矜老”人文思想要求的，也是符合现代刑事法律人文建设要求的。

2. 符合刑罚适用经济性的要求。对犯罪人的改造，国家要投入大量的人力、物力和财力，而由于老年人劳动能力逐渐减弱甚至丧失，再加上老年人由于生理功能、心理功能的逐渐丧失或减弱，对老年犯罪人实行关押改造，不但不会创造一定的社会价值，国家反而要为其承担大量的医药费用和其他费用，不符合刑罚适用的经济性原则。同理，由于老年人的思想经过多年的人生风雨洗礼，早已经定型，对其世界观、人生观的改造可谓难上加难。如果国家要对老年犯罪人进行

思想改造，要投入比青壮年犯罪人多很多的人力、物力。而且在改造过程中老年犯罪人的思想极不稳定，容易出现反复，不易被改造。刑罚适用的经济性原则要求我们在对老年犯罪人适用刑罚时，必须考虑老年犯罪人的改造成本与改造效益，并适当地予以取舍。

3. 符合刑罚根本目的要求。众所周知，现代刑罚不仅具有惩罚犯罪人的目的，而且还具有预防犯罪的目的，并且现代刑罚的根本目的是预防犯罪，预防犯罪包括特殊预防和一般预防。特殊预防是指通过对犯罪分子适用刑罚，惩罚改造犯罪分子，预防他们重新犯罪。一般预防是指通过对犯罪分子适用刑罚，威慑社会上潜在的犯罪人，以防止他们走上犯罪道路。而老年犯罪人由于生理功能和心理功能的减弱，导致其再犯能力较弱，其人身危险性较小，对其适用监禁刑改造其思想或以消灭肉体等刑罚方式以防止其重新犯罪，既不符合我国历史上长久以来形成的儒家“矜老”人文思想，也容易让人觉得刑罚过于残酷，甚至会使人们对刑罚产生反感、抵触和对立情绪。现代刑罚的根本目的决定了对老年犯罪人应予以从宽处理，如果对老年人严格适用刑罚，在一定程度上，不仅丧失了刑罚适用的意义，同时还会失去民众的理解与同情。

4. 符合刑罚适用差异对待原则的要求。随着现代刑事法律文明的发展，在对待犯罪人的处刑上也因犯罪人的人身危险性的大小不同而不同。也就是说对不同的犯罪主体适用刑罚应当在考虑犯罪的社会危害程度基础上，根据犯罪人的人身危险性大小不同，适用不同的刑罚，以实现刑罚的根本目的。对于触犯刑律，具备一定刑事责任能力的老年犯罪人来说，虽然其犯罪行为给社会造成了一定的危害，理所应当要根据刑法的规定对其定罪量刑，以恢复被破坏的社会关系，抚慰被害人及其亲属。但是，老年人犯罪一般社会危害性较小，并且由于其生理因素的影响，其再犯的可能性也较小，因此在适用刑罚时，也应充分考虑老年人自身的生理状况和精神状况对其犯罪的影响，从而合理地确定对老年犯罪人的刑罚。

5. 体现了刑事法律人文精神的要求。儒家历来提倡“仁者爱人”，注重社会老幼妇疾等弱势群体的保护。如孔子认为：“故人不独亲其亲，不独子其子，使老有所终，壮有所用，幼有所长，鳏寡、孤独、废疾者皆有所养；男有分，女有归。货恶其弃于地也，不必藏于己；力恶其不出于身也，不必为己。……是谓大同。”① 孟子、荀子以及历代儒家都提倡对弱势群体的保护，历代封建君主为了体现自己“仁政爱民”，在制定法律时或多或少地都重视对老年人等弱势群体的刑事法律保护，在一定程度上体现了我国古代刑事法律的人文精神。如在唐朝，为了体现对老年犯罪人的照顾，唐律规定对老年人等弱势群体犯罪的可以适用赎

① 《礼记·礼运》。

刑。“赎刑的适用对象主要有四种：第一，老年人、儿童及残疾人。凡年龄在七十岁以上、十五岁以下或者残疾人犯流罪以下，均可以用金钱物赎罪；八十岁以上、十岁以下或者身体有残疾的人犯盗及伤人的罪行可以适用赎刑，犯反逆杀人应当判处死刑罪的可以上请皇帝裁决能否适用赎刑。”① 而法律文明发展到今天，随着人权运动的发展，在刑事法律中体现对老年人等弱势群体的刑事保护日益成为必要。在刑事法律中加强对老年犯罪嫌疑人、被告人予以刑事保护，不仅有利于对其合法利益的保护，而且使刑事法律体现人性关怀，彰显刑事法律的人文精神。

基于儒家“矜老、恤刑”人文思想、现代刑罚的根本目的以及刑罚人道等因素考虑，对老年犯罪人规定并适用较为宽缓的刑罚，并在刑事诉讼中给予其必要的特殊救济权利，不仅体现出刑事法律的人性化，而且体现了立法者的“矜老恤刑”之心，这对良好的社会风气与和谐社会的建立都将发挥重要的作用。

（二）老年犯罪人刑法保护人文改良

随着人的年龄进一步老化，老年人生理功能开始出现严重衰退，并导致其对外界的感知、记忆、思维能力等会出现严重衰退，尤其是会导致老年人对自身行为的辨认和控制能力进一步衰减乃至丧失，会直接导致老年人像未成年人一样容易发生一些犯罪行为；同时其受审能力与服刑能力也随着年龄的增长而逐渐降低甚至消失。因此，对老年犯罪人在定罪处罚时应做宽缓化处理，要做到这一点，必须根据刑法定罪量刑所依据的主客观相结合的原则，对老年人犯罪作出比较合理的刑法处理。

1. 明确规定老年人犯罪承担刑事责任的年龄上限。我国刑法仅规定了负刑事责任年龄的下限，而没有规定负刑事责任年龄的上限，这既不科学也不符合人的发展自然规律。笔者认为，对于老年人承担刑事责任的年龄划分可以参照未成年人刑事责任年龄的划分进行规定。根据一般的理解，人达到60周岁即进入老年人的行列，可以规定60周岁到70周岁是基本负刑事责任年龄；70周岁到80周岁是相对负刑事责任年龄，即规定一定承担刑事责任的行为范围；90岁以上原则上为不负刑事责任年龄，具体理由如前所述。

2. 应明确规定老年人犯罪应负刑事责任的范围。老年人承担刑事责任的范围可以参照未成年人负刑事责任的范围加以确定，并根据具体情况可以适当扩充。因为，老年人虽然随着其生理功能的退化，其智力水平也有所下降，从而导致其刑事责任能力也随之下降，但相较未成年人而言，老年人具有较丰富的社会

---

① 宋会谱：《唐朝的赎刑制度及其现代价值》，中国法院网，http：//old. chinacourt. org/html/article/200705/30/249069. shtml，2007年5月30日。

阅历以及人生经验，对于是非的判断具有一定的优势，因此对于老年人刑事责任范围的确定应当在未成年人刑事责任范围的基础上适当放宽。基于此，笔者建议，对于老年人刑事责任范围可以作以下划分：犯罪时，年满 60 周岁不满 70 周岁的，对所有犯罪基本上都应承担刑事责任；年满 70 周岁不满 80 周岁的，对于过失犯罪不承担刑事责任，对于有可能被判处 3 年以下有期徒刑的故意犯罪基本上也不承担刑事责任；年满 90 周岁以上的老年人对所有犯罪基本上不承担刑事责任，但严重危害国家安全、公共安全、公民人身权利的犯罪除外。

3. 明确规定对老年犯罪人定罪量刑应从严掌握。我国现代刑法对老年人刑事责任能力有所减退的事实基本上视而不见，仅在《刑法》第 17 条第 5 款规定："已满七十五周岁的人故意犯罪的，可以从轻或者减轻处罚；过失犯罪的，应当从轻或者减轻处罚。"此规定也显得不够科学和合理，应当规定对老年犯罪人适用刑罚普遍应当从宽、从轻处罚。笔者认为，从老年人故意犯罪方面而言，在确定老年犯罪人刑事责任时，除了罪行极其严重，社会危害和法律危害都极其严重的情况下应依法处理外，对于老年人一般犯罪的，能不追究刑事责任的，尽量不追究；能不判刑的尽量不判刑；能适用轻刑的，不适用重刑。同时对老年人涉嫌犯罪的，在认定老年人犯罪时应充分考虑其刑事责任能力以及是否需要予以刑罚处罚，严格把握入罪的条件。只有如此规定，才能彰显刑法的人文特色，保护老年人的合法权益，真正实现刑法面前人人平等。从老年人过失犯罪方面而言，应明确规定，对老年人构成过失犯罪的，一般应免除或减轻其刑罚处罚，而不是"应当从轻或者减轻处罚"。现代刑法对过失犯罪的规定以及判断标准，基本上是基于正常人的思维和认识能力加以设计和规定的，这对于老年人而言毫无法律公平可言。老年人由于自身生理功能的衰退，尤其是其视力、听力、思维能力的下降，导致其认识能力减弱而容易发生过失事件。因此对于老年人过失犯罪的，国家理应予以宽容和理解，并予以必要的刑法保护。

4. 应明确对老年犯罪人放宽缓刑、减刑、假释的适用条件。即对老年人犯罪的，能适用缓刑的不适用实刑；能判轻刑的不判重刑；在刑罚执行过程中，应适当放宽老年犯罪人减刑和假释的条件，对于符合减刑条件的应立即予以减刑，符合假释条件的应一律假释。

5.《刑法》第 49 条第 2 款规定："审判的时候已满七十五周岁的人，不适用死刑，但以特别残忍手段致人死亡的除外。"此规定既不科学，也不合理，理应予以改良。笔者建议，应对此刑法条文予以必要的改良修正，应明确规定："犯罪时，七十周岁以上的，一般不适用死刑，但以特别残忍手段致人死亡的除外；八十周岁以上的老年人不适用死刑。"由于老年人随着年龄的增长其生理功能也逐步退化，并导致其认识能力和控制能力也有所退化，并最终导致其刑事责任能力有所减退，这是自然规律使然，不以人的意志为转移。实际上在中国古代无论是儒家还是历代统治者都已经充分认识到这一问题，并且在历代法律规定中都对老年人的死刑适用问题作出专门的规定，从而使我国古代的刑事法律在一定程度上闪动着人性的光辉。

6. 刑法应明确对老年人适用死刑以外的其他刑种时，应规定有别于正常犯罪人的刑幅。笔者认为老年人已经接近人生的终点，判处无期徒刑、过长的有期徒刑使其老死狱中无任何实际意义和法律意义，而且社会效果也不会很好，并且还会浪费国家有限的司法资源，同时也显得刑法毫无人道可言。因此，笔者建议，刑法应明确规定除老年人犯特别重大犯罪以外，对老年犯罪人除限制适用死刑规定外，也要限制适用无期徒刑；同时限制有期徒刑最高刑期，并且规定数罪并罚的不得超过15年有期徒刑。

（三）老年犯罪嫌疑人、被告人刑事诉讼救济（保护）人文改良

为了使老年犯罪嫌疑人、被告人的合法权益在刑事诉讼中能够得到充分的保障，以体现刑事诉讼的人文精神，体现国家对老年人应有的尊重和宽容，在刑事诉讼中必须规定相应的救济（或保护）措施以维护老年犯罪嫌疑人、被告人的合法权益不受损害。笔者认为，在刑事诉讼中，对老年犯罪嫌疑人、被告人的救济性规定主要可以参照未成年人刑事救济规定。

1. 在刑事诉讼基本原则中应明确规定依法保护老年犯罪嫌疑人、被告人的合法权利不受非法侵犯。

2. 为了保障老年人的合法权益不受损害，加强老年人刑事诉讼权利救济，体现刑事诉讼文明，刑事诉讼法应明确规定，老年人无论涉嫌什么犯罪，无论是否因为经济困难无力聘请辩护人的，都应当为其指定承担法律援助义务的律师为其辩护，以保护老年犯罪嫌疑人、被告人的合法诉讼权益不受侵犯。

3. 应规定在刑事诉讼过程中，对老年犯罪嫌疑人、被告人进行讯问的，除涉及国家秘密的案件外，应当通知其辩护律师或者近亲属到场，以保证讯问的合法性，同时保证讯问效果的客观性，维护老年犯罪嫌疑人、被告人的合法权益。这主要是因为老年人生理、心理以及智力水平的退化导致其有可能缺乏正常思维，为了使老年犯罪嫌疑人、被告人的合法权益得到充分的保护，必须规定对老年人受到讯问时，通知其辩护律师或有完全行为能力的近亲属到场。

4. 应明确规定对老年犯罪嫌疑人、被告人适用拘留、逮捕措施的，应当从严把握。由于老年人的生理功能的退化导致老年人承受羁押的能力也有所减退，出于人道和人权保障的要求，在刑事诉讼中，如果确需对老年犯罪嫌疑人、被告人适用拘留、逮捕等严厉的强制措施，必须考虑涉嫌犯罪老年人的生理状况以及关押条件，并结合具体的案件情况，从严把握，减少严厉强制措施适用的随意性。

5. 应明确规定对老年人能够适用取保候审、监视居住强制措施的，应从宽适用。虽然我国刑事诉讼法对老年犯罪嫌疑人、被告人从宽适用取保候审、监视居住强制措施做了一定的努力，但是仍然并不完善。由于老年犯罪嫌疑人、被告人承受羁押能力的减退，再加上老年人一般都身体多病的客观情况，其再犯可能性大大低于常人，甚至低于未成年人。因此，对老年犯罪嫌疑人、被告人适用取保候审、监视居住强制措施普遍从宽掌握既是可行的，也是必要的，并能够进一步彰显刑事诉讼的人文精神。

6. 应明确规定，对老年犯罪嫌疑人适用不起诉时，从宽掌握。老年犯罪嫌疑人由于其自身生理功能的退化，导致其刑事责任能力与受刑能力不同程度的减弱的实际状况，在对其适用不起诉时从宽掌握，从而彰显刑事诉讼法的人文精神。

7. 应明确规定对年满 65 岁老年被告人原则上禁止适用简易程序的保护性规定。受老年人生理功能退化的影响，老年被告人的认知能力和判断、反应能力都有一定程度的退化，如果在审判过程中适用简易程序，会导致其在较短时间内无法对于相关证据以及法律规定进行准确的认知和判断，其认识可能会出现一些偏差，从而不利于其诉讼权益保障。因此，笔者建议，原则上将年满 60 岁老年被告人列为禁止适用简易程序的对象之一，既是现代刑事诉讼人文建设的要求，也是儒家“保护弱者”人文思想的要求。

8. 应规定对老年被告人进行审判时，必须根据老年被告人的身体健康情况采取适当的变通审判方式进行，并在审判时适当安排医务人员在场，以便应付老年被告人随时可能出现的身体变故。在有可能的情况下，应规定对老年被告人的审判应由熟悉老年人心理特点的审判人员进行。基于老年人的生理特点，对老年被告人采用普通程序审判的，应当分段进行，中间应根据老年被告人的受审状况，注意休庭休息，以保证老年人有充足的体力和精力参加审判，确保老年人的辩护权得以正常有效地行使。而不能为了片面追求审判效率，不顾及老年被告人的体力及脑力的具体情况使其被动的疲劳受审，从而导致其合法权益受损。同时，对老年人审判时，应当根据老年人的具体情况，能促使被害人与老年被告人进行刑事和解的，尽量适用刑事和解。

9. 对老年犯罪人需要关押改造的，应当明确规定对老年犯罪人分关、分押、分教，并采用就近关押改造的政策，以利于其家人探望。一是老年人由于生理功能退化因素的影响，对其应当分别关押，采取适合老年人特点的劳动改造和思想改造措施是势在必行的。二是对老年犯罪人执行刑罚的，应当与其他青壮年犯罪人分别关押，以免其在监狱里遭受其他壮年犯罪人的侵犯。三是对关押的老年犯罪人在生活上应优厚对待，并使其进行与其体力相适应的简单劳动，不得进行与其身体状况不相符的重体力劳动改造。四是由于老年人已经接近人生的终点，经常会产生孤独、寂寞的心理，也会产生恋亲情节，渴望亲情的呵护。为了便于对老年犯罪人进行有效的改造，使其能顺利回归社会，安享晚年，对于老年犯罪人需要关押改造的，法律应明确规定就近改造，便于其亲属的探望。

三、老年人正当行为制度人文改良

（一）在正当防卫立法上应当明确赋予老年人特殊防卫权利

老年人由于具有年老体衰的特殊生理特征，在正当防卫制度设计过程中必须对此加以充分的考量，并在继承和吸收儒家“保护弱者”的人文思想合理内核的基础上，对老年人的正当防卫权利予以特殊的规定，以保护老年人的合法权益不受非法侵害，体现国家和社会对老年人的关心和爱护。为了避免重复，老年人正当防卫人文改良的具体内容请参见本章第六节“弱势群体正当防卫制度人文改良”的相关内容。

（二）在紧急避险立法上应当赋予老年人以下特殊权利

1. 应赋予老年人在遇到任何危险的情形下都允许其采用其认为合适的方式进行紧急避险。如遇到违法侵害、动物的侵袭、自然危险以及不明危险的情况下，为了维护老年人的利益，应允许其采用其认为合适的方式进行紧急避险。

2. 对于老年人避险过当造成财产损失的，一般应免除刑罚处罚；因避险过当造成人身伤亡，一般应免除或减轻处罚。对于老年人而言，在遇到危险的时候，由于其自身心理功能的衰退，导致其对危险的性质、危急程度以及后果的认识难免存在一定的错误，我们在判断老年人在紧急避险时的心理状态时，不能用正常人的思维方式去考察，而应站在老年人的立场上去分析。同时由于老年人生理功能的退化，导致其抵抗危险的能力也有所降低，我们不能也不应苛求老年人在紧急避险时采取准确、适当的避险方法。因此，笔者建议，对于老年人避险过当的，一般应免除刑事处罚；即使因为避险过当造成重大损害必须予以刑事处罚的，也应当减轻处罚。

3. 应当赋予老年人在一定范围的紧急避险造成损失的情况下不负或少负赔偿责任的权利。老年人由于生理机能的退化，导致其劳动能力也逐渐退化，直接造成老年人收入来源的减少。如果要求老年人因紧急避险造成他人财物损失的予以赔偿，将导致老年人的生活质量严重下降，从而引发更多的社会问题。因此，笔者建议，对于老年人紧急避险造成损失的情况下，在能确定紧急避险危险来源所属的情况下，应规定由造成危险的人或物的所有人负责赔偿；不能确定危险来源所属或属不可抗力造成危险的，由国家社会保障部门负责赔偿被害人的经济损失。同时，在因他人造成危险而导致在紧急避险过程中造成老年人物质损失的情况下，还应赋予老年人有权向造成危险的人或物的所有人索要赔偿的权利。

第二节 未成年人刑事法律保护人文改良

由于未成年人身心皆不成熟，使未成年人成为弱势群体的一部分，不仅其合法权益容易遭到犯罪行为的侵害，而且在刑事诉讼中其诉讼权益也容易被忽略。因此，如何完善未成年人权益刑事法律的保护成为理论界和实务界中一个备受关注的课题。在总结我国现有对未成年人权益刑事法律保护现状的同时，应吸收和继承儒家“保护弱者、恤幼”等人文思想，结合未成年人刑事保护的需要，联系我国的客观实际情况，理性借鉴、吸取其他国家对未成年人权益刑事保护的研究成果和成功实践，来进一步完善和规范未成年人权益刑事保护相关制度，实现对未成年人合法权益的全方位保护，以体现国家和社会对未成年人的关心和爱护，体现刑事法律的人文精神。儒家提倡“仁者爱人”、“保护弱小”等人文思想，对未成年人在刑事法律适用上给予适当的特殊保护是儒家人文思想的应有之意。加强对未成年人的刑事保护的力度，不仅体现出国家对未成年人的关心和爱护，同时也体现出了刑事法律的人文特点。虽然我国刑法、刑事诉讼法对未成年人在合法利益保护、定罪处罚和刑事诉讼过程中的权利救济规定了一些特殊保护性规定，但就人权保障而言，刑事法律强化对未成年人权益的保护，无疑也是人类文明进步的重要标志。

一、被害未成年人刑事法律保护人文改良

目前，未成年人由于自身生理特点的影响，在社会中容易成为犯罪行为侵害的对象，如绑架、虐待、强奸、伤害、拐卖未成年人以及强迫未成年人卖淫、组织未成年人盗窃、诈骗、抢夺、敲诈勒索等违反治安管理活动的犯罪案件，有愈演愈烈之趋势，严重损害未成年人的身心健康，且危害了社会和谐与治安秩序。由于国家实行计划生育政策，很多未成年人都是独生子女，他们被犯罪行为侵害成为很多家庭的噩梦，侵害未成年人合法利益的犯罪行为屡屡发生已经成为影响社会和谐与安定团结的重要因素之一。加强未成年人的合法权益刑事保护成为遏制针对未成年人犯罪行为的最后一道法律防线，加强未成年被害人的刑事保护力度，必须对相关刑事法律规定予以一定的人文改良。

(一) 加强被害未成年人刑法保护人文改良

对未成年人刑法保护的人文改良必须基于未成年人的生理、心理以及社会发

展的具体现实需要进行必要的改良。在针对被害未成年人进行刑法保护改良时必须考虑未成年人虽然已有一定的识别、辨认是非的能力，但由于年龄尚小，智力发育尚不够完善，缺乏充分的社会经验和知识，还不具有完全识别和控制自己行为的能力；同时，对外来侵害抵抗和防御能力不足的现实，应加大对被害未成年人合法权益进行较为全面的刑法特殊保护。

1. 将保护未成年人合法利益作为刑法的重要原则。从未成年人对国家、社会、家庭的重要性方面来看，刑法理应将未成年人合法权益保护作为刑法最重要的保护内容之一，理应将依法保护未成年人合法利益作为刑法一条重要原则。未成年人的合法权益刑法保护力度如何直接关系到社会和家庭的稳定程度，加大对被害未成年人刑法保护的力度，无疑将成为我国未来刑法人文建设的重要内容。在刑法中将保护未成年人利益作为一个基本原则，能够体现出国家和社会对未成年人的关心和爱护，不仅有利于未成年人的合法利益的保护，而且也有利于和谐社会的建设。

2. 在刑法总则中，明确将侵犯未成年人合法权益的犯罪行为作为从重处罚的一个重要情节。由于未成年人生理和心理发展皆不成熟，容易成为犯罪行为侵害的对象，为了有效加强未成年人的合法权益的刑法保护，刑法应明确规定只要犯罪行为侵犯了未成年人的合法权益，不论何种犯罪均应在量刑过程中作为一个从重处罚的情节，以体现国家保护未成年人合法权益不受犯罪侵犯的态度，体现国家对未成年人的关心和爱护，同时也体现刑法“保护弱者”的人文思想和基本人权保障理念。

3. 在刑法分则中对有些侵犯未成年人利益的犯罪行为范围予以明确界定。在刑法的相关侵犯未成年人合法权益的犯罪规定中，应对犯罪人犯罪行为范围予以准确界定，以有效打击相关侵犯未成年人合法权益的犯罪行为。如《刑法》第244条第2款规定雇佣童工从事危重劳动罪，此条法律规定存在较大的缺陷，不利于未成年人合法权益的保护。为了克服此条法律规定对未成年人的合法利益保护不周的缺陷，应当对此规定予以改良，可以将其修改为：“违反劳动管理法规，雇用、拐骗、收买、收养、租赁未满十八周岁的未成年人从事超强度体力劳动的，或者从事高空、井下作业的，或者在爆炸性、易燃性、放射性、毒害性等危险环境下从事劳动，情节严重的，对单位处以罚金，并对直接责任人员，处三年以下有期徒刑或者拘役并处罚金；情节特别严重的，对直接责任人员，处三年以上有期徒刑，并处罚金。有前款行为，又构成其他犯罪的，依照数罪并罚的规定处罚。”

4. 对有些侵犯未成年人利益罪名的犯罪对象范围予以明确界定。在现行刑法规定中，有些罪名是为了维护未成年人的合法利益而专门设定的，对这些犯罪对象以及由于犯罪行为可能造成的危害后果应予以充分认识，并对相关刑法规定予以一定的人文改良。如《刑法》第262条第2款规定的强迫组织残疾人、儿童乞讨罪，根据此条法律规定，本罪的犯罪对象仅限于不满14周岁的未成年人，将已满14周岁不满18周岁的未成年人排除在外。同时，对于在组织残疾人、儿童乞讨过程中，使用暴力造成儿童重伤、死亡的，应明确规定数罪并罚，或者规定依重罪从重处罚，以维护未成年人合法权益。建议将此条款修改为："以暴力、胁迫手段组织残疾人或者不满十八周岁的未成年人乞讨的，处三年以下有期徒刑或者拘役，并处罚金；情节严重的，处三年以上七年以下有期徒刑，并处罚金；使用暴力致使未成年人重伤、死亡的，依照刑法相关规定数罪并罚，并处罚金。"

5. 应明确未成年人合法权益与成年人合法权益保护的界限。虽然我国刑法在打击侵犯未成年人身心健康犯罪方面做出了巨大的努力，但同时有些刑法规定混淆了未成年人合法权益与成年人合法权益保护的界限，导致有些规定存在巨大缺陷。如嫖宿幼女罪，《刑法》第360条第2款对嫖宿幼女罪的规定，变相承认了幼女有卖淫的自主能力，这和保护幼女的合法权益的立法宗旨及刑法人文要求相差甚远，混淆了未成年人合法利益与成年人利益保护的界限，应当予以改良。笔者建议将此罪从刑法中取消，将嫖宿幼女的行为归类到侵犯公民人身权利的强奸罪中，并且规定对嫖宿幼女的行为从重处罚。同理，笔者建议将强迫不满14周岁的幼女卖淫情形从《刑法》第358条强迫卖淫罪现行规定中取消，将其归类到强奸罪中，并规定与嫖宿幼女行为人作为强奸共犯从重处罚。进行上述未成年人权益刑法保护的人文改良是基于未成年人合法权益保护需要，同时结合刑法的相关理论而提出的。这对于未成年人合法权益的刑法保护是非常必要的，也体现了国家对未成年人合法利益保护的重视程度，同时也体现了刑法"保护弱者"的人文思想。

6. 取消侵犯未成年人合法利益犯罪的告诉才处理的规定。目前我国刑法规定告诉才处理的犯罪有：侮辱、诽谤案（《刑法》第246条规定的，但严重危害社会秩序和国家利益的除外）；暴力干涉婚姻自由案（《刑法》第257条第1款规定的）；虐待案（《刑法》第260条第1款规定的）；侵占案（《刑法》第270条规定的）。由于未成年人的身心皆不成熟，刑法在设定告诉才处理的犯罪时是比照正常人的情形设定的，而未成年人不仅不具有收集证据的能力，而且婴幼儿更不具有告诉的能力。因此，笔者建议取消侵犯未成年人利益的犯罪告诉才处理的规定，或者将侵犯未成年人合法利益的犯罪行为作为告诉才处理的例外。只有将侵犯未成年人合法利益的犯罪规定为公诉犯罪，而不是自诉案件，才能更好地保护未成年人的合法权益，体现国家对未成年人的关爱。

（二）加强对未成年被害人刑事诉讼保护

1. 将依法保护未成年人诉讼权益作为刑事诉讼的基本原则之一。由于未成年人的身心特点的影响，未成年人作为被害人在参与刑事诉讼过程中，一方面其刚刚遭受犯罪行为的侵害，对相关的犯罪行为发生心存恐惧，惊魂未定，如果诉讼过程中对其保护不周，容易发生其他不良后果；另一方面由于未成年人的法律认知和社会知识、经验的欠缺，其权利在刑事诉讼中容易被忽略，或者被无良司法人员侵害，对其诉讼权益如果不加以特殊的保护，容易使其合法权益遭受二次侵害。因此，将依法保护未成年人诉讼权益作为刑事诉讼的基本原则之一，并以此为基础，在诉讼的各个环节上采取各种保障性的措施，加大被害未成年人诉讼权益的保护才能水到渠成。

2. 完善未成年被害人法律援助制度。《刑法》第 267 条规定：“未成年犯罪嫌疑人、被告人没有委托辩护人的，人民法院、人民检察院、公安机关应当通知法律援助机构指派律师为其提供辩护。”但此条法律规定并没有对被害未成年人没有委托代理人的情形纳入法律援助的对象之中，这是十分不妥的。笔者认为，在此条规定中，应增加一款规定，作为未成年人法律援助制度的补充，即：“未成年被害人没有委托诉讼代理人的，人民法院、人民检察院、公安机关应当通知法律援助机构指派律师为其提供代理。”只有如此规定，才能体现刑法平等保护的原则，才能真正体现国家对未成年人的利益保护的一致性，才能体现刑事诉讼法的人文精神。

3. 取消未成年被害人的自诉案件的规定或将侵犯未成年人利益的犯罪案件作为自诉案件的例外。根据《刑事诉讼法》第 204 条以及《最高人民法院关于适用〈中华人民共和国刑事诉讼法〉的解释》第 1 条的规定，将自诉案件分为三种，而对未成年人而言，无论是对犯罪行为的法律认知上，还是其搜集证据的手段和能力上，均较成年人差别较大，基本上无法按照法律规定有提起刑事自诉的能力，而在一些情况下，其法定代理人或近亲属又无法或不能代替其提起刑事自诉，不能维护被害未成年人的合法权益。因此，笔者建议，取消未成年被害人的自诉制度，或将侵犯未成年人利益的犯罪案件作为自诉案件的例外，将侵犯未成年人合法权益的自诉案件列为公诉案件的范畴，以确保未成年人的合法权益不受非法侵害。

二、完善对未成年犯罪人的刑事保护人文改良

由于未成年人身心皆不成熟，在日常生活中遇事容易不冷静，时常因冲动做出一些犯罪行为，对他们的犯罪行为国家和社会理应本着宽容的态度，对犯罪未成年人予以必要的刑事救济。目前我国无论是刑法还是刑事诉讼法都对未成年人的定罪量刑以及相应的刑事诉讼程序做出必要的特殊保护性救济规定，以保护未成年人的合法权益。但目前，在刑法、刑事诉讼法中仍然有些救济性的规定需要

予以人文改良，加大对未成年犯罪人的保护力度。

（一）对未成年犯罪人刑法保护的人文改良

1. 明确规定已满14周岁不满16周岁的未成年人犯罪，应当承担刑事责任的范围。虽然现行《刑法》第17条第2款规定："已满十四周岁不满十六周岁的人，犯故意杀人、故意伤害致人重伤或者死亡、强奸、抢劫、贩卖毒品、放火、爆炸、投放危险物质罪的，应当负刑事责任。"已满14周岁不满16周岁的人仍然属于未成年人的范畴，其身心还皆不成熟，对其有限追究刑事责任的立法思路是非常准确的，也体现了刑法必要的人文关怀，但由于第17条第2款规定较为模糊不清，导致司法适用的混乱。笔者建议，对于已满14周岁不满16周岁的未成年人承担刑事责任的范围必须加以明确限定。在确定已满14周岁不满16周岁的未成年人承担刑事责任的范围时必须掌握几个原则：第一，列入刑事责任范围的犯罪行为的巨大社会危害性必须是这个阶段未成年人明知的；第二，列入刑事责任范围的犯罪行为违法性必须是这个年龄阶段能够认识的；第三，列入刑事责任范围的犯罪行为必须是这个年龄阶段具有一定的辨认和控制不去实施某种行为的能力；第四，列入刑事责任范围的犯罪行为必须是刑事处罚有可能在5年以上有期徒刑的。基于上述几个原则，笔者建议可以对第17条第2款作如下表述"已满十四周岁不满十六周岁的人，犯故意杀人、故意伤害致人重伤或者死亡、强奸、抢劫、贩卖毒品、放火、爆炸、投放危险物质罪的，应承担刑事责任；其他故意危害公共安全、侵犯公民人身权利，造成人员重伤或死亡，或造成经济损失特别严重的，并且有可能被判处十年以上有期徒刑犯罪的，应当承担刑事责任。"

2. 进一步放宽未成年人犯罪的自首条件。基于未成年人的思维特点和身心发育特征，应当明确规定，未成年人犯罪后，无论其向老师还是监护人坦白，老师或者监护人在公安司法机关未确定并采取抓捕措施之前，及时将有关犯罪事实如实向公安、司法机关反映的，未成年人也没有逃跑，而使其及时归案，即使其未去投案，也应当视为未成年人的自首行为。

3. 设置与成年犯罪人不同的立功条件。由于未成年犯罪人受社会阅历的限制，其接触社会阴暗面较少，犯罪后很难提供有价值的重大犯罪线索，如果按照相关的司法解释关于立功条件的限制，未成年人立功的机会可能有一些，但构成重大立功的机会则比较渺茫。为了鼓励未成年犯罪人积极检举揭发，提高其悔罪自觉性，促使其向良性改造方向发展，笔者建议，刑法应明确规定，未成年人只要检举揭发有可能判处10年以上有期徒刑案件线索，并被查证落实的，即构成重大立功；如果检举揭发案件线索，经查证落实的，构成一般立功。

（二）对未成年犯罪人刑事诉讼保护的人文改良

1. 在讯问过程中，应明确规定应通知其辩护律师到场。《刑事诉讼法》第

270条只是规定在对未成年人进行讯问时，应当通知其法定代理人或者其他成年亲属到场。但不可否认的是未成年人的法定代理人或者其他成年亲属一般都不具有相应的法律知识，很难对讯问的合法性进行有效的监督，也很难保证未成年人的诉讼权益不被侵犯。因此，在讯问时，规定公安、司法机关应通知其辩护律师到场，辩护律师具有较高的法律知识水平，基本能有效保障未成年人的合法利益不受侵犯，促使有关公安、司法机关准确查明相关案件事实，保障未成年人的人权不受侵犯。

2. 对未成年人附条件不起诉制度予以一定的人文改良。《刑事诉讼法》第271～第273条规定了未成年人附条件不起诉制度，此制度对于未成年人犯罪嫌疑人诉讼权益的保护具有重要意义。但此制度仍然存在一定的缺陷，需要予以人文改良，以进一步保护未成年犯罪嫌疑人利益。笔者认为未成年人附条件不起诉制度可以从以下几个方面进行必要的人文改良：

第一，进一步扩大附条件不起诉制度适用的犯罪范围。目前我国附条件不起诉制度的适用犯罪范围仅限于刑法分则第四章、第五章、第六章规定的犯罪，显而易见，该制度适用的犯罪范围过于狭窄。笔者建议，附条件不起诉制度适用的犯罪范围应当涵盖所有未成年人犯罪案件，体现国家和社会对未成年人犯罪的宽容之心。

第二，适当放宽附条件不起诉的可能刑罚条件。根据我国刑事诉讼法的规定，附条件不起诉的可能刑罚条件为“可能判处一年有期徒刑以下刑罚”。但此附条件不起诉的可能刑罚条件还是过于苛刻，应适当放宽附条件不起诉的可能刑罚条件。通常认为，犯罪嫌疑人有可能被判处3年以下有期徒刑刑罚的，其犯罪行为均属轻罪范畴，根据宽严相济政策的要求，结合未成年人司法保护的实践要求，切实贯彻落实对未成年人实行教育、感化、挽救方针，坚持教育为主、惩罚为辅的原则，笔者建议，对未成年犯罪嫌疑人有可能被判处3年以下有期徒刑刑罚的，均可适用附条件不起诉制度。

第三，附条件不起诉考验期的考察机关应修改为社区矫正机构。根据刑事诉讼法的规定，未成年人附条件不起诉考验期内，由有关人民检察院负责对附条件不起诉的未成年人进行监督考察是不妥当的。笔者建议，将附条件不起诉考验期内的监督考察机关修改为当地的社区矫正机构，并由当地的社区矫正机构及时向有关检察机关汇报未成年人在考验期内的接受矫治和教育情况。虽然《刑事诉讼法》第258条明确了社区矫正机构的工作范围，但其中并未包含附条件不起诉考验期的监督考察工作。笔者认为，检察机关承担的日常工作任务比较繁重，由他们对附条件不起诉的未成年人进行监督考察，不仅增加了他们的工作负担，同时有关检察机关也不能及时了解和掌握被监督考察的未成年人的情况，也就不能采取及时有效的帮教措施，不利于未成年人的利益保护。由社区矫正机构担任对附条件不起诉的未成年人在考验期内进行监督考察，可以随时掌握被监督考察未成年人接受矫治和教育的情况，发现问题能够及时解决，也有利于针对未成年人采取有效教育措施，这是符合未成年人利益保护要求的。

第四，应明确监护人在附条件不起诉考验期内的监护职责。根据《刑事诉讼法》第272条的规定，未成年犯罪嫌疑人的监护人在考验期内，其主要职责是对未成年犯罪嫌疑人加强管教，配合人民检察院做好监督考察工作。但此规定既没有明确监护人的监护职责，也没有规定监护人不履行监护职责的法律后果。笔者建议：一是明确监护人在考验期内的监护职责。监护人的监护职责主要应包括：监督未成年犯罪嫌疑人遵守法律法规；按照监督考察机关的要求按时接受相关的矫治和教育；对未成年犯罪嫌疑人有违法乱纪行为的及时报告给考察机关；经常性地对未成年犯罪嫌疑人进行必要的人生观、价值观教育；关心未成年犯罪嫌疑人的生活、学习；控制未成年犯罪嫌疑人不与社会不法人员接触。二是应明确监护人不履行考察期内的监护职责应承担的法律后果。监护人不履行考察期内对未成年犯罪嫌疑人的监护职责，按照不同情况应承担相应的行政责任；情节严重、造成严重后果的应承担必要的刑事责任。

三、未成年人正当行为制度人文改良

目前我国正当防卫制度与紧急避险制度是建立在常人的正常认知基础之上，所有的限度条件也是建立在常人的认知基础之上的。对于未成年人而言，现有的正当防卫及紧急避险制度的认知条件显得要求太高，不利于未成年人合法权益的保护。为了进一步有效防止危害未成年人合法权益的犯罪行为的发生，保障未成年人身心健康发展，震慑潜在犯罪人，在刑法领域理应赋予未成年人特殊的正当防卫权和紧急避险权，以体现刑法“保护弱者”人文思想。在具体构建未成年人正当行为制度时，可以参照本章第六节“弱势群体正当防卫制度人文改良”的内容，在此，为了避免重复，不再一一论述。

第三节　未成年人监护人刑事责任制度的完善

儒家人文思想提倡“亲亲、尊尊”，中国古代素来就有“养子不教父之过”的思想，同时儒家人文思想要求树立正确的“义利观”。然而随着我国市场经济制度的日趋完善，市场经济的竞争日趋激烈，劳动力的市场竞争也日趋激烈。在日趋激烈的市场竞争中，监护人为了能在激烈的市场竞争中获得较大的利益，而忽视了对被监护人的监护责任，并且这种情况造成的恶果日趋凸显。如我国近年

来未成年人犯罪居高不下，无人监护的未成年人经常给无辜的公民造成伤害。这些情况表明，监护人不尽监护义务不仅影响到被监护人的利益保护，更多的是无辜公民的权益也得不到有效的保护，同时也造成了不良社会风气的蔓延。未成年人违法犯罪行为不仅给有关的被害人及其家庭带来灾难性的危害后果，甚至导致很多家庭家破人亡；同时也给这些违法犯罪的未成年人的家人带来难以弥补的危害。如果放任这种趋势发展下去，不仅会给我们社会秩序的稳定带来不可估量的威胁，甚至威胁到我国的立国根本。随着我国计划生育政策的推行，新生人口数量不断下降，而新生人口需要承担的赡养责任却越来越重。如果放任未成年人的违法犯罪行为继续下去，将有很多的未成年人将不得不面临牢狱之灾，甚至付出生命的代价。进而在我国现有的社会保障体系下，将有越来越多的老年人得不到赡养，即使国家想避免出现这种状况的发生，那也不是一朝一夕可以解决的，即使予以解决也必将严重威胁到我国的经济基础，甚至将会造成社会秩序的大乱，由此导致很多恶果的发生。如果不能从根本上遏制未成年人违法犯罪行为的发生，和谐社会的建设只能成为纸上谈兵，可望而不可即。因此，面对目前监护人责任履行不到位的情况，对监护人责任缺失的追究不能仅仅依靠民法来进行，笔者建议无论是从儒家“养子不教父之过”以及“老有所养”的人文思想出发，还是基于对国家和公民人身、财产权益的保护角度出发，对监护人不履行监护责任造成被监护人或者国家、无辜公民重大人身伤害或财产损失的行为，应当动用刑罚予以处罚。现行刑法理论中关于不作为犯罪和犯罪构成的研究中已经注意到具有法定义务的人，不履行法定义务或故意放任或过失导致某种危害结果的发生应当承担相应的刑事责任。但是这方面的理论研究还是停留在比较原始的层面，尤其是对监护人刑事责任的研究更是多年来刑法方面一项空白。从刑法角度来分析，监护人在法律规定的义务面前，监护人有的是有能力而不尽监护义务；有的是明知被监护人有可能进行违法犯罪行为而放任其危害行为的发生。对于此类监护人追究其刑事责任，应当在刑法理论上是可行的。同时，刑法作为保障法，当其他方式和法律不能保障监护人完全行使监护义务时，应当允许国家行使刑罚处罚权。但监护人刑事责任的确立将会涉及社会生活的方方面面，因此对于监护人刑事责任的确立必须采取谨慎的态度，如果弄不好将会出现适得其反的效果。

综上，在中国当代，由于各方面因素的影响，未成年人监护人不履行或不正确履行监护义务，导致流浪儿童、失学儿童、留守儿童以及违法犯罪未成年人数量急剧增加。而我国对未成年人监护人刑事责任制度的重要性认识不足，导致现有未成年人监护人刑事责任制度极不完善。进一步完善我国未成年人监护人刑事责任制度，有利于督促未成年人监护人认真履行法定监护义务，保障未成年人的合法权益和身心健康。

一、完善未成年人监护人刑事责任制度的必要性

胡锦涛同志在第六次少代会上强调“千方百计保护好祖国的下一代，让他们在平安和谐的环境里健康成长。”而我国目前未成年人的成长环境令人堪忧，由于监护缺失，导致留守儿童、失学儿童、流浪儿童、违法犯罪未成年人不断增多，虐待、遗弃未成年人的行为也不断增多，严重损害了未成年人的合法权益，同时也严重危及家庭和社会秩序的稳定。随着未成年人权益保障要求的日益提高，要求国家公权力干预监护领域的要求越来越强烈，“各国监护制度公权力介入的特点反映了现代法律对社会关系的调整越来越广泛和深入，国家公权力已经介入了社会的各个领域。无民事行为能力人、限制民事行为能力人作为监护的对象，都是应该受到国家、社会着重保护的弱势群体。在该问题上，公权力的适当介入和干预已日益成为世界各国立法者的共识。”① 目前我国对未成年人监护人监护义务的履行主要局限于民事或行政干预，而刑事干预却极少。现在我国一方面缺乏全面规制未成年人监护人监护行为的刑事责任制度；另一方面现行少量关于未成年人监护人刑事责任的法律规定存在不少的问题，亟须予以完善。完善未成年人监护人刑事责任制度的必要性主要体现在以下几个方面：

（一）重建被破坏的家庭伦理和社会伦理

未成年人监护人不履行或不正确履行监护义务，甚至滥用监护权，不仅严重地违反了有关的法律规定，也与当前中国的和谐社会伦理道德要求格格不入。中国人历来重视伦理道德的弘扬，未成年人监护人不履行或不正确履行监护义务使本来应当和谐、稳定的家庭关系遭受了极大的损害，在一定程度上也引发了家庭伦理和社会伦理的沦丧。中国传统伦理道德要求未成年人监护人必须认真履行监护职责，关爱未成年人的身心健康。“儒家提倡‘长幼有序’、‘出则孝，入则悌’、‘敬妻爱子’等道德规范，进而约束家庭成员，在促进现代家庭的稳固中起着极为重要的作用，稳固的家庭也是整个社会稳定和谐的基础。”② 监护人正确履行监护职责，爱护、关心每一个家庭成员尤其是未成年人的健康成长是家庭伦理和社会伦理所要求的，也是家庭和社会和谐稳定的基础。孟子认为“天下之本在国，国之本在家。”③ 因此，国家要想和谐稳定，首先家庭必须和谐稳定，而家庭和谐稳定首先在于家庭成员各尽其责，父慈子爱。任何社会都是由多个家庭组成的，如果家庭成员之间互不履行法定义务，导致法律所保护的伦理关系错

---

① 孟靳国：《论监护的性质及监护人的权益》，载于《法学》1996 年第 11 期。

② 魏玉龙：《儒家思想文化在促进现代家庭稳固中的作用》，载于《文学教育》2009 年第 1 期。

③ 《孟子·离娄上》。

乱，从而有可能会导致整个国家和社会秩序的错乱，这又何谈和谐社会的建设呢？当前，由于监护人不履行或不正当履行监护义务，导致众多未成年人失学、流浪、留守、违法犯罪，甚至有的监护人为了自己的一己之私遗弃被监护的未成年人，更有甚者虐待、强奸、杀害被监护的未成年人，这样的家庭能够和谐吗？这样社会秩序能够稳定吗？儒家提倡“圣人有忧之，使契为司徒，教以人伦：父子有亲，君臣有义，夫妇有别，长幼有序，朋友有信。”① 并认为“养子不教父之过，训导不严师之惰。”② “君义臣行，父慈子孝，兄爱弟敬，所谓六顺也。”③ 儒家提倡的“父子有亲”，不仅是指父母子女之间应当相亲相爱，而且更是指在父母子女等家庭成员友爱基础之上，父母有义务教育、抚养子女，使子女的身心健康得到有利的发展，在此基础上做到“父慈子孝”，从而体现“亲亲”思想。

目前，未成年人监护人由于各种因素的影响，忽视了对被监护未成年人监护责任的正确履行，并且这种情况造成的恶果日趋凸显。如果放任未成年人监护人不履行或不正确履行监护义务的状况继续下去，不仅当代家庭伦理、社会伦理得不到弘扬，而且对于未成年人的身心健康发展，国家和民族的可持续发展，家庭、社会秩序的和谐、稳定都将造成巨大的损害。监护人不履行或不正确履行法定监护义务，使未成年人在人生成长的关键时期不能享受父子相处的天伦之乐，感受不到理应享受的亲人关爱，经常会使未成年人的情感发生扭曲，对家庭和亲人的依附感减少，家庭伦理、社会伦理在未成年人的人生世界里并无根基，因而对家庭、家人的责任感也随之减少。这种情况如果得以蔓延，不仅会导致未成年人成年之后对社会、他人的社会责任感减弱，甚至会导致有的未成年人仇视、报复社会和他人，北京大兴灭门案的血腥只是这种恶果的一个代表。长此以往，良好的家庭伦理、社会伦理将得不到有效的传承，道德风气将进一步败坏，社会秩序必将大乱。汉代儒家郑昌认为：“立法明刑者，非以为治，救衰乱之起也。”④ 也就是说，当某种行为已经乱得很不像样的时候，应当用刑法来加以规制，充分体现刑法的保障法价值。而现代刑法作为保障法，有责任对于未成年人监护人严重危害被监护未成年人的行为予以刑法规制，以恢复被破坏的家庭伦理和社会伦理，保护未成年人的身心健康，这是刑法本质所要求的。因此，只有进一步完善监护人刑事责任制度，才能有效地遏制目前监护人不履行监护责任的现状，并有效地重建和谐的家庭伦理与社会伦理。

---

① 《孟子·滕文公上》。
② （宋）司马光：《劝学文》。
③ 《左传·隐公三年》。
④ 《汉书·刑法志》。

（二）进一步规制弃婴、溺婴等行为，维护婴儿的合法权益

目前，不仅监护人弃婴行为在我国大量出现，而且溺婴行为在我国也时有发生。据新华网广西频道报道，自2002年以来，广西社会福利院共收养登记弃婴近1.4万名，女婴占95%。其中，2002年广西社会福利院收养登记弃婴3976名，2003年为7090名，2004年则近3000名。溺弃幼婴，贻害万端，这不仅是监护人心理的极度扭曲，也是对人性的严重亵渎。从弃婴、溺婴行为的泛滥可以看出现代家庭伦理已经沦丧到了何种地步，人性在残忍的监护人面前已经毫无美好可言。近年来中国传统的重男轻女观念虽有一定程度的改善，但在广大的中国农村以及城市部分人中，重男轻女观念并无多大的改变。有的监护人为了生一个男孩传宗接代，对生下的女婴予以遗弃或溺死。监护人弃婴、溺婴行为固然有很多的借口，诸如婴儿有残疾、无力抚养等，但这些都不能成为弃婴、溺婴的理由。作为监护人在生孩子之前理应将生孩子之后的各种情况考虑清楚。如果不具备生养条件，完全可以在生养之前流产，就是生下孩子如果确实无力抚养也可以送到福利院，而不能在婴儿生下以后以各种毫无人性的理由弃婴、溺婴并心安理得。法律不是随意亵渎的对象，弃婴、溺婴行为不仅应受到道德的谴责，更应遭受刑法的严惩。正如有的学者所言："从现实来看，不管造成遗弃婴儿的原因如何，对于一个连自己的亲生骨肉都故意遗弃的人来说，其道德的沦丧、人性的扭曲，仅仅依靠道德的力量已经越来越难以矫正了，必须依靠刑法的强制力予以治理。"[①] 而现行刑法立法以及司法对毫无人性的未成年人监护人溺弃婴儿的禽兽行为仅仅处以很轻的刑罚，这不能不说是国家以及执法者漠视生命、漠视婴儿生存权的表现，在某种程度上甚至可以说溺弃婴儿行为的泛滥是国家纵容的结果。只有充分完善监护人刑事责任立法和司法，进一步规制监护人溺弃婴儿的行为，才能遏制弃婴、溺婴行为的泛滥，才能唤醒溺弃婴儿的监护人已经丧失很久的人性和良心，才能使监护人的家庭责任感和社会责任感得到加强，充分保护婴儿的生存权以及健康权。

（三）减少失学未成年人，维护未成年人受教育权

目前我国失学未成年人的数目触目惊心，"安康计划西部行"的调查表明，失学儿童仅在四川省就达13.5万名、宁夏宁南8个县达2.7万名、内蒙古自治区达5万名。根据有关统计，全国义务教育阶段的学生约有1.8亿名，其中失学儿童有2700万名，如果加上进城谋生的农民工子女、超生子女以及统计误差等

① 蒋国天、莫炎忠、周顺生：《惩治弃婴行为有必要用刑法》，正义网——检察日报，2007年12月18日，http：//cd. qq. com。

因素，保守估计失学儿童也在5000万名左右，占应受义务教育学生总数的27.78%。为了保证未成年人接受义务教育的权利，使国家具有可持续发展的人才保障，《中华人民共和国义务教育法》第4条对未成年人接受义务教育的权利予以了明确规定："凡具有中华人民共和国国籍的适龄儿童、少年，不分性别、民族、种族、家庭财产状况、宗教信仰等，依法享有平等接受义务教育的权利，并履行接受义务教育的义务。"第5条规定："适龄儿童、少年的父母或者其他法定监护人应当依法保证其按时入学接受并完成义务教育。"但随着市场经济的推行，唯利是图已经成为很大一部分人主要的人生价值观。而且随着就业形势的逐渐严重，许多大学生毕业后找不到合适的工作，或回到家乡或四处打工，从而导致读书无用的观念在很多人中流行。同时广大的农村还存在"嫁出去的女儿泼出去的水"的落后观念，许多未成年人监护人认为女孩读再多的书也是为人家养的，导致很多的未成年女孩失学。众多未成年人的失学，不仅严重地影响了未成年人的正常健康发展，也影响了我国正常的义务教育秩序，同时也严重影响了失学未成年人辨别是非能力的培养，导致许多的失学未成年人走上了违法犯罪的道路。例如，"目前山东省未成年犯管教所在押一千多名少年犯中辍学生占70%左右，没有接受完义务教育而辍学的未成年人成为犯罪主体。从其辍学时的年龄来看，10岁以前辍学的占3%，10～13岁辍学的占23%，14～17岁辍学的占73%。从其辍学时学业程度来看，小学期间辍学的占26%，初中期间辍学的占57%，高中、中专、技校期间辍学的占17%。大多数孩子是在初中二年级时辍学的。还有一部分失学儿童四处流浪，成为社会的隐患。"①

因此，对于未成年人监护人有能力履行教育监护义务而不履行的，导致被监护未成年人的受教育权遭受损害的，经过教育而拒不改正的行为，有必要予以刑法规制。这不仅有利于保证未成年人的受教育权得到实现，为国家可持续发展提供强有力的人才保障，而且可以有效地减少失学未成年人数量，从而减少未成年人违法犯罪行为的发生，有助于家庭和谐与社会和谐秩序建设。

（四）减少流浪未成年人，维护未成年人的身心健康

近几年来，中国城市流浪未成年人日益增多，"流浪儿童"已经成为一个时代名词。据民政部门统计，目前全国约有15万人次的流浪儿童，加上随父母外出打工的街童，实际人数可能远远超过30万人。他们绝大部分是文盲或只有小学文化程度。② 流浪未成年人数量逐年增加，已经成为严重影响青少年健康成长和社会治安综合治理的一个重要因素。在生活中，有的流浪儿童被犯罪分子残忍

---

① 丛晓波、周昊：《青少年辍学之痛》，载于《烟台日报》2008年6月23日。

② 林定忠：《流浪儿童问题呼唤多方救助》，载于《中国教育报》2005年3月21日第1版。

地伤害致残，成为他们非法致富的工具；有的流浪儿童被生活所迫走上违法犯罪道路；还有的流浪儿童不幸遇难；还有的流浪儿童被拐卖，沦落他乡，过着非人的生活。究竟什么原因导致本应享受天伦之乐的祖国花朵成为凄惨的流浪儿童，从各种研究来看，未成年人监护人监护不力是造成未成年人成为流浪儿童的最主要原因。“从我国目前的现状来看，家庭、教育、社会等是导致儿童出外流浪的主要原因。家庭因素排第一位，其中包括家庭解体和家庭教育失当或虐待儿童等。”① “随着经济转轨、社会转型和思想多元，人口流动加速，贫富差距加大，特别是家庭问题增多，未成年人的基本权利得不到保障，导致流浪儿童现象日益突出。(1) 因家庭结构发生变化缺少生活生存保障而流浪。有的是父母离婚，被离异的父亲或母亲当成再婚的累赘，双方都不肯抚养子女；有的是单亲家庭，有的是父母一方或双方都病故，或者是父母外出打工赚钱，孩子得不到充分的生存保障、缺少亲情关爱而外出寻找想要的温暖。(2) 因家庭生活环境恶劣导致教育缺失而流浪。有的父母本身素质低下，有酗酒、赌博、吸毒、小偷小摸的习惯；有的父母有暴力倾向，以体罚代替教育，动辄就给孩子直接的伤害；有的因身体、智力有明显残疾被父母嫌弃；等等，使得孩子人格得不到尊重，正当的受教育权不能保障，对家庭的依附性逐渐减少最终选择外出流浪……”② 作为未成年人的监护人，不论从法律角度还是从家庭伦理角度来看，理应使被监护未成年人无忧无虑地享受童年的快乐，使其健康的成长。然而流浪儿童群体的形成，足以说明有众多的未成年人监护人出于各种原因放弃法定监护义务或不正确履行监护义务。这不仅在很大程度上侵犯了被监护未成年人的利益，而且在一定程度上加大了国家治理社会的难度和成本，同时在一定程度上也引发了社会秩序的混乱。流浪儿童群体的形成不仅反映了监护人监护义务的缺失，而且也折射出监护人家庭责任感和社会责任感的缺失，以及人性的沦丧。因此，对于那些不履行监护义务或不正确履行监护义务的未成年人监护人应当予以刑法规制，明确其刑事责任，对于防止流浪儿童群体的形成，减少未成年人违法犯罪，维护未成年人的身心健康具有现实必要性和紧迫性。

(五) 减少留守儿童，维护未成年人身心健康发展

留守儿童问题是随着市场经济的发展而形成的一个突出的社会问题，并逐渐成为影响社会秩序稳定的一个重要因素。全国妇联发布了全国农村留守儿童状况报告。其表示，目前全国农村留守儿童约 5800 万名，其中 14 周岁以下的农村留守儿童约 4000 多万名。和 2000 年相比，2005 年的农村留守儿童规模增长十分迅

① 林定忠：《流浪儿童问题呼唤多方救助》，载于《中国教育报》2005 年 3 月 21 日第 1 版。

② 卢静、龚霞：《完善救助，切实保障流浪儿童的基本权利》，南京市法学会网，2010 年 4 月 16 日，http：//www. njsfj. gov. cn/www/fxh/xsyj－mb_a39100416136. htm。

速。在全部农村儿童中，留守儿童的比例达 28.29%，平均每四个农村儿童中就有一个留守儿童。留守儿童和流动未成年人得不到父母有效监护和教育，存在一定的犯罪风险。[①] 在现实生活中，一方面，随着我国社会政治经济的快速发展，越来越多的青壮年农民走入城市，在广大农村也随之产生了一个特殊的未成年人群体——农村留守儿童。另一方面，随着自由观念的发展，部分监护人为了追求自身的自由，尤其是情感自由，不履行法定监护义务，从而导致在城市中也存在一定数量的留守儿童。还有一部分监护人借口工作忙，长期不回家，使未成年人成为实际上的留守儿童。另外在实践中，还有监护人因违法犯罪行为被刑事处罚，而使其未成年子女成为“法律上的留守儿童。”

留守的未成年人正处于身心成长发育的关键时期，他们常年得不到监护人在人生观、价值观、世界观方面的引导和帮助，缺少了情感上的关注和呵护，极易产生思想认识、价值观上的偏离，并容易受到不良因素的影响而进行违法犯罪。正如有的学者所说：“随着社会转型的深入，社会变化、社会节奏、社会流动日益加快，社会压力普遍增大，人与人之间、亲情之间的交流时间被大量挤占，父母、老师没有足够的时间与孩子交流，一些独生子女普遍存在一种焦虑和孤独感，缺少对生命的感恩和对价值的正常判断，一些‘90 后’未成年犯往往采用简单、极端、暴力的方式解决生活中的一些平常性矛盾，弑亲杀师，表现出人格缺陷、焦虑暴躁、思维偏执的消极性格和不良情绪。”[②] 而部分未成年人监护人基于各种理由或借口对留守儿童的行为和思想价值观上的偏差一无所知或视而不见，导致一些留守儿童违法行为不断发生，甚至因此而走上犯罪道路。例如，“11 月初以来，涪陵频发商铺入室盗窃案，作案者非常猖獗，一夜最多有六七家商铺被盗，店里存放的现金、手机被偷走。一个月来，共有 30 多家商铺被盗，损失现金和财物价值上万元。连续的入室盗窃案件，使得涪陵城区店铺经营者人人自危。根据警方调查，这 11 名嫌疑人大多为留守儿童。年龄最大的也还没满 18 岁，最小的仅有 11 岁，11 人平均年龄竟然只有 14 岁。”[③] 2004 年公安部调查表明，全国未成年人受侵害及自身犯罪的案例大多数在农村，其中大多数又是留守儿童。因此，完善未成年人监护人刑事责任制度立法，督促监护人正确履行监护义务，减少留守儿童的产生，不仅有助于未成年人的正常健康成长，而且有助于社会秩序的稳定及和谐社会的建设。

---

① 全国妇联调查：《目前全国农村留守儿童约 5800 万人》，人民网——中国妇联新闻，2008 年 2 月 27 日，http：//acwf. people. com. cn/GB/6928884. html。

② 王俊秀：《家庭残缺和家庭教育缺位　导致未成年人犯罪》，载于《中国青年报》2010 年 3 月 2 日。

③ 常宇：《留守儿童结伴盗窃一月作案 30 起　团伙老大 13 岁》，新闻中心——中国网，2009 年 12 月 5 日，news. china. com. cn。

（六）减少未成年人违法犯罪，维护正常社会秩序

目前未成年人违法犯罪问题已经成为国际性问题，也是最严重的社会问题之一。“根据最高人民法院有关部门提供的数据显示，2000～2004年，全国各级人民法院判决生效的未成年人犯罪人数平均每年上升14.18%，2005年1～7月，比2004年同期上升了23.96%。其中在生效判决中判处5年以上有期徒刑的，比2004年同期上升了19.94%。”① 逐年增加的未成年人违法犯罪问题不仅严重威胁正常的家庭和谐秩序，而且严重威胁社会秩序的稳定，同时还严重威胁到国家的立国之本。虽然未成年人违法犯罪多发的因素很多，但其最主要的原因还是来自家庭。“根据2000年第五次人口普查的调查结果表明，在少年犯罪成员中，流失生与流浪儿童占70%～80%，而且还在上升。如果将每年这些失学、辍学、流失生、流浪儿童的数字相加，将是数千万，这是一个令人震惊的天文数字。它也是中国大陆源源不断的社会犯罪的‘后备军’。通过调查分析发现，在未成年人违法犯罪群体中，有很大一部分是外来的失学、辍学生、流失生、流浪儿童。……家庭教育，深刻影响着子女的人生观、道德观的形成。许多人认识到，家庭教育有缺陷是子女形成不良个性的基础，潜伏着青少年走上违法犯罪道路的危机。”② 由此可见，未成年人监护人不履行或不正确履行监护职责，是导致未成年人违法犯罪逐年增加的根本原因。同时监护人不尽监护义务不仅影响到被监护未成年人的利益保护，更多的是无辜公民的合法权益也得不到有效的保护，同时也造成了不良社会风气的蔓延。如果继续放任未成年人监护人不履行或不正确履行监护职责，受害的将不仅仅是监护缺失的未成年人及其家庭本身，而且将导致社会上众多家庭的破碎，也将导致社会秩序的动荡。因此，进一步完善监护人刑事责任制度，督促监护人认真履行监护义务，对减少未成年人违法犯罪以及维护社会秩序的稳定具有重要意义。

（七）减少虐待、遗弃未成年人行为，维护未成年人身心健康

随着市场经济的进一步进行，市场竞争压力逐步增大，而竞争压力的增大直接导致有些未成年人监护人在生活中往往找不到合理的发泄口，经常将家中无力反抗的未成年人当成发泄的对象。还有一部分监护人由于婚姻感情长期处于混乱状态，如离婚、再婚、婚外情等婚姻生活不顺导致监护人经常将被监护未成年人当成出气的对象而加以虐待。有的监护人虐待未成年人的行为令人发指，仿佛是虐待仇人，令人难以置信。如红网长沙7月19日讯：“天理何在？六岁小女孩被

---

① 王亦君：《青少年犯罪年均升14%　专家呼吁少年司法制度》，搜狐网，2005年9月19日，http：//news. sohu. com/20050918/n226986883. shtml。

② 林小培、李耀明：《城市边缘青少年的犯罪预防》，载于《中国监狱学刊》2006年第2期。

后母打得在医院狂吐血，流了一地，六块脊椎被打断。在医院里多次口吐鲜血，大小便失禁，有手指和指甲狠命掐的，有用粗木棍子捅得几寸深的，还有被鞋子踢的大块的淤伤，几乎都在致命部位，有的在肾脏旁边，有的直接踢到了小腹，下手之狠，让人惊讶，其暴行实在让人发指。"[①] 在现实生活中，未成年人监护人的虐待行为一般具有连续性，如果虐待行为没有得到及时有效地制止，给被虐待的未成年人心理造成的危害比给其身体造成的损害要大得多，甚至可能导致其仇视、报复家人、他人和社会，从而走上违法犯罪道路。另外，在司法实践中，监护人除了对被监护未成年人进行肉体虐待以外，还有的监护人对被监护人实施性虐待，猥亵甚至强奸被监护人；还有的不尽抚养义务，使被监护未成年人吃不饱，穿不暖，常处于一种饥饿状态，严重影响了被监护未成年人的身心正常发育；还有的监护人对被监护的未成年人实施精神虐待，经常恐吓被监护的未成年人，使被监护的未成年人经常处于一种恐惧状态，导致被监护未成年人有时精神失常。但我国刑法对于上述虐待未成年人的行为缺少可操作性的规定，导致只有监护人虐待未成年人致重伤、死亡的情况下才追究未成年人监护人的刑事责任，这对未成年人身心利益的保护是极为不利的。

除了监护人虐待被监护未成年人情况时有发生外，还经常出现监护人遗弃未成年人的情况。虽然现在并没有监护人遗弃未成年人数字的具体统计，但是从新闻媒体有关遗弃未成年人的报道来分析，当下监护人遗弃未成年人数绝对也是一个天文数字。监护人毫无人性随意地遗弃被监护的未成年人，使很多的未成年人处于无人监护状态。监护缺失的未成年人有的成为流浪儿童、失学儿童或留守儿童；有的成为了犯罪分子进行犯罪的工具；有的成为违法犯罪分子违法致富的工具；有的甚至走上了违法犯罪的道路。

由此可见，监护人虐待、遗弃被监护未成年人，不仅严重影响了未成年人正常的生存权，而且也严重影响了社会秩序的稳定。只有明确、完善监护人虐待、遗弃未成年人的刑事责任，才能有效保护未成年人的身心健康。而当前我国刑法对虐待罪、遗弃罪的规定还存在诸多缺陷，有必要对其予以进一步完善，进一步降低入罪标准，扩大刑种范围与刑幅，督促监护人认真履行监护职责，确实保障未成年人的合法权益不受损害。

（八）完善未成年人监护人刑事责任制度是履行国际公约所要求的

联合国《儿童权利公约》第3条明确规定：（1）关于儿童的一切行为，不论是由公私社会福利机构、法院、行政当局或立法机构执行，均应以儿童的最大

---

① 杨国炜、耿红仁：《6岁女童称遭后母毒打吐血 6块脊椎被打断》，红网，2007年7月19日，http：//news.qq.com。

利益为一种首要考虑。(2) 缔约国承担确保儿童享有其幸福所必需的保护和照料，考虑到其父母、法定监护人或任何对其负有法律责任的个人的权利和义务，并为此采取一切适当的立法和行政措施。第19条规定：(1) 缔约国应采取一切适当的立法、行政、社会和教育措施，保护儿童在受父母、法定监护人或其他任何负责照管儿童的人的照料时，不致受到任何形式的身心摧残、伤害或凌辱，忽视或照料不周，虐待或剥削，包括性侵犯。(2) 这类保护性措施应酌情包括采取有效程序以建立社会方案，向儿童和负责照管儿童的人提供必要的支助，采取其他预防形式，查明、报告、查询、调查、处理和追究前述的虐待儿童事件，以及在适当时进行司法干预。第34条规定："缔约国承担保护儿童免遭一切形式的色情剥削和性侵犯之害，为此目的，缔约国尤应采取一切适当的国家、双边和多边措施，以防止：(a) 引诱或强迫儿童从事任何非法的性活动；(b) 利用儿童卖淫或从事其他非法的性行为；(c) 利用儿童进行淫秽表演和充当淫秽题材。"第35条规定："缔约国应采取一切适当的国家、双边和多边措施，以防止任何目的或以任何形式诱拐、买卖或贩运儿童。"我国早已于1990年签署了联合国《儿童权利公约》，全国人大于1992年批准了《儿童权利公约》，因此，保护儿童合法权益不受侵犯不仅是我国法律所要求的，而且也是我国应承担的国际公约义务。

从联合国《儿童权利公约》的相关规定可以看出，为了保障儿童权利的最大化实现，各缔约国不仅有义务适用各种行政的、道德的手段对未成年人监护人不履行或不正确履行监护义务的行为予以规制，在必要的时候也可以动用刑事制裁手段。然而纵观中国的现代刑法，对未成年人监护人的刑法规制仅仅体现在未成年人监护人对未成年人虐待和遗弃以及其他少量的普遍性规范中。再加上现行刑事法律规定缺乏可操作性，导致在具体司法过程中对于未成年人监护人虐待、遗弃被监护未成年人以及其他侵犯未成年人利益的行为也被当成家务事而不予立案处理。从这个角度上来看，彻底改变过去轻视未成年人利益的刑法保护，动用刑罚手段规制未成年人监护人的监护行为，对于实现联合国《儿童权利公约》所规定的各种目标具有重要的现实意义。

综上，未成年人监护人不履行或不正确履行监护义务不能认为仅是私法领域的事情，未成年人监护人不履行或不正确履行监护义务产生的结果已经影响到了刑法管辖的领域。未成年人因为监护人监护责任的缺失正在成为社会焦虑的对象，完善未成年人监护人刑事责任制度的立法已经迫在眉睫，应对未成年人监护人严重不履行或不正确履行监护义务的行为予以刑法规制，以督促未成年人监护人认真履行监护义务，保证未成年人的身心健康，维护正常的家庭伦理和社会伦理。

二、未成年人监护人刑事责任制度的完善立法构想

目前我国监护人不履行或不正确履行法定监护义务，不仅严重损害了未成年人的身心健康，而且导致违法犯罪未成年人大量增加，社会秩序遭到严重破坏，已经严重危及社会稳定以及国家可持续发展。在维护家庭基本稳定的前提下，对现有监护人刑事责任制度予以立法完善，对于保护未成年人的身心健康以及社会秩序的稳定具有重要的现实意义。

（一）问题提出

在父亲的默许下，一名年仅 11 岁的女孩驾驶车辆在马路上行进，不幸撞倒了 4 名在路边散步的老人，造成 2 死 2 伤的惨剧。检察机关指控：王某酒后将自己驾驶的车辆交给其 11 岁的女儿无证驾驶，造成 2 死 2 伤的严重后果。按照交通警察部门的认定，4 位行人无责任，驾车者负全部责任，王某作为驾车者的监护人，应当对事故承担全责，其行为已经构成交通肇事罪。黑龙江省大庆市让胡路区人民法院近日作出一审判决：女孩的父亲犯交通肇事罪，判处有期徒刑 3 年，缓刑 4 年。①

从案例情况来看，本案肇事主体本是王某 11 岁的女儿，但由于王某不仅没有履行法定监护义务，甚至还放任、纵容未成年女儿的非法要求，结果导致本不应该发生的悲剧发生。类似上述案例中的王某不履行监护义务而导致悲剧发生的情形在现实生活中比比皆是。王某经过法院依法判决，承担交通肇事罪的刑事责任，可以说是开了监护人因不履行监护责任，放任被监护未成年人发生了严重危害后果而承担刑事责任之先河。而值得我们思考的是，此案在法庭辩论时还相当激烈："王某的辩护律师认为，本案两死两伤的发生，并非被告人王某造成的，而是其女儿的行为造成的。王某作为其女儿的监护人，理应承担事故的民事责任，而不应当承担刑事责任。"② 笔者在与其他学者探讨此案例时，有关学者认为监护人不履行监护义务，造成了严重危害社会后果的发生，只能在民法等私法范畴追究监护人的民事赔偿责任。监护人因不履行监护义务而造成严重危害社会的后果被追究刑事责任，并无刑法依据。在此案中，对于法律适用截然相反的争论，反映出我国刑法对此类问题规定的缺失。但随着未成年人权益保障要求的日益提高，要求国家公权力干预监护领域的要求越来越强烈，"各国监护制度公权力介入的特点反映了现代法律对社会关系的调整越来越广泛和深入，国家公权力

---

①② 范迎春、李丽娜：《11 岁女童驾车肇事　父亲构成交通肇事罪》，载于《上海劳动报》2007 年 3 月 1 日。

已经介入了社会的各个领域。……在该问题上，公权力的适当介入和干预已日益成为世界各国立法者的共识。"[①] 刑法作为保障法，当其他法律不能保证监护人完全或正确履行监护义务，并严重危及未成年人以及国家和社会利益时，应当允许国家行使刑罚权。但由于监护人与未成年人具有天然的血缘关系，具有一定的特殊性，如果公权力过多干涉监护人的监护行为，将不利于未成年人的利益保护。因此，如何对监护人的监护行为予以刑法规制，并对现有未成年人监护人刑事责任制度予以修改和完善需要予以研究。

（二）未成年人监护人刑事责任制度主体范围的立法设想

根据《民法通则》第16条第2款的规定，监护人的范围和次序应当为：未成年人的父母是未成年人的监护人。未成年人的父母已经死亡或者是没有监护能力的，依次由下列人员中有监护能力的人担任监护人：祖父母、外祖父母；兄、姐；关系密切的其他亲属、朋友愿意承担监护责任，经未成年的父母所在单位或者未成年人住所地的居民委员会、村民委员会同意。

现行刑法虽然提及监护人，但并没有对监护人的概念及范围作出明确的界定，导致在对监护人追究刑事责任时比较混乱，不利于对监护人的监护行为予以刑法规制。刑法意义上的监护人应当与民法规定有所区分，因为监护人如果疏于监护或不正确履行监护义务，造成严重后果的，可能被追究刑事责任。从公平、正义和未成年人保护的角度出发，在确定刑法意义上的监护人主体范围时，应对民法意义上的监护人作缩小规定。笔者认为，刑法意义上的监护人主体范围一般应包括：一是未成年人的生身父母；二是未成年人的继父母与养父母；三是没有父母或父母不具备监护能力的，由具有监护能力的祖父母、外祖父母担任监护人；四是没有上述亲属的，由有独立经济来源且成年的同胞兄姐担任监护人。对于其他自愿担任未成年人监护人的其他个人和单位一般不应作为刑法意义上的监护人加以规定，但如果其严重侵犯未成年人身心健康的，应剥夺其监护权，并根据刑法规定予以相应的刑罚惩罚。

（三）未成年人监护人负刑事责任情形的立法设想

一般情况下，监护人与未成年人存在天然的血缘关系，刑法过分干预监护领域不利于未成年人利益保护。因此，对未成年人监护人追究刑事责任的情形不宜规定过宽，在立法时，具体可考虑在以下情形追究监护人的刑事责任：

1. 监护人长期不履行法定监护义务，导致被监护未成年人严重侵犯国家利益、公共安全或者他人人身、财产权利的；

---

① 孟靳国：《论监护的性质及监护人的权益》，载于《法学》1996年第11期。

2. 监护人长期采取打骂等错误监护方式导致被监护未成年人严重侵犯国家利益、公共安全或者他人人身、财产权利的；

3. 被监护未成年人有违法犯罪行为，监护人经过有关公安、司法机关或有关部门的通知或警告，继续不履行或不认真履行监护义务，导致被监护未成年人又严重侵犯国家利益、公共安全或者他人人身、财产权利的；

4. 监护人违反法律规定，严重侵害被监护未成年人人身权利、财产权利、受教育权利或者其他权利的；

5. 监护人放任或唆使被监护未成年人进行违法犯罪行为的。

（四）监护人承担刑事责任的刑罚方式和非刑罚方式立法设想

由于监护人与未成年人存在天然的血缘关系，如果对监护人处罚过重，势必会影响被监护未成年人利益的保护。因此，在构建、完善监护人刑事责任制度时，应适当考虑监护人与被监护未成年人之间的特殊关系，并对现有刑罚以及非刑罚结构进行调整，以确保既能惩罚严重不履行或不正确履行监护义务的监护人，又能切实保护被监护未成年人的利益。

1. 监护人承担刑事责任的刑罚方式的立法设想。

（1）监护人承担刑事责任适用的主刑。根据《刑法》第 33 条的规定，对监护人不履行或不正确履行监护义务的行为予以刑法规制时，应充分考虑监护人与被监护未成年人的特殊关系，适用的主刑应以管制、拘役以及短期有期徒刑为主，以死刑、无期徒刑以及长期有期徒刑为辅。同时在追究监护人刑事责任适用主刑时，对于符合缓刑条件的，应尽量适用缓刑。

（2）监护人承担刑事责任适用的附加刑。根据《刑法》第 34 条的规定，对监护人不履行或不正确履行监护责任适用的附加刑主要应以罚金刑为主。在对监护人适用罚金刑时，还应考虑监护人侵犯未成年被监护人权利的原因，如果监护人是基于贫穷而侵犯被监护未成年人利益的，如出卖、出租被监护未成年人的，则不应对监护人适用罚金刑。

（3）适用社区矫正。社区矫正是与监禁刑相对的一个刑种，是在恢复性司法指导下的刑罚理念的具体体现。我国《刑法修正案（八）》及《刑事诉讼法修正案》中对社区矫正予以了较为明确的规定。具体来说，社区矫正是指将符合条件的犯罪监护人置于社区内，由专门的国家机关在相关社会团体、民间组织以及社会志愿者的协助下，在判决、裁定确定的期限内，矫正其犯罪心理和行为恶习，充分了解监护义务，督促其正确履行监护义务，使其顺利回归社会的非监禁刑。对于被监护未成年人而言，监护人是其获得生活来源的主要渠道，如果对犯罪监护人过多适用监禁刑，很多情况下会使被监护未成年人失去生活的来源，从而影响被监护未成年人的利益。因此，考虑到被监护未成年人成长的需要，在适当的条件下，可以对监护人适用社区矫正。在下述情形或条件下，可以对犯罪监护人适用社区矫正：有可能被判处3年以下有期徒刑、拘役、管制的；有可能被宣告缓刑的；有严重疾病或生活不能自理的需要保外就医的；怀孕或者正在哺乳自己婴儿的妇女。对监护人尽量适用社区矫正，在一定程度上，既能避免短期自由刑的弊端，又能处罚严重不履行或不正确履行监护义务的监护人，切实保障被监护未成年人的利益。

2. 未成年人监护人免予承担刑事责任的非刑罚方式立法设想。监护人与被监护未成年人之间具有一定的亲属关系，而法又具有一定的局限性。对监护人不履行或不正确履行监护义务的行为如果一味使用刑罚方式进行处罚，显然不能完全使监护人积极认真履行监护义务。因为“法能杀不孝者，不能使人孝；能刑盗者，不能使人廉。”① “法能刑人而不能使人廉，能杀人而不能使人仁。”② 所以，我们在考虑对不履行或不正确履行监护义务的监护人进行刑法规制时，不能仅仅考虑动用各种刑罚方式，而且应该考虑动用一些非刑罚方式。《刑法》第37条规定“对于犯罪情节轻微不需要判处刑罚的，可以免予刑事处罚，但是可以根据案件的不同情况，予以训诫或者责令具结悔过、赔礼道歉、赔偿损失，或者由主管部门予以行政处罚或者行政处分”。但笔者认为这些现行非刑罚处罚方式基本上不适用监护人针对被监护未成年人轻微犯罪的情形。考虑被监护未成年人成长的需要，同时考虑监护人与被监护未成年人的亲属血缘关系，对于监护人针对被监护未成年人的轻微犯罪行为，可以免予刑事处罚的，应当予以非刑罚处罚。非刑罚方式具体可从以下几个方面进行架构：

（1）强制监护。即以监护人为适用对象，在监护人不履行或不正确履行法定监护义务，导致被监护未成年人发生严重危害社会和他人利益的行为，免予刑事责任追究的，可以对其适用强制监护。强制监护的内容一般应包括：定期探望、定期交付未成年人生活费用、定期向当地公安机关汇报监护义务履行情况等；强制监护的期限一般应以3年为限。强制监护期限届满，监护人继续不履行或不正确履行监护义务，造成严重后果的，应当追究其刑事责任，并剥夺监护权。

（2）监护督促。即在监护人不能积极履行或不正确履行监护责任，由法院以监护督促令的方式督促监护人积极、正确履行监护义务。在以下情形下，人民法院可以向监护人发出监护督促令：一是由于监护人不履行或不正确履行监护义务，致使被监护未成年人犯罪被监禁的；二是监护人拒不履行或不正确履行监护义务，犯罪行为情节轻微，不需要予以刑罚处罚的；三是监护人被追究刑事责任刑满释放的。

① 《文子·上礼》。

② 《盐铁论·申韩》。

人民法院向监护人签发监护督促令的，监护人在一定期限（一般为1年以上3年以下）内，应定期主动向当地公安机关汇报监护义务的履行情况。一旦发现监护人继续拒不履行或不正确履行监护义务的，公安机关有权通过人民检察院向人民法院提出剥夺其监护权的建议；构成犯罪的，依法追究其刑事责任。

（3）责令交纳监护保证金。对于经过行政处罚、批评教育仍不认真或不正确履行监护义务的监护人，免予刑罚处罚的，人民法院应当责令其交纳监护保证金，以促使其履行监护义务。监护保证金的数额应根据监护人的收入情况确定。监护人继续不履行或不正确履行监护义务，造成严重后果的，应没收监护保证金；需要追究刑事责任的，应追究其刑事责任。

（4）剥夺或变更监护权。剥夺或变更监护权仅在我国民法中有所规定，而民法由于其自身的强制力不够，在司法实践中，很多应当剥夺或变更监护权的情形，并没有及时予以剥夺或变更，导致被监护未成年人的权益遭受了很大的损害。在未成年人监护人严重不履行或不正确履行监护义务的情况下，有必要剥夺或变更监护权。因此，有必要将相关的内容在刑法上予以明确规定，从而更好地规制监护人的监护行为。在下列情形下，人民法院有权剥夺或变更监护权：一是在监护人不履行或不正确履行监护义务，经公安、司法机关或当地居委会、民政部门的警告之后，仍然拒不履行或不正确履行监护义务，尚未造成严重后果，不够刑罚处罚的；二是监护人严重侵犯被监护未成年人权益，在对监护人处以刑罚的情况下，人民法院可以在适用刑罚的同时剥夺其监护权，将被监护未成年人移送有关民政部门妥善安置；若有其他适合监护人条件的，也可以变更监护人。

（五）监护人承担刑事责任罪名的立法设想

现行刑法以及有关司法解释有关未成年人监护人承担刑事责任罪名的规定，仅有虐待罪、遗弃罪和拐卖妇女、儿童罪比较明确，但对于监护人其他严重违反法律，不尽法定监护义务造成被监护未成年人以及社会、国家和他人合法利益重大损害的情形并没有明确规定相关的罪名，导致司法适用法律的混乱和无序。因此，有必要根据我国现实需要和具体立法技术的要求，结合国外已有的立法，明确未成年人监护人承担刑事责任的罪名。综合考虑各方面的因素，对未成年人监护人承担刑事责任的罪名在立法上可以作以下架构：

1. 虐待被监护未成年人罪。由于未成年人的身心发展特点有别于正常的成年人，现行刑法关于虐待罪规定显然不利于保护未成年人的身心健康，也不利于打击监护人虐待被监护未成年人的行为。为了保护未成年人的身心健康，有必要将虐待被监护未成年人的行为单独定罪，以有别于普通的虐待罪。

构建本罪，在立法上可以作如下表述：监护人长期或多次虐待被监护未成年人的，或手段特别残忍的，处3年以下有期徒刑、拘役、管制；虐待间接导致被监护未成年人重伤、死亡的，处3年以上7年以下有期徒刑；虐待直接造成被监护未成年人重伤、死亡的，分别依照《刑法》第234条和第232条故意伤害罪和故意杀人罪定罪处罚。监护人有上述行为的，并处剥夺或变更监护权。虐待行为情节较轻的，由公安机关予以训诫，并由人民法院发出监护督促令或强制监护，监护人应定期到公安机关汇报监护履行的情况，为期3年。监护人仍然虐待被监护未成年人的，应依法追究其刑事责任，并从重处罚，同时剥夺或变更监护权。

2. 弃婴罪。由于弃婴行为时有发生，且有越演越烈之势，并且弃婴行为与杀人、伤害行为有时会发生竞合，容易引起法律适用的混乱。为了保护婴儿的合法权益，有必要将监护人弃婴行为单独定罪。

构建本罪，在立法上可作如下表述：负有抚养、监护义务的人，将婴儿遗弃的，处5年以下有期徒刑、拘役或管制；遗弃间接导致婴儿重伤、死亡的，处5年以上有期徒刑；遗弃直接导致婴儿重伤、死亡的，分别按照《刑法》第234条和第232条规定定罪量刑。监护人有上述行为的，并处剥夺或变更监护权。

3. 溺婴罪。中国自古以来就有溺婴行为的存在，由于各种因素的影响，现代溺婴行为又有抬头之势。溺婴既侵犯了婴儿的生命权，同时也侵犯了良好的家庭伦理和社会伦理，现有故意杀人罪的规定不能涵盖溺婴行为，有必要单独对溺婴行为定罪。

构建本罪，在立法上可作如下表述：监护人故意溺杀婴儿的，处10年以上有期徒刑、无期徒刑或死刑；情节较轻的，处3年以上10年以下有期徒刑，并处剥夺或变更监护权。

4. 拒不履行监护义务罪。在现实生活中，有很多监护人有能力履行监护义务，但不履行或不正确履行监护义务，导致众多未成年人失学、流浪或单独留守，严重损害了未成年人的身心健康，并导致家庭秩序和社会秩序的混乱。因此，对负有监护义务且有能力履行监护义务的监护人拒不履行监护义务，情节严重的行为，应当予以刑法规制。

构建本罪，在立法上可作如下表述：监护人拒不履行教育、生活以及其他监护义务，导致被监护未成年人长期失学、流浪、单独留守或违法犯罪的，经有关部门或人员督促警告后，仍拒不履行监护义务的，处3年以下有期徒刑、拘役、管制；也可单处罚金；监护人拒不履行监护义务造成被监护未成年人自杀、重伤或严重违法犯罪的，处3年以上7年以下有期徒刑。监护人有上述行为的，由人民法院发出监护督促令或强制监护，根据情况，也可责令其缴纳监护保证金。在监护人被释放后3年内，定期向公安机关汇报监护情况。3年内仍然不履行或不正确履行监护义务的，由人民法院剥夺或变更监护权。

5. 放任、教唆被监护未成年人违法犯罪罪。监护人放任、教唆被监护的未成年人违法犯罪，不仅违反了刑法及有关法律规定，而且也违反了最起码的伦理道德，主观恶性较之一般的教唆未成年人违法犯罪行为要大很多，而且造成的社会危害性也要大很多。虽然2009年2月28日，第十一届全国人大常委会七次会议表决通过了《刑法修正案（七）》，在《刑法》第262条之后增加一条，作为第262条之二："组织未成年人进行盗窃、诈骗、抢夺、敲诈勒索等违反治安管理活动的，处三年以下有期徒刑或者拘役，并处罚金；情节严重的，处三年以上七年以下有期徒刑，并处罚金"。但此条规定明显没有对监护人教唆、引诱以及逼迫被监护未成年人进行违反治安管理行为以及犯罪行为予以规制，为了保护被监护未成年人的合法利益，有必要对此种行为单独定罪。同时，不论是按照刑法根本目的要求，还是根据主客观相结合的定罪量刑原则，对监护人逼迫、教唆、放任、利用、帮助被监护未成年人进行违反治安管理行为以及犯罪行为的行为应从重处罚。如我国台湾地区"《少年事件处理法》"第85条规定："成年人教唆、帮助或利用未满十八岁之人犯罪或与之共同实施犯罪者，依其所犯之罪，加重其刑至二分之一。"[①] 构建本罪，在立法上可以作如下表述：监护人逼迫、放任、教唆、利用或帮助被监护未成年人进行违反治安管理活动的，处3年以下有期徒刑、拘役；间接导致被监护未成年人重伤、死亡的，处3年以上10年以下有期徒刑；逼迫、放任、教唆、利用或帮助被监护未成年人进行犯罪的，按照刑法有关罪名定罪，并从重处罚；因暴力逼迫直接导致被监护未成年人重伤、死亡的，依《刑法》第234条和第232条规定定罪量刑。监护人有上述行为的，并处剥夺或变更监护权。

6. 非法出卖、出租被监护未成年人罪。在日常生活中，部分监护人为了片面追求所谓的高质量的物质生活，经常将被监护未成年人当成致富的工具。在司法实践中，监护人出卖被监护未成年人的情况随处可见，严重损害了被监护未成年人的身心健康。而在司法实践中对监护人出卖未成年人的行为性质很难认定，正如有的学者所言："由于在这些案件中出卖者和被出卖者具有亲属关系，通常不会发生'拐'的问题，因此给司法认定工作带来了很大的难度。"[②] 甚至有学者认为："因为拐卖妇女、儿童罪侵犯的对象是他人家庭中的成员，出卖家庭成员不构成本罪，这只是不道德的行为，但不能构成犯罪。"[③] 2009年8月12日《最高人民法院、最高人民检察院、公安部等六部门关于打击拐卖妇女儿童犯罪有关问题的通知》中规定："出卖亲生子女的，由公安机关依法没收非法所得，并处以罚款；以营利为目的，出卖不满十四周岁子女，情节恶劣的，借收养名义拐卖儿童的，以及出卖捡拾的儿童的，均应以拐卖儿童罪追究刑事责任。出卖十

① 陆志谦、胡家福：《当代中国未成年人违法犯罪问题研究》，中国人民公安大学出版社2005年版，第339页。

② 刘宪权：《刑法学》，上海人民出版社2005年版，第589页。

③ 马克昌等：《刑法学全书》，上海科学技术文献出版社1993年版，第327页。

四周岁以上女性亲属或者其他不满十四周岁亲属的，以拐卖妇女、儿童罪追究刑事责任。”2010年3月15日最高人民法院、最高人民检察院、公安部、司法部联合发布了《关于依法惩治拐卖妇女儿童犯罪的意见》，该意见第16条规定：“以非法获利为目的，出卖亲生子女的，应当以拐卖妇女、儿童罪论处。”该意见第17条规定：“具有下列情形之一的，可以认定属于出卖亲生子女，应当以拐卖妇女、儿童罪论处：（1）将生育作为非法获利手段，生育后即出卖子女的；（2）明知对方不具有抚养目的，或者根本不考虑对方是否具有抚养目的，为收取钱财将子女‘送’给他人的；（3）为收取明显不属于‘营养费’、‘感谢费’的巨额钱财将子女‘送’给他人的；（4）其他足以反映行为人具有非法获利目的的‘送养’行为的。”虽然上述司法解释对监护人出卖亲生子女的行为性质予以界定，但司法解释毕竟不能等同于立法。同时，上述司法解释将监护人出卖亲生子女的行为比照拐卖妇女儿童罪定罪处罚显得不伦不类，易遭人诟病。笔者认为，国家既然已经注意到了监护人出卖被监护未成年人的现象，为何对监护人出卖被监护未成年人的行为不从刑法立法上予以规制呢？

在司法实践中，不仅出现了监护人随意买卖被监护未成年人的现象，而且在一些地方还出现了监护人出租被监护未成年人的情况。如在安徽省临泉县，由于当地经济发展持续走低，一些家长把孩子出租给一些乞丐团伙，利用的孩子乞讨赚取钱财，根本不顾孩子的死活。监护人随意出租被监护未成年人的行为不仅严重侵犯了未成年人的身心健康，而且也严重损害了良好的家庭伦理和社会伦理，同时也侵犯了未成年人的受教育权、人身权，对于监护人此种丧心病狂的行为，刑法理应也予以规制。

对于监护人出卖和出租被监护未成年人的行为进行刑法立法规制时，可作如下表述：监护人出卖被监护未成年人的，处3年以上7年以下有期徒刑；造成被监护未成年人重伤、死亡的，处7年以上有期徒刑。监护人以营利为目的，出租被监护未成年人的，处3年以下有期徒刑、拘役；造成被监护未成年人重伤、死亡的，处3年以上7年以下有期徒刑。监护人具有上述行为的，并处剥夺监护权。

7. 逼迫、引诱、唆使、利用被监护未成年人行乞罪。在我国香港地区的“刑法”中，引诱或唆使未成年人乞讨可以构成乞讨罪：“到处游荡，或在公共场所、街道或水航道中乞讨或者搜集施舍物，引致、促使或鼓励儿童做同样行为的，即为犯罪……”可见，我国香港地区“刑法”将引致、促使或鼓励儿童去乞讨也规定为犯罪，其中的引致、促使可能是用暴力、胁迫的手段，也可能是用其他的手段。而我国内地随处可见监护人滥用监护权利，教唆、引诱或暴力逼迫被监护未成年人进行乞讨，以供给其生活。监护人的这种行为，不仅严重侵犯了被监护未成年人的身心健康，而且败坏了社会风气，也败坏了家庭伦理道德，应当予以刑法规制。虽然《刑法修正案（六）》第 17 条规定："以暴力、胁迫手段组织残疾人或者不满十四周岁的未成年人乞讨的，处三年以下有期徒刑或者拘役，并处罚金；情节严重的，处三年以上七年以下有期徒刑，并处罚金。"但该规定明显没有对监护人逼迫、教唆、引诱被监护未成年人进行乞讨的行为予以规制，不能有效地打击监护人引诱或唆使、逼迫或利用被监护未成年人乞讨的行为。将监护人引诱、逼迫、唆使或利用被监护未成年人乞讨的行为入罪，不仅可以全面保障被监护未成年人的身心健康，保障未成年人的各种权益，而且可以有效地打击拐卖儿童犯罪行为。

构建本罪，在立法上可作如下表述：监护人不履行监护义务，唆使、利用、引诱被监护未成年人进行乞讨的，处 2 年以下有期徒刑、拘役、管制；监护人使用暴力、胁迫等手段逼迫被监护未成年人进行乞讨的，处 3 年以上 7 年以下有期徒刑；监护人使用暴力、胁迫手段间接导致被监护未成年人重伤、死亡的，处 7 年以上有期徒刑；监护人使用暴力手段直接致被监护未成年人重伤、死亡的，依照《刑法》第 232 条和第 234 条规定定罪处罚。监护人有上述行为的，人民法院应同时向监护人发出监护督促令，监护人在刑满后 3 年内，应定期向公安机关汇报监护纠正情况。监护人刑满释放后，又利用、引诱、唆使或逼迫被监护未成年人乞讨的，从重处罚，并剥夺或变更其监护权。

8. 逼迫、唆使、引诱或利用被监护未成年人卖淫罪。在现实生活中，有些监护人为了满足自己的一己之私，丧心病狂，毫无人性地逼迫、引诱、利用被监护未成年人进行卖淫，严重损害了未成年人的身心健康，必须予以刑法规制。虽然我国刑法有组织卖淫罪、强迫卖淫罪、协助组织卖淫罪、引诱、容留、介绍卖淫罪、引诱幼女卖淫罪的规定，但监护人逼迫、引诱或利用被监护未成年人卖淫，不仅侵犯了未成年人的身心健康以及良好的社会道德风尚，而且也严重违背了家庭伦理和社会伦理。因此，现有刑法有关规定不能涵盖此种行为。为进一步规制监护人逼迫、引诱或利用被监护未成年人卖淫行为，有必要对此单独立法。

构建本罪，在立法上可作如下表述：监护人使用暴力逼迫被监护未成年人卖淫的，处 5 年以上 10 年以下有期徒刑；造成被监护未成年人重伤、死亡的，处 10 年以上有期徒刑、无期徒刑或死刑；引诱、唆使、利用被监护未成年人卖淫的，处 3 年以上 7 年以下有期徒刑。监护人有上述行为的，并处剥夺或变更监护权。

9. 逼迫、引诱或利用被监护未成年人进行淫秽表演罪。虽然现行《刑法》第 366 条规定了组织淫秽表演罪，但此条法律规定的行为仅侵犯了良好的社会道德风尚。而监护人逼迫、引诱或利用未成年人进行淫秽表演，不仅侵犯了良好的社会道德风尚，而且严重侵犯了未成年人的身心健康，也损害了社会伦理和家庭伦理。因此，《刑法》第 366 条规定不能涵盖此种行为，应单独予以规制。

构建本罪，立法上可作如下表述：监护人使用暴力逼迫被监护未成年人进行淫秽表演的，处5年以下有期徒刑或拘役，并处罚金；引诱或利用被监护未成年人进行淫秽表演的，处3年以下有期徒刑，并处罚金；多次或长期逼迫、引诱或利用被监护未成年人进行淫秽表演的，或致被监护未成年人重伤、死亡的，处10年以上有期徒刑、无期徒刑，没收违法所得，并处剥夺或变更监护权。

10. 监护人乱伦罪。在司法实践中，有些监护人丧心病狂，男性监护人强奸、猥亵女性被监护未成年人以及女监护人强奸、猥亵男性被监护未成年人的事例时有发生。同时，监护人利用监护之便，引诱、欺骗被监护未成年人而与之发生性关系的事例也时常发生。如果这些情况得不到有效的遏制，不仅未成年人的身心健康得不到有效的法律保护，而且家庭伦理以及社会伦理也将遭受严重破坏，人有变成兽的危险。而现行《刑法》第236条仅对监护人强奸女性被监护未成年人的情形作了入罪规定，而对于女监护人强奸男性被监护未成年人的情形并没有入罪规定。同样，《刑法》第237条也没有规定对女监护人强制猥亵已满14周岁男性被监护未成年人的行为应如何处罚。监护人强奸、猥亵或与被监护未成年人发生性关系等乱伦行为，不仅侵犯了未成年人的人格、尊严等权利，严重损害了被监护未成年人的身心健康，而且败坏了良好的家庭伦理和社会伦理。现行刑法有关规定并不能完全涵盖监护人的乱伦行为，因此，对监护人乱伦行为在刑法上应单独定罪。

构建本罪，在立法上可作如下表述：监护人强奸被监护未成年人的，依《刑法》第236条之规定从重处罚；监护人长期或多次强制猥亵被监护未成年人的，依《刑法》第237条之规定从重处罚；监护人与年满14周岁被监护未成年人发生性关系的，处3年以下有期徒刑、拘役。监护人有上述行为的，并处剥夺或变更监护权。

综上，进一步健全和完善未成年人监护人刑事责任制度，不仅有利于保护未成年人的身心健康，而且还有利于督促监护人认真履行监护义务，减少失学儿童、流浪儿童、留守儿童以及违法犯罪未成年人的出现，弘扬良好的家庭伦理和社会伦理，维护正常的家庭秩序和社会秩序。进一步健全和完善有关监护人刑事责任制度，对未成年人监护人的监护行为予以一定限度的刑法规制，既体现了国家对未成年人利益的保护，也体现了刑法以人为本，尊重人性的基本价值追求。

第四节 残疾人刑事保护人文改良

近年来，由于各方面因素的影响，残疾人被害与犯罪问题越来越突出，并引发了一系列的社会问题。如何对待残疾人被害与犯罪问题，体现了一个国家刑事法律的文明程度，也反映了一个国家刑事法律是否具有人文精神。我国刑法基于人道主义、刑事责任能力、刑罚的目的等，对于残疾人的被害与犯罪都给予极大地理解、谅解和宽容，对精神、言语、视力和听力残疾人的犯罪和刑事责任予以一般规定，并在刑事诉讼法中赋予了这些残疾人特殊的诉讼救济权利。但现行刑法对于肢体残疾、智力残疾、多重残疾和其他残疾的人被害与犯罪保护没有予以规定，刑事诉讼法中也没有对这部分残疾人予以特殊的诉讼救济权利，使这部分残疾人经常得不到有效的刑事保护。因此，从这个角度来看，我国对于残疾人刑事保护立法还需要予以必要的完善和人文改良。

一、残疾人刑法保护人文改良

（一）应在刑法总则中明确将依法保护残疾人合法权益作为刑法的基本原则之一

残疾人因受生理缺陷或智力缺陷或精神缺陷的影响，其不仅对外界的侵犯抵抗能力较常人要差很多，而且其由于自身缺陷常常成为犯罪行为侵害的对象。如在日常生活中，残疾人由于自身存在一定的缺陷，常常遭受虐待、遗弃，甚至遭受不法分子的伤害、杀害等。因此，在刑法应加大对残疾人合法利益的刑法保护，以体现国家和社会对弱者的同情和关爱，避免使已经不幸的残疾人遭受更大的不幸。同理，由于残疾人自身残疾缺陷的影响，导致残疾人在学习、就业过程中受到不同程度的歧视，虽然国家采取了各种方法来保护残疾人的合法权益，但事实是非常残酷的。残疾人由于受教育权、就业权受到很大的限制，导致其知识、社会经验都受到很大的限制，在一定程度上影响了其刑事责任能力，因此对犯罪残疾人予以必要的宽容和谅解，在刑事法律立法和司法过程中，注重犯罪残疾人权益的特殊保护也是非常必要的。在刑法立法过程中，将依法保护残疾人的合法权益作为刑法的基本原则之一既具有现实性也具有科学性，同时使刑法充满人性的光辉。

（二）在刑法分则中注重对侵犯残疾被害人合法利益的犯罪行为予以从重处罚

由于残疾人自身缺陷的影响，使其容易成为犯罪对象，国家和社会理应采取各种措施严惩侵害残疾人合法利益的各种犯罪行为，保护残疾人能够感受到国家和社会的温暖。笔者建议，在刑法分则中，将侵害残疾人与老年人、未成年人人身权益和财产权益的犯罪行为采取严惩的态势，一是降低入罪的门槛。如对于盗窃残疾人财物的，不要求达到“数额较大”或者“多次盗窃、入户盗窃、携带凶器盗窃、扒窃的”的入罪标准，规定只要盗窃残疾人财物的，就构成盗窃罪。只有如此，才能有效保护残疾人的人身权益和财产权益。二是对侵犯残疾人人身权益或财产权益的犯罪行为予以从重处罚，即将侵犯残疾人人身权益、财产权益的犯罪行为作为相关犯罪的一个从重处罚情节。只有如此才能体现国家和社会对残疾人人身权益和财产权益保护的态度，才能让残疾人感受到国家和社会对他们的关心和爱护，才能体现刑法“保护弱者”人文思想。

（三）残疾人刑事责任能力规定的人文改良

根据《刑法》第 18 条、第 19 条的有关规定，刑法已经注意到了残疾人因为残疾对刑事责任能力的影响，只对精神残疾、又聋又哑的人或者盲人的刑事责任能力做出了部分保护性的规定，但仍然还不全面。笔者认为，残疾人除精神残疾、视听残疾的人以外，还有部分智力残疾以及严重肢体残缺的残疾人，对此部分残疾人的刑事责任能力需要进一步作出明确的界定，并在刑法上体现出来。间歇性的精神病人虽然在犯罪时有控制和辨认能力，但不可否认的是，间歇性精神病人在日常生活中不能像常人一样生活、学习和工作，导致其对法律的认识以及对问题的是非判断能力较常人要差，从而在一定程度上影响其刑事责任能力。因此，笔者建议，将《刑法》第 18 条修改为：“精神病人在不能辨认或者不能控制自己行为的时候造成危害结果，经法定程序鉴定确认的，不负刑事责任，但是应当责令他的家属或者监护人严加看管和医疗；在必要的时候，由政府强制医疗。间歇性的精神病人在精神正常的时候犯罪，应当负刑事责任，但可以从轻或减轻处罚。尚未完全丧失辨认或者控制自己行为能力的精神病人犯罪的，应当负刑事责任，但是可以从轻或者减轻处罚。”在日常生活中，由于多重因素的影响，先天和后天智力缺陷的人越来越多，肢体严重残疾的人也越来越多，这部分残疾人或因智力缺陷或因肢体严重残疾导致其与社会、他人的沟通交往能力受到极大的限制，从而在一定程度上影响其对法律的认知，也会影响其判断是非的能力，进而影响其刑事责任能力。因此，笔者建议将第 19 条修改为：“又聋又哑的人或者盲人犯罪以及智力缺陷、肢体严重残疾的人犯罪，可以从轻、减轻或者免除处罚。”对残疾人的刑事责任能力予以明确的规定，才能在具体刑罚适用过程中，对残疾人从宽适用刑罚，以体现刑法对残疾犯罪人的人文关怀。

（四）应废除虐待残疾人犯罪告诉才处理的规定

根据《刑法》第 260 条的规定，虐待残疾人，情节恶劣的，处 2 年以下有期徒刑、拘役或者管制，属于告诉的才处理。众所周知，残疾人由于生理缺陷或精神、智力缺陷的影响，在家庭生活中容易遭受其他家庭成员的虐待，而残疾人不便告诉或不能告诉。因此，为了确实保护残疾人的人身权益不受非法侵犯，笔者建议，取消现行刑法关于虐待残疾人告诉才处理的规定，应将虐待和遗弃一样做出明确规定，虐待残疾人的，只要构成情节恶劣的行为，无论是否造成被虐待人重伤或死亡等严重后果，只要被虐待残疾人或其他公民向公安机关报案，公安机关就应立案侦查。

（五）残疾人正当行为制度的人文改良

我国目前正当行为制度的设定是按照正常人的标准加以设定的，而残疾人由于生理缺陷或精神、智力缺陷的影响，其不仅对外来不法侵害抵抗能力减弱，而且对外来不法侵害或危险的性质、强度、原因等很难作出准确的判断，也不能针对外来不法侵害或危险采取有效的手段来进行防范和抵抗，容易造成防卫过当或避险过当，造成不应有的损害结果发生。对此，国家和社会应本着保护残疾人合法权益的精神，对残疾人与老年人、未成年人一样，在正当行为制度方面做出特殊保护性的规定，而不是苛求残疾人，以保护残疾人的合法利益不受损害，体现国家和社会对残疾人的关心和爱护，体现刑法“保护弱者”的人文精神。为了避免重复，残疾人具体正当行为制度人文改良的内容请参见本章第六节弱势群体正当防卫制度人文改良的内容。

（六）应对残疾人财产刑的适用作出限制

在我国绝大多数的贪利型犯罪中，刑法对此类犯罪人一般均规定了必要的财产刑。但对于残疾人而言，残疾人由于生理缺陷或精神、智力缺陷的影响，其获得生活来源的渠道本来就少，在司法实践中，很多残疾人是由于生活所迫才走上犯罪道路的，并且残疾人进行的犯罪大多是贪利型犯罪，按照刑法的相关规定，对其理应并处或单处财产刑。如此一来，从刑法角度看来，似乎是对贪利型残疾人犯罪予以了应有的惩罚，实现了刑法的一般预防的目的；但从刑罚的根本目的来看，很多残疾人本来就是因为生活窘迫才走上犯罪道路的，如果再对其单处或并处财产刑，不仅直接导致本来就生活窘迫的残疾人的家人生活更加的窘迫，而且也会使犯罪残疾人对国家和社会充满了不满，这将直接影响残疾人的教育改造效果。同时，由于对残疾犯罪人适用财产刑，在一定程度上会导致残疾犯罪人出狱后生活没有着落而重操旧业，重新走上犯罪的道路。因此，在刑法立法上应明确规定，对于残疾人犯罪的，在残疾人犯罪获利很少或基本没有获利的，在没收非法所得后，一般不得再对残疾犯罪人适用财产刑。只有如此，才能体现国家和社会对残疾犯罪人的关心和爱护，体现刑法人道主义精神。

二、残疾人刑事诉讼法保护人文改良

在刑事诉讼中，由于残疾人生理缺陷或精神缺陷、智力缺陷的影响，其诉讼权益容易遭受侵犯，为了保护残疾人的诉讼权益，刑事诉讼法在很多方面对残疾人的诉讼权益保护做出了很大的努力。但在刑事诉讼中，为了进一步保护残疾人的合法权益，体现刑事诉讼“保护弱者”的人文思想和人道主义，体现国家对残疾人的关心和爱护，无论是在残疾人被害人权益保障，还是在残疾犯罪嫌疑人、被告人权益保障方面还需要进一步进行必要的人文改良。

在刑事诉讼中，应对残疾人诉讼权益做出特殊的保护性规定，以维护残疾人的合法权益不受侵犯。一方面，随着被害人权益保障运动的兴起以及刑事诉讼人文精神的建设发展，在刑事诉讼中重视被害人权益保护已经成为各国达成的一致共识。因此，在刑事诉讼中必须加强残疾被害人的诉讼权益保障；另一方面，由于犯罪嫌疑人、被告人在面临强大国家暴力机关的追诉过程中，处于较为弱势的地位，为了强化犯罪嫌疑人、被告人的诉讼权益的保障：

第一，在适用强制措施方面，应明确规定，对于残疾人能适用较轻强制措施的，尽量不适用较重的强制措施。如果必须适用较重的强制措施，对残疾人犯罪嫌疑人、被告人需要予以羁押的，应当规定对残疾人应单独羁押，以防止其合法权益遭受其他犯罪嫌疑人、被告人的侵犯。

第二，在刑事诉讼法律援助的适用范围上，应明确规定，在刑事诉讼中，残疾犯罪嫌疑人、被告人没有聘请辩护人的，应当为其指定承担法律援助义务的律师为其提供辩护。

第三，基于残疾人的特点，应明确规定，在询问、讯问有智力缺陷的残疾犯罪嫌疑人、被告人和审判残疾人犯罪案件时，应当通知其法定代理人到场。我国现行《刑事诉讼法》对此没有作出明确规定，不能不说是对残疾人诉讼权利的忽视，实际上也是人文思想缺失的表现。

第四，在刑罚的适用上，应明确规定对残疾人从轻适用刑罚，即对残疾犯罪人能适用轻缓刑罚的，不能适用较重的刑罚。

第五，在刑罚的执行过程中，必须充分考虑残疾犯罪人的特点，应明确规定，对残疾人应当分管分押，防止其交叉感染，便于改造。同时应规定，对残疾人的劳动改造必须以传授生活的技能为主，不能强迫进行重体力劳动改造。同时也应明确规定，对残疾人适用减刑、假释的条件应适当从宽。对不适宜关押的残疾人罪犯，如间歇性精神病人、身体严重残疾的犯罪人，应当及时采取保外就医监外执行，以免发生严重的危害结果。

笔者认为对残疾人的刑事诉讼权利救济制度的改良，不仅有利于对残疾人的利益有效保护，同时也有利于刑事诉讼人文精神的体现和发扬。

第五节 妇女刑事保护人文改良

虽然随着女权主义的发展，现在妇女已经在政治经济地位上取得了很大的进步，男女平等已经成为现代社会的一个基本原则，但不可否认的是妇女由于天生生理弱势，在生活中容易受到犯罪行为的侵犯，并且由于生理差别，往往遭受非常残忍的侵害。为了充分保护妇女的合法权益，我国刑法、刑事诉讼法虽然已经对妇女权益的特殊刑事保护做了很多的努力，但在很多方面的规定还存在一定的缺陷，出于“保护弱者”人文思想的要求，应当对妇女的特殊刑事保护予以必要的人文改良。

一、妇女刑法保护人文改良

（一）在刑法总则中将依法保护妇女权益作为刑法的一个基本原则，并在刑法分则中，在相关的刑法条文构建时加以体现对妇女权益的特殊保护，体现了国家和社会对妇女权益保护的重视和关心。

（二）加强对被害妇女的刑法特殊保护

1. 将本应侵犯妇女权益规定为数罪的犯罪行为依法明确规定为数罪。目前我国刑法中对于侵犯妇女合法权益的相关犯罪中，有部分犯罪的罪数规定存在一定缺陷，理应予以人文改良，加大对侵犯妇女权益的犯罪行为的打击力度。如《刑法》第240条将奸淫被拐卖的妇女以及诱骗、强迫被拐卖的妇女卖淫或者将被拐卖的妇女卖给他人迫使其卖淫的行为作为拐卖妇女罪的加重处罚情节，这样的规定是不妥当的。笔者建议将该条规定修改为，拐卖妇女过程中，有奸淫被拐卖的妇女以及诱骗、强迫被拐卖的妇女卖淫或者将被拐卖的妇女卖给他人迫使其卖淫的行为的，依照刑法相关规定数罪并罚，并从重处罚。并增加一款规定：“拐卖怀孕妇女的从重处罚。”同时，《刑法》第358条规定将强奸后迫使卖淫的行为作为组织他人卖淫罪、强迫他人卖淫罪一个加重处罚情节，也是不利于被害妇女权益保护的，笔者建议，在组织他人卖淫、强迫他人卖淫过程中，有强奸后迫使卖淫的行为的，依照刑法的相关规定数罪并罚，并从重处罚。同时并在该条法律规定中增加一款规定：“组织或强迫怀孕妇女卖淫的，从重处罚。”在相关的侵犯妇女权益的犯罪中，严格依照罪数规定，并对其从重处罚，既体现了国家依法保护被害妇女人身权益的态度，又体现了国家和社会对被害妇女的人文关怀。

2. 将家庭暴力列入刑法单独规制的范畴。在我国现行刑法中，将家庭暴力列入了虐待罪的范畴，但我国刑法将虐待家庭成员未造成重伤、死亡的，规定为告诉才处理的自诉案件。而告诉才处理的虐待案件，被害妇女在起诉时，必须向法院提交被害证据，而这是非常困难的。因为被害妇女常常缺少搜集家庭暴力的证据的手段，常常搜集不到较为充分的家暴证据，但如果被害妇女不能向法院提供充分证据支持其自诉主张，法院往往会裁定驳回其起诉，使被害妇女的合法权益得不到有效的刑法保护，并在一定程度上放任了犯罪人的行为。在司法实践中，遭受家庭暴力的妇女的合法权益由于得不到刑法及时、有效的保护，往往造成被害妇女在家庭生活中遭受更痛苦的非人家暴，甚至造成被害妇女的重伤、死亡。基于此，笔者认为，既然虐待罪在妇女权益保护方面存在较大的缺陷，何不对家庭暴力单列为罪加以规制？这样规定，既体现了国家对妇女权益刑法保护的重视程度，也体现了刑法的人文关怀。

3. 明确将对妇女性骚扰行为予以刑法规制。目前，对妇女性骚扰的刑法规制在一定程度上体现为《刑法》第237条的规定，但此规定仅规定了性骚扰的表现形式为暴力、胁迫或者其他方法，并且要求是强制猥亵妇女或者侮辱妇女的行为。但在日常生活中，随着科学进步的发展，对妇女进行性骚扰的途径发生了很大的变化，有些性骚扰行为不仅严重影响了被害妇女的身心健康，还影响了良好的社会伦理道德建设，同时还严重影响了被害妇女的家庭和谐，甚至有时会引发严重的危害后果，如被害妇女的自杀、家庭破裂等。由于我国刑法规定的限制，目前对妇女性骚扰的行为靠行政规制较多，不能有效保护被害妇女的人身权益。因此，为了切实保护被害妇女的身心健康，维护社会和谐，笔者建议，将《刑法》第237条修改为："违背妇女意志，以暴力、胁迫或者其他方法猥亵妇女或者侮辱妇女的，处五年以下有期徒刑或者拘役。聚众或者在公共场所当众犯前款罪的，处五年以上有期徒刑。由于猥亵或者侮辱行为，致被害人重伤、死亡的，处十年以上有期徒刑、无期徒刑。猥亵或侮辱怀孕妇女的，从重处罚。"

4. 进一步完善强奸罪的立法。在我国强奸罪规定中，并没有将婚内强奸包含在内。目前，由于婚姻自由的法律规定，再加上现代人的社会责任感和家庭责任感在一定程度上的缺失，导致中国现代离婚率大幅上升，严重影响了社会的稳定。同时由于我国离婚在一定程度上需要一定的时间，而在离婚过程中，夫妻双方的法定义务虽然从法律上而言仍然存在，但是必须正视的是在离婚期间夫妻是否还有保证双方性生活和谐的义务。婚姻关系存续期间，法律对于夫妻双方的法定义务是具有约束性的，但仔细思量，在夫妻离婚期间，其他的夫妻法定权利、义务均处于一种停滞状态，而男方偏要女方履行性义务，这实在是不妥的。任何权利和义务基本上都是对等的，如果不履行义务，光要求权利，这种权利就失去了存在的根基。夫妻在离婚期间，由于夫妻双方各种权利基本上都处于一种停止形态，如果丈夫片面要求妻子履行性义务，违背了妻子的意志，理应构成强奸行为，这是毫无疑问的。因为当义务存在的根基已经失去，义务就不可履行。

二、妇女刑事诉讼法保护人文改良

1. 在刑事诉讼中将依法保护妇女权益作为刑事诉讼的一项基本原则，并在刑事诉讼的各个环节上注重妇女诉讼权益的保护。

2. 在讯问、询问过程中应规定讯问或询问人员中应当至少有 1 名女性工作人员参加。根据我国刑事诉讼法的相关规定，并没有规定对女性犯罪嫌疑人进行讯问或者对女性证人、被害人进行询问时，必须有女工作人员参加，这是不妥的。在司法实践中，由于女性性别的差异，其情感较为敏感，应要求在讯问、询问女性诉讼参与人时必须注意这一点。同时，由于在司法实践中，男性侦查人员在讯问、询问过程中时有不良传闻发生，为了保证刑事诉讼过程的公正性，应要求在讯问、询问过程中有女性工作人员的参与，并进而保证女性诉讼参与人的诉讼权益及相关合法权益得到应有的刑事诉讼法保护，体现刑事诉讼的人文关怀。因此，笔者建议，刑事诉讼法应当明确规定，在相关的询问、讯问女性诉讼参与人的过程中，应当有女工作人员在场。

对妇女权益在刑事法律建设过程中予以特殊的人文保护，固然有女权主义的影子，但笔者在此并不是基于女权主义的要求作为论述的基点，而是以“保护弱者”人文思想以及人道主义的要求作为理论的基础。

第六节 弱势群体正当防卫制度人文改良

无论是在正当防卫的立法还是司法过程中，都在一定程度上忽视了弱势群体的先天弱势和不足，没有赋予弱势群体特殊的防卫权利。并且在认定弱势群体的正当防卫的立法上和司法过程中也在一定程度上忽略了弱势群体与正常人的各方面的差别，导致众多的弱势群体不仅遭受不法侵害的侵犯，而且还经常会遭到法律和执法者们的合法侵害。为了保护弱者，维护社会秩序的稳定，保证社会公平，我们不得不思考我国正当防卫制度是否体现了保护守法弱者的人文理念，并对其采取了必要的保护措施？本节试图通过儒家保护弱者人文思想的分析，对正当防卫制度中的弱势群体概念、弱势群体的构成条件和范围、弱势群体的特殊防卫权利以及如何认定弱势群体正当防卫行为提出一些看法和见解，以保护弱势防卫群体的合法利益，为刑事法律人性化建设及建设和谐社会提供一个良好的法律环境。

一、问题的提出

2009年6月16日上午11时，备受瞩目的“邓玉娇刺死官员案”在湖北巴东县法院一审结束。合议庭当庭宣判，邓玉娇的行为构成故意伤害罪，但属于防卫过当，且邓玉娇属于限制刑事责任能力，又有自首情节，所以对其免除处罚。[①]邓玉娇案件本来是一件非常普通的案件，但一件普通的刑事案件为何引发了全社会的关注？邓玉娇案的发生不是偶然的，而是各种社会原因和法律原因碰撞的必然结果。而正当防卫制度有关的立法、司法观念以及法律精神的落实不当是造成这种状况出现非常重要的原因。实际上，社会上的“邓玉娇们”的防卫案例还有很多，有的“邓玉娇们”由于正当防卫制度本身立法、司法的观念及法律精神的落实不当，不仅使其受到了违法犯罪行为的侵害，而且还承受了法律为其准备的合法制裁。那么国家在保护弱势的“邓玉娇们”的合法权益时所持的观念以及所采取的法律保护措施就值得我们深刻的反思。人权保障以及刑事法律人性化要求我们在设定法律制度以及进行司法时应当更多地关注和考虑弱势群体的利益保护。虽然正当防卫制度的确立无疑为弱势的“邓玉娇们”的合法权益的保护提供了较为有利的帮助，但是正当防卫制度的先天不足也随着诸多弱势“邓玉娇们”防卫案的发生而予以暴露，并最终引发了全社会的关注。社会弱者的保护体现为一种特殊保护或倾斜性保护，因为在社会竞争中，强者往往能够通过自身的力量捍卫自己的利益，而弱者需要借助外力的支持与帮助。同情弱者，扶助弱者，这是弱者人权保护的基本道德要求，是对善良人性的一种呼唤。[②] 温家宝总理在2005年3月5日第十届全国人民代表大会第三次会议上的政府工作报告中明确提出建设和谐社会，要做好法律服务和法律援助工作，依法保障妇女、未成年人和残疾人的合法权益。关注社会弱势群体一直是党和政府工作的重中之重，也是构建和谐社会的需要。[③] 正是由于众多弱势“邓玉娇们”的存在，要求我们在为他们提供法律保护时必须更多地考虑他们自身的情况，而不能按照正常人的法律标

---

① 王琳：《勿因邓玉娇案而否认民意的价值》，中国江西网，http：//www. sina. com. cn，2009年6月16日。

② 周慧：《弱者人权与中国传统伦理思想的相容性》，华程网，http：//www. huachengnz. com/article/view_21726. html。

③ 刘道朋：《贯彻宽严相济刑事司法政策的立法建议——以弱势群体的权益保护为视角》，引自曲伶俐主编：《和谐社会中的刑法热点问题研究》，中国人民公安大学出版社2008年版，第148页。

准要求他们进行自身权益的私力救济。如果按照正常人的标准去建构和适用正当防卫制度，而忽视弱势"邓玉娇们"自身防卫缺陷的存在，那么弱势"邓玉娇们"将永远摆脱不了不法侵害和立法者们与执法者们"合法侵害"的双重侵犯。但由于几十年来我们片面接收西方法律文化，忽视了对本土儒家人文思想的吸收和改进，导致我国正当防卫制度缺少必要的本土化的人文精神或思想。如果我们不重视和吸收儒家保护弱者的人文思想，建立具有人文化、本土化的中国正当防卫制度，那么正当防卫制度不仅不能发挥其保护弱势群体合法权益的作用，反而很可能成为陷害弱势群体的法律"陷阱"。因此，如何在设计及适用正当防卫制度时更多地关注弱势"邓玉娇们"的权益保护，防止弱势"邓玉娇们"受到非法和合法的双重侵害，充分体现正当防卫制度保护弱势群体利益的人文思想就成了我们当前重要的研究课题。

二、儒家保护弱者人文思想

我们追溯儒家人文思想产生的渊源可以看出，儒家人文思想中虽然有一定消极的封建色彩，并且与现代法治的要求有一定的差距。但如果因此就全部否定儒家人文思想的合理性，也是不客观、不科学的。任何一个国家的刑事法律现代化建设，都不可能脱离本国历史和现实，建立在别国民族伦理道德的精神支柱之上的正当防卫制度建设也不例外。中国传统的儒家人文思想，蕴含着丰富的科学的人文内容，儒家保护弱者的人文思想对我国正当防卫制度的人文建设无疑具有重要的指导作用。

进入21世纪以来，随着人权保障的需要，在刑事立法和刑事执法过程中重视对弱势群体利益的保护是刑事法律人性化的重要体现。在保护弱势群体利益的问题上，儒家先哲们为我们做出了思想上的指引。儒家保护弱者的人文思想有着十分悠久的历史。西周以后，中华民族的祖先崇拜经历了由对特定祖先功德、事迹的崇拜向不特定祖先人格、品德的崇拜，世俗道德开始替代祖先崇拜，道德在国家生活中的作用日趋突显。周人以非天帝嫡亲的身份取代了天下大宗的殷商，使周人发现商人虔诚的崇拜并没能挽救他们的灭亡，于是周初提出了"以德配天"的思想，做到"德唯善政，政在养民"，[①] 并把"敬天保民"视为人德的重要表现。周初的统治者从殷商因迷信天命、残暴虐民而导致覆亡的历史经验中汲取教训，充分认识到，除"敬天"外，"保民"、"安民"和"养民"对于稳固统治的重要性，"知人安民"，"安民则惠，黎民怀之，"[②] "皇族有训，民可近，

① 严耀宗：《中国宗教与生存哲学》，学林出版社1991年版，第22~24页。
② 《尚书·皋陶谟》。

不可下。民惟邦本，本固邦宁。”[①]“天视自我民视，天听自我民听。”[②] 这些人文思想，是儒家保护弱者人文思想形成的重要历史渊源。

“仁”是孔子人文思想的核心内容，体现了孔子对人的价值、地位、尊严的认识，在中国历史上第一次明确提出了人乃万物之本，事事皆应从人的角度出发去考虑的观点。孔子的“仁学”规定了人之所以为人的本质，肯定了每一个人存在的价值，并揭示了人的本质的社会性意义，“仁者爱人”，“克己复礼为仁”等，则强调了从人与人的关系中来把握人的本质，并在人与人、人与社会的关系中完善人、实现人的必要性和可能性。孔子重“文之质”或“文之德”，以救当时之弊。中国儒家人文精神最深层次的意蕴是“仁者爱人”这一具有人文主义内涵的主张。在儒家代表中，孔子最早发现了人的重要价值。[③]

孔子在坚持“仁者爱人”人文思想的基础上，注重社会弱势群体的保护。孔子认为：“故人不独亲其亲，不独子其子，使老有所终，壮有所用，幼有所长，鳏寡、孤独、废疾者皆有所养；男有分，女有归。货恶其弃于地也，不必藏于己；力恶其不出于身也，不必为己。……是谓大同。”[④] 就是要让老年人有人奉养天年；对于年轻人社会应提供条件发挥其作用；让未成年人在社会的爱护下生活成长；鳏寡孤独的老人及孤儿、残疾人，生活有所依靠。子路曰：“愿闻子之志。”子曰：“老者安之，朋友信之，少者怀之。”[⑤] 孔子不仅对“鳏寡、孤独、废疾者”予以关爱，而且对于当时社会地位低下的妇女也给予了必要的关爱。例如，孔鲤死后，孔子主动将守寡的儿媳改嫁到卫，这也表明孔子的人文关怀和关爱也惠及当时社会地位低下的妇女。在当时的历史条件下，孔子不仅难能可贵地提出国家有义务对“鳏寡孤独废疾者”弱势群体予以特殊的保护，而且对地位低下的妇女也予以必要的关爱，这不能不说是儒家人文思想的一大亮点，并且为以后统治者关注弱势群体的保护，相对保障社会公平正义提供了良好的人文思想基础。

孟子丰富和发展了孔子的保护弱者的人文思想，认为对老、弱、鳏、寡、孤、独的保护与救济也是仁政的一个方面，认为施行仁政应以此为先：“老而无妻曰鳏，老而无夫曰寡，老而无子曰独，幼而无父曰孤。此四者，天下之穷民而无告者。文王发政施仁，必先斯四者。”[⑥] 也就是说统治者在实施仁政时，必须先考虑对鳏寡孤独的老人以及年幼的孤儿予以特殊保护，使其能老有所养，幼有

① 《尚书·伍子之歌》。

② 《尚书·泰誓中》。

③ 汪太贤：《论中国法治的人文基础重构》，载于《中国法学》2001 年第 4 期。

④ 《礼记·礼运》。

⑤ 《论语·公冶长》。

⑥ 《孟子·梁惠王下》。

所靠，维护弱势群体的利益。同时，孟子曰："老吾老以及人之老，幼吾幼以及人之幼。"① 也就是要像尊敬自己的老人一样尊敬、爱护、关心其他年老的人，爱护幼小就像爱护自己的孩子一样。这实际上是孟子强调对老年人、未成年人等弱势群体的关爱和照顾，也充分体现了他保护弱者的人文思想。

荀子发展了孔子和孟子的保护弱者的人文思想。荀子在历史上第一次提出了"正义"一词，"正利而为谓之事，正义而为谓之行。"② 同时荀子认为："选贤良，举笃敬，兴孝悌，收孤寡，补贫穷，如是，则庶人安政矣。庶人安政，然后君子安位。"传曰："君者，舟也；庶人者，水也。水则载舟，水则覆舟。故君人者欲安则莫若平政爱民矣。"③ 由此可以看出，荀子同样也要求统治者在实施统治时应注意对孤寡、贫穷者等社会弱势群体利益的保护，并强调君主要想使社会安定必须勤政爱民。

儒家不仅要求统治者在日常国家治理过程中要重视老幼的利益保护，而且强调对老幼等弱势群体的刑法保护，"八十、九十曰耄；七年曰悼。悼与耄虽有罪，不加刑焉。"④ 在儒家看来，80 岁以上的老人和 7 岁以下的幼儿即使犯了罪，国家也不应追究他们的刑事责任，这充分体现了儒家保护弱者的人文思想。

在中国数千年的历史长河中，后来的儒家们继承和发扬了保护弱者的人文思想，并且历代统治者在立法和司法过程中也大多注重老幼残疾以及妇女弱势群体的利益保护，使中华法系独具伦理色彩，并享誉世界法林，同时也促使中华民族形成了特有的尊老爱幼，关注保护残疾人、女性的美德。

儒家矜恤老幼妇，宽宥废疾的人文思想不仅对我国古代刑事法律独有的人文特色的形成起了很大的推进作用，并且对我国现代刑法人文精神建设也将产生不可小觑的影响。在设计现代正当防卫制度时，充分吸收和发扬儒家保护弱者的人文思想，不仅有利于正当防卫制度人性化建设，而且也有助于和谐社会的建立。

三、正当防卫制度人文改良视野下的弱势群体界定

为了更好地发扬儒家保护弱者的人文思想，保护弱势群体的合法利益不受非法侵害，同时也能更好地约束弱势群体的防卫权利不被滥用，保护被防卫人的合法权益，必须首先对弱势群体的概念以及范围进行合理的界定。

---

① 《孟子·梁惠王上》。
② 《荀子·正名篇》。
③ 《荀子·王制》。
④ 《礼记·曲礼上》。

（一）正当防卫制度视野下的弱势群体概念的界定

2002年，“弱势群体”一词首次见诸官方文件[①]。那么什么是弱势群体？有的学者认为社会弱势群体“是一个在社会资源分配上具有经济利益的贫困性、生活质量的低层次性和承受力的脆弱性的特殊社会群体”[②]。有学者把弱势群体界定为“那些依靠自身的力量或能力无法保持个人及其家庭成员最基本的生活水准、需要国家和社会给予支持和帮助的社会群体”[③]。有的学者认为：“弱势群体，应该是指由于自然、经济、社会和文化方面的低下状态而难以像正常人那样去化解社会问题造成的压力，导致其陷入困境、处于不利社会地位的人群或阶层；在社会变迁的过程中，这个群体是社会援助的对象，是社会福利的接受对象。”[④] 还有的学者认为“弱势群体是一个相对的概念，在具有可比性的前提下，一部分人群（通常是少数）比另一部分人群（通常是多数）在经济、文化、体能、智能、处境等方面处于一种相对不利的地位。”[⑤] 上述关于弱势群体的定义虽然从不同角度揭示了弱势群体的相对性以及广泛性、法律性等基本特征，但如果将其纳入正当防卫制度视野下去探讨弱势群体的保护，则显然远远不能反映为何在正当防卫制度中需要对弱势群体予以特殊保护以及如何保护。从正当防卫制度设计和适用角度考虑，正当防卫中的弱势群体应是指由于自身生理、年龄、精神状况等主观因素和被防卫主体的近况、案件发生的时间、地点等客观因素影响，在防卫过程中，防卫能力处于相对较弱一方的自然人群体。合理而科学的界定正当防卫制度视野下弱势群体的概念，不仅有利于准确把握正当防卫的本质，而且对于保护弱势群体的合法利益，维护法律公正，建立和谐社会具有重要而深远的意义。

（二）正当防卫制度视野下弱势群体范围界定

在正当防卫制度视野下，合理并科学地确定享有法律专有保护防卫权的弱势群体的范围是非常有必要的。合理和科学界定正当防卫视野下的弱势群体的范围不仅有利于保护弱势群体的利益不遭非法侵害，而且也有利于保护被防卫人的合法权益。

1. 老年人。由于老年人处于人生的末期，由于生理功能的自然退化，导致其各方面的能力都有所减弱，尤其是我国受儒家思想的影响很深，历来提倡尊

---

① 参见2002年3月朱镕基在九届人大第五次会议上所做的《政府工作报告》。

② 陈成文：《社会弱者论》，时事出版社2000年版，第3页。

③ 郑杭生：《走上更公正的社会》，http：//www. china. org. cn，2006年2月10日。

④ 张敏杰：《中国弱势群体研究》，长春出版社2003年版，第21页。

⑤ 李林：《保护弱势群体是“德治”的应有之义》，载于《前线》2001年第5期。

老、爱老，并且此观念已经深入人心，并形成了良好的敬老、爱老风俗。目前我国60岁以上的老年人约有1.44亿人，占中国总人口的11%，占世界老年人人口总数的1/5，由此看来我国已经迈入老龄化社会。面对众多的老年人，国家理应为老年人提供更多的法律保护，但我国在老年人权益刑法保护方面长期处于一个空白状态。这种情况的存在，不仅说明我国的法律文明有待进一步提高，同时也说明我国在老年人权益保护仅仅停留在一个较低的层面。根据我国《老年人权益保障法》的规定，可以将超过60周岁的老年人列为弱势防卫群体。因为老年人在达到60岁后基本上自然会出现体力不足并且由于生理的自然退化，导致其思维、反应能力也会出现一定的退化，对自己行为的辨认和控制能力有所下降。而这些情况的出现势必会或多或少使老年防卫群体的防卫能力有所降低，而导致其在防卫过程中不能正确认识不法侵害的性质、手段以及强度，进而也会影响防卫人在防卫手段、方法、方式的选择。因此，老年人理应成为弱势防卫群体的一部分。

2. 未成年人。根据我国《刑法》、《未成年人保护法》的规定，可以将不满18周岁的人列为弱势防卫群体。未成年人是祖国的未来和希望所在，并且随着计划生育政策的推行，我国新生人口的减少，对未成年人的保护是必须和应当的。根据刑法规定和医学研究成果表明，如果防卫人年龄过小，其生理和心理都不成熟，再加上各方面社会生活的阅历不多，在面临突如其来的不法侵害时，使其不能正确或无法正确判断不法侵害行为的性质，且不能正确地辨认或者控制自己的防卫行为，从而导致其对刑法规定以及相关行为的认识和判断方面难免存在一定的偏差。因此，未成年人应当成为刑事法律保护的重点，也理应成为弱势防卫群体的一部分。

3. 妇女。由于男女在生理、心理上的天生差别，导致女性更容易遭受不法侵害的侵犯，而女性一般都比较敏感、感性且比较柔弱，因此女性在社会生活中和法律实践中，理应受到更多的法律关爱和保护。但由于女权运动的发展，很多人都认为女性和男性都一样，在法律的保护以及权利的享有以及义务的履行方面都应当男女平等。现代医学和心理学研究结果表明，男性和女性由于天生存在生理、心理上的差别，这种差别并不因女权运动的发展而消失。从一般意义上而言，女性比男性更脆弱，心理承受能力也更弱，在面临突如其来的不法侵害时，更加显得慌乱无措，很难准确认识不法侵害的性质和强度，更加难以选择合适的防卫手段，也难以把握防卫的限度和时间。在社会生活和家庭生活中，女性遭性别歧视、性骚扰，遭遇丈夫遗弃、殴打、伤害以及精神上冷暴力虐待，一些贫困地区妇女被拐卖现象还非常普遍和严重。因此，我们在制定正当防卫制度时，必须正视这种男女性别差别，并且给予女性必要的特殊保护，这也符合刑法文明和人道主义的要求，也符合儒家保护弱者的人文精神。

4. 精神病人。这里所说的精神病人应作广义的理解，而不能理解成不负刑事责任的精神病人。这里所指的精神病人是指凡是由于各种精神障碍可能会影响其辨认能力和控制能力减弱的自然人。既包括较严重的精神障碍人，也包括一般精神障碍人。由于精神病会导致产生各种感觉障碍、知觉障碍、思维障碍、注意障碍、智能障碍、情感障碍、行为障碍，从而导致精神病人在社会交往、受教育的机会以及对事物的认识、行为等方面都存在一定的缺陷。精神病人常常由于精神障碍所导致的辨认能力和控制能力的减弱，也导致其自我保护能力降低。在司法实践中，精神病人不仅经常由于自身精神障碍的缺陷而遭受不法侵害，而且当其面临不法侵害时，常常显得无法自处，由于自身精神障碍的影响，对不法侵害的性质、强度缺乏正确的认识，并容易采取一些比较极端的方式对待不法侵害人，从而使其防卫行为会发生一定的偏差。因此无论是从儒家保护弱者人文思想的角度还是从法律公平的角度出发，精神病人理应成为弱势防卫群体。

5. 盲人、聋哑人以及四肢不健全的残疾人。根据《残疾人保护法》第2条规定："在心理、生理、人体结构上某种组织、功能丧失或不正常，全部或者部分丧失以正常方式从事某种活动能力的人。残疾人包括视力残疾、听力残疾、言语残疾、肢体残疾、智力残疾、精神残疾、多重残疾和其他残疾的人。"目前，由于各种原因，我国残疾人的群体还十分庞大。截至2006年4月1日，全国各类残疾人为8296万人，占全国人口的6.34%。[①] 人的生理状况如何不仅会影响人接受教育的程度以及与他人交往的机会，还会直接影响人对外界袭击的反应和应变能力。正因为又聋又哑的人与盲人部分生理功能的丧失，导致其接受外界信息能力的减弱，并进而影响其对外界事物的认识、判断，并影响其行为选择。在现实生活中残疾人由于残疾所引起的各方面能力低下，导致其防卫外来侵害能力的降低，并因此在社会生活中经常受到外来的不法侵害。在面临不法侵害时，尤其是面临突如其来的不法侵害时，聋哑人、盲人对不法侵害行为的性质、手段等也会或多或少地存在一定错误的认识，从而导致聋哑人、盲人在防卫过程中行为出现一定的偏差。因此，残疾人理应成为弱势防卫群体。

此外，其他部分生理功能丧失的残疾人，如四肢不全的残疾人，我们不能也不应该要求他们在防卫过程中必须按照正常人的标准进行相应的防卫行为。因为他们在面临不法侵害过程中天然地处在一个弱者的地位，如果要求他们按照正常人的标准进行正当防卫行为，那无异于将可能致他们于死地，国家或者法律理应赋予他们更为有利的防卫权利。

上述正当防卫视野下的弱势群体的范围划分并不具有绝对性，而只是一般意

---

① 《我国残疾人状况得到明显改善》，大众网——大众日报，http://news.sina.com.cn/c/2007-05-29/080311914352s.shtml，2007年5月29日。

义上的划分。一般情况下，老人、精神病人、妇女、未成年人以及盲、聋哑人以及其他具有一定身体残疾的人员理当属于正当防卫中的弱势群体。

四、弱势群体防卫权利的人文改良设想

虽然我国修订后的刑法为了加强对公民以及国家利益、公共利益、集体正当权益的保障，赋予了公民对正在遭受的不法侵害以正当防卫的权利，但由于刑法对于防卫主体以及防卫对象等具体情况考虑的不周，导致正当防卫的立法规定过于笼统、机械和片面，经常造成公民以及国家、集体合法权益得不到应有的保护，相反经常会使本应得到特殊保护的弱势群体反而受到法律的无情制裁，这在一定程度上也使国家和执法者们成了不法侵害者的帮凶。“邓玉娇”案件的发生在某种程度上提醒了我们，在法律不能对弱势群体做出事先和及时的保护时，我们就应当给予弱势群体更大的私力救济的权利，并为其私力救济权利提供合理的法律依据。因为弱势群体与正常人无论在生理上还是在遇到危险时的应变能力上都存在一定的差别，我们在正当防卫制度的立法和司法适用上必须正视这种差别，并且必须对这种差别作出法律上的不同保护性规定，以求得不同利益群体刑法保护实质上的平等。如果我们不能尽快地改进相关法律规定，赋予弱势群体特殊防卫行为权利，为其私力救济提供有力的法律支持，我们将在弱势“邓玉娇们”无助的眼泪和鲜血中看到他们的权利被糟蹋和侵犯，导致我们仅有的一点良知也将在他们的眼泪和鲜血中消失。因此，为了使正当防卫制度发挥其对弱者应有的保护功能，发扬儒家“保护弱者”的人文思想，在正当防卫立法上应当赋予弱势群体以下特殊防卫权利：

1. 赋予弱势群体在孤立的情境下，允许他们对任何侵害人身的不法侵害人可以行使无限防卫权。赋予弱势群体此种防卫权利，有利于保障弱势群体的人身权益不受非法侵犯，同时也有利于震慑潜在的不法侵害人，减少弱势群体人身侵害行为的发生。因为在绝大多数的情况下，弱势防卫群体在孤立无援的境地中，面对突如其来的不法人身侵害，内心中都是充满了恐慌和不安，在这种情况下，我们不能也不该苛求弱势防卫群体对不法侵害的性质、严重程度进行合理的、正确的认识，并选择恰当的方式进行防卫。如果我们在此种情况下仍然按照正常人的标准要求弱势防卫群体进行正当防卫，那将置弱势防卫群体的生命于危险之境地。

2. 赋予弱势群体们防卫过当应当免除或者减轻处罚的权利。我们在认定弱势防卫群体的行为是否属于正当防卫时要从宽掌握，即使对于行为确实属于防卫过当的，在认定其刑事责任时也应当有别于一般正常人。《刑法》第20条第2款规定：“正当防卫明显超过必要限度造成重大损害的，应当负刑事责任，但是应

当减轻或者免除处罚。”正当防卫行为本身属于排除社会危害性的行为，而弱势群体在行使正当防卫权利时，由于其自身弱势的限制，再加上环境等客观因素的制约，使其很难准确选择防卫的方式。因此弱势群体防卫过当的，我们不应当用对待正常人的标准去追究他们的防卫过当的刑事责任，而应给予他们充分的理解和关爱，并应当将对弱势群体的刑法保护规定一并体现于正当防卫制度中。应明确规定对于弱势群体的防卫过当行为，在确定、追究其责任时，首先应当考虑免除其刑事责任；只有在防卫过当并造成极其重大的损失时，才考虑对其减轻处罚。并且此处的“减轻处罚”，应当在比照正常人的减轻处罚基础上，再减轻处罚，而不是按照正常人的法律标准予以减轻处罚。

3. 赋予弱势防卫群体有权追究不法侵害人民事责任并不负责赔偿因正当防卫行为给不法侵害人造成人身伤亡以及其他物质损失的权利。现行刑法虽然规定正当防卫行为不负刑事责任，但是弱势防卫群体在行使防卫权利时，大多数的情况下会给不法侵害人造成一定的人身伤亡以及一定的物质损失。同时，弱势防卫群体在防卫过程中也有可能由于不法侵害造成一定的人身伤亡或者物质损失。为避免弱势防卫群体增加不必要的讼累，法律应明确规定，弱势防卫群体在行使正当防卫权利时，不论其防卫行为是否过当，在给不法侵害人造成损失的情况下，弱势防卫群体不论负不负刑事责任，都不负任何赔偿责任。同时还应明确规定，弱势防卫群体有请求不法侵害人以及其监护人、法定代理人赔偿因不法侵害造成的物质上和精神上的各种损害的权利。

五、弱势群体正当防卫行为的认定

我们且不论正当防卫制度本身存在的立法缺陷以及由此可能导致的司法问题大量出现，仅就《刑法》第20条字面规定来看，它忽视了弱势群体应有的保护性规定，导致了立法上的形式平等，司法适用上的实质不平等。也导致了众多处于弱势地位的“邓玉娇们”，在面临自身权益受到不法侵害的时候，他们大多数的情况下只能选择眼睁睁看着自己合法权益遭受不法侵害，甚至有时需要付出生命的代价。从儒家保护弱者的人文思想出发，在认定弱势群体的防卫行为是否属于正当防卫行为时，我们应本着宽容和慈悲之心，来对待弱势群体的防卫行为。

（一）合理认定弱势防卫群体防卫的时间

依据刑法规定，正当防卫行为的实施必须在不法侵害正在进行之时，“正在进行”一般理解为不法侵害已经开始，但尚未结束。在不法侵害的是否开始还是不法侵害的是否结束的判断上，都存在很大的争议。

在不法侵害开始时间的认定上，理论上有几种学说：（1）着手说。认为以不法侵害是否着手作为判断不法侵害是否开始或发生的标准。不法行为的开始就是不法行为的着手，正当防卫只能在犯罪行为着手时或者着手后进行。[①]（2）现场说。认为以不法侵害人进入现场，被害人直接面临不法侵害的威胁，即为不法侵害的开始，防卫者可以实行正当防卫。[②]（3）折衷说。认为一般说来，侵害人已经着手直接实行侵害行为。某些情况下，虽然不法侵害尚未着手实行，但合法权益已直接面临侵害的危险，不实行正当防卫就可能丧失防卫的时机。在这种情况下，实行正当防卫也应当说是适宜的。[③]

相对于正常防卫群体而言，上述学说都有一定的合理性和科学性。但如果是对于弱势防卫群体而言，上述学说的科学性和合理性显然有待进一步的探讨。因为弱势防卫群体受自身缺陷所致，在面临不法侵害时我们不能也不应该像要求正常人一样要求弱势防卫群体在较短的时间内对于学者们都争论不休的不法侵害是否着手作出准确的判断。试问在面临不法侵害时，一般正常人都很难判断不法侵害是否已经着手，我们要求弱势防卫群体去做出正确的判断是否强人所难？

于弱势防卫群体而言，其进行正当防卫的开始条件可以界定为：只要其已经面临不法侵害，并且不法侵害具有现实危险性的，应当视为不法侵害已经开始。也就是说弱势防卫群体应当可以在面临不法侵害危险时进行防卫，而不能要求弱势防卫群体在不法侵害真正实施时才能进行防卫。这样的理解不仅是儒家保护弱者人文思想所要求的，也是刑法正义所要求的，因为刑法不仅是犯罪人的大宪章，而且更是被害人的大宪章。如奥地利《刑法》第3条规定："（一）对现在直接急迫之不法侵害，为保护自己或他人之生命、健康、身体、自由或财产，而为必要之防御者，其行为不违法。"

同样道理，在对不法侵害是否已经结束的认定上，对于弱势防卫群体而言，我们也不应当要求他们对现在理论界还争论不休的何谓不法侵害已经结束做出准确的判断。基于保护弱者的社会准则和人文要求，不法侵害即使实际上已经结束，但是不法侵害人的实际威胁并没有完全消除或者由于不法侵害造成的损失仍然具有挽救的可能，或者弱势防卫群体由于精神因素、生理因素的影响，在当时过于惧怕、恐慌，对于不法侵害实际已经结束的事实难以分辨清楚，继续进行防卫的，应该能够成为违法性阻却事由，对造成的过当防卫后果不承担刑事责任。如德国现行《刑法典》第33条规定："防卫人由于惶恐、害怕、惊吓而防卫过当者，不负刑事责任。"

---

① 周国均、刘根菊：《正当防卫的理论与实践》，中国政法大学出版社1988年版，第53页。

② 辽宁省法学会：《辽宁省刑法理论座谈会论文汇集》，1980年，第196～197页。

③ 高铭瑄、马克昌主编：《刑法学》，北京大学出版社、高等教育出版社2007年版，第145页。

（二）合理认定弱势群体正当防卫的限度

《刑法》第20条第2款规定：正当防卫明显超过必要限度造成重大损害的，应当负刑事责任。虽然刑法明显降低了正当防卫的限度条件，更加注重防卫人利益的保护。尽管如此，在正当防卫限度条件上的争论可以说是在有关正当防卫的所有条件争论中最激烈的。在我国刑法学界主要有三种观点：（1）必需说。认为防卫强度是制止不法侵害所必需的，即使防卫在强度、后果等方面超过对方可能给其造成的损害，也不能认为是超过了必要限度。（2）基本相适应说。认为正当防卫是否超过了必要限度，应将防卫行为与不法侵害行为在方式、强度和后果等方面加以比较，看是否相适应。（3）相当说。认为必要限度原则上应以制止不法侵害所必需为标准，同时要求防卫行为与不法侵害行为在手段、强度方面，不存在过于悬殊的差异。[①] 由此可见，对于必要限度的理解，学者们意见不一，但一般认为相当说为通说。实际上，无论是正当防卫还是……对必要限度的把握是很有难度的。这种把握需要防卫人……既判断侵害行为或危险情况的性质和程度，又判断自己行为的程度和性质。特别需要强调的是，防卫人……必须在身处险境的紧急时刻做出这样的判断并控制自己的行为，这是相当困难的，我们的立法和司法完全没有理由苛求防卫人……所以，防卫过当造成的伤害必须是特别严重的伤害，防卫人的行为才可能构成犯罪……[②]因此，在考察弱势群体的防卫行为是否超过了必要限度时，不能按照一般正常人的标准去考虑。因为有些防卫手段、强度虽然对正常人来说是超限的，但对于弱势防卫群体来说却是必需的。况且，由于弱势防卫群体的天生弱势所导致的对不法侵害的认识可能产生的偏差，也会导致其无法准确把握防卫的必要限度。

在防卫过程中，要求弱势防卫群体准确把握连学者们都认为很难把握的正当防卫必要限度，不符合儒家保护弱者的人文思想，也不符合刑法正义的要求。在认定弱势防卫群体的防卫行为是否超出了必要限度，造成了重大损害时，不仅必要限度的标准难以确定，而且对于什么是重大损害？重大损害的内容是什么？衡量重大损害的依据是什么？等等，这些问题在学术界中必然引发新的争议。因此，为了保障弱势防卫群体的合法利益不会受到非法和合法的双重侵害，应根据具体案件情况以及弱势防卫人自身的情况，规定弱势群体的防卫行为以完全制止不法侵害为必要，而取消难以理解和掌握的“必要限度”和“重大伤害”的限度标准。我们必须从保护弱势群体合法利益的角度出发，考虑在当时的情况下，弱势防卫群体所使用的防卫手段和方法是否足以防止其利益被侵犯，而不是考虑

---

① 高铭瑄、马克昌：《刑法学》，北京大学出版社、高等教育出版社2007年版，第145页。

② 卜安淳：《防卫过当造成严重伤害只可能构成过失犯罪——邓玉娇案中的罪名引发的思考》，中国论文下载中心，2009年9月14日，http：//www. studa. net/xingfa/090914/15431422. html。

其对不法侵害人造成的重大损害是否在一个合理的限度内。因为弱势防卫群体在面临不法侵害时，其遭受不法侵害的现实可能性比正常人要大得多。既要保护弱势防卫群体的合法利益，又要维护不法侵害人的利益不受损害，这种出发点虽然是好的，但是在具体案件的认定上，又是不现实的，必须有所舍弃。正如前述所论，正当防卫的必要限度和重大伤害本身就很难做出明确的界定，在探讨这个问题时，应该更倾向于保护弱势防卫群体的利益，不能因为不法侵害人的利益遭受重大损害，就让无辜的守法弱势群体来承担因为不法侵害人的主动不法侵害所带来的法律恶果。

（三）在认定弱势群体的防卫行为时合理地重视和引入弱势防卫人自卫能力因素

弱势防卫群体的自卫能力指当弱势防卫群体的合法权益受到他人的不法侵害时，能够了解侵害行为的性质、手段和后果，了解自己的处境，能够主动抵抗外来不法侵害的能力。一般情况下，弱势防卫群体的防卫能力受自身遭受非法侵害时的精神状态、生理状态影响很大，并导致其对不法侵害的认识产生一定的偏差，同时其也会根据自身的情况采取其认为合适的防卫行为，从而导致其防卫行为有可能明显超过一定的防卫限度，造成不法侵害人重大损害。因此，在认定弱势防卫群体的防卫行为是否过当时不仅要考虑刑法规定的具体防卫条件，而且必须考虑防卫人自身自卫能力的实际状态，从而对弱势防卫群体的防卫行为是否过当作出合理的界定。从“邓玉娇案”来看，邓玉娇面临三个醉酒男人的侵犯，要求她理智地考虑合适的防卫行为显然是不切合实际也是不可能的。如果法律非要要求弱势的“邓玉娇们”在面临强势不法侵害的时候，必须依照法律理性地选择合理的防卫行为，那么，法律不仅无法保证弱势“邓玉娇们”的合法权益不受侵犯，并且在一定程度上法律以及执法者们将成为不法分子的帮凶。因此，在认定弱势“邓玉娇们”的防卫行为是否过当的时候，必须重视和引入防卫人自身的防卫能力因素，才能准确认定其行为是否属于正当防卫。综上，在正当防卫的立法和司法过程中，必须合理吸收儒家保护弱者的人文思想，正视弱势群体与正常人各方面差别的存在，并且在刑法上承认这种差别，并在正当防卫认定过程中予以体现，切实保护好弱势群体的合法利益。笔者相信，随着儒家保护弱者的人文思想的吸收和改造，我国正当防卫制度必将闪耀人性的光辉。

第六章

死刑制度人文改良

死刑是剥夺犯罪人生命的最严厉的刑罚，其残暴性是显而易见的，从其严厉程度上来看，其属于酷刑是无疑的。虽然由于死刑的残暴引起各国学者的争议，甚至有些国家正逐渐将死刑废除。但我国由于历史、文化、经济等各方面因素的影响，现阶段死刑仍然存在，且有一定存在必要性，那么，如何对现行死刑制度进行一定的人文改良，使其在某种程度上具有一定的人文气息是非常必要的。正如有的学者所言："当今时代，无论是从'人权入宪'本身所蕴涵的对生命的尊重和关爱，还是从我国业已签署、正待批准的《公民权利与政治权利国际公约》第6条的基本要义出发，我们都有必要站在更加人性化的刑事法理平台上，面对我国现行的、国内可以判处死刑的68种犯罪规定及其相关司法解释，投以更加严峻而挑剔的法眼……"[①] 儒家历来提倡"仁爱"、"慎刑"等反酷刑人文思想，在现代死刑制度设计过程中，我们应吸收、借鉴儒家反酷刑人文思想的合理内核和现代刑罚人文精神的要求，对我国现行死刑制度进行一些必要的人文改良。

第一节　死刑适用标准人文改良

《刑法》第48条第1款规定："死刑只适用于罪行极其严重的犯罪分子"。现行刑法对死刑适用的标准仅仅作了概括性的规定，其可操作性不强，具有较大的主观随意性。虽然有关学者对死刑适用的标准进行了相关解释，"所谓罪行极其严重，是犯罪性质极其严重、犯罪情节极其严重、犯罪分子的人身危险性极其严重的统一。"[②] 分析可见，现行刑法规定的死刑适用标准只是对犯罪人造成的客观危害结果予以了体现，而没有对犯罪人的主观恶性予以规定，这有悖刑罚

---

① 屈学武：《有关死刑的司法解释之制定与适用现状反思》，中国法学网，http：//www. iolaw. org. cn/showArticle. asp？ id = 2063。

② 高铭暄、马克昌：《刑法学》，北京大学出版社、高等教育出版社2008年第3版，第258页。

（死刑）适用的目的；同时按照罪刑法定原则要求，死刑适用标准应当明确具体。但与死刑的严厉程度相比，对于死刑适用的标准无论是刑法规定还是学者的解释都不能说是完善的。正如有的学者所言“死刑的适用因地、因时、因法官而采取不同的适用标准。尽管这些不同的适用标准，采用语境论的立场可能被认为具有一定的合理性，但是这种难以具体把握的合理性的合理程度却是有限的。”① 因此，为了保证死刑适用标准的严格性和统一性，必须对死刑适用标准予以充分的人文改良，使之符合死刑严厉程度以及生命人道的人文要求。笔者认为死刑适用标准应注意考察犯罪人的主客观两个方面，以保证死刑适用的准确性。在对死刑适用标准进行构建时，应注意考虑以下因素：

一、从犯罪的客观方面来看，适用死刑的前提和首要条件必须是犯罪具有极其严重的社会危害性

所谓的社会危害性是犯罪行为对刑法所保护的社会关系造成的破坏程度。在考察犯罪行为的社会危害性大小时，正常情况下应着重分析以下因素：

（一）犯罪行为侵害的客体

笔者认为，在对犯罪分子适用死刑时，必须考虑犯罪侵害的客体，一般只有在犯罪侵犯国家安全、公共安全、公民生命、健康权利、国家军事利益等客体，并造成了极其严重的危害的情况下才可以对犯罪人适用死刑。同时还要注意考察犯罪侵害的犯罪对象。对侵害特定犯罪对象的，如老年人、未成人、精神病人、孕妇、残疾人等，只要犯罪行为对上述特定犯罪对象造成极其严重损害的，理应处以死刑，以凸显刑法对弱势群体利益的特殊保护，彰显刑法的人文精神。

（二）犯罪行为造成的后果

犯罪后果的表现形式是多种多样的，既有有形的，也有无形的；既有物质性的，也有非物质性的等。从正义的角度来看，现阶段涉及对犯罪分子适用死刑的危害后果一般来说有两个方面的体现，即对公民的生命、健康和国家、公民的物质财富造成极其严重的损害。在具体考量时，应明确规定杀害无辜公民 1 人以上或造成无辜公民 2 人以上严重残疾的；或多次严重危害无辜公民身体健康的；或严重损害国家安全、公共安全、军事利益的，可以判处死刑立即执行。对于贪污受贿数额极大并造成严重损害结果的行为，也可以判处死刑立即执行。

---

① 何显兵：《死刑的适用及其价值取向》，中国人民公安大学出版社 2008 年版，第 230 页。

（三）犯罪手段

犯罪手段是属于犯罪的客观方面，但也在一定程度上反映了犯罪人的主观恶性大小。虽然犯罪手段并不属于犯罪构成的必要要件，但在判断犯罪人的主观恶性大小时是必须予以参考的一个因素。对于犯罪手段极其恶劣，如以恐怖手段破坏公共安全，影响极坏的；杀人碎尸、杀人奸尸、使用残忍手段杀害被害人或将被害人活活烧死、活埋等，使用残忍手段造成被害人严重残疾等。如最近发生在云南的李昌奎强奸杀人案，2009 年 5 月 14 日，李昌奎遇到王家飞（18 岁）及其弟王家红（3 岁），李昌奎以两家的纠纷为由同王家飞发生争吵抓打，抓打过程中李昌奎将王家飞裤子撕烂，并在王家厨房门口将王家飞掐晕后实施强奸。王家飞在遭到李昌奎的强暴后被其使用锄头敲打致死，并随后被拖至内屋，懵然不懂年仅 3 岁的王家红被李昌奎倒提摔死在铁门门方，并随后将姐弟二人用绳子把脖子勒紧，李昌奎在制造血案之后逃离现场。[①] 本案中李昌奎作案手段极其残忍，并且将年仅 3 岁的王家红活活摔死，其作案手段不能不说是残忍至极，骇人听闻，此犯不杀，实在有违天理。

（四）犯罪有无组织性

我国刑法对有组织犯罪并没有予以明确界定，但有组织犯罪带来的危害远比单个个体犯罪带来的危害要大得多。国际上已经充分注意到了有组织犯罪的危害性及犯罪人的人身危险性，为了严厉打击有组织犯罪，《联合国打击跨国有组织犯罪公约》第 2 条对有组织犯罪集团作了专门定义。“有组织犯罪集团系指由 3 人或多人所组成的、在一定时期内存在的、为了实施一项或多项严重犯罪或根据本公约确立的犯罪以直接或间接获得金钱或其他物质利益而一致行动的有组织结构的集团”、“有组织结构的集团系指并非为了立即实施一项犯罪而随意组成的集团，但不必要求确定成员职责，也不必要求成员的连续性或完善的组织结构”。有组织犯罪在我国是现实存在的，如黑社会性质组织、洗钱犯罪组织、毒品犯罪组织、贩卖妇女、儿童组织、卖淫组织等。相比一般个体犯罪而言，有组织犯罪都是以严密组织体系保证其犯罪活动正常化的，为满足其成立犯罪组织的目的，经常进行各种各样的犯罪，社会危害性极大，并且其隐蔽性很大。笔者认为，有组织犯罪造成的后果具有显性和隐性的后果，其隐性后果常被立法者和执法者所忽视。相比较个体犯罪而言，有组织犯罪的社会危害性的显性后果是直接侵犯了刑法所保护的相应法益；其隐性后果是给国家、社会利益及公民利益带来的潜在

---

① 《云南一男子强奸杀害两人　终审因自首悔罪获免死》，2011 年 7 月 3 日，中国网 http：//www.china.com.cn/。

损害需要长时间的弥补。如黑社会性质组织经常为害一方，严重影响当地的社会治安秩序，常使当地公民的人身权益、财产权益处于一种不安全的状态，造成民众听黑色变，在当地造成了恶劣影响。这不仅严重损害了国家和政府的形象，而且给当地的民众造成了心理恐慌，这种隐性后果短时间内无法得以弥补。如果刑法对有组织犯罪的首要分子及骨干分子予以宽容，那对于相关犯罪分子而言无疑是一种法律上的纵容，不仅不能达到刑罚适用的目的，而且还会造成社会秩序的混乱，各种法益将会遭到严重的破坏。因此，对于有组织犯罪的首要分子和骨干分子，只要其犯罪行为极其严重，造成的显性和隐性后果也极其严重，理应对其适用死刑。正如前段时间闹得沸沸扬扬的“刘涌案”，笔者认为，最高法院再审对其判处死刑立即执行，并不仅仅考虑了刘涌犯罪行为造成的显性后果，也考虑了其犯罪行为造成的隐性后果。

二、刑法应当明确规定犯罪人的主观恶性大小作为是否判处死刑的标准之一

所谓犯罪人的主观恶性大小主要包括两个方面：一是犯罪人犯罪时的主观恶性大小；二是犯罪人的人身危险性大小，即犯罪人的再犯可能性大小。对犯罪人在适用死刑时，不仅要考察犯罪的性质、危害后果及犯罪手段、方法等客观方面的事实，而且必须考察犯罪人的主观恶性大小，只有将两方面予以综合考察，才能确定对犯罪人是否适用死刑。

（一）犯罪人犯罪时的主观恶性大小的考察

对于犯罪人犯罪时主观恶性大小的考察主要应从以下几个方面进行考察：

1. 考察犯罪人犯罪是出于直接故意还是间接故意。《刑法》第 14 条规定：“明知自己的行为会发生危害社会的结果，并且希望或者放任这种结果发生，因而构成犯罪的，是故意犯罪。”从现行刑法的规定来看，并没有将直接故意和间接故意犯罪对量刑的影响予以区分，这种做法是既不科学，也是违背公平正义要求的。笔者认为，虽然直接故意和间接故意都是犯罪故意的法定种类，犯罪人出于直接故意和间接故意都可以构成故意犯罪，但两种犯罪故意是存在一定区别的。具体表现在：一是从认识因素上来看，二者对行为导致危害结果发生的认识程度上有所不同。犯罪的直接故意既可以是行为人明知自己的行为必然发生某种危害结果，也可以是行为人明知自己的行为可能发生某种危害结果。而间接故意则不同，其只能是行为人明知自己的行为可能会发生某种危害结果。二是从意志因素上来看，直接故意是希望并积极追求某种危害结果的发生；而间接故意对危害结果的发生一般是持放任的心理态度。在放任心理态度的支配下，行为人就不

会希望并积极追求危害结果的发生。因此可见，二者表现出的犯罪人主观恶性大小上是有明显差别的，虽然在司法实践中对于二者在量刑时有所区别，但现行死刑制度对二者对死刑适用的影响视而不见是不妥当的。笔者认为，直接故意犯罪的主观恶性明显要大于间接故意犯罪的主观恶性，在一般情况下，因间接故意犯罪的，由于其主观恶性较小，即使造成严重后果，一般也不应当适用死刑立即执行。

2. 要考察犯罪人的犯罪动机。对于死刑适用的案件而言，都是出于故意犯罪案件，而在故意犯罪案件中，犯罪人都有犯罪动机的存在。犯罪动机是促使犯罪人进行犯罪的内心起因。犯罪动机的性质不同，所反映出来的主观恶性往往大不一样，比如谋财害命的贪利性动机就比出于自尊动机而侵害他人的主观恶性大。在我国刑法中，由于对犯罪动机的重视程度不够，因而在刑法典中并没有规定犯罪动机对量刑的影响。而在大陆法系国家中，不少国家的立法或司法实践非常重视犯罪动机这一因素。《德国刑法典》第46条对量刑的基本原则作了规定："法院在量刑时，应权衡对犯罪人有利和不利的情况，特别注意下列事项：犯罪人的犯罪动机和目的、行为所表露的思想和行为时的意图等"。《西班牙刑法典》第23条规定："罪犯的配偶及结合成具有类似情感的稳定关系人、尊亲属、卑亲属、婚生、领养兄弟或者同辈分的亲属协助罪犯实施犯罪的，根据犯罪性质、动机和结果等情节，可以减轻或者加重其刑事责任"。《瑞士联邦刑法典》第64条规定："行为人出于值得尊重的动机，因被害人行为的诱惑、非法刺激或侮辱造成行为人愤怒和痛苦而实施犯罪的，法官可对行为人从轻处罚。"在英美法系国家，犯罪动机对定罪和量刑都产生了非常重大的影响。因为在英美法系国家，裁决被告人有罪或无罪的权力掌握在陪审团的手里。陪审团的成员是一些所谓代表社会良知的普通人。他们判定一个人有罪还是无罪的标准往往不是看他做了什么，而是更注重他为什么要这么做。在他们的眼里并非所有的杀人者都是罪犯，甚至反而是英雄。这往往很大程度上是因为动机的不同。在我国定罪量刑过程中忽略犯罪动机的作用，在很大程度上是基于国家公权力至上的影响。笔者认为，不同的犯罪动机，犯罪人表现出的主观恶性大小就不同。对于出于义愤动机而杀人的，出于孝心或亲情动机犯罪的，出于其他符合道德要求动机而犯罪的，出于生活逼迫而无奈犯罪的，即使犯罪人的罪行极其严重，对其一般不应适用死刑立即执行。因为刑罚是用来惩罚改造犯罪人的，刑罚适用越重，说明犯罪人的主观恶性越重，而出于上述动机犯罪的人一般主观恶性较轻，具有较大的改造可能性并容易被改造。

在刑法中，参照国外刑法的有关规定，结合我国的实际国情和具体司法实践，将犯罪动机作为量刑的重要法定情节加以明确规定，不仅会对量刑实践产生深远的积极影响，而且对于死刑的限制和准确适用也将产生重要的影响。

3. 要考察被害人有无明显过错或对矛盾激化有无直接责任。

首先，在判定犯罪人的主观恶性大小时，应考察被害人对案件的发生有无明显过错。

1999 年 10 月 27 日，最高人民法院颁布的《全国法院维护农村稳定刑事审判工作座谈会纪要》中规定："对于被害人一方有明显过错或对矛盾激化负有直接责任，或者被告人有法定从轻处罚情节的，一般不应判处死刑立即执行。"由此可见，前引司法解释确立了以下规则：被害人一方有明显过错或被害人对矛盾激化负有直接责任的故意杀人罪的被告人，一般不应判处死刑立即执行。[①] 笔者认为，所谓"被害人一方有明显过错"，应是指被害一方有罪错或者重大过错之情形。笔者认为，这里的"被害人一方有明显过错"的情形应当包括：被害人有轻微的犯罪行为，如盗窃、抢夺等；被害人有严重违法行为，如随意殴打他人、侮辱、诽谤他人、婚外情等，没有达到犯罪程度的；被害人长期具有一定的违法行为，如长期虐待、不履行或不正确履行监护职责、骚扰异性等；从常理上看，被害人的行为难以令人忍受的，如长期随意挖苦、讽刺、辱骂他人等。如果被害人是实施某种严重犯罪行为而遭受某种严重危害结果的，应按照我国正当防卫制度的有关规定对犯罪人予以处罚。在司法实践中，有些恶性案件的引发往往是由于被害人有明显过错造成的，在此类案件中，犯罪人的主观恶性较之一般的恶性案件犯罪人的主观恶性要小得多。同时，按照罪责刑相适应的刑法原则，犯罪人固然应对犯罪结果承担责任，但是被害人有明显过错的，理应对犯罪结果也承担一部分责任，从而对犯罪人予以从轻或减轻处罚。被害人的过错越大，对犯罪人的刑事处罚应当越轻。笔者认为，在被害人有明显过错的恶性案件中，犯罪人只是针对有明显过错被害人进行严重恶性犯罪行为的，并未对其他无辜公民造成严重危害后果的，表明其主观恶性并不是很大，一般不应对其适用死刑立即执行。在外国刑法典中，对被害人有过错的，将其列为法定减轻处罚的情节。如《德国刑法典》第 213 条规定："非行为人的责任，而是因为被害人对其个人或家属进行虐待或重大侮辱，致行为人当场义愤杀人，或具有其他减轻情节的，属故意杀人的减轻情节"。《俄罗斯联邦刑法典》第 61 条规定："加害人由于被害人的行为不合法或不道德而实施犯罪的，可以作为对加害人减轻处罚的法定情节"。

其次，在判定犯罪人的主观恶性大小时，应考察被害人对案件的发生有无激化矛盾的直接责任。

笔者认为，最高人民法院相关《工作纪要》中所谓"对矛盾激化负有直接责任"，应当是指被害人一方无理纠缠，对于矛盾的激化起到了决定性的催化作用，并直接促成恶性犯罪的发生。在司法实践中，所谓"对矛盾激化负有直接责

---

① 陈兴良：《死刑备忘录》，武汉大学出版社 2006 年版，第 140 页。

任”应当包括如下情形：被害人无正当理由长期纠缠犯罪人导致双方矛盾激化的。如恋爱分手后，被害人长期多次无理纠缠犯罪人等；被害人与犯罪人发生矛盾纠纷，经有关政府机关调解解决后，被害人继续多次威胁、纠缠犯罪人，并提出无理要求导致双方矛盾激化的。如邻里之间发生纠纷，经有关部门处理后，被害人仍然多次无理纠缠犯罪人等；被害人与犯罪人发生纠纷，未经正常渠道解决，故意提出非法无理要求，导致双方矛盾激化的。如双方离婚，未经正常离婚程序，被害人故意向犯罪人提出无理非法要求等；被害人不履行法定义务，经过有关机关处理后，继续不履行法定义务，导致双方矛盾激化的。如被害人不履行监护义务，经有关民政部门或其他行政部门处理后，仍不履行或不正确履行监护义务等；被害人与犯罪人之间发生纠纷，被害人采取非法手段导致矛盾升级，导致双方矛盾激化，致使恶性案件发生的。如民事纠纷中，被害人采用非法拘禁犯罪人，导致严重危害后果发生等；被害人与犯罪人发生纠纷，在纠纷解决过程中，被害人非法强迫犯罪人履行一定义务的，如双方离婚手续办理过程中，被害人强迫犯罪人履行夫妻义务，如性生活、偿还债务等。值得一提的是，如果被害人一方的行为对于矛盾的激化虽有一定影响，但却并非起到决定性的作用，则不能认定被害人对恶性案件的发生负有直接责任。笔者认为，在认定被害人是否“对矛盾激化负有直接责任”时，应从以下几个方面掌握具体认定的标准：一是被害人无理或非法纠缠的长期性；二是被害人无理纠缠的非法性；三是被害人无理或非法纠缠的程度是否超出一般人的忍耐限度；四是被害人无理或非法纠缠是否构成犯罪行为。如果被害人具有上述之一情形的，应当认定为被害人“对矛盾激化负有直接责任”。综上，犯罪人在被害人长期或严重无理纠缠的情况下进行的恶性犯罪，表明其主观恶性相较其他恶性案件犯罪人的主观恶性要小得多，同时由于案件发生的起因是由于被害人“对矛盾激化负有直接责任”，因而理应对犯罪人从轻或减轻处罚。令人感到遗憾的是，最高人民法院的相关《工作纪要》已经下发十余年的时间，但有关的刑法修正案仍然没有对《工作纪要》相关内容从立法角度予以确认，不能不说是刑法人文不足的一大表现。

（二）犯罪人的人身危险性大小

行为的社会危害性和行为人的人身危险性都具有决定和实现刑罚轻重的基本价值，二者共同决定着行为人刑事责任的轻重，从而决定刑罚的轻重。主客观相统一原则是我国刑法中的基本原则之一。在认定犯罪的时候应该偏重于关注行为的社会危害性大小。但是，在认定犯罪的前提下，对犯罪人如何量刑则应在考量犯罪行为的社会危害性大小的基础上，侧重考虑犯罪人的人身危险性大小。尤其是在死刑案件中，对犯罪人是否要适用死刑，以及适用何种方式的死刑，必须考量犯罪人的人身危险性大小。

1. 在讨论犯罪人人身危险性大小对死刑适用的影响时，首先应该弄清人身危险性的基本内涵。有的学者认为人身危险性包括初犯可能性和再犯可能性。[①]还有的学者认为人身危险性是指犯罪人的存在对社会构成的威胁，即其再犯可能性[②]；还有的学者认为人身危险性是指犯罪人的存在对社会所构成的潜在威胁，它由犯罪人的改造可能性和再犯可能性组成[③]。上述观点虽然都有一定的合理依据，但对于作为犯罪人是否适用死刑的标准而言，所谓的人身危险性应当是指犯罪人的再犯现实可能性。于犯罪人量刑意义而言，初犯可能性不具有任何刑法学意义，只具有犯罪学的意义。作为对犯罪人是否适用死刑标准之一的人身危险性包含两层含义：一是犯罪人的人身危险性仅是指如果不对犯罪人适用死刑，犯罪人对社会及社会成员的利益造成再次伤害的可能性；二是犯罪人对社会及社会成员的利益造成再次伤害的可能性必须是现实存在的，而不是司法人员的主观臆断出来的。

2. 讨论犯罪人人身危险性大小对死刑适用的影响时，应该弄清人身危险性与主观恶性的关系。笔者认为，任何一种刑罚的确立和适用都应当符合教育的功能，死刑当然也不能例外。对犯罪人适用死刑则表明犯罪人主观恶性极大，不能予以教育改造。如果犯罪人的主观恶性并不极大，则表明能够对犯罪人教育改造，一般就不能对其适用死刑立即执行。而犯罪人的人身危险性与主观恶性之间具有天然的联系，正如有的学者所言："人身危险性与主观恶性又有着密切的联系，主观恶性虽然外化为已然之犯罪行为，然而它在一定程度上也能说明人身危险性的大小。人身危险性与主观恶性存在正比关系，行为人的人身危险性大的，其主观恶性也大，行为人的人身危险性小的，其主观恶性相对也小。"[④]

3. 讨论犯罪人人身危险性大小对死刑适用的影响时，还应该弄清人身危险性与死刑适用的关系。人身危险性的大小可以在一定程度上反映出犯罪人的主观恶性大小，虽然我们不能完全以犯罪人人身危险性大小来确定对犯罪人是否适用死刑，但犯罪人人身危险性的大小对于死刑的适用影响甚大。在讨论死刑适用与人身危险性大小的关系时，有的学者认为："虽然理论上和司法实践中对'不是必须立即执行'的理解存在分歧，但是绝大多数人认为其中应当包含人身危险性内容。对罪行极其严重的犯罪分子，如果人身危险性特别大，不堪改造，则可以立即执行；对罪行极其严重的犯罪分子，但是其人身危险性不是很大，有改造可

① 陈兴良：《刑法哲学》，中国政法大学出版社 2000 年版，第 170～171 页。

② 邱兴隆、许章润：《刑罚学》，群众出版社 1988 年版，第 569 页。

③ 周光权：《刑法诸问题的新表述》，中国法制出版社 1999 年版，第 363 页。

④ 李宇先、詹水清：《人身危险性的特征和现实表征》，法律教育网，2005 年 4 月 20 日，http://www.chinalawedu.com/news/20800/212/2005/4/li835270441024500224269_165967.htm。

能的，则可以改判死缓。"[①] 笔者认为，人身危险性的大小，在一定程度上反映着犯罪人的主观恶性大小，如果犯罪人的犯罪社会危害性极大，同时犯罪人的人身危险性也极大，不能对其教育改造的，一般应当对其适用死刑立即执行；反之，如果犯罪人的人身危险性较小，具有改造希望的，本着刑罚人道和人权保障的原则，即使犯罪人的社会危害性极大，也理应不判处犯罪人死刑立即执行。

4. 既然犯罪人人身危险性对于是否适用死刑的影响甚大，我们理应研究探讨确定人身危险性大小的标准，而不能随意推定犯罪人人身危险性的大小。但如何准确认定犯罪人的人身危险性大小，从而正确适用死刑是一个值得研究和探讨的问题。有的学者认为："考察人身危险性，可以借助以下标准：①犯罪人的生活经验史。②犯罪人的违法犯罪史。③犯罪人在犯罪中的表现。④犯罪人在实施犯罪行为以后的表现。"[②] 有的学者认为，确定人身危险性的应注意以下因素："①犯罪人的罪后表现。②犯罪人的履历。③犯罪人的主观恶性。此外，在量刑时，还应当考虑犯罪人的知识程度、犯罪人与被害人的关系、犯罪时行为人是否受到刺激、犯罪人的年龄等。"[③] 上述国内学者对确定犯罪人人身危险性大小的标准和应考虑的因素进行了较为详细的分析论述。国外学者也对犯罪人人身危险性的社会影响因素和生理影响因素进行了一定的论述。菲利认为"考虑到人类行为，无论是诚实的还是不诚实的，是社会性的还是反社会性的，都是一个人自然心理机制和生理状况及周围生活环境相互作用的结果。"[④] 李斯特认为"个人的因素是重要的诱因，即使在微小的外界因素的诱发下，根植于犯罪人个性之中的，特有的本性会促使其犯罪。粗鲁、残忍、狂热、轻率、懒惰、酗酒、性堕落等逐渐导致其心理变态。"同时也认为："社会因素的影响相当重要。犯罪人实施犯罪的那一时刻所具有的个性是从他的天资发展而来的，并由其出生后就面临的外界环境所决定的。这种认识使得我们（通过道德、精神，尤其是身体教育）对正在成长的青少年的潜在的犯罪倾向施加影响成为可能，尽管这个可能是有限的。"[⑤] 笔者认为，要准确确定犯罪人人身危险性的大小，必须要考虑犯罪人相关的个人生理因素、影响其犯罪社会因素，同时也必须考虑犯罪人的犯罪情况，但在具体认定过程中，还应采用具体的科学方法，不能随意推定。同时，对影响犯罪人人身危险性的社会因素还应具体科学考量，不能将其完全归因于犯罪人，更多的是社会制度对人的关怀程度造成的，将其完全归结为犯罪人再犯可能性的

---

① 陈建平：《略论我国刑法中的人身危险性》，中国法院网，2007 年 12 月 19 日，http：//www. chinacourt. org/html/article/200712/19/279241. shtml。

② 何显兵：《死刑的适用及其价值取向》，中国人民公安大学出版社 2008 年版，第 239 ~ 240 页。

③ 林亚刚：《论刑罚的适度与人身危险性》，110 法律咨询网，2011 年 6 月 3 日，http：//www. 110. com/ziliao/article - 220682. html。

④ ［意］菲利：《犯罪社会学》，郭建安译，中国人民公安大学出版社 2004 年版，第 41 页。

⑤ ［德］李斯特：《德国刑法教科书》，徐久生译，法律出版社 2006 年版，第 10 ~ 12 页。

大小因素加以考虑，这对犯罪人而言是不公正的。笔者认为，在认定犯罪人人身危险性大小时应掌握法律标准和医学标准。

(1) 所谓人身危险性的法律标准，也称为法律事实标准，是指从刑事法角度看，犯罪人的犯罪行为轻重程度，必须有相关证据作为基础，并能证明犯罪人的人身危险性大小。作为衡量犯罪人人身危险性大小的法律标准应具体把握以下内容：

第一，犯罪人的具体犯罪情节。包括犯罪的性质、动机、目的、手段以及犯罪人对犯罪的认识程度（悔罪程度）、是否积极赔偿被害人等。通过这些主客观事实因素的考察，一方面可以发现犯罪人是否有被教育改造的可能性和必要性，另一个方面也可以反映出犯罪人的人身危险性大小。

第二，犯罪人有无前科。刑法在立法过程中，充分注意到了累犯人身危险性，历来将累犯、惯犯作为打击的重点，是非常科学的。如《刑法修正案（八）》第6条规定："被判处有期徒刑以上刑罚的犯罪分子，刑罚执行完毕或者赦免以后，在五年以内再犯应当判处有期徒刑以上刑罚之罪的，是累犯，应当从重处罚，但是过失犯罪和不满十八周岁的人犯罪的除外。"《刑法修正案（八）》第4条同时规定："对被判处死刑缓期执行的累犯以及因故意杀人、强奸、抢劫、绑架、放火、爆炸、投放危险物质或者有组织的暴力性犯罪被判处死刑缓期执行的犯罪分子，人民法院根据犯罪情节等情况可以同时决定对其限制减刑。"因此，从立法层面明确累犯、惯犯的人身危险性是十分有必要的。从犯罪心理学角度来说，当犯罪人对某种犯罪行为形成一种心理习惯时，只要有合适的机会，其再犯罪的可能性将比一般主体增大，说明其人身危险性也大，基于刑罚的预防功能而言，对于人身危险性大的惯犯和累犯理应从严处罚，以保障刑法正义和社会公正。

第三，犯罪人的罪数情况。一般说来犯罪人的罪数越多，说明犯罪人的主观恶性越大，其人身危险性越大，理应从重处罚。在有些案件中，犯罪人犯数罪，并且所犯罪行还都很严重，如"19岁的崔英杰和未满17岁的宋宁（化名），在几个小时内，两次抢劫和强奸17岁的王江兰，并尝试溺死她不成后，又用石块将她砸死。2005年6月16日，贵州省安顺市中级人民法院一审判决犯有抢劫、强奸、故意杀人罪的崔英杰死刑、宋宁无期徒刑。而2005年11月23日，贵州省高级人民法院二审改判崔英杰死缓。"[①] 笔者纳闷的是，对于此类案件，这样判决的依据是什么？从现行刑法及有关规定来看，犯罪人犯数个极其严重的罪行，是不可能被判死缓的，最主要的是其人身危险性极大，不能对其适用死缓。对人身危险性极大犯罪人的仁慈，实际上就是对公民正当利益的背叛，是拿着公

---

① 王骞：《19岁青年抢劫强奸并杀死少女被判死缓激起民愤》，新世纪周刊，2006年1月13日。

民利益在培育对残忍犯罪人的仁慈。虽然培根有言："对于一切事物，尤其是最艰难的事物，人们不应期望播种与收获同时进行，为了使它们逐渐成熟，必须有一个培育的过程。"但是，不可否认的是，从现代人文思想来看，如果培育这种"艰难事物"的成本是人们远远不能接受的，播种的同时，不能预期收获，并且有可能给无辜的守法公民带来极大的损害，那么这种"艰难的事物"就应当让其夭折，而不应当细心地栽培。

第四，犯罪人是否积极参与、领导、组织有组织犯罪。如果犯罪人因为有组织犯罪被处死刑以外的刑罚，由于其有组织依靠，出狱后极易重新回归犯罪组织的怀抱继续为恶，危害社会，其人身危险性较之个体犯罪人的人身危险性要大得多，也极难被改造。因此，笔者认为，对于积极参与、领导、组织有组织犯罪的犯罪人，由于其人身危险性较一般犯罪主体的人身危险性大，对其适用刑罚时理应从重处罚。

（2）所谓人身危险性的医学标准，也称为心理学标准，是指对犯罪人的人格、生理状况、精神状况进行判断，从而确定其人身危险性的大小。在判断时应从以下几个方面予以把握：

第一，行为人的人格类型。人格不仅仅是一个心理学上的概念，人格的定义同样广泛的见于哲学、生物学、社会学、法学等领域。我们认为，犯罪人格同样为潜在犯罪人所具有，这种人格的本质在于具有严重的反社会倾向并能导致犯罪行为的生成。[①] 德国著名的刑法学家、刑事社会学派创始人李斯特认为刑事责任的基础不在于行为本身，而在于行为人的反社会的危险性格。刑罚的处罚中心应归结为犯罪人，特别是犯罪人的性格或心理状况，应当以犯罪人的性格、恶性、反社会性为评判标准，个别地量定刑罚。新社会防卫论的代表人物安塞尔亦主张法官在定罪量刑时不能仅依据客观犯罪行为作为标准，还应考虑犯罪人的人格。犯罪人格是犯罪人基于较长期的社会生活和生理因素的影响，并通过实施了刑法意义上的危害社会行为而表现出来的一种反社会的行为倾向。[②] 还有的学者认为："所谓的犯罪人格是指直接导致犯罪行为生成的严重反社会且为刑事法律所否定的心理特征的总和。"[③] 从上述学者关于犯罪人人格的不同论述来看，犯罪人人格对于犯罪人进行犯罪行为具有重大的影响，不同的人格，具有的反社会程度不同，其人身危险性大小也不同。甚至有的学者将人格定位于人身危险性的决定性因素，认为"人身危险性是由行为人特定人格决定的犯罪可能性或再犯可能性，

---

① 孙昌军、周亮：《犯罪人分类中人格分类模式的研究》，2008 年 8 月 18 日，http：//lw. 3edu. net/yflw/lw_66543_2. html。

② 孙昌军、凌辉：《犯罪人分类标准新探——以犯罪人格为视角》，载于《福建公安高等专科学校学报》2005 年第 2 期。

③ 陈仲庚、张雨新：《人格心理学》，辽宁人民出版社 1986 版，第 236 页。

是特定人格事实和规范评价的统一。”① 虽然该观点有偏颇之处，但可以看出，犯罪人的人格对于人身危险性大小的影响，因此，对于不同人格的犯罪人在处刑时应予以不同的尺度。但“要正确认识犯罪人格的内涵，应从以下几个维度来把握：首先，犯罪人格应该是犯罪人的反社会性格，这是犯罪人格最主要的本质。犯罪人的性格首先应该表现为对社会现状的不满和对社会秩序的蔑视。其次，犯罪人格不是犯罪人一时的心理冲动，也不是对某一项事物的情绪，而应该是犯罪人在较长期的社会生活中所具有的一种明显的行为倾向。最后，犯罪人格在关注犯罪的社会原因时，不能排除犯罪人的生物学因素。”② 具体来说，犯罪人的人格应当包含犯罪人的情绪、需要、动机、兴趣、价值观、气质、性格和体质等自身因素，同时也要包括影响犯罪人人格形成的社会、家庭因素。具体考察犯罪人人格过程中，除了查阅有关案卷材料以外，还必须针对影响犯罪人人格形成的诸要素进行细致的调查和心理诊断，并由有关的专门调查人员、心理学专家经过研究、分析得出相应的论证报告，从而确定犯罪人人格的反社会程度，确定其人身危险性的大小，并综合其他法定量刑情节确定对其适用刑罚的轻重。从死刑适用的角度来探讨犯罪人人格，对于极其严重犯罪的，如果犯罪人人格反社会程度大的，人身危险性大并不堪教育改造的，应当对其适用死刑，反之亦然。

第二，犯罪人的生理状况。从死刑适用角度考察犯罪人的生理状况，对于死刑适用标准的准确掌握具有一定的积极意义。这里所说的犯罪人的生理状况，主要是指犯罪人的年龄、生理残疾程度以及妇女是否怀孕、抚育婴幼儿等方面的情况。在现行刑法中，为了充分保障弱势群体的利益，对于老年人、未成年人、残疾人、精神病人、怀孕的妇女予以特殊的刑法保护。这固然有刑法人道的因素，但笔者认为，刑法这样规定也包含了弱势群体人身危险性较小的含义。一般情况下，由于上述弱势群体的生理限制，其再次犯罪的可能性大大地降低，也就是说弱势群体的人身危险性较小，在对其是否适用死刑问题上，一般倾向于不适用死刑。如《刑法》第 49 条规定：“犯罪的时候不满十八周岁的人和审判的时候怀孕的妇女，不适用死刑。”《刑法修正案（八）》第 3 条规定：“审判的时候已满七十五周岁的人，不适用死刑，但以特别残忍手段致人死亡的除外。”《刑法》第 18 条规定：“精神病人在不能辨认或者不能控制自己行为的时候造成危害结果，经法定程序鉴定确认的，不负刑事责任”，“尚未完全丧失辨认或者控制自己行为能力的精神病人犯罪的，应当负刑事责任，但是可以从轻或者减轻处罚。”《刑法》第 19 条规定：“又聋又哑的人或者盲人犯罪，可以从轻、减轻或者免除处罚。”刑法及相关修正案之所以如此规定，是因为立法者基于人道的考虑对弱

---

① 赵秉志：《犯罪总论问题探索》，法律出版社 2002 年版，265 页。

② 孙昌军、凌辉：《犯罪人分类标准新探——以犯罪人格为视角》，载于《福建公安高等专科学校学报》2005 年第 2 期。

势群体需要刑法特殊保护，同时也考虑到了这些弱势群体人身危险性较之一般犯罪主体的人身危险性要小得多。但上述刑法规定的不足依然存在，主要体现在对残疾人的死刑适用限制并没有明确规定，另外对于妇女有婴幼儿（应当限制在6岁以下）需要抚养的，无论是从刑法人道的角度考虑，还是从人身危险性大小角度考虑，刑法都理应予以宽容，也应明确规定一般不适用死刑，从而体现国家的仁爱之心，彰显刑法的人文精神。

综上，对犯罪人是否适用死刑，必须对犯罪人的人身危险性进行深入的、综合的研究和探讨，并逐步规范，将其作为是否适用死刑的一个重要标准。

三、在对犯罪人有可能适用死刑案件中赋予被害人量刑建议权

在现代国家，除了极少数的犯罪案件（自诉案件）国家赋予了被害人追究犯罪人刑事责任与否的权利以外，绝大多数的刑事案件追究犯罪人刑事责任的权利都由国家代为行使，在死刑案件中这种现象尤为明显。在绝大多数的有可能适用死刑的案件中，都有个体被害人的存在。目前我国刑事诉讼中，虽然将被害人规定为当事人，但被害人参与刑事诉讼的力度显而易见是远远不够的。正如有的学者所指，被害人“仅仅被当成一个客体，一个用来对付犯罪的工具和用来给罪犯定罪的工具。作为刑事犯罪行为的受害者却没有权利来保障自身合法权益，传统法律对被害人的保护是苍白无力的。”① 如果被害人参与刑事诉讼的力度不够，其权利保障只能是水中之月，我们必须清醒认识被害人权利保障不足带来的危害：“如果刑事程序疏远、忽视被害人，则势必会造成被害人及其亲人甚至其他社会成员对司法制度的不信任，从而降低司法机关的威信，不利于查明犯罪，惩罚犯罪。而被害人的诉求和愿望如果得不到尊重和满足，其权益得不到保障和救济，则也会引起被害人对罪犯和社会的极大不满，甚至产生报复情绪。”② 因此，在有可能对犯罪人适用死刑的案件中，被害人由于各种因素的影响，要求参与对被告人量刑的意愿极其强烈，其参与量刑的意愿一般有两个方面，即一方面有可能要求法院对犯罪人不适用死刑，但另一方面也有可能强烈要求法院对犯罪人适用死刑。被害人要求参与对犯罪人量刑的意愿如果得不到满足，可能会引发更多的社会矛盾。笔者认为，在诸多死刑案件中，犯罪侵犯的更多的是个体被害人的合法权益，无论是基于宪法权利，还是基于刑罚正义的要求，被害人理应有权参与相关的刑事诉讼，并有权对犯罪人适用何种刑罚提出自己的建议或意见。而目前“由于我们过分地强调公诉权，导致了公诉权的过度扩张，产生了一些副作

① 莫洪宪：《刑事被害救济理论与实务》，武汉大学出版社2004年版，第120页。

② 张剑秋：《刑事被害人权利问题研究》，中国人民公安大学出版社2009年版，序第2页。

用，犯罪被害人应有的诉讼权利被掩盖、被遗忘、被‘合法’地剥夺了，犯罪被害人本来就有限的权利无法实现，使其在诉讼中处于被动地位，诉讼关系失衡。”① 在量刑过程中，被害人参与对犯罪人的量刑过程，有助于安抚被害人及其亲属，实现刑罚的目的，维护量刑公正，化解社会矛盾，促进和谐司法和和谐社会的建设。“在人类刑法文明史上，量刑公正始终是人们不懈追求的崇高目标。从某种意义上说，整个人类刑法文明史，就是一部为实现刑罚目的而不断探索量刑公正的历史。”② 但缺少被害人参与的量刑过程，由于各种因素的介入有时很难做到量刑公正。尤其是在死刑适用的案件中，片面强调被告人的人权保护，而在一定程度上忽视被害人人权的保护，其副作用是显而易见的。因此，在死刑适用案件中，应当明确规定被害人有权利对死刑的适用与否提出自己的意见。适当赋予被害人参与量刑的权利不仅是实现刑罚正义的途径之一，同时也是满足刑罚安抚功能的主要方法。

四、民意应当成为死刑适用的重要标准

（一）民意应当成为死刑适用的重要标准

笔者认为，在死刑案件的处理过程中，必须有民意的参与，并且民意应当成为死刑适用的重要标准。法治应当是民意与法意的统一，死刑适用必须体现民意。但有的学者对于死刑适用参照民意持反对态度，如陈兴良曾表示，“在民意引导上，官方具有不可推卸的责任，尤其是个案上，司法机关在适用死刑时，应当减少对民意的依存度。”③ 赵秉志也认为：“在那些已经废除死刑的国家，废除的主张也并非都是建立在民意的基础上的。”④ 有人认为，民意不一定代表正义，因而并不等于法律。民意的本质是犯罪后果、被告人主观恶性、犯罪情节等量刑情节的综合反映，但又不是这些因素的简单相加，因为它还打上了民众的价值观、道德观、伦理观、法律观的深深烙印，因此，刑事审判中适用死刑时的表现为“民愤”的民意因素应当排除。⑤ 也有的学者认为：“既然承认民意的本质是犯罪后果、被告人主观恶性、犯罪情节等量刑情节的综合反映，司法官在适用死刑时，就应当慎重考察民意，以更客观、全面、准确地把握量刑情节，而不应当

---

① 田思源：《犯罪被害人的权利与救济》，法律出版社 2008 年版，第 146 页。

② 沈德咏：《论量刑公正》，载于《中英量刑问题比较研究》，中国政法大学出版社 2001 年版，第 11 页。

③ 杨明：《死刑的社会态度》，载于《瞭望东方周刊》2010 年第 46 期。

④ 王骞：《19 岁青年抢劫强奸并杀死少女被判死缓激起民愤》，新世纪周刊，http：//www.sina.com.cn，2006 年 1 月 13 日。

⑤ 卢建平：《死刑适用与“民意”》，载于《郑州大学学报（哲学社会科学版）》2005 年第 5 期。

在适用死刑时排除民意因素。”[①] 事实上，不可否认，在具体案件中民意对死刑适用与否的立场常常体现了道义报应的朴素情感，体现出了通过法律对公正、正义的追求。在司法实践中（不限于死刑案件）对这种性质要求的满足将有利于培养民众对刑法的内在接受，促进刑法被自觉遵从，为刑事法治的实现提供精神层面的支持，也在更高的层面上达到一般预防的效果。而且，作为要求死刑适用的民愤，其实在很多时候就是人的一种内在的自保本能，这样一种诉求有其坚实的生物基础。因此，我们完全可以对此持合理的理解态度。[②] 笔者认为，虽然学者们对死刑适用中是否引入民意众说纷纭，但现代刑法的本质是多数人意志的体现，也可以概括为民意的体现，如果刑事司法能够忽视民意，那岂不是玩笑？古人都知道“民意不可违”，封建历代明君都注重民意，甚至有“水可载舟亦可覆舟”的名言流传。一起死刑案件忽视民意可能不可怕，但长此以往忽视民意的后果谁来承担？不知道持民意可以忽视的学者到底是何居心？忽视民意就是理性？惹得天下大乱就是理性？民意是天，民意代表的不仅仅是社会正义，而且民意也是代表看得见的刑罚正义，我们不能以民意的感情化、非理性化、简单化为借口而否认民意对死刑适用的影响。如果高高在上的立法者、执法者不能理解民众对死刑的看法，他们就不能作出正确的判决，因为他们根本不了解死刑的本质。在若干年以前，全党范围真理标准的大讨论就已经证明，实践才是检验真理的唯一标准，而不是所谓的部分学者的理性。刑罚适用从来都不是无中生有的，从来都是植根于司法实践的，从来都是来源于百姓利益保障的考量。民意不可违，违必天下大乱，这不仅是经过历史证明的，而且是任何一个理性的立法者和执法者都必须正视的一个因素。原最高人民法院院长王胜俊认为，法官判案要掌握两个标准，一个是法律标准，一个是群众满意标准。河南高院院长张立勇说，人民法院离开人民群众的支持将寸步难行，将群众意见作为死刑判决的依据之一，并非脱离法律进行民意审判，而是在法律规定范围内，更加谨慎地把握死刑的审判标准，顺应人民群众的意愿，以最严格的标准和最审慎的态度适用死刑这一最严厉的刑罚，以求取得最好的法律效果和社会效果。[③] 在司法过程中，适当引入民意的因素，体现了刑罚适用的人文关怀，正如有的学者所言：“中国传统法官的平民意识，虽然不符合职业主义的要求，但是体现了某种可贵的人文主义关怀。在司法过程中，他们讲求在实体上体现道义性，不以法律理性来排斥民众情感，对于普遍而深入人心的中国人的情感予以充分尊重。而按照现代福利主义社会中的法律正义观，良好的司法是充分尊重人的尊严和美好情感的，从而是具有道义基

① 左坚卫：《民意对死刑适用的影响辨析》，载于《河北法学》2008 年第 2 期。

② 唐煜枫：《论民意与死刑实践——一个互动关系的视角》，载于《辽宁大学学报（哲学社会科学版）》2006 年第 2 期。

③ 王红伟：《河南省高院首次尝试“陪审团”参与死刑二审》，载于《河南商报》2009 年 4 月 10 日。

础的，法官不能推卸在法律判决中潜含道德判断的责任。”[①] 笔者认为，现代社会应当是民意社会，死刑不仅意味着犯罪人的生命被剥夺，而且也意味着让被害人的冤魂得以安息，让社会正义得以伸张。那么，任何死刑判决都应当接受公众和良心的检验，都必须体现民众良好的愿望，都不能脱离民意而独断专行，而不能仅靠法律的理性和经验。即使法律文明得到极大地发展，民意仍然必须成为刑罚尤其是死刑适用不可忽视的因素。因为民众积极参与刑事司法，表明了一个国家司法民主程度，更表明公众的法律觉悟。在死刑适用中，只有充分听取民意，了解社会各个利益群体的诉求，才能充分、准确地把握死刑适用的标准，增强死刑适用的针对性和操作性，实现刑罚的公平、公正，才能更全面、更具体、更切实地保护公民权益，才能使死刑适用更加人性化，实现死刑适用的预期效果。

（二）作为死刑适用标准的民意需予以规范

笔者认为，民意固然可以成为死刑适用的一个重要的参考标准，但必须将其规范化、制度化、法定化，以符合现代法治的要求。

1. 应明确民意的内涵和范围。卢梭很早就对民意作过研究。他认为，民意可分为公意和众意。公意是国家全体成员的普遍意志，它的着眼点是公共利益。众意主要着眼于私人利益，也即个体私意的总和，也就是现在常说的不同利益集团的意志。[②] 但笔者认为，民意从其本质上来说就是民众对某种事物的看法或意见的综合。在死刑适用中的民意可以分为以下几个有机的组成部分：一是犯罪所在地民众的意思；二是全国范围民众的意思；三是组织民众参与案件审理和量刑。

另外，要明确民意的含义，还应将民意和民愤加以区分。所谓的民愤在刑事诉讼中应当是指民众对某一刑事案件犯罪嫌疑人、被告人行为的愤怒程度。在一定程度上来说，民愤的大小代表了民众对犯罪嫌疑人、被告人行为的否定程度。民意和民愤二者之间具有一定的联系和区别。民意包含了民愤，民愤只是民意的一部分，民意对犯罪嫌疑人、被告人而言，既有否定的成分，有时也有肯定的成分；但民愤只表达民众对犯罪嫌疑人、被告人行为的否定成分。

2. 明确民意采集的范围、方式、方法。民意是民主的一种方式，刑事司法虽不能忽略民意的存在，毕竟法律还应顺应民意，才能体现执法为公、执法为民的理念，才能达到刑事立法的目的，但绝不能以民意为死刑适用的唯一标准。民意在多大范围影响司法，如何采集民意，使民意在法律许可的范围内充分得以利用这是我们需要研究的课题。民众积极参与死刑司法，表明民众对自身权益的维

---

① 孙笑侠、熊静波：《判决与民意——兼比较考察中美法官如何对待民意》，中国民商法律网，http：//www.civillaw.com.cn/article/default.asp？id=22684，2005年10月1日。

② 叶匡政：《民意是什么》，载于《北京青年报》2011年4月23日。

护，因为刑事法律不是某一个人或某一部分人的法律，而是维护最大多数人利益的，因此科学合理地采集民意，并在死刑适用过程中尽可能地吸收民意的成分，以求得死刑适用的最大法律效果和社会效果是急需解决的一个问题。建立民意采集的科学制度与机制，使对象充分、方法科学、手段正当，以确保民意采得全、采得真、采得有价值。如此，民意才会在刑事司法过程中彰显它的魅力，显示它的分量。笔者认为，民意的采集可以从以下几个方面进行：

（1）明确可参与刑事司法民众的范围。笔者认为可参与刑事司法的民意范围的大致包括：一是犯罪地民众；二是受犯罪案件影响的民众；三是与案件本身无任何关联的民众。

（2）明确民意采集的渠道和方法。很多死刑案件是到了法院审判阶段，并出现了某种结果以后，民众才得以知晓相关的案件事实，这样常常导致刑事司法的被动性。采取合理科学的渠道和方法采集民意，并及时将其运用到刑事司法领域是势在必行的。现在民意表达的渠道和方法多种多样，如报纸、网络、电视、电台等，而且是无序的，这样在一定程度上对造成法律严肃性的损害。科学采集民意，并使民意提前进入刑事司法程序，对于科学的量刑，减少死刑案件的误判具有积极意义。笔者认为，在现阶段可以通过以下渠道和方法采集民意：一是设立专门的民意采集机构，采集、分析、汇总民意是其唯一职能，该机构应独立于公检法之外；二是设立专门的司法民意网站、电话；三是新闻媒体的传播必须经过严格审查，对于不实案件新闻必须及早更正；四是有专门民意采集机构在官方网站上及时公布有可能适用死刑案件犯罪嫌疑人、被告人的犯罪事实。因为死刑适用所形成的民意在多大程度上体现了民众的真实态度、情感，取决于民众对有关案件各方面真实情况的了解程度；五是对于民意必须有专人负责按照案件进行科学的统计，减少人为干预，并由专门机关及时反馈给有关的法院；六是明确规定民意采集的期限，以保证民意采集、运用的时间；七是明确民众参与案件，发表意见必须明确主体的身份，并不得发表与案件无关的言论。

（3）构建中国式陪审团制度。在任何刑事案件的诉讼中，按理都应有民意的体现，但由于刑事诉讼法律在制定过程中，大多都听取了民意，基于现实的考虑，在刑事诉讼过程中，仅仅对严重涉及公民生命权的死刑案件处理中适当引入民意的成分也是合理的。基于民意采集对象、过程、方法以及各种影响因素的复杂化，为了更好地发挥民意在死刑案件中的作用，使民意参与刑事诉讼法定化，设立中国式陪审团制度是非常有必要的。笔者在这里并没有想片面引入外国的陪审团制度，而是想根据中国现有国情，引导民众参与刑事诉讼，构建中国特色的陪审团制度。

第一，外国陪审团一般只参与对被告人到定罪环节，而不参与量刑环节，而在笔者所构想的中国式陪审团制度中，不仅应使陪审团参与定罪环节，而且也应当使其参与量刑环节。

第二，陪审团的成员必须具备一定的条件。一是年龄条件。现在的死刑案件不适用于未成年人，因此，在对犯罪人是否适用死刑案件中，陪审团成员的年龄应当在25岁以上，60岁以下；二是陪审团的成员必须具有丰富的人生经历。对于陪审团成员而言，必须具有一定的社会阅历，对人生、人性等有自己独立的看法和认识；三是陪审团的成员必须具有良好的道德水平；四是陪审团成员不应具有任何法律专业的学习背景。在刑事诉讼中，陪审团成员只能仅从自身感受和对法律的理解参与死刑案件的审理，陪审团成员只能根据自身的感性和理性认识，来感受被害人的痛苦程度和被告人行为的应受惩罚程度。

第三，陪审团定罪量刑的意见不具有决定性，但法官采纳和不采纳陪审团意见，必须给出合理、合法的理由。

第四，陪审团人数构成。我国陪审团人数的构成既要考虑成员代表范围的广泛性，又要满足代表民意的要求，因此人数不能太少，但如果人数太多又不具有可行性。笔者认为，陪审团人数由7～13人组成较为适宜。在死刑一审案件中，陪审团的人数以9～13人为宜，死刑二审和死刑复核程序，陪审团人数一般以7～9人为宜。

第五，陪审团成员的任期。陪审团成员的任期不能太短，也不能太长。如果任期太短则不能保证定罪量刑的连续性，容易导致同罪异罚现象的出现；如果陪审团成员的任期太长，容易导致司法腐败的出现。陪审团成员的任期一般以5年为宜。

第六，陪审团成员的选拔应在各级司法行政机关的主持下，会同各级行政机关对经过民主推选出来的陪审员逐一进行审查，并对符合条件的陪审员予以造册登记，并颁发相应证书，同时通知有关法院。

第七，陪审团成员履行职权时，其行为应具有绝对独立性，不受任何机关、团体和个人的影响。如果陪审团成员不能正确履行陪审职权，应依法予以取消。如果其行为违反有关法律规定，应依法追究其法律责任。

第八，陪审团成员职务履行的保障。为了陪审团成员能够及时正确履行职务，陪审团成员所在单位必须予以方便，其在履行职务过程中，所在单位不得扣发其工资奖金；同时，有关法院还应根据陪审团成员履行职务的具体情况，发给必要的交通费用、误餐费用及其他费用。

3. 规范民意对死刑适用的影响。死刑适用必须在法律规定的范围之内参考民意是无须讳言的，但重要的是民意到底在多大程度上影响死刑的适用。笔者认为，将民意对重大案件中死刑适用的影响在法律上直接明确予以规定，不仅有利于刑事司法民主进程的推进，而且也有利于发挥刑事法律惩罚犯罪和保障人权的功能，同时也能监督法院准确定罪量刑，基本做到法律面前人人平等。在规范民意对死刑适用的影响时，应包括以下几个方面：一是在刑法中明确规定民意是死刑适用的重要参考标准之一，可将民意规定为法院量刑时的重要酌定情节；二是明确规定民意不能左右法院的量刑决定；三是明确规定民意采集必须通过合法渠道和方法、主体予以采集；四是若法院的死刑判决与民意相左，必须由检察机关介入监督，并将监督结果向公众及时公布。

综上，在现代文明社会法治建设进程中，死刑案件重视民意因素，不仅是司法民主的要求，而且也是人权保障和凸显刑法人文特色的需要，更是人民当家做主的直接体现。刑法是人民意志的体现，司法为民是法律人的永恒追求！

第二节　死刑适用对象人文改良

《刑法》第49条规定："犯罪的时候不满十八周岁的人和审判的时候怀孕的妇女，不适用死刑。审判的时候已满七十五周岁的人，不适用死刑，但以特别残忍手段致人死亡的除外。"对死刑适用对象予以刑法规制是符合儒家反酷刑人文思想的要求的，但是我国现行刑法对死刑适用对象的限制性规定有先天不足，也应当予以改良。刑罚虽然具有一定的残暴性和野蛮性，但随着现代人权运动的发展和儒家人文法律思想的日益回归，对死刑适用对象适当扩大限制适用范围是非常有必要的，也是符合刑罚科学发展规律的。笔者认为，现行刑法对死刑适用对象的限制还不够充分，缺乏必要的人文精神。为了进一步限制死刑的适用，体现刑法的人文精神，应当对死刑适用对象上予以进一步的限制：

一、刑法应明确规定死刑适用的绝对年龄上限

借鉴和吸收儒家反酷刑和尊老人文思想的合理内核，应明确规定75岁以上老年人犯罪的，原则上不适用死刑，情节特别恶劣的除外；85岁以上老年人犯罪，一律不适用死刑。虽然《刑法修正案（八）》明确规定"审判的时候已满七十五周岁的人，不适用死刑"，这一规定在一定程度上体现了刑法的人文精神，而笔者认为此规定既不科学，也容易导致司法腐败的产生。众所周知，人的生理能力、认识能力、控制能力会随着人达到一定年龄之后不断减弱，而人步入老年之后，这些能力的衰减会逐渐凸显。老年人达到一定年龄以后，无论是生理能力还是心理能力都会遭受极大的减弱，并且自身对外界人、物的侵犯能力也逐渐减弱，不仅导致其刑事责任能力逐渐减弱，同时也导致其人身危险性也逐渐减小。中国古代封建立法对达到一定年龄的老年人犯罪都给予了宽赦，同时在第二次国内革命战争时期的《赣东北特区苏维埃暂行刑律》第29条规定"……满八十岁

人犯罪者，得减刑一等或二等”。[①] 1935 年公布实施的《中华民国刑法》第 63 条第 1 项规定：“未满 18 岁人或满 80 岁人犯罪者，不得处死刑或无期徒刑，本刑为死刑或无期徒刑者，减轻其刑。”在外国刑法典中，对老年人犯罪达到一定年龄后都规定了宽赦的条款。1961 年《蒙古刑法典》第 18 条第 2 款规定：“60 岁以上的男人、女人不得适用死刑。”1940 年《巴西刑法典》第 48 条规定，对年龄超过 70 岁的犯罪人从轻处罚。同时，借鉴儒家历来提倡的“老吾老以及人之老”的尊老人文伦理思想，老年人作为弱势特殊群体，理应受到国家和全社会的关怀，并在刑法中予以特殊的保护。虽然《刑法修正案（八）》规定了“审判的时候已满七十五周岁的人，不适用死刑”，凸显了国家对老年犯罪人的人文关怀，但是并没有规定老年人适用死刑的绝对上限，这不仅背离了中国“尊老”的传统美德，而且也背离了人的生长、发展、灭亡的自然规律。笔者认为，既然在刑法上能够规定死刑适用的绝对年龄下限，为什么就不能规定死刑适用的上限呢？借鉴儒家尊老人文思想及古今中外刑事立法的规定，结合人的自然发展规律，在我国刑法中完全可以规定 80 岁以上老年人犯罪的，不适用死刑，以凸显我国刑法的人文特色，维护老年人生命权益。因此，仅规定对年满 75 周岁的老年人一般不适用死刑是不够的，还应像未成年人一样，规定一个绝对不适用死刑年龄的上限。如《俄罗斯联邦刑法典》第 59 条第 2 款规定：“死刑不适用于妇女以及犯罪时未满 18 周岁的人和法院下判决时已满 65 周岁的男性。”[②]

二、应将残疾人作为死刑适用的限制对象之一

笔者认为，应在刑法上明确规定：“有刑事责任能力的精神病人（包括精神失常者和智力障碍者）、盲聋哑人以及严重肢体残疾的人犯罪的，原则上不适用死刑立即执行，但非常严重的暴力犯罪或犯罪手段特别残忍的除外。”在刑法上增加残疾人为死刑适用限制对象之一的主要理由如下：

（一）残疾人的刑事责任能力在一定程度较正常人一般要弱

《中华人民共和国残疾人保护法》第 2 条规定：“残疾人是指在心理、生理、人体结构上，某种组织、功能丧失或者不正常，全部或者部分丧失以正常方式从事某种活动能力的人。残疾人包括视力残疾、听力残疾、言语残疾、肢体残疾、

---

① 夏立彬：《老年人的刑事责任上限问题研究》，中国法律信息网，http：//law. law - star. com/cac/25006512. htm，2005 年 9 月 15 日。

② 尤月成：《“矜老原则”与老年人犯罪刑罚制度的完善》，http：//jcy. Tjwq. gov. cn/system/2007/10/16/000005021. Shtml，2007 年 10 月 16 日。

智力残疾、精神残疾、多重残疾和其他残疾的人。”由于残疾人生理功能部分或全部的丧失，导致其对外界事物的认识能力和控制能力在一定程度上有所减弱。反映在刑法领域，心理或智力较严重的残疾人，由于其接受教育、就业、参与社会管理的机会较其他正常人要小得多，导致其对法律规定的内容以及自身行为的认识上有可能会出现一定的偏差；同时由于自身残疾因素的影响，导致其不能同正常人一样参与社会生活，有可能使其产生仇视社会和他人，在一定程度上产生犯罪动机较常人要来得更加激烈。如果在日常生活中，受到其他不良因素的影响有可能会进行一定的严重犯罪。从上述分析来看，残疾人由于自身生理因素的限制，导致其认识能力、控制能力较常人要弱，那么其刑事责任能力一般较常人也要弱一些。因此，在对其予以刑罚惩罚时，尤其是在对其适用死刑时，我们不能也不应该忽视其生理因素对其刑事责任能力的影响。

（二）残疾人犯罪往往是多种社会因素引起的

虽然马克思认为“犯罪——孤立的个人反对统治关系的斗争”，[①] 但笔者认为，任何犯罪的产生既有犯罪人个体因素的影响，也有社会因素的影响，犯罪绝不仅仅是孤立个体行为的外在表现。目前由于残疾人自身生理因素的影响，导致残疾人在受教育、就业等各方面受到一定的歧视，从而使他们的生活水平一般极度低下，并使残疾人形成畸形的心理特征，受到外界不良因素刺激时容易导致违法犯罪行为。同时，精神病人、残疾人由于天生的生理缺陷，导致其在社会生活中与其他社会个体竞争过程中天生处于弱势的地位，这是导致精神病人、残疾人犯罪的重要因素之一。正如有的学者所言：“因为生理缺陷，残疾人在许多方面都比正常人差，容易导致其自信心不足。部分残疾人存在较强的自卑心理，更需要得到亲友、老师等人更多的关心和帮助，及时矫正其心理问题。否则，经过长期的压抑容易形成心理疾病，在遭受不公正待遇时，自卑的心理会让他们比正常人更狭隘、更偏颇，更容易产生报复心理，从而导致犯罪。由于与社会群体的交流存在很大的障碍，难免在工作、生活中遭受歧视和不公正待遇。收入不平等和生活环境的压力使其心理产生扭曲，形成‘厌世’的不良心态，进而产生违法犯罪的错误念头。”[②] 由此可以看出，残疾人较正常人不仅在社会社会生活中由于自身生理缺陷遭受社会不公正待遇，而且容易在遭受社会不公正待遇时产生犯罪的念头，并且在司法实践中，残疾人进行严重犯罪的案例也不少。残疾人犯罪行为的产生，有时很大程度上是由于社会因素的影响造成的，因此社会应当对此承担一定的责任，这不仅仅是道义责任的承担，而是刑法责任的承担。对残疾人适

---

① 《马克思恩格斯全集》第3卷，人民出版社1972年版，第379页。

② 陈剑、曾栗：《残疾人犯罪若干问题之探析》，110法律咨询网，http：//www.110.com/ziliao/article-144053.html，2009年8月3日。

用刑罚，尤其是在适用死刑时，我们不得不考虑其犯罪的成因，因为刑法追求的不仅是片面的正义，而且更应当体现刑法的公正。

1. 残疾人受教育权利得不到很好的实现，导致其对社会认知程度不高，从而也导致其守法意识的低下。据统计，“2010 年度学龄残疾儿童接受义务教育比例为 71.4%，还有 28.6% 的学龄残疾儿童没有接受义务教育，而全国学龄儿童基本上都接受义务教育，仅从义务教育毛入学率看，两者差距仍然较大。总体来看，全国从未上过学的残疾人比例虽略有减少，但 18 岁及以上残疾人受教育程度仍旧不高，未上过学和上过小学的比例高达 76.1%。”① “目前我国有各类残疾人 8296 万余人，占全国总人口的 6.34%。具有初中以下学历（含文盲）的残疾人高达 90.2%，大专以上文化程度的残疾人仅占残疾人总数的 1.1%。”② 从上述残疾人受教育情况来看，目前我国各类残疾人由于生理因素的影响能够真正受到有效教育的人数很少，这种情况不仅表现在残疾人对社会事物正确认识能力较低，获取各类知识的难度较大，而且更多的是表现在残疾人在对法律的认知能力上较正常法律主体要差很多。从刑法角度来讲，残疾人基于受教育程度的差异，导致其对自己行为的社会危害性的认识程度不够，从而导致其有时不能正确理解或评价自己的行为。

2. 由于残疾人的生理缺陷，导致其就业难度加大，并导致残疾人不能正常参与社会的政治经济事务，并使其获得公平收入的机会减少。“残疾人是需要全社会关心和帮助的特殊困难群体。残疾人就业是保障残疾人平等参与社会生活、共享社会物质文化成果的基础。改革开放以来，特别是残疾人保障法公布施行以来，我国残疾人的就业状况得到明显改善。据统计，在我国 8296 多万残疾人中，已经实现就业 2266 万人，其中城镇 463 万人、农村 1803 万人。”③ 从国务院有关发言人公布的情况来看，目前我国残疾人就业形势令人担忧。残疾人的就业情况不仅反映了国家对残疾人的关心程度，而且也反映出残疾人的生存状况。笔者认为，如果一个人在生存都得不到有效保障的情况下，让其遵守法律的可能性是微乎其微的。因为任何雷霆的法律，在生存面前都会显得苍白无力。在司法实践中，残疾人犯罪的大多数原因都是其生存状况受到严重威胁，才铤而走险的。在这种情况下，如果刑法一味追究残疾犯罪人的刑事责任，明显忽视了残疾人犯罪的社会因素，从刑罚适用角度来说是不合适的。

---

① 申亚欣：《残疾人受教育程度仍较低　近三成残疾儿童未能上学》，http：//news. hexun. com/2010－12－03/125969774. html，2010 年 12 月 3 日。

② 《2006 年第二次全国残疾人抽样调查主要数据公报》，载于《华夏时报》2007 年 5 月 29 日第 4 版。

③ 国务院法制办负责人就《残疾人就业条例》有关问题答中国政府网问，中央政府门户网站，www. gov. cn，2007 年 3 月 6 日。

综上，由于残疾人生理因素的影响，导致其刑事责任能力较正常人要弱一些，并且由于诸多社会因素的影响导致残疾人犯罪的现象时有发生。因此，在对其适用刑罚时，刑法应当明确规定给予从轻或减轻处罚，尤其在死刑适用时，也应当予以明确限制。为了体现国家对残疾人的人文关怀，体现刑罚的公正，刑法可以作如下明确规定："盲人、聋哑人、具有刑事责任能力的精神病人、智力缺陷较为严重的人以及肢体严重残缺的人犯罪的，一般不适用死刑，但犯罪特别严重或者犯罪手段特别残忍的，或者残疾并不影响其刑事责任能力的除外。"

三、应对独生子女的死刑适用作出一定的限制

中国目前已经进入老年人社会，面临的养老问题比其他国家都严峻得多。由于我国长期以来实行计划生育国策，导致很多的老年人只有一个独生子女，如果国家片面硬性剥夺老年人的晚年依靠，不仅体现了刑法的残暴，而且在一定程度上也不利于刑事法律人文建设。因此，借鉴儒家反酷刑人文思想的合理内核，结合我国构建和谐社会的需要，同时也考虑我国已经步入老年化社会以及计划生育国策的影响，对于独生子女确有老年近亲属需要赡养的或成年人有年幼近亲属需要抚养的，一般不应适用死刑立即执行。具体内容请参见第九章现代存留养亲制度的构建。

第三节　死刑执行方式人文改良

《刑事诉讼法》第212条规定："死刑采用枪决或者注射等方法执行。执行死刑应当公布，不应示众。"笔者认为上述规定存在一定的缺陷，在死刑执行方式上应当进行如下改良：

一、应明确规定犯罪人具有选择被处死方式的权利

死刑作为剥夺犯罪人生命最严厉的刑罚，如果说法律不能让犯罪人选择生还是死，但最起码应当赋予其选择如何被处死的权利，这不仅是现代死刑执行应当体现的人文精神，而且也是儒家"仁爱"、"由己推人"的人文精神要求。

二、应废除给予犯罪人痛苦的死刑行刑方式

根据我国刑事诉讼法的规定，对犯罪人执行死刑主要有两种方式：一是枪

决；二是注射。在司法实践中最常用的执行死刑的方式就是枪决。而枪决给罪犯带来了极大的痛苦，有时一枪不能处死犯罪人，往往还要再补射，给犯罪人造成了较大的痛苦。同时，枪决的场面充满了血腥和暴力，并且使犯罪人的尸体不能保持完整，从而既显得死刑毫无人道可言，也显得刑罚缺乏必要的人文关怀。笔者认为，如果说犯罪人为了自己的犯罪行为承担罪责，不能避免一死，作为国家在剥夺其生命权利时，理应为其提供无痛苦的人道死亡方式，这也是儒家反酷刑人文思想中的应有之意。

三、应明确规定死刑执行不得通过任何媒体传播

犯罪人被执行死刑本来就给犯罪人的家属带来失去亲人的痛苦，如果再将犯罪人被处死的情况公之于众，造成犯罪人的家属在当地无脸见人，见人都觉得比别人矮三分。虽然我国刑法明确规定罪责自负，但现在的死刑执行法律规定，明显造成了死刑的责任后果不仅让犯罪人承受，而且也波及了犯罪人的亲属。犯罪人触犯刑律，受到刑律的严惩可能无可厚非，但是让其家属承受巨大的精神压力就显极不人道，而显得刑法的人文精神不足。因此，如何使犯罪人被执行死刑的后果波及亲属的影响减到最低，也是立法者应该考虑的。笔者认为，现行刑事诉讼法规定的执行死刑应当公布，但不得示众是比较人道的，但还应进一步明确规定，执行死刑的具体内容不得通过各种媒体进行公布，以维护犯罪人的家属合法利益。

第四节　死缓制度人文改良

《刑法》第 50 条和《刑法修正案（八）》第 4 条规定："判处死刑缓期执行的，在死刑缓期执行期间，如果没有故意犯罪，二年期满以后，减为无期徒刑；如果确有重大立功表现，二年期满以后，减为二十五年有期徒刑；如果故意犯罪，查证属实的，由最高人民法院核准，执行死刑。对被判处死刑缓期执行的累犯以及因故意杀人、强奸、抢劫、绑架、放火、爆炸、投放危险物质或者有组织的暴力性犯罪被判处死刑缓期执行的犯罪分子，人民法院根据犯罪情节等情况可以同时决定对其限制减刑。"《刑事诉讼法》第 210 条规定："被判处死刑缓期二年执行的罪犯，在死刑缓期执行期间，如果没有故意犯罪，死刑缓期执行期满，应当予以减刑，由执行机关提出书面意见，报请高级人民法院裁定；如果故意犯罪，查证属实，应当执行死刑，由高级人民法院报请最高人民法院核准。"笔者认为，无论是刑法规定还是刑事诉讼法关于死刑缓期 2 年执行的规定，都存在一

定的缺陷，需要予以人文改良。

一、死缓执行死刑条件的人文改良

依照现行《刑法》和《刑事诉讼法》的规定，对死缓犯执行死刑的条件是只要死缓犯在死缓期间实施了故意犯罪的行为，而不论是何种故意犯罪以及犯罪情节的轻重，都应当执行死刑。这样的规定是非常不科学的，也是不人道的，同时也不符合儒家“赦小过”及“反酷刑”人文法律思想。事实上，比较轻的故意犯罪，其社会危害性也比较小；有的故意犯罪，是出于正当动机，只是由于没有把握好相应的法律界限导致犯罪发生，如防卫过当或避险过当致人重伤、死亡，还有些是轻微的间接故意犯罪。如果一律将在死刑缓期执行期间故意犯罪的犯罪分子不论什么情况一律执行死刑，不仅与我国少杀、慎杀的死刑适用的刑事政策相悖，也不利于实现死缓制度的目的，同时也违背了儒家“反酷刑和慎刑”人文法律思想的要求。同理，现行刑法的规定不利于刑罚的教育改造功能的实现，也不符合死刑限制适用的国际趋势。因此，笔者认为，刑法应明确规定犯罪人在死缓服刑期间过失犯罪或者因正当防卫、紧急避险等正当行为超过一定限度构成故意犯罪并有可能被判处 5 年以下有期徒刑的，或者非暴力性故意犯罪有可能被判处 3 年以下有期徒刑的，不宜核准死刑。但在死缓执行期间，犯罪人有 2 次以上故意犯罪的除外。通过上述的修改，一方面突出死刑立即执行确实适用于屡教不改的犯罪分子；同时另一方面也体现了国家的宽容之心，体现了刑罚的人文精神。

二、死缓减刑适用条件之人文改良

现行刑法对于死缓执行过程中犯罪人“无故意犯罪而有立功表现的”与“没有故意犯罪亦无立功表现”情况没有作出有所区别的规定，显然不合理。因为犯罪分子凡是具有立功表现，即使不属于重大立功，也足以表明犯罪人在很大程度上悔罪自新，这种行为表现的影响理应体现在对其处理结果上。而现行《刑法》及《刑法修正案（八）》的规定使得“无故意犯罪而有立功表现”的罪犯与“无故意犯罪亦无立功表现”的罪犯一样，两年缓刑期满后都被减为无期徒刑，体现不出国家和法律对罪犯的终极人文关怀。并且在刑罚执行期间犯罪人一般立功的机会还能够创造，重大立功的机会少之又少，这样会导致犯罪人不愿意一般立功，从而不利于鼓励犯罪人的改造，也不利于社会秩序的稳定。笔者认为，既然刑罚适用的最终目的是为了教育改造犯罪人，那么凡是有利于改造犯罪人的因素都应当在刑法上有所规定，而不能对其视而不见，这样不仅会造成刑罚适用的不公，而且会影响对犯罪人的改造效果。笔者认为，在现行刑法中增加一项对于“无故意犯罪而有立功表现的”减刑条款，即《刑法》第 50 条可以修改为“判处死刑缓期执行的，在死刑缓期执行期间，如果没有故意犯罪，二年期满以后，减为无期徒刑；如果没有故意犯罪，确有一般立功表现，二年期满以后，减为二十五年有期徒刑；如果确有重大立功表现，二年期满以后，减为二十年有期徒刑。”这样规定，既体现了刑罚的教育改造功能，又能鼓励犯罪人增加立功表现，巩固改造成果，并在一定程度上维护了社会秩序的稳定。

三、死缓执行期间法律适用冲突的解决

当死缓犯在死刑缓期执行期间，既实施了故意犯罪行为又确有重大立功表现时如何处理存在法律适用上的冲突，无论是核准执行死刑还是减为 25 年以上有期徒刑，抑或是减为无期徒刑均于法无据。笔者认为，如果犯罪分子在死刑缓期执行期间既实施了故意犯罪，又有重大立功表现，表明犯罪分子的主观恶性与悔过之心同时存在。如果犯罪人在死缓执行期间，先故意犯罪后有重大立功表现，则表明犯罪人有一定的悔过之心；如果犯罪人先有重大立功表现，后又故意犯罪，则表明犯罪人在主观恶性的改造上具有一定的反复，同时也表明其具有一定的可改造性。因此，笔者认为，对于在死缓执行期间，犯罪人既有故意犯罪，又有重大立功表现的，应区分情况加以区别对待。笔者建议，将《刑法》第 50 条修改或增加一款规定为：“对于在死刑缓期执行期间，先有故意犯罪的，又有重大立功表现的，或先有重大立功表现后有故意犯罪的，故意犯罪及重大立功情况核实后，报请最高人民法院决定是否核准死刑；最高人民法院若不核准死刑立即执行的，其死缓考验期应从最高人民法院核准裁定之日起计算。但犯罪人犯严重暴力犯罪按照刑法规定应判处五年以上有期徒刑以上刑罚以及严重危害国家利益、公共利益的，无论是否具有重大立功表现，查实后，报请最高人民法院核准死刑，立即执行。”

四、死缓执行期间过失犯罪的法律适用

根据现行《刑法》第 50 条及《刑法修正案（八）》的规定，在死缓执行过程中犯罪人有过失犯罪的，不能对犯罪人报请最高人民法院核准死刑，同时也不影响其减刑，这是不妥的。笔者认为，过失犯罪在刑法上仍然是具有社会危害性的，并且现行刑法只对社会危害性比较大的过失行为才规定为犯罪行为，同时过失犯罪虽然主观恶性较故意犯罪要小得多，但并不是说过失犯罪没有主观恶性的存在。从这个角度来看，如果犯罪人在死刑缓期执行期间，犯过失犯罪的，虽然

增加了一个罪名，但实际上并没有对其特别的处罚。首先，过失犯罪的刑罚都是有期徒刑以下的；其次，对犯罪人过失犯罪的处罚是采用数罪并罚的，但根据数罪并罚的原则，犯罪人仍然会被合并执行死缓，并不会有额外的刑罚处罚。但实际上，有些过失犯罪造成的后果较一些轻微的故意犯罪造成的后果要严重得多，主观恶性也不能说轻，如果刑法规定对死缓考验期内所有故意犯罪的犯罪人都要报请最高人民法院核准死刑，立即执行，而对严重过失犯罪人却没有任何的法律制裁措施，显然有违刑罚公正，也不利于犯罪人的教育改造。因此，笔者建议，在《刑法》第50条中增加一项“判处死刑缓期执行的，在死刑缓期执行期间，如果有过失犯罪，其缓刑考验期自过失犯罪生效判决确定之日其计算，二年期满以后，减为无期徒刑。”只有这样规定，才能体现刑法面前人人平等，才能减少死缓考验期内犯罪人的过失犯罪，才能体现刑罚的公正性。

第五节 死刑种类人文改良

《刑法》第48条规定：“死刑只适用于罪行极其严重的犯罪分子。对于应当判处死刑的犯罪分子，如果不是必须立即执行的，可以判处死刑同时宣告缓期二年执行。”由上述刑法规定可以得出结论，死刑在我国实际上是存在两种方式的，一是死刑立即执行；二是死刑缓期两年执行，即通称死缓。虽然我国理论界和实务界都认为死缓是死刑的一种，并且这两种死刑名称略有不同，但二者所代表的意义相去甚远，对于犯罪人来说基本上可以说是生死两重天，一面是生，一面是死。死刑立即执行和死缓虽然都属于法定死刑范畴，但两者在司法实践中经常成为严重犯罪严格执法与司法腐败的分水岭。因为适用死刑立即执行和死缓的条件立法上没有做出明确的解释，使之适用过程中完全依靠一点可怜的司法解释和刑法模糊笼统的规定，再加上法官素质的整体不高，多数情况下，对二者的适用与否完全取决于法官的自由裁量，如前段时间云南省高级人民法院改判的李昌奎、赛锐死缓案。而此两案引起国人极大愤慨，民意和法官的自由裁量发生冲突，从另一个侧面也可以看出死刑种类存在的巨大弊端。因此，基于罪刑法定的基本要求，在刑法上有必要对二者作出明确的界定。笔者认为，针对我国死刑的种类具体情况，可以分两步进行改良：

一、明确死刑立即执行和死刑缓期两年执行是两个刑种

因为死刑立即执行和死刑缓期两年执行都是法定的死刑种类，但是毕竟一个代表死，一个代表生，这两个代表不同结果的刑罚绝不是一般意义上能够并列

的。无论是3年还是7年甚至20年的有期徒刑区别只是在于犯罪人的自由被限制时间的长短，这和死刑两个种类是有着绝对质的区别。因此，笔者认为，死刑立即执行和死刑缓期两年执行不应当属于一个刑罚种类，应当在刑法上明确规定其属于两种刑罚。

二、明确死刑缓期两年执行的适用条件

为了充分体现刑法的引导功能和教育功能，同时更好地体现刑罚的惩罚功能，有必要明确死刑立即执行与死刑缓期两年执行的适用条件，尽量减少法官的自由裁量权，减少人为因素对死刑立即执行与死刑缓期两年执行适用的影响。死刑立即执行的适用条件详见上述论述，下面仅就死缓适用条件进行论述。笔者建议，对具有下列情形之一的犯罪分子，一般可以适用死缓：

1. 犯罪分子出于义愤而杀人的；
2. 犯罪分子作案后积极投案自首而非被迫自首或者有重大立功表现的；
3. 犯罪分子属于残疾人（包括中度以上智力残疾者、限制刑事责任能力的精神病人、重度残疾者）的；
4. 被害人有明显过错或对犯罪行为发生有较大责任的；
5. 犯罪人人身危险性较小的；
6. 被害人真心谅解，犯罪人积极赔偿被害人经济损失，并真诚悔罪的；
7. 被害人真心谅解，被告人确有直系长辈亲属或晚辈亲属需要照顾，需要存留养亲的；
8. 犯罪人犯罪后出于真诚悔罪积极挽回犯罪后果的；
9. 严重经济犯罪分子积极退赃，坦白交代罪行的；
10. 绑架犯罪案件中，被害人死亡不是犯罪人故意杀害的。

在以上的情形下，对犯罪分子适用死刑缓期两年执行，既体现了国家对死缓适用的重视，也进一步规范了死缓适用，防止司法腐败的滋生。

三、死缓制度的取消

由于死缓制度的弊端不少，在司法实践中，容易产生司法不公和司法腐败，笔者建议，在适当时候从刑法立法上取消死缓制度，可以设立终身监禁刑。同时规定，如果犯罪人在终身监禁期间又有严重故意犯罪的，应取消终身监禁，判处死刑立即执行。因为犯罪人如果在终身监禁期间又犯严重罪行的，说明犯罪人的主观恶性较大，对自己的犯罪并无悔过之意，不堪改造，理应消灭其生命，以维护正常的社会秩序；同时减少社会资源的浪费，也保障无辜公民的生命健康权益

不受非法侵犯。终身监禁制度的设立既可以避免犯罪人继续危害社会，又可以减少死刑的适用，尊重生命，保障人权，在一定程度上还可以杜绝司法腐败和司法不公。

第六节　有关死刑制度的配套制度人文改良

为了保证死刑的正确适用，起到死刑适用的基本目的，在对死刑制度进行必要人文改良的同时，必须对死刑适用的其他相关配套制度予以一定的人文改良。

一、审判人员任职条件或资格

死刑是最严厉的刑罚，其适用不仅涉及犯罪人的生命，而且也涉及到法律的公正能否得到有效的维护。现阶段从事死刑案件审判人员队伍的素质有待于进一步提高。任何完善的刑法都是由法官来执行的，法官本身的素质如何直接影响死刑案件的审判质量，同时也影响死刑适用公正程度，因此，建设一支高素质的死刑审判人员队伍是十分有必要的。笔者认为，在现阶段死刑案件的审判法官应具有以下条件：

1. 审判死刑案件的法官必须具有5年以上刑事审判经验，年龄应在30岁以上55岁以下；

2. 审判死刑案件的法官必须通过司法资格考试，取得相应资格，并获得法学研究生以上学历、学位；

3. 审判死刑案件的法官必须为人公正，无违法违纪史；

4. 在适当时候，应当规定审判死刑案件的法官必须从办理过死刑案件并从业10年以上的律师中选任。

二、加大死刑案件错案追究的力度

加强对死刑案件的审判监督，杜绝死刑适用的随意性，限制法官对死刑案件的自由裁量权，维护刑罚公正，保障人权。

最高人民法院于1998年9月3日公布了《人民法院审判人员违法审判责任追究办法（试行）》（以下简称《办法》）作为全国人民法院系统错案责任追究的基本规范。《办法》中未对错案作出明确定义，但绝大多数追究责任的条款是从程序和执行两方面对法官承担责任的范围进行规定，实体错案的追究范围仅在第14条中作了原则性规定：“故意违背事实和法律，作出错误裁判的。因过失导致裁判错误，造成严重后果的”，并且在第 22 条列举了法官不承担实体错案责任的几种情况：“因对法律、法规理解和认识上的偏差而导致裁判错误的；因对案件事实和证据认识上的偏差而导致裁判错误的；因出现新的证据而改变裁判不应当承担责任的情形。”由此可见，最高人民法院的错案追究标准是以程序为主要标准的，而且该办法尚在试行，并未真正得以统一实施。应一方面进一步完善死刑错案的追究办法；另一方面加大对死刑错案追究的力度，严厉查处在死刑案件中错误裁判的违法犯罪问题。只有如此才能在一定程度上减少乃至杜绝死刑错案的发生。

三、明确界定死刑复核的期限

纵观我国刑事诉讼法的规定，我国的刑事诉讼法对侦查、起诉、审判等程序均规定了诉讼期限，但唯独对死刑复核程序的期限没有作出任何明示或暗示性的规定。刑事诉讼法唯独对死刑复核期限未作任何限制在一定程度上体现了国家对死刑复核工作的态度既不严肃，又不科学。任何无期限的诉讼首先损害了被害人的利益，迟来的正义并非都是正义，而有可能是一种极大的伤害；同时无期限的诉讼也损害了被告人的利益，尤其是被判处死刑的被告人，其在漫长的煎熬中痛苦地等待，遭受着巨大的心理折磨，这是非常不人道的。同时，无期限的死刑复核导致刑罚适用的社会效果大打折扣，有的案件死刑复核速度很快，而有的死刑复核速度极慢，时间很长，民众对此并不能理解，有可能作出多种猜测，极不利于发挥刑罚适用的社会效果，甚至有些死刑复核的时间过长还有可能引发一些其他的社会问题。因此，为了保证刑罚适用的公正性，保证司法正义的实现，笔者认为，对死刑复核程序的期限，刑事诉讼法应当作出明确规定。在设置死刑复核的期限时，一是应当对死刑复核的复杂性作出充分的考虑；二是也必须考虑死刑复核机关的特殊性；三是为了保证死刑复核的准确性，减少死刑复核的失误，对死刑复核期限应当作出一个弹性规定，即规定一个最低期限，同时规定一个最高期限。笔者建议，综合上述因素，建议死刑复核的期限可以设定为 6 个月以上 12 个月以内完成，案情十分复杂或疑难的，可以适当延长，但最迟不得超过 24 个月。在法律上明确规定并适当延长死刑案件的复核期限，既可以保证适用死刑的准确性，又可以确保公民生命权益，同时也可以彰显刑事诉讼的公正性。

第七章

公诉案件刑事和解之人文改良

现行刑事诉讼法在特别程序中设立专章共3条规定了当事人和解的公诉案件诉讼程序，显得对当事人和解的公诉案件诉讼程序重视不足，存在一定的人文缺陷。随着和谐司法理念的提出，单纯片面重视打击犯罪的传统理念已不适应建设和谐社会发展要求，刑事案件矛盾的复杂化要求刑事纠纷解决机制的多元化，建设有中国特色的公诉案件刑事和解制度就显得非常必要。而如何建设有中国特色的刑事和解制度，并使之成为建设和谐司法的基石，是当前摆在刑法理论界和实务界的一大难题。儒家人文思想提倡"仁爱"、"中庸"、"由己推人"，提倡"老吾老以及人之老，幼吾幼以及人之幼"，导致中国人传统观念中就有着"冤家宜解不宜结"，也形成了中国人几千年以来的"厌讼、息讼"思想和"和为贵"的思想。在这些儒家人文思想观念的影响下，中国古代在处理民众纠纷方面形成了具有人文特色的"调处"制度。在下列内容中，笔者试图通过儒家"和谐"人文法律思想的分析，结合我国司法实践与具体国情，对现有的当事人和解的公诉案件诉讼程序提出一些人文改良建议和构想。

一、儒家"和谐"人文思想的现代意义

在儒家"仁爱"、"中庸"、"忠恕"、"和"等"和谐"人文思想的引导下，中国古代法治从民本主义出发，主张息事宁人，追求无讼。从我国古代社会结构和社会关系来看，中国古代是由亲属血缘为纽带而连接起来的一个大家庭，在生活准则上形成了和睦相处、和谐无争的原则。正如法国法学家勒内·达维德所说："它们处理与别人的关系以是否合乎情理为准则，它们不要求什么权利，要的只是和睦相处与和谐。"① 孔子为了追求人与人和谐相处，逐渐减少乃至消灭争纷，在人类历史上第一次提出了无讼的观点："听讼，吾犹人也，必也使无讼

① ［法］勒内·达维德著，《当代世界主要法系》，漆竹生译，上海译文出版社1984年版，第487页。

乎！无情者不得尽其辞，大畏民志，此谓知本。”① 在此孔子的本意并不是反对诉讼，并且实际上孔子还是中国古代一位非常著名的司法官，孔子这句话的意思是想通过礼仪道德的教化，使百姓之间的争诉减少乃至消失，从而达到社会秩序的稳定、和谐。早在周朝时就有卦辞：“讼，有孚，窒。惕，中吉，终凶。”“以讼受服，亦不足敬也，”“讼不可妄兴”、“讼不可长”。② 也就是说在中国古代人看来只要是诉讼，无论诉讼结果如何，都是一件非常不好之事，并且备受当时人们的鄙视。中国古代社会在儒家“无讼、贱讼”人文思想指导下，崇尚、倡导人际关系的和谐，要求处理人际关系应以和为贵，鄙视滋诉、兴诉，从而引起人际关系的恶化，并认为有人进行诉讼实际上是反映了统治者礼仪道德教化不足，必然破坏社会和谐与有序。在儒家“和谐”人文法律思想的支配下，“贵和持中”成为中国传统法文化的特征，并且随着儒家“无讼、贱讼”人文思想的普及以及“和谐”人文理念深入人心，使中国古代百姓之间的争讼减少，彼此之间在遇到争议纠纷时能本着“仁爱”、“忠恕”的思想解决问题或在有关人、机构的主持下进行调处，减少了彼此之间矛盾的激化，有效地维护了社会秩序的稳定。另一方面由于百姓争诉纠纷减少，使百姓的争议处理成本大大降低，也使统治者进行社会治理成本大大降低。

在现代刑事诉讼中，继承和发扬儒家“仁爱”思想与“中庸”、“忠恕”、“保护弱者”等“和谐”人文思想，借鉴中国古代“调处”制度，结合中国现代刑事诉讼发展的需要，对现有当事人和解的公诉案件诉讼程序予以必要的人文改良具有现实紧迫性和必要性。笔者认为我国在当前的刑事诉讼改革过程中，过分片面注意了对犯罪嫌疑人、被告人的权益保障，而在某种程度上忽视了被害人的权利保障。而被害人之所以成为被害人是由于其合法权益受到了犯罪行为的侵害，被害人理应对犯罪人的追究与否具有最终的决定权。但是由于我国现代国家权力至上观念的影响，认为犯罪是对社会秩序的破坏，是对国家统治权威的一种挑战，因此，对于任何犯罪行为国家都会主动参与追究，而有时忽略了被害人的权利和感受，忽略了被害人对犯罪人责任追究与否具有最终决定权的考虑。因此，在刑事诉讼中，如何建立一种既能保护被害人的利益，又能保障犯罪嫌疑人、被告人的权益，同时又能维护稳定的社会秩序的诉讼制度就显得非常必要。虽然现行刑事诉讼法对被害人的权利也在逐渐重视，并规定了当事人和解的公诉案件诉讼程序，在一定程度上赋予了被害人对犯罪嫌疑人、被告人刑事责任追究与否的决定权，但由于各种因素的影响，当事人和解的公诉案件诉讼程序的规定非常粗疏，并且适用的范围也很有限，存在一定的人文缺陷，需要予以人文改

① 《论语·颜渊篇》。
② 《周易·讼卦》。

良。因此，笔者认为在现代刑事诉讼中对现有的当事人和解的公诉案件诉讼程序予以必要的人文改良，建立具有中国特色的刑事和解制度，在一定程度上加强被害人是否追究被告人刑事责任的决定权，不仅能充分体现刑事诉讼的人文精神，同时也能顾及双方当事人的利益；不仅有利于和谐司法的建立，也有利于和谐社会的建设。要建立具有现代中国特色的刑事和解制度，必须合理吸收儒家“和谐”人文法律思想的科学内核，并将这些儒家“和谐”人文法律思想落实到刑事和解制度中。笔者将试着按照这样的想法来对当事人和解的公诉案件诉讼程序予以相应的人文改良，构建具有中国特色的刑事和解制度。

二、中国特色刑事和解制度的构建与人文改良的设想

笔者认为一种制度的设计，应当首先考虑制度的公正性，尤其是作为刑事法律制度之一的刑事和解制度，同时还应考虑我国的实际情况。

（一）刑事和解适用对象和案件范围的人文改良

目前，我国刑事诉讼法规定可以适用刑事和解的公诉案件范围仅限于：因民间纠纷引起，涉嫌刑法分则第四章、第五章规定的犯罪案件，可能判处 3 年有期徒刑以下刑罚的；除渎职犯罪以外的可能判处 7 年有期徒刑以下刑罚的过失犯罪案件。从此可以看出，我国现行刑事和解制度的适用范围明显太窄，同时也没有对刑事和解的对象作出界定，存在一定的人文缺陷。虽然公诉案件刑事和解的适用必须明确限定一定的对象和范围，但不能对所有的犯罪人和所有的刑事案件都适用刑事和解。因为在现代刑事法律制度的设计时不仅要考虑被害人权利的保障，而且更要考虑国家司法权不被随意侵犯。但笔者认为，刑事和解制度作为恢复性司法的一个重要内容，理应给予更多的犯罪嫌疑人、被告人一条自新悔过的机会；同时结合儒家“和谐”及“赦小过”人文思想，对于罪行较轻的犯罪嫌疑人、被告人都应给予其一条自新之路。因此，笔者建议，公诉案件的刑事和解应当适用于以下对象和案件：

1. 老年人犯罪案件。老年人由于随着年龄的增长，其体力和智力以及思维能力都将随之减弱，对其行为性质的认识和控制能力都有所减弱，再加上儒家提倡的“矜老”以及保护弱者人文思想的普及，中国自古以来就有敬老、尊老的光荣传统，对老年人犯罪理应给予必要的宽容、理解和怜悯。同时，现代刑罚的适用强调对犯罪人的教育改造，以使其顺利回归社会，而老年人犯罪以后，如果将其投入监狱，不仅不能很好体现刑罚的根本目的，反而会浪费大量的司法资源。因此，对老年人犯罪的案件，只要能获得被害人的谅解，同时老年犯罪人又有和解意愿的，应当准许刑事和解。

2. 未成年人犯罪案件。我国自古就有“幼吾幼以及人之幼”的爱护幼小的传统人文思想，同时由于未成年人的生理、心理等各方面发育还不是很成熟，对自己的行为认识和行为的控制能力还不是很高，再加上我国现在劳动改造过程中交叉感染的现象还十分严重，也不利于关押改造。并且随着我国计划生育国策的推行，独生子女在现代家庭中占的比例越来越高，如果将众多的未成年犯罪人进行关押劳动改造，将造成众多家庭的残缺，从而引发更多的社会问题。同时未成年人还是国家和社会、家庭的未来和希望，给予犯罪未成年人改过自新的一个机会比单纯惩罚未成年犯罪人的社会效果和法律效果要好得多，国家和社会对未成年人犯罪也应当给予充分的理解与宽容。因此，不论从传统思想观念层面，还是从社会秩序的保护层面来看，只要未成年人能够获得被害人谅解的，并且具有刑事和解意愿的，也应当允许其刑事和解。

3. 过失犯罪案件。由于过失犯罪的社会危害性相对比较小，同时儒家人文思想也提倡“赦小过”。在现代刑事法律中，普遍都规定了过失犯罪，但一般过失犯罪的刑罚处罚都相对较轻，如果将所有的过失犯罪人都予以监禁关押进行劳动改造，既起不到适用刑罚的根本目的，反而会由于关押造成交叉感染，对社会产生更大的危害。并且，随着社会科技的进步和发展，导致过失犯罪的机会和可能性越来越高，在这种情况下，规定过失犯罪可以适用刑事和解是非常必要的。因此，笔者认为对过失犯罪的，只要是被害人予以谅解，并且双方都有刑事和解愿望的，可以进行刑事和解。

4. 一般刑事案件的偶犯、初犯。一般刑事案件笔者认为应当是指犯罪嫌疑人、被告人有可能被判处5年以下有期徒刑的刑事案件。中国有句古语“人非圣贤，孰能无过？过而能改，善莫大焉。”[①] 在现实生活中，有些人由于一时冲动或疏忽而触犯刑律，事后后悔万分。而实际上，全社会都需要树立宽容的观念，因为宽容不仅是给别人机会，更是为自己创造机会。而在刑事制度的设计时，立法者树立宽容观念则更难能可贵，给予由于一时冲动或疏忽、初次犯罪的人一个重新做人的机会，这样不仅可以使犯罪人获得重生，而且可以使被害人的利益得到充分的保护，同时还可以节省司法资源，避免短期自由刑的交叉感染问题发生。因此，允许一般刑事案件的偶犯、初犯的犯罪人与被害人和解是合适的。

5. 一切轻微的刑事案件。轻微的刑事案件是指有可能被判处3年以下有期徒刑的刑事案件。现代短期自由刑具有不可克服的弊端，不可能实现刑罚教育改造犯罪人的目的，违反了刑罚设立的初衷。有时不仅浪费了有限的司法资源，还增加了罪犯之间交叉感染的机会；不仅剥夺了被害人得到有效赔偿的机会，而且也剥夺了犯罪人回归社会的最好机会。同时由于市场经济的发展，各种社会竞争

---

① 《左传·宣公二年》。

加剧，人们的心理变得容易冲动和急躁，也容易引发一些轻微的刑事案件。因此，立法者在刑事立法时不仅应考虑给予被害人在一定范围内决定追究犯罪人责任的形式和方法的权利，同时也应当考虑如何避免有限司法资源的浪费，并给予犯罪人回归社会以适当机会，而刑事和解制度就能达到这种效果。

6. 亲属之间由于一时不和而发生的犯罪案件。人类亲情是世界上最自然的感情，不论世界如何发展变化，不变的只有亲人之间的感情。“亲亲”思想是儒家所有人文思想的基础，刑事法律在立法的过程中，应充分体现儒家“仁爱”、“亲亲”人文精神，更多的应注意采用何种方式来调整亲属之间的相犯，而不能用调整一般社会成员之间的相犯的方法来调整亲属之间的相犯问题。因为毕竟一般社会成员之间缺乏血缘的联系，没有自然的亲情存在，如果刑事法律连最起码的亲人感情都不考虑，而用调整一般社会成员的刑事法律来调整亲属之间的矛盾冲突，那将破坏亲情之间的和谐，破坏社会秩序的稳定。由于亲属之间长期形成的亲情对每个人来说都是在其他人身上找不到的，也不可能被替代。况且亲属长期生活在一起，时间长了难免会发生一些矛盾，因此而发生的亲属之间偶然相犯，如果当事人双方都有和解的意愿，不论案件性质多么严重，应当首先考虑适用刑事和解。但笔者认为亲属之间更应相亲相爱，因此，对卑亲属长期侵犯尊亲属、尊亲属长期侵犯卑亲属的，甚至发生禽兽行为的，如亲属之间的强奸、杀害以及虐待和遗弃等行为，不仅不应适用刑事和解，而且对犯罪人还应从重处罚，并没收其财产归被害人所有。

7. 其他亲密关系人之间轻微的刑事案件。其他亲密关系是指由于某种机会或环境而形成的较为亲密的关系，如邻里关系、同学关系、战友关系、同事关系等。中国人在形容其他亲密人之间的关系时常用一句“低头不见抬头见”来形容，这句话表明了其他亲密关系人在日常生活中的紧密联系。如果对亲密关系人之间轻微刑事案件的犯罪人随意动用刑罚惩罚，有时不仅不能修复被损害的社会关系，反而会导致彼此双方仇恨和矛盾的升级，从而造成更大的危害后果。笔者认为及时采用刑事和解方法修补被损害的亲密关系人之间的社会关系有利于和谐社会的建设。

8. 出于善良动机的一般犯罪案件。虽然现代刑事法律将犯罪人的犯罪动机作为一个选择性主观要件，而不是一个必备要件。但犯罪动机是最能反映犯罪人主观恶性大小的方面，在反映犯罪人主观恶性方面其他任何犯罪构成要件都不能与其相比。现代刑法不将犯罪动机作为犯罪主观要件固然有其合理的一面，但是在刑事司法过程中却不能无视或者轻视犯罪动机的存在，并且应当制定确实可行的制度保证出于善良动机而触犯刑律的人能够得到宽大处罚，并与其他出于邪恶动机的犯罪分子的处罚相区别。在司法实践中，出于善良动机而触犯刑律的主要包括：由于进行正当防卫、紧急避险行为过当而触犯刑律的；出于孝心而进行的一般犯罪的；出于同情心而进行犯罪的；出于义愤而犯罪以及其他出于良好的道德所要求而触犯刑律的。笔者认为，刑罚的适用首先是对犯罪人进行主观恶性的改造，在改造犯罪人主观恶性的同时体现刑罚的报应性，只有这样才能体现刑罚的人文精神，而不是暴政的手段。因此，对于出于善良动机的一般犯罪案件，理应对犯罪人予以从宽处罚，应当属于刑事和解的案件范围。

9. 其他宜于适用刑事和解的案件。如案件性质虽然比较严重，但被害人强烈要求适用刑事和解，并经有关机关确认确属被害人自愿的，也可以在一定范围内对犯罪嫌疑人、被告人刑事责任的承担与其他责任的承担进行和解。再如共同犯罪中的从犯、胁从犯，因为其在共同犯罪中的作用较小，一般刑事责任也较轻，对于他们在一定条件下也可以适用刑事和解。

（二）刑事和解的内容、途径和方式人文改良

从我国现有的刑事诉讼法规定来看，对公诉案件刑事和解的内容、途径和方式的规定都存在一定的人文缺陷，需要予以改良。笔者建议：

1. 刑事和解的内容。现行刑事诉讼法对刑事和解的内容主要是犯罪嫌疑人、被告人通过向被害人赔偿损失、赔礼道歉等方式获得被害人的谅解。笔者认为，刑事和解的内容还应包括：一是犯罪嫌疑人、被告人的刑事责任承担。即犯罪嫌疑人、被告人与被害人及其法定代理人进行协商，在犯罪嫌疑人、被告人承担经济赔偿或者一定其他责任的同时，是全部免除其刑事责任，还是减轻犯罪嫌疑人、被告人的刑事责任。二是犯罪嫌疑人、被告人其他责任的承担。笔者认为现在刑事和解的内容除犯罪嫌疑人、被告人应当对被害人进行必要的经济赔偿与补偿以外，还应当具有其他承担责任的方式，不能将赔礼道歉、经济赔偿与补偿作为刑事和解的唯一。在实践中，如果有些犯罪嫌疑人与被告人不能作出足够的经济赔偿或补偿，也应当允许犯罪嫌疑人、被告人与被害人就其他补偿方式进行协商，如提供一定的无偿劳务或其他的物品都是可行的。

2. 刑事和解的提起。刑事和解提起的时间：笔者认为只有保证刑事和解时间的充分性，才能保证刑事和解的有效性。因此，刑事和解可以规定在刑事诉讼的整个进程中都可以进行，具体说来，也就是在立案前的调查阶段、立案、侦查、审查起诉、一审和二审过程中都可以提起刑事和解。

刑事和解提起的主体：刑事和解说到底还是当事人之间就有关行为的法律责任予以协商解决的主要途径，因此，对于有权提起刑事和解的主体应当严格予以限制。因此，有权提起刑事和解的主体除双方当事人以外，还应当包括如下人员：犯罪嫌疑人、被告人的法定代理人、监护人；被害人的法定代理人、监护人。只要上述人员提起刑事和解提议，并且其提议经过审查符合进行刑事和解法律规定的，有关国家机关应当主持进行刑事和解。

刑事和解提起的方式：笔者认为刑事和解作为解决刑事案件当事人双方利益冲突的一种法定方式，为了保证其严肃性，其提起方式应当以书面提起为主，当可以提起刑事和解的主体无力或不能书面提起时，也可以口头告诉。但对于当事人口头告诉的，有关公安、司法人员应当记录在案。

3. 刑事和解的方式。随着刑罚轻缓化的发展，刑事和解的案件会越来越多，如果仅仅依靠公、检、法三机关进行刑事和解，势必会造成刑事和解的不及时，也会造成司法资源的大量浪费，同时也会造成司法效率的低下，增加当事人的讼累。在现有的司法机构设置的框架下，在有条件的时候，在进行刑事和解工作时，可以将刑事和解分为诉讼和解以及专门和解机关主持和解两种方式，同时应明确两种方式各自适用的范围。

诉讼和解是指案件符合刑事和解的前提和范围，在公、检、法机关，在诉讼双方当事人及其法定代理人、诉讼代理人和辩护人的参加下，当事人双方本着合法、自愿原则，进行必要的协商，并最终在公、检、法机关的主持下达成以解决当事人双方对犯罪嫌疑人、被告人刑事责任、赔偿金额以及其他责任为内容的争议而达成和解协议的一种和解方式。

专门机关和解是指由国家专门成立一个和解主持机关，在犯罪嫌疑人、被告人及其法定代理人、被害人及其法定代理人的参加下，当事人双方本着合法、自愿的原则，进行充分的协商，最终在专门和解机关的主持下，当事人双方对犯罪嫌疑人、被告人刑事责任、赔偿金额以及其他责任达成和解协议的一种和解方式。

对于上述两种刑事和解的方式应当以专门机关和解方式为主，以使公安机关、检察机关、人民法院有充裕的时间对其他重大刑事案件有效地行使侦查权、检察权和审判权。

（三）刑事和解的监督人文改良

从目前刑事诉讼法的相关规定来看，并没有规定对公诉案件刑事和解合法性的监督，只能从一般意义上理解，那就是检察机关作为公诉案件刑事和解合法性的监督机关，但又没有规定相应的监督方式和途径。

1. 刑事和解监督机关。对于刑事和解的监督机关，笔者认为虽然现行法律规定人民检察院是法定的刑事司法监督机关，但由于人民检察院本身具有一定的侦查职能，同时刑事和解也涉及犯罪嫌疑人、被告人刑事责任及其他责任的处理，因此不宜由检察机关对刑事和解直接进行监督。可以由具有审判职能的人民法院担任刑事和解的直接监督机关。这不仅可以避免检察机关对审判权的侵犯，也可以及时对刑事和解案件予以处理，提高司法效率。但人民检察院必须对刑事和解的整个内容与过程进行整体监督，这是宪法赋予的权力，任何普通法律也不能剥夺人民检察院的执法监督权力。

2. 刑事和解监督程序。有权提起刑事和解主体在提起刑事和解要求时，不管在刑事诉讼的哪一个阶段，都必须向人民法院提出要求。人民法院经过初步审核，对符合刑事和解前提和范围的案件，5 日内批准由有关国家机关主持进行刑事和解。其次，不论是由公、检、法还是专门设立的刑事和解主持机关主持进行刑事和解，必须将进行刑事和解的具体情况书面上报同级人民法院；同时刑事和解达成协议后，若人民法院认为刑事和解不合法的，应当书面通知有关的国家机关和当事人及其法定代理人、监护人，按有关刑事程序进行刑事诉讼；有关人民法院认为刑事和解协议合法的，应在将刑事和解协议送达有关当事人之前，在接到刑事和解协议 5 日内送达同级人民检察院，以利于人民检察院对刑事和解案件的整体适用进行监督；人民检察院应在 5 日内对刑事和解的适用条件和内容进行全面审查，经人民检察院审查合法的，应书面通知同级人民法院同意执行；人民检察院对于刑事和解不符合适用条件和有关规定的，也应当在 5 日以内，及时书面通知同级人民法院，并及时通知有关专门主持刑事和解的国家机关。有关人民法院及有关主持和解的国家机关无视人民检察院意见的，人民检察院可以按照二审抗诉程序进行抗诉。对于部分刑事和解案件，人民检察院认为有必要时，也可以派员参加刑事和解工作，以监督刑事和解工作的公正进行。

有关当事人及其法定代理人对于人民法院、人民检察院不批准进行刑事和解或认为刑事和解不合法的，有权按照刑事管辖的规定申请上一级人民法院、人民检察院进行复核，上一级人民法院或人民检察院接到复核要求后，应当立即复核，并在 5 日内将刑事和解是否合法的决定通知下级人民法院、人民检察院和有关的申请人。

（四）刑事和解效力的人文改良

根据刑事诉讼法的规定，刑事和解一经达成，公安机关可以向人民检察院提出从宽处理的建议。人民检察院可以向人民法院提出从宽处罚的建议；对于犯罪情节轻微，不需要判处刑罚的，可以做出不起诉的决定。人民法院可以依法对被告人从宽处罚。从现行法律规定来看，由于对刑事和解的相关内容规定存在缺陷，导致对于刑事和解的效力规定也存在一定的缺陷。笔者认为，刑事和解作为一项诉讼活动的结果，应当具有相应的法律效力。如果刑事和解当事人双方没有达成合意的，或者刑事和解协议虽然达成，但有关当事人在送达前反悔的或者刑事和解协议送达并执行后，一方当事人反悔的，有关公安机关、人民检察院与人民法院应按照有关诉讼程序进行刑事诉讼。刑事和解一旦达成和解协议，并经过法定程序送达当事人双方签收后，刑事和解协议应当对当事人双方以及有关公安、司法机关具有法律约束力，有关的公安、司法机关应当根据不同的诉讼阶段，采取不同的措施。在立案前的调查阶段，当事人双方达成刑事和解协议的，并且被害人完全谅解犯罪嫌疑人的，不追究犯罪嫌疑人刑事责任的，公安机关应当作出不立案的决定；对于已经立案的，应当作出撤销案件的决定。对于虽然达成和解协议，但是被害人对犯罪嫌疑人只是部分谅解的，公安机关应当在起诉意见书上记明和解情况，并在向检察机关移送起诉时提出从宽处罚的建议。在审查起诉阶段，当事人双方达成刑事和解协议的，对于罪行轻微的，被害人完全谅解犯罪嫌疑人的，检察机关应当作出不起诉决定；对虽达成和解协议，但被害人对犯罪嫌疑人仅部分谅解的，案件确需起诉的，检察机关应当在起诉书中明确说明当事人双方刑事和解的事实，并附刑事和解的协议，明确提出对被告人应当免除、减轻刑事处罚的量刑建议。在审判阶段进行刑事和解的，对罪行轻微的，不需要追究被告人刑事责任的，人民法院应当作出终止审判的决定；对罪行较严重的被告人，被害人也坚持部分追究被告人刑事责任的，应当依法作出减轻或者免除刑事处罚的判决。

综上所述，笔者认为具有中国特色刑事和解制度的构建，不仅给予犯罪嫌疑人、被告人一个重新做人的机会，更给了其一条重新向善之路；同时也对被害人的追究犯罪与否的权利给予了充分重视，在某种程度上也使国家树立了人文精神的典范。儒家“和谐”人文精神合理内涵与现代刑事诉讼制度的有机结合，创建中国特色的刑事和解制度将有利于因犯罪而造成的受损社会关系的修复，也有利于社会秩序的稳定，对于和谐司法与和谐社会建设具有重要意义。

第八章

现代亲亲相隐制度的构建与人文改良

随着人权保障运动的进行，在刑事法律建设中重视人性、人道和人权保障的要求日益强烈，现代刑事法律在建设中应将人作为人，使人成为人，使现代刑事法律凸显人文精神。在此背景下，儒家“亲亲相隐”思想所表现出的人性、人道以及保障人权的光辉逐渐凸显，其蕴含的合理人文精神值得我们在现代刑事法律的构建过程中予以继承和吸收。

第一节 “亲亲相隐”的现代刑事法律人文价值分析

儒家亲亲相隐思想一般认为源自“叶公语孔子曰：‘吾党有直躬者，其父攘羊，而子证之。’孔子曰：‘吾党之直异于是。父为子隐，子为父隐，直在其中矣。’”① 而亲亲相隐法律制度的正式确立是源自汉宣帝的诏令，汉宣帝在地节四年夏五月，诏曰：“父子之亲，夫妇之道，天性也。虽有患祸，犹蒙死而存之。诚爱结于心，仁厚之至也，岂能违之哉。自今子首匿父母，妻匿夫，孙匿大父母，皆勿坐。其父母匿子，夫匿妻，大父母匿孙，罪殊死，皆上请廷尉以闻。”② 在中国历史上，这一诏令基于“事亲是仁”的儒家思想，首次以法律形式明确了亲属之间可以互相首匿犯罪行为，从人类亲情—人性角度出发阐释了亲亲相隐制度的立法理由，这既是法律观念的一种进化，也是儒家“事亲是仁”人文思想在法律上的彰显。

亲亲相隐思想作为儒家人文法律思想之重要组成部分，它不仅对中国古代法律制度人文精神的铸就起着重要作用，同时对中国古代社会的长期繁荣、稳定也

---

① 《论语·子路》。

② 《汉书》卷八《宣帝纪》。

有着重要的影响，而且对中国现代刑事法律人文精神的构建以及社会的稳定也必定会产生重要的影响。因此，对亲亲相隐思想的现代刑事法律人文价值予以分析研究具有重要的现实意义。

一、亲亲相隐思想对于现代刑事法律人性化建设的价值

所谓人性乃人之为人的基本品性，一个充满人文精神的刑事法律制度应当是符合人性的。可能有人认为现代法律不能讲人性，而只能从维护社会秩序，保证社会正义，法律面前人人平等的角度出发制定相应的刑事法律规范，“律法无情”正是此种观点的真实写照。但人性是任何社会在制定律法过程中都不能忽略的基本因素，孟德斯鸠说：“为了保存法纪，反而破坏人性，而人性就是法纪之源。”在评价一部律法的优劣，是否具有人文精神时，人性是否在法律上得以充分的体现是非常重要的标准之一。“马克思说过专制制度的最大特征就是使人不成其为人，法制的最大特征应当是使人成其为人，以人为本，使人向善，有对人的一种终极关怀。”① “亲亲相隐”正是体现人作为人的基本要求，是从捍卫家庭的人性本能角度出发，将一些个案的司法价值让位于家庭关系的和谐与稳定，避免将无辜的犯罪嫌疑人近亲属置于指证犯罪的尴尬处境，体现了法律的文明和人性的关怀。② 亲属之间互相相隐是人的天性使然，也是人性的自然表现，这是社会绝大多数人公认的。现代刑事法律在构建过程中，必须正视社会大多数成员的对亲属血缘亲情的感情，这是良法的内在要求：“一部良法应当顺应和尊重大多数人的思维和行为，不能违背基本的人性和伦理道德，法律不能将极少数人方能达到的境界作为全体国民的普遍行为标准加以强行规定，否则将会造成法律规范与道德规范的失衡。”③ 我们现在正在建设的刑事法律，必须保持应有的人性化，使其尽量符合人性的要求，使人成为人，才能使我国现代刑事法律具有应有的人文精神。“法律制度最终必以人为目的，强调以人为本位，也就意味着法律本身应当体现并实践对人的本性的尊重和理解，对人的价值和权利的肯定和维护，从这一层面上来看，基于人性而生的伦理关系无论是在古代社会，还是在现代社会，都应予以保护，而法律制度之于人伦精神的关注无疑应当成为中国传统法律文化中‘可取的品性和局部’之一。”④ 亲亲相隐思想在中国古代长期存在，并盛行不

① 付庆涛：《容隐制度的现代法律价值分析》，载于《政法论丛》2003 年第 2 期。

② 王庆：《“和而相隐”——论和谐社会中的“亲亲相隐”制度》，湖南社会学网，http://222.240.221.56/Article_Show.asp? ArticleID=839&ArticlePage=1。

③ 邓天江、徐学：《近观“亲亲得相首匿”》，载于《中国律师》2005 年第 6 期。

④ 朱效平：《中国传统法的人伦精神与和谐社会人本法律观的构建》，载于《社会科学研究》2007 年第 5 期。

衰，有人认为其体现了封建的宗法制度和家族统治下的人性，而与现代刑事法律的格格不入。但不可否认的是，在任何时代、任何社会背景下，亲属之爱是一切爱的起点，亲情联系是一切人类无法逃脱的联系。任何时代都有血缘亲情，保护血缘亲情不被破坏是连婴孩都知道的，而建立在血缘亲情基础上的人性并不因为时代或社会的不同而改变，并且这种人性具有一定的社会性。“亲情是有社会性的，是社会关系在家庭（族）间的具体化，因此人情也要从社会大视野的角度去认识和掌握，要把亲情扩大为世情，不能只拘囿于一家一族。……总之，人情具有伦理性、社会性、时代性，它不是个人的爱恶，或少数人的趋向，而是公认的爱恶和社会绝大多数成员的趋向。人情的标准因时代、因阶级、阶层而异，但也有共性，那就是人之常情，亦即人性在正常状态下的反映。”①

我们在构建现代刑事法律的过程中，必须全面考虑禁止亲亲相隐损害人性有可能带来的恶果。从古到今，人们无论进行任何社会活动，人性都在起着不可或缺的作用。现代刑事法律建设不但有法治化的要求，同样也受着人性化的制约。现代刑事法律应当具有人性基础，不可将其随意地看作统治的暴力手段或工具，在强调以人为本的今天，刑事法律应体现对人的一种终极关怀，才能充分弘扬刑事法律的人文精神。刑事法律是以规范人的行为为内容的，任何一种刑事法律规范，只有建立在对人性的充分理解的基础上，其存在与适用才具有本质上的合理性。而“禁止亲属相隐毕竟背离人性、背离人情，即使是忠诚与孝顺受到现代思潮冲击，人们仍然对背信弃义者敬而远之。法律设定任何人均有作证的义务其本身就不具有合理性，背离人性的法律是‘恶法’，强迫人们遵守‘恶法’最终的结果是民众在心里诅咒它、厌恶它、抵触它。”②

“法律不强人所难”已经成为至理名言，刑事法律人文精神的塑造，应当在立法和执法的层面优先充分考虑执法对象的人性因素，表现出应有的理性和善良。不仅应当使刑事法律符合社会公平、正义的要求，而且也应当符合人性的基本要求。现代刑事法律如果在构建过程中违反基本的人性的要求，那这样的刑事法律所表现的只能是过于冷血和暴力，缺乏现代法律应有的人文气息。对这种缺乏人文精神的刑事法律的遵守与执行必定充满了血腥，在这种缺乏人文精神的刑事法律适用下，会造成公民人人自危，长此以往，将导致整个社会道德水平的滑坡，社会伦理的丧失，并最终导致刑事法律的失效。禁止亲亲相隐表面上是为了防止为了个人私情，而损害社会和国家大义，但禁止亲亲相隐，禁止的不仅仅是亲属之间不得为了个人私情，相互隐瞒犯罪事实，而且也随之抹杀了人世间最自然的亲属之间的血缘亲情——人性，也造成了刑事法律人文精神的缺失。为了刑

① 张晋藩：《中国法律的传统与近代转型》，法律出版社1997年版，第40页。

② 王东曙：《论亲亲相隐制度确立的合理性及限制》，载于《河南师范大学学报》2003年第2期。

事法律的公正，国家之大义，可以在一定程度上屈人情、屈人性；但是为了国家大义的实现，可以在多大程度上屈人情、屈人性，这个问题必须给予理性的思考。如果刑事法律在很大程度上屈大多数人的人性去实现局部的国家大义或一部分人的利益，那么这种刑事法律规定应该予以修改或废除。正如有的学者所言："不应当主张刑法需要满足'报复'、'报应'观念，也不应当主张刑法需要偏重维护'大多数人利益'、维护国家整体利益（即在根本上的少数人利益和个人利益）"。[①] 因为人性是一个国家人情、民情的重要组成部分，而人情、民情又是国家立法的基础，脱离民情与人情的法律是没有生命力的。"由于民情、人情具有社会性，是法之所以立的基础，因此脱离民情，法的生命也将终结。从法制发展的历史来看，法合人情则兴，法逆人情则竭。情入于法，使法与伦理结合，易于为人所接受；法顺人情，冲淡了法的僵硬与冷酷的外貌，更易于推行。法与情两全，使亲情义务与法律义务相统一，是良吏追求的目标。"[②] 在现代刑事法律构建过程中，应当注重刑事法律与人性的有机结合，从而既能发挥刑事法律的社会保障功能，保证社会公平、正义的实现，又能使现代刑事法律闪耀着人性的光辉，使其人文精神得以凸显。古代著名法官、公吏胡石壁明确指出："法意、人情实同一体，徇人情而违法意，不可也，守法意而拂人情。亦不可也。权衡于二者之间，使上不违于法意，下不拂于人情，则通行而无弊矣。"在古人看来，法律不能脱离人情而独立存在是天经地义的事，我们在评价古人思想时不能片面拿西方的思想观念来评价，而应当立足中国本土社会的实际情况。仔细分析中国的历史与现实可以发现，无论是过去还是现在，中国实际上仍然是一个人情社会，也可以说是讲究人性的一个社会，这是中国当代仍然存在且无可回避的现实，这也是中国与西方理性社会最大的区别所在。

现代刑事法律是惩恶扬善的工具，理应具有引人向善之功能，充分张扬人性善的一面，而不能引导人为恶。正如有的学者所言："法律不应是单纯的功利的统治工具，而应反映刑事立法科学和人性诉求。如果法律罔顾人类的自然本能，禁止亲属之间相互容隐，则丝毫不能展现其科学理性的一面，至此，法律将成为镇压人民的工具，其体现的只是对人性的冷漠和压迫。"[③] 我们在动用刑罚处罚出于人性自然包庇犯罪的亲属时，不得不考虑现代刑事法律的引导功能，同时考虑对其适用刑罚的必要性，因为"刑罚的'双刃性'总是提醒人们不得不慎用刑罚，而犯罪的危害性又总是在不断地刺激着人类本性中永远不灭的动用刑罚的神经，使刑罚的扩张和滥用成为一种必然的趋势。因此刑罚的运用始终需要理性

① 魏东：《刑法各论若干前沿问题要论》，人民法院出版社 2005 年版，第 29 页。

② 张晋藩：《中国法律的传统与近代转型》，法律出版社 1997 年版，第 53 页。

③ 潘剑华：《亲亲相隐的刑事现代化思考》，载于《新农村商报》2009 年第 12 期。

来驾驭，需要不断地克服任性制造的多余之刑和滥用之刑。”①

中国古代的法律固然有残暴的一面，但相比而言尊重人性是中国古代法律的一大人文特色，基于人性而产生的儒家亲亲相隐人文思想不仅对中国古代法律制度人文精神的培育产生了重要的影响，而且也定会影响当代刑事法律的人文精神构建。因此，合理吸收和继承儒家亲亲相隐思想，结合我国当下正在建设的刑事法律制度，抛弃其封建糟粕，继承其弘扬人性的人文精神，有限度的允许亲亲相隐，有助于现代刑事法律的人文精神的构建。

二、亲亲相隐思想对于现代刑事法律的人权保障价值

人权保障日益成为一个全社会普遍关注的话题，人权保障的如何也成为衡量现代刑事法律是否具有人文精神的一个重要标准，我国人权入宪是我国重视人权保护的重要标志。现代刑事法律的人文精神要求刑事法律应当在全面保障社会成员权益的前提下，注重保障涉案人员及其亲属的人权，不能损害一部分人的人权去保障另外一部分人的人权。现行刑事法律禁止亲亲相隐实际上是为了保护被犯罪侵犯的法益能够得到有效的保护，从而及时地恢复被破坏的社会关系。但禁止亲亲相隐侵犯了亲属之间本应天然存在的、合理的隐私权、不被强迫自证其罪权、有限度的沉默权、拒绝作证权。作为现代刑事法律而言，其不仅应成为被害人的大宪章，而且理应成为犯罪人的大宪章，因此如何在二者之间找到一个平衡点，是刑事法律能否充分体现国家保障人权一个重要方面。而我国现行刑事法律片面否定犯罪人及其亲属的一定人权来满足被害人的利益及所谓国家大义，实际上是刑事法律人文精神缺失的重要表现，正如有的学者所言：“我国现行刑法中‘亲亲不得相隐’的规定严重背离了我国几千年的法律文化，与人们深层法律意识中的传统理念相左，从而使强行法与社会大众的普遍生活习惯、生活习俗相脱节、相冲突……我们说一部良法的正确实施的确能为社会稳定提供显著的保安能力，但过分强调公权力本位，自然人个体丧失了最基本的独立自由空间，实质上是为专制的产生筑就了阶梯。”②

儒家“亲亲相隐”思想含有丰富的人权保障的内容，正如有的学者所言：“在‘亲亲相隐’制度下，一方面亲属之间的隐私权、不被强迫自证其罪权、有限度的沉默权、证人拒绝作证权等一系列现代西方所标榜的人权均在其中，甚至可以说在某种程度上，我国古代法律体现人权保障比现代西方的人权宣扬更具理性，权利更为广泛……另一方面西方人权观念中的人道主义精神亦是其核心内容

① 张智辉：《刑法理性论》，北京大学出版社2006年版，第302页。

② 邓天江、徐学：《近观“亲亲得相首匿”》，载于《中国律师》2005年第6期。

之一。……随着社会的发展，至明清时期，它已经成为一项权利，体现了伦理道德观念，与人道主义精神不谋而合。① 而禁止亲亲相隐“这实际上是一种变相株连，与现代法治原则相悖，是对人权的践踏。……在法制建设过程中，为推进人权保护的进程，贯彻以人为本的思想，有必要重新树立亲亲相隐这一原则，增强法律的人权保护功能。”②

“二战”以来，各国都注重对犯罪嫌疑人、被告人的人权保障，不仅在刑法中明确规定了犯罪、刑事责任与刑罚，而且在认定犯罪、追究犯罪的过程中，都严格限制国家公权力的滥用以及因为国家公权力的滥用可能对公民人权的损害。在刑事法律中明确亲亲可以相隐，“确立亲属拒证权，是因为在客观真实与保护人权、程序公正以及其他社会价值的权衡中，在一定情况下后者也应当加以确认和保护，有时甚至优先考虑，这是从人权和整个社会利益的价值目标考虑的。”③

我们正在构建的现代刑事法律制度，理应将人权保障作为首要的立法和执法目标。因此，合理继承和弘扬儒家亲亲相隐思想，对于构建现代刑事法律保障人权的人文精神具有重要意义。

三、亲亲相隐思想对于现代刑事法律的人道主义价值

随着社会文明的进步，法律文明也有长足的发展，人道主义思想在现代刑事法律体系中也有明显的表现。现行刑事法律针对未成年人犯罪、残疾人犯罪、精神病人犯罪以及怀孕、哺乳不满 1 周岁婴儿的妇女犯罪的，出于人道主义的考量，都有予以从轻、减轻或免除处罚的规定。如《刑法》第 17 条规定：“已满十四周岁不满十六周岁的人，犯故意杀人、故意伤害致人重伤或者死亡、强奸、抢劫、贩卖毒品、放火、爆炸、投放危险物质罪的，应当负刑事责任。已满十四周岁不满十八周岁的人犯罪，应当从轻或者减轻处罚。因不满十六周岁不予刑事处罚的，责令他的家长或者监护人加以管教；在必要的时候，也可以由政府收容教养。”《刑法》第 18 条规定：“精神病人在不能辨认或者不能控制自己行为的时候造成危害结果，经法定程序鉴定确认的，不负刑事责任，但是应当责令他的家属或者监护人严加看管和医疗……尚未完全丧失辨认或者控制自己行为能力的精神病人犯罪的，应当负刑事责任，但是可以从轻或者减轻处罚。”《刑法》第 19 条规定：“又聋又哑的人或者盲人犯罪，可以从轻、减轻或者免除处罚。”《刑法》第 49 条规定：“犯罪的时候不满十八周岁的人和审判的时候怀孕的妇女，不

① 王东曙：《论亲亲相隐制度确立的合理性及限制》，载于《河南师范大学学报》2003 年第 2 期。

② 潘剑华：《亲亲相隐的刑事现代化思考》，载于《新农村商报》2009 年第 12 期。

③ 曾妍：《亲属拒证权的比较分析》，西南政法大学研究生学报——法论网，http：//www. lawreview. net. cn/article/procedurelaw/20080614000227. html，2008 年 6 月 14 日。

适用死刑。审判的时候已满七十五周岁的人，不适用死刑。”不仅在刑法规定中有诸多人道主义的表现，而且在刑事诉讼法中也有很多的条文是基于人道主义的要求而规定的。如《刑事诉讼法》第 14 条：“人民法院、人民检察院和公安机关应当保障犯罪嫌疑人、被告人和其他诉讼参与人依法享有的辩护权和其他诉讼权利。”《刑事诉讼法》第 34 条：“犯罪嫌疑人、被告人因经济困难或者其他原因没有委托辩护人的，本人及其近亲属可以向法律援助机构提出申请。对符合法律援助条件的，法律援助机构应当指派律师为其提供辩护。犯罪嫌疑人、被告人是盲、聋、哑人，或者是尚未完全丧失辨认或者控制自己行为能力的精神病人，没有委托辩护人的，人民法院、人民检察院和公安机关应当通知法律援助机构指派律师为其提供辩护。犯罪嫌疑人、被告人可能被判处无期徒刑、死刑，没有委托辩护人的，人民法院、人民检察院和公安机关应当通知法律援助机构指派律师为其提供辩护。”《刑事诉讼法》第 65 条第 3 项规定：“人民法院、人民检察院和公安机关对有下列情形之一的犯罪嫌疑人、被告人，可以取保候审：患有严重疾病、生活不能自理，怀孕或者正在哺乳自己婴儿的妇女，采取取保候审不致发生社会危险性的。”《刑事诉讼法》第 72 条第 1、2、3 项规定：“人民法院、人民检察院和公安机关对符合逮捕条件，有下列情形之一的犯罪嫌疑人、被告人，可以监视居住：（一）患有严重疾病、生活不能自理的；（二）怀孕或者正在哺乳自己婴儿的妇女；（三）系生活不能自理的人的唯一扶养人。”《刑事诉讼法》第 254 条第 1、2、3 项规定：“对被判处有期徒刑或者拘役的罪犯，有下列情形之一的，可以暂予监外执行：（一）有严重疾病需要保外就医的；（二）怀孕或者正在哺乳自己婴儿的妇女；（三）生活不能自理，适用暂予监外执行不致危害社会的。对被判处无期徒刑的罪犯，有前款第二项规定情形的，可以暂予监外执行。”我国现代刑事法律中的上述这些规定都充分体现了人道主义思想，然而，现代刑事法律忽视了人间至亲的血缘感情，禁止亲亲相隐，有时会导致亲属相残的人间悲剧的发生，这是严重违背人道主义要求的，也是非常令人遗憾的。现在世界很多国家在刑事法律建设过程中，都充分地注意到了这一点，允许在亲人犯罪时，亲属享有拒证特权，这在一定程度上避免了亲人相残悲剧的发生。可以说亲属拒证人道原则是源于我国亲亲相隐思想的，而我国却至今不能正视亲人之间天然存在的血缘联系，禁止亲亲相隐，使我国刑事法律的人道性值得质疑。有的学者认为：“在现代社会，人们的物质、精神生活水平不断提高，但是人道主义精神仍然需要特别地关照和弘扬，人道主义不仅是我们立法上规定和实践中适用刑罚的原则，还应当成为我们的信念。……刑法领域，个人自由优先社会秩序，是刑法的基本选择。这意味着任何人犯罪，都要对自己的犯罪行为负责，因为犯罪是其自由选择的结果。但是，对于社会来说，犯罪实是不可避免之现象，社会也要对个人负责。将人作为目的看待，是人道主义原则的肯定性规则的中心内容。”① 家庭成员之间天然存在的血缘联系，在任何时代、任何社会都是不能被立法者和执法者忽视的，否则法律的人道性就值得我们思考。因为这种血缘和婚姻关系是任何其他关系所不能替代的，由此而产生的相互间的感情和责任也是不能替代的，连接家庭和亲属之间的关系纽带远比其他关系要牢固得多。犯罪人犯罪后，除个别惯犯或累犯外，一般情况下都深感恐惧，而家庭正是一个人摆脱恐惧的依托所在。因此，犯罪后犯罪人为了消除犯罪后的恐惧，出于对有可能因犯罪而遭受法律制裁的担心以及犯罪后自然产生的恐惧，一般都向家人寻求避免以及消除这些恐惧的途径，这是人性使然。而犯罪人的亲属由于与犯罪人存在天然的血缘关系，尤其是现在独生子女现象非常突出，其父母等亲属维护子女安全的情绪更加激烈，这是人性最自然、最基本的表现。古人云：“人之至亲，莫亲于父子。”②“父子相隐，天理人情之至也，故不求为直，而直在其中。”③ 在处理有关涉及亲属的法律问题时，一概否定亲情这种人人不可避免的生产生活环境因素，是对彰显亲情的理性正义是一种无情的扼杀……如果法律禁止“相隐”，则任何人的隐私都可能面临最严重的威胁，留下的更多的是“保留、隐瞒、忧虑、猜疑与害怕”。④

众所周知，家庭是整个社会组成的最基本的细胞，维系好家庭稳定与和睦是国家和社会稳定发展的前提与保障，亲亲相隐制度对于家庭关系的安定与维护作用是显而易见的。而禁止亲亲相隐，要求犯罪人的亲属来指证自己的父母、子女、配偶或其他近亲属的犯罪事实，对于家庭的稳定是十分不利的。并且禁止亲亲相隐还会引导家庭成员在面临利害选择时抛弃家庭责任而选择自我安全，这对整个社会的社会责任感培养是十分不利的。同时，任何一个家庭成员如果面临法律的制裁和自我安全抉择时，抛弃多年的至亲血缘亲情于不顾，大义灭亲不仅自己会长期遭受良心的谴责，在当代中国也会受到其他社会成员的责难，这对于犯罪人近亲属来说是非常不人道的。同时，犯罪人服刑完毕后，由于在其遭遇法律追究时，近亲属毫无怜悯地揭发，使其缺乏对家庭的归属感，而又由于毫无经济来源，很容易使其重新走上犯罪的道路，使改造的成果付之东流，并且时常导致亲属相残的人间悲剧的发生，这也是非常不人道的。正如有的学者所言：“血脉相连是作为人在这个世界上的基本基因构成，是从人性本能角度出发的家庭关系的和谐与稳定，避免了骨肉相残及由此带来的内心愧疚，保证了社会家庭单元的

① 谢君：《试析刑罚人道主义之精神与范畴》，赣州法院网，http：//gzzy. chinacourt. org/public/detail. php? id = 15283。

② 《汉书·高帝纪下》。

③ 朱熹：《论语集注》。

④ 王东曙：《论亲亲相隐制度确立的合理性及限制》，载于《河南师范大学学报》2003 年第 2 期。

和谐，能抚平由家庭其他成员犯罪带来的心理创痛，体现了法律对人的关怀，为整个社会的良性发展构建和谐空间。”①

家是中国人伦理道德的核心所在，人人都是父母所生，父子之间的相互情感流露、相互保护是最自然不过的行为。社会学与人类学的研究也表明，家对于人类来说是普遍而永恒的。一个家系的延续是通过子女、婚姻之间的血缘继承下来，抽掉“自由个体”的家庭是虚幻的。事实证明，提倡“父子互证”只会使得家庭成员之间感情疏远，失去爱心和亲情，而相互猜疑，以至相互杀夺。这种不顾血亲情理的行为使人真正变成了“禽兽”，是真正伤天害理的行为。② 因此，“容隐权是人们基于人性而享有的一项基本权利，是法律应当予以保护的使人成其为人的权利。”而现行刑事法律禁止亲亲相隐，鼓励大义灭亲，实际上否认了近亲属之间天然存在的至亲血缘联系，这不得不说是残忍的甚至是毫无人道可言的。

总之，现代刑事法律禁止亲亲相隐，导致亲人之间大义灭亲，不仅缺乏人性，而且不人道。因此继承儒家亲亲相隐思想的合理内涵，科学地设计我国现代刑事法律制度，保护犯罪人及其近亲属的至亲之情，维护刑事法律的人道性，对于刑事法律的人文精神的构建具有十分重要的意义。

四、亲亲相隐思想对于现代刑事法律的平等价值

法律面前人人平等，其基本精神就是禁止基于种族、性别、语言、宗教、信仰、国籍、出身、财产等原因享有特权或遭到歧视，禁止将这些因素作为法律区别对待的标准。《宪法》第 33 条第 2 款规定：“中华人民共和国公民在法律面前一律平等。”1997 年《刑法》第 4 条规定：“对任何人犯罪，在适用法律上一律平等。不允许任何人有超越法律的特权。”第 310 条规定：“明知是犯罪的人而为其提供隐藏处所、财物，帮助其逃匿或者作假证明包庇的，处三年以下有期徒刑、拘役或者管制；情节严重的，处三年以上十年以下有期徒刑。犯前款罪，事前通谋的，以共同犯罪论处。”由此可见，法律对包庇、窝藏亲属的行为是要追究的。既然在法律面前人人平等，那么亲属之间互相包庇犯罪与此不可避免产生冲突。因为亲属相隐制度赖以存在的基础就是强调人的身份性，只有具有特定亲属关系身份的主体间才存在容隐行为，而且还因亲属间身份的差别而有不同的权

① 王庆：《“和而相隐”——论和谐社会中的“亲亲相隐”制度》，湖南社会学网，http：//222.240.221.56/Article_Show.asp？ArticleID = 839&ArticlePage = 1。

② 刘军平：《儒家“亲亲相隐”的伦理依据和法律诉求》，汉未央网，http：//hanweiyang.cn/yang/dispbbs.asp？boardid = 10&id = 11989&Star = 2。

利或义务。①

现代刑事法律的平等观应体现在立法和执法两个方面，而现代刑事立法在平等观的运用上却因人而异，这是非常不公正的。现代刑事法律禁止亲亲相隐的主要出发点固然是为了维护所谓的国家大义或天下公义，即为了维护国家权力或利益、集体利益以及被害人及其亲属的利益。在司法实践中，犯罪行为首先表现为侵犯一定的人或物，针对被侵犯的人或物而言他们又是独立的。因此可以说，打击犯罪实际上从根本上来说是为了维护被犯罪行为侵犯了的人或物以及有关人的利益。如果犯罪行为侵犯了一定人或物，被害人以及物的所有人为了维护其利益，都会向公安、司法机关极力主张严惩犯罪人，并主张赔偿其因犯罪遭受的各种损失。但值得深思的是，根据相关法律规定被害人的近亲属、法定代理人、监护人在被害人的利益受到损害时，也可以向公安司法机关提出相应的主张，如《最高人民法院关于〈刑事诉讼法〉适用的解释》第138条规定："被害人因人身权利受到犯罪侵犯或者财物被犯罪分子毁坏而遭受物质损失的，有权在刑事诉讼过程中提起附带民事诉讼；被害人死亡或者丧失行为能力的，其法定代理人、近亲属有权提起附带民事诉讼。"由此可知，在遭受犯罪行为侵害后，不仅被害人有权向公安、司法机关提出追究犯罪人的刑事责任和民事责任，而且被害人的相关亲属也有权主张。一旦犯罪人的各种责任追究不到位，被害人及其亲属总是尽其所能、想方设法达到自己的目的。被害人及其亲属也不是为了什么国家大义而去追究犯罪人的各种责任，而是为了实现自己的私利。因为犯罪行为侵害的实际上是被害人的利益，国家之所以允许被害人及其近亲属都有权追究犯罪人的各种责任，实际上是基于被害人与其近亲属天然存在一定的血缘亲情。那么基于平等观念，犯罪人犯罪后，为了逃避国家法律的制裁，犯罪人的近亲属基于血缘亲情为犯罪人提供一定的帮助，国家也应当允许而不能片面的加以否认。正如有的学者所言："我们不能只重保护机能，忽视保障机能。……最终的结果恐怕是'国将不国'，'人将不仁'，整个社会自身难保。"② 因此，我国现代刑事法律禁止亲亲相隐，表面上是为了实现国家大义，实际上此种规定有违法律面前人人平等的原则，甚至在一定程度上会破坏现代刑事诉讼结构。现代刑事诉讼是等腰三角结构，法官居中中立，控辩双方予以平等对抗，而现代刑事法律的有关规定却破坏了控辩双方的平等对抗，使本来应当保持均衡的对抗双方，发生了一定程度的倾斜，有时会导致产生的法律结果实质上的不正义。

因此，笔者认为，为了确实维护法律面前人人平等原则在刑事法律中能够得到充分的体现，合理地规定犯罪人的近亲属在一定范围内可以进行容隐行为，对

① 陈克元：《"亲亲相隐"制度及其现代价值之思辨》，陈克元新浪博客，http://blog.sina.com.cn/s/blog_679fea720100ibuf.html。

② 魏东：《刑法各论若干前沿问题要论》，人民法院出版社2005年版，第45页。

于刑事法律平等价值的实现，体现刑事法律的人文精神具有一定的积极意义。

五、结语

长期以来，我国在刑事法律制度的建设过程中，注重国家、集体利益的保护，而在一定程度上忽视了对公民个人的关怀和人文精神构建。“从西方法制传统和人文精神的关系中可以看到，人文精神是法治的精神基础和核心。人文精神是人类的共同精神财富，它对人的价值的关怀和人身意义的追求是人类创设一切制度的动因。”[①] 在现实生活中，我们经常会面临着多重身份、角色与责任的选择，而这些选择仅仅依靠刑事法律的强制显然是不够的，社会的安定，社会和谐的维护，都需要在刑事法律与道德之间选好结合点与平衡点。因此，我们在引进西方有关平等、公平、公正、正义等道德和法律理念的同时，我们不应完全抛弃中国传统文化遗留给我们的优秀人文法律思想，合理继承和发扬这些传统文化资源，并结合现代刑事法律人文建设的需要，适当摒弃传统法律文化中的落后思想，必将使现代刑事法律建设更加适合中国的实际，必将使现代刑事法律的人文精神得以张扬。而要使现代刑事法律的人文精神得以张扬，必须注重人性、人情、人道的结合。“其为法也，合于人情而后行之……情之所恶，不以强人；情人所欲，不以禁民。”[②] 即使以严格法纪的法家慎到也认为“法，非从天下，非从地生，发于人间，合乎人心而已。”[③] 我们现在正在建设现代刑事法律制度，不能不顾人性保护以及人权保障的需要，脱离社情民意，片面强调法律面前人人平等，忽视人伦需求，独断专行，妄图以国家大义掩盖人伦血缘，这不仅是不人道的，而且也是残暴的，这样会使刑事法律的效力大打折扣。正如有的学者所言，立法者“可以把其需求按其意志付诸每一项法律内容——但法律上的效力只能在毫不脱离民众生活实际的情况下才能实现，否则民众生活就会拒绝服从它；一项法律只有在其实际运用于大多数情况下时都能指望切实可行时，才会‘产生效力’。因为对法权而言，法律实质上不仅是欲然和应然，而且还是人民生活中的一种实际有效的力量。”[④] 因此，充分批判、继承儒家“亲亲相隐”人文法律思想，将有助于我们在保障国家、集体利益、被害人利益与犯罪人利益之间找到一个契合点，从而使我国现代刑事法律的人文精神得以彰显，保障和谐社会建设的顺利进行。

---

① 李瑜青等：《人文精神与法治文明关系研究》，法律出版社 2007 年版，第 128 页。

② 《汉书·曹错传》。

③ 《慎子·佚文》。

④ ［德］拉德布鲁赫：《法学导论》，米健等译，中国大百科全书出版社 1997 年版，第 2 页。

第二节　亲亲相隐制度的构建及人文改良

从我国现行刑法的有关规定来看，是不允许亲亲相隐的，但从现行刑事诉讼法的有关规定的来看，是有亲亲相隐存在因素的。虽然这种存在遭到很多专家学者的质疑与反对，但是总有亲亲相隐的因素存在。如《刑事诉讼法》第188条第1款规定："经人民法院通知，证人没有正当理由不出庭作证的，人民法院可以强制其到庭，但是被告人的配偶、父母、子女除外。"《刑事诉讼法》第28条第1、2项规定："审判人员、检察人员、侦查人员有下列情形之一的，应当自行回避，当事人及其法定代理人也有权要求他们回避：是本案的当事人或者是当事人的近亲属的；本人或者他的近亲属和本案有利害关系的。"回避制度设立的目的是为了维护司法公正，但是在一定程度上固然也避免了亲人互相追究的尴尬。实际上更多的是考虑了亲属之间不能不直面的血缘亲情，避免司法官员在刑事诉讼中纠缠于国家大义与社会伦理而造成的困惑。纵观我国历史发展，在长期国家本位和国家利益至上的影响下，我国一直将大义灭亲作为一种良好的社会道德加以褒扬，尤其是"文革"期间出现的骨肉相残现象尤为严重，极大地损害了伦理亲情，败坏了人性，也损坏了法律公平。笔者认为，在吸收和继承儒家"亲亲相隐"人文思想合理内核的基础上，结合我国现代刑事诉讼人文重建的需要以及现代法治建设的需要，合理地构建符合中国国情的"亲亲相隐"制度，在一定程度上找到法律和伦理的结合点，既能充分发挥法律的规制功能，又能体现法律的正义，同时也能保证良好的社会伦理不被破坏，克服刑事法律的残暴性和冷酷性。笔者认为构建具有中国特色的现代亲亲相隐制度主要可以从以下几个方面予以考虑：

一、合理界定"亲亲"的范围

在构建现代亲亲相隐制度时，必须对亲亲范围予以认真、严格地界定，才能使此制度既符合现代法治建设的需要，又不损害现代伦理。因此，对"亲亲"的范围既不可能无限扩大，也不可能限制过严。笔者认为根据现代伦理道德的建设需要以及法制建设的需要，"亲亲"范围可以做出以下严格界定：

1. 与犯罪嫌疑人、被告人共同生活的夫、妻、父、母、祖父母、外祖父母、子、女以及同胞兄弟姐妹；

2. 未与犯罪嫌疑人、被告人共同生活的父、母、子、女。

二、亲亲相隐的权利、义务界定

（一）亲亲相隐的权利界定

关于“亲亲”在刑事诉讼中有什么样相隐的权利，对于司法公正的实现以及社会伦理的保障，当事人权益的保护都应起到一定的作用。因此，在设计亲亲相隐的权利范围时，必须谨慎。笔者认为亲亲相隐的权利范围可以包括：

1. 赋予“亲亲”范围内的亲属享有拒证特权。即在刑事诉讼中，即使“亲亲”范围内的亲属了解案件情况，也应赋予“亲亲”范围内的亲属享有拒证特权，主要是为了避免骨肉相残，败坏社会和家庭伦理；同时，为了避免“亲亲”范围内的亲属作证影响司法公正，也应赋予“亲亲”范围内的亲属享有拒证特权。

2. 赋予“亲亲”范围内的亲属享有不主动告发的权利。即在刑事诉讼中，“亲亲”范围内的亲属即使了解案件情况，也可以不主动向公安、司法机关告发，但可以劝说犯罪嫌疑人和被告人主动向公安、司法机关坦白。这主要是考虑到社会伦理和家庭伦理的保护需要，因为如果鼓励“亲亲”范围内的亲属向公安、司法机关告发犯罪嫌疑人和被告人的罪行，无疑会导致骨肉相残，这在一定程度上是丧失人性，败坏家庭伦理与社会伦理，会造成恶劣的社会效果。

（二）亲亲相隐的义务界定

笔者认为，在赋予“亲亲”范围内的亲属相隐的权利的同时，也应规定相应的义务：

1. “亲亲”范围内的亲属不允许向公安、司法机关做虚假证明。即在刑事诉讼过程中，在公安、司法机关向“亲亲”范围内的亲属调查了解相关的案情时，“亲亲”范围内的亲属可以享有拒证的权利，但不允许捏造事实，向公安、司法机关作虚假证明。

2. “亲亲”范围内的亲属不得帮助犯罪嫌疑人、被告人伪造、毁灭相关证据。即在刑事诉讼中，“亲亲”范围内的亲属不能为了帮助犯罪嫌疑人、被告人脱罪，而帮助犯罪嫌疑人、被告人伪造、毁灭相关证据。

3. “亲亲”范围内的亲属不得为犯罪嫌疑人、被告人做假证明，包庇犯罪嫌疑人、被告人，否则应在一定范围内承担刑事责任。

三、“亲亲相隐”案件的范围

一种法律制度的设计必须充分考虑制度制定的利弊，既不能因噎废食，也不能瞻前顾后，而应在现有的法制框架内，结合法制建设的需要以及社会伦理保障的需要，同时也必须结合刑事法律人文建设的需要，对相关的内容予以取舍，体现刑事法律文明。在我国古代，绝大多数案件一律“相隐”的做法固然不可取，现代西方国家建立在权利本位基础之上的“相隐”也存在一定的弊端。笔者认为，在下列案件中，即使犯罪嫌疑人、被告人的法定亲属了解案情，也应享有拒证特权，也可以享有不主动告发的权利：

1. 一切有可能被判处 3 年以下有期徒刑的轻微故意犯罪刑事案件。对轻微的刑事案件而言，由于本身犯罪嫌疑人、被告人的主观恶性并不重要，造成的社会危害性并不严重，此时追究犯罪与维护良好的社会伦理和家庭伦理相较，其重要程度并不相上下。而且，追究犯罪证明犯罪的责任并不在犯罪嫌疑人、被告人的近亲属身上，而在于有关的公安、司法机关，因此，既应当允许犯罪嫌疑人、被告人的亲属享有拒证的权利，又可不主动向公安司法机关告发。

2. 任何过失犯罪案件。对于过失犯罪而言，儒家一直提倡“赦小过”人文思想，在现代社会中，过失犯罪的主观恶性较轻，遭受的刑罚处罚一般也较轻。因此，对于过失犯罪案件应当许可“亲亲相隐”。

3. 未成年人犯罪案件。对于未成年人犯罪而言，我国一直采取宽容和保护的态度，虽然未成年人的犯罪有时较为恶劣，但保护幼小一直是中华民族的传统美德，既然国家和社会都对未成年人犯罪持一种宽容和保护的态度，为什么就不能许可其近亲属对其持一种保护态度呢?

4. 年满 75 岁老年人犯罪案件。对于老年犯罪人而言，国家和社会也是持一种保护性的态度，因为老年人与未成年人一样，其刑事责任能力在一定程度上发生了退化，同时中国一直有“尊老”的传统，中国一直将“孝”作为一种美德。因此对于年满 75 岁老年人犯罪的，应当允许“亲亲相隐”。

5. 残疾人犯罪的案件。残疾人也是我国刑事法律保护的重点，因为残疾人犯罪大多是因为生活所迫，任何雷霆的法律在贫穷面前都显得苍白无力，并且残疾人的刑事责任能力在一定程度上都有减退；同时，“保护弱小”一直就是中华民族的传统美德。因此，对于残疾人犯罪的，也应当允许“亲亲相隐”。

6. 怀孕妇女犯罪的案件。刑事法律从人道主义出发，对于怀孕的妇女一直也是采取一种保护性的态度。况且现代医学也表明，怀孕的妇女在怀孕期间情绪容易激动，容易做出一些不正常的行为，形成犯罪。自古以来，怀孕的妇女一直是社会和家庭保护的重点，刑事法律也不能脱离社会和家庭对怀孕妇女保护的现实。因此，对于怀孕妇女犯罪的案件，也应当允许“亲亲相隐”。

四、亲亲相隐制度适用的例外

（一）亲亲相隐制度适用的人员例外

为了维护法律的尊严及司法公正，在亲亲相隐制度适用过程中，有些人员虽然与相关的犯罪嫌疑人、被告人具有一定的亲属关系，但下列人员不能适用“亲亲相隐”。这些人主要包括：

1. 未与犯罪嫌疑人、被告人共同生活的祖父母、外祖父母、同胞兄弟姐妹；
2. 犯罪嫌疑人、被告人的未婚妻、未婚夫；
3. 犯罪嫌疑人、被告人的同事、同学、好友；
4. 犯罪嫌疑人、被告人近亲属是公、检、法、监狱等国家机关现职人员的等。

（二）亲亲相隐制度适用的犯罪案件例外

为了维护法律的尊严和司法公正，保护国家和公共安全、公民权益不受犯罪侵犯，对犯罪嫌疑人、被告人具有下列严重犯罪行为之一的，不允许其法定亲属享有拒证特权以及不主动告发的权利，更不允许其主动向公安、司法机关做虚假证明，或者帮助犯罪嫌疑人、被告人伪造、毁灭证据，以帮助犯罪嫌疑人、被告人脱罪，否则应承担相应的刑事责任：

1. 严重危及国家安全的犯罪行为，有可能被判处 5 年以上有期徒刑刑罚的；
2. 严重危及公共安全的犯罪行为，有可能被判处 10 年以上有期徒刑刑罚的；
3. 严重侵犯公民人身权益、财产权益，有可能被判处无期徒刑以上刑罚的。

五、亲亲相隐的相关刑事法律人文改良

（一）亲亲相隐的刑法人文改良

从目前我国在一些法律条款规定可以看出，在国家、集体至上的观念指引下，公民个人的亲情关系被置于高高在上的国家、集体利益之下，这表明不管他与犯罪嫌疑人是何种关系，即便是直系血亲也应大义灭亲，以维护国家和集体利益。而这样做的直接后果有两个：一是一人犯罪，有可能导致其亲属多人犯罪；二是亲属间相互揭发有关的犯罪行为，导致亲属反目成仇，甚至常常引发亲属相残的人间悲剧。从人之自然亲情角度考虑，从人性角度考虑，刑法的这些要求未免有些不近人情，也缺乏人性，更缺乏必要的人文关怀，应当予以一定的人文

改良。

1. 伪证罪规定的人文改良。《刑法》第305条伪证罪规定："在刑事诉讼中，证人、鉴定人、记录人、翻译人对与案件有重要关系的情节，故意作虚假证明、鉴定、记录、翻译，意图陷害他人或者隐匿罪证的，处三年以下有期徒刑或者拘役；情节严重的，处三年以上七年以下有期徒刑。"此条法律并没有规定可以"亲亲相隐"。笔者建议，可以将此条修正为："在刑事诉讼中，证人、鉴定人、记录人、翻译人对与案件有重要关系的情节，故意作虚假证明、鉴定、记录、翻译，意图陷害他人或者隐匿罪证的，处三年以下有期徒刑或者拘役；情节严重的，处三年以上七年以下有期徒刑。若犯罪嫌疑人、被告人亲属作为证人犯前款罪的，依法可以从轻、减轻或免除刑事处罚。"

2. 帮助毁灭、伪造证据罪规定的人文改良。《刑法》第307条第2款规定帮助毁灭、伪造证据罪规定："帮助当事人毁灭、伪造证据，情节严重的，处三年以下有期徒刑或者拘役。"笔者建议，对此条可以增加1款规定，作为第2款："若犯罪嫌疑人、被告人亲属作为证人犯前款罪的，依法可以从轻、减轻或免除刑事处罚。"

3. 窝藏、包庇罪规定的人文改良。《刑法》第310条第1款窝藏、包庇罪规定："明知是犯罪的人而为其提供隐藏处所、财物，帮助其逃匿或者作假证明包庇的，处三年以下有期徒刑、拘役或者管制；情节严重的，处三年以上十年以下有期徒刑。"笔者建议，对此条可以增加1款规定，作为第2款："若犯罪嫌疑人、被告人亲属作为证人犯前款罪的，依法可以从轻、减轻或免除刑事处罚。"

（二）亲亲相隐的刑事诉讼法人文改良

1. 《刑事诉讼法》第60条规定："凡是知道案件情况的人，都有作证的义务。"对此条刑事诉讼法规定，笔者建议增加1款规定，"犯罪嫌疑人、被告人的配偶、父母、子女以及与其共同生活的祖父母、外祖父母以及同胞兄弟姐妹享有拒证特权。"

2. 《刑事诉讼法》第188条第1款规定："经人民法院通知，证人没有正当理由不出庭作证的，人民法院可以强制其到庭，但是被告人的配偶、父母、子女除外。"对于此条刑事诉讼法的规定，建议修改为："经人民法院通知，证人没有正当理由不出庭作证的，人民法院可以强制其到庭，但是被告人的配偶、父母、子女以及与其共同生活的祖父母、外祖父母以及同胞兄弟姐妹除外。"

确立亲属相容隐制度，不仅有利于建立和谐的社会，而且也利于树立良好的人性观念，而不至于用法律的手段来扼杀人性的美好，同时对法律公正的侵害并不大，更能体现刑事法律的人文精神。

第九章

现代存留养亲制度的构建与人文改良

借鉴儒家反酷刑人文思想的合理内核，结合我国构建和谐社会的需要，同时也考虑我国已经步入老年化社会以及计划生育国策的影响，建立具有现代人文精神的“存留养亲”制度具有一定的积极意义。借鉴中国古代的“存留养亲”制度时，吸收其合理内核，并将有年老或年幼直系近亲属需要赡养或抚养的犯罪人作为限制死刑适用的对象之一，不仅能凸显国家对老年人、婴幼儿的人文关怀，而且对于贯彻少杀、慎杀方针，建设和谐社会具有重大积极作用。如果犯罪人是独生子女且有父母、祖父母需要赡养的，或者犯罪人有直系婴幼儿需要抚养的，刑法应明确规定在犯罪人履行法定义务的前提下，一般不适用死刑立即执行。同时在相关刑罚制度设计时，对具有一些特殊情况的犯罪人予以特殊的人文关照，以体现刑法的人文关怀也是必要的。但笔者认为，在构建现代意义上的“存留养亲”制度时必须予以严谨构思，使其既能在一定程度上满足被害人的报复心理，又能符合刑法公平、正义及人文精神建设的需要，同时又能很好地恢复被破坏的社会秩序。

第一节　中国古代的存留养亲制度

在中国古代，所谓的“存留养亲”，是指犯罪人的直系尊亲属需要侍养，而家中除了犯罪人以外别无成丁，在这种情况下，如果犯罪人犯的不是不可赦免的死罪，允许上请，可免去死刑以侍奉尊亲，如果犯罪人应处以流刑，可免发遣，徒刑可缓期，待尊亲去世后再执行。① 在中国古代之所以存在“存留养亲”制度，具有深刻的思想原因、政治原因和经济原因。秦朝灭亡以后，汉统治者总结秦朝灭亡的原因，与民生息，汉武帝时采纳大儒董仲舒的意见，罢黜百家，独尊

---

① 刘文基：《存留养亲注重维护家庭和谐》，载于《上海法治报》（B05－中外案志）2011 年 4 月 20 日。

儒术，董仲舒更以“春秋决狱”，儒家思想开始成为封建国家的正统思想。儒家历来强调以“孝”治天下，认为“孝”是立身治国之本。孔子认为：“其为人也孝弟，而好犯上者，鲜矣；不好犯上，而好作乱者，未之有也。”历代儒家要求子孙对于祖父母、父母应该恪尽孝道，“生事之以礼，死葬之以礼，祭之以礼。”“父在，观其志；父没，观其行；三年无改于父之道，可谓孝矣。”至北魏时期，由于连年战乱，经济亟待发展，社会秩序亟待稳定，孝文帝出于政治、经济等因素的考虑，于太和十二年（488 年）正月乙未诏：“犯死罪，若父母、祖父母老，更无成年子孙，又无期亲者，仰案后列奏以待报，着之令格。”“诸犯死，若祖父母、父母七十以上，无成人子孙，旁无期亲者，具状上请，流者鞭笞，留养其亲，终则从流，不在原赦之例。”[①] 由此，具有人文精神的“存留养亲”制度开始创立，并在中国古代延续了上千年之久。存留养亲制度至唐朝又有所发展，唐律规定：“诸犯死罪非十恶，而祖父母、父母老疾应侍，家无期亲成丁者，上请。犯流罪者，权留养亲，谓非会赦犹流者。不在赦例，仍准同季流人未上道，限会赦者，从赦原。课调依旧。若家有进丁及亲终期年者，则从流。计程会赦者，依常例。即至配所应侍，合居作者，亦听亲终期年，然后居作。”[②] 从唐之后的宋、元、明、清等朝代都沿袭了留存养亲制度，并对中国古代刑罚人文精神的塑造起到了不可磨灭的作用。留存养亲制度的核心是以放弃报复刑为目的，维护孝道，帮助犯罪人履行其尽孝的义务，从而教化民众，巩固亲伦关系，以利于封建统治秩序的维护。笔者认为，“存留养亲”制度是古代统治者以德治国思想最重要的体现之一，也是古代刑罚人文精神的重要体现。在现阶段的死刑制度以及其他刑罚设计过程中，吸收并发扬“存留养亲”制度的合理内核，在一定程度上放弃刑罚报复性目的，对弘扬刑法的人文精神具有积极作用。

第二节　创设现代“存留养亲”制度的正当性

任何刑事制度的设置都应该建立在充分考察社会现实的基础上，刑罚制度的设立也不例外。“存留养亲”制度作为古代刑罚执行制度的重要补充，虽然在现代社会中已经不复存在，但其产生和发展并在中国古代存续了 1400 余年之久并非是偶然的，而是顺应了中国古代社会历史发展的规律并逐渐完善和进步，这充分说明了“存留养亲”制度存在一定的正当性。目前我国由于诸多因素的影响，死刑在我国还有存在的必要，但死刑作为最严厉的刑罚，必须予以严格的限制和

① 《隋书》卷二十五《刑法志》。

② 《唐律疏议·名例律》第二十六条。

控制。在死刑制度及其他刑罚的执行过程中我们不能套用外国的刑罚执行制度，而应该充分考虑我国的社会实际情况，考虑民众的一般需求，借鉴中国儒家有益的人文法律思想，充分吸收古代法律的人文合理内核，创制具有现代人文气息并适合现代中国国情的刑罚制度。

一、有利于贯彻少杀方针

"存留养亲"制度自北魏孝文帝提出，至唐朝基本成型，并对后世产生了深远影响。在唐朝，据史籍记载：贞观四年，全国判处死刑只有 29 人。清末法学泰斗沈家本曾就此评论道："刑轻而犯者少，何其盛也！"正是由于盛唐时期的统治者尊重人的生命价值，营造了经济繁荣、社会和谐的百年盛世，其影响直达现代。① 笔者认为，唐朝盛世罪犯被判处死刑很少的现象与儒家孝道、仁爱等人文思想的推行以及留存养亲制度的巩固具有很大的关系。目前，限制或废除死刑已经成为世界潮流，我国也大幅削减了非暴力犯罪的死刑数量。为了贯彻少杀方针，最高人民法院已经收回死刑复核权，对于可杀可不杀的不杀，并严格死刑适用的条件。从目前来看，尽量减少和限制死刑的适用是必然发展趋势。应借鉴和吸收儒家孝道、亲亲、仁爱等人文思想的合理内核，参考中国古代"存留养亲"制度的合理之处，建立现代存留养亲制度，并赋予新的时代内涵。对于犯罪人有直系长辈需要赡养或直系婴幼儿需要抚养的，对犯罪人一般不适用死刑或暂缓其他刑罚的执行，这不仅有刑罚人道的考量，也有利于少杀方针的贯彻。

二、有利于现代伦理建设

（一）创建现代意义的存留养亲制度有利于现代孝道的重建

古代存留养亲制度最坚实的基础就是儒家提倡的"孝道"，而孝道对于家庭和社会秩序稳定具有极其重要的作用，也正是基于此，再加上当时的经济和政治原因，封建统治者才逐渐建立和完善了存留养亲制度。在当代社会伦理建设过程中，必须继承和吸收传统中国儒家人文精神的合理内核，中国儒家的孝文化在世界上也是独一无二的，是值得肯定和发扬的。"中国文化在某一意义上，可谓为孝的文化。孝在中国文化上作用至大，地位至高，谈中国文化而忽视孝，即非于中国文化深有所知。"② 从伦理道德角度来讲，中国古代的孝道固然有封建的一

① 崔敏：《少杀慎刑与构建和谐社会》，东方法眼，2008 年 6 月 23 日。
② 梁漱溟：《中国文化要义》，上海人民出版社 2005 年版，第 23 页。

面，但也有值得我们在现代伦理重建过程中质的吸收和借鉴的一面，“剥离传统孝道中被固化为纲常的强制性因素，我们就能看到，传统孝道中并不缺乏感恩、敬重等与现代社会相契合的道德精神。”① 笔者认为，无论是基于伦理道德的角度还是基于爱亲情感层面，孝道无疑对于现代和谐社会的伦理建设具有非常重要的作用，并且孝道对于维护老年人合法权益及维护社会稳定具有不可替代的作用。正如有的学者所言：“孝是人世间一种高尚的美好情感，能够起到完美人的品格、提升人的思想境界、促进社会和谐的作用。孝文化孕育了中华民族共同的文化心理，成为维系中华民族大团结的文化纽带，成为区别于其他民族的显著特征。孝文化作为中国传统文化的重要组成部分，是塑造民族精神的重要源泉，对于中华民族形成以爱国主义为核心的团结统一、爱好和平、勤劳勇敢、自强不息的伟大民族精神，具有至关重要的作用。”② 目前我国老龄化社会的到来，再加上国家养老体制的不健全，更要求进一步规范孝道伦理，使老年人能老有所养，维护家庭秩序和社会秩序的稳定。“孝”是中华民族的传统美德，也是人类文明进步的标志之一，无论过去、现在还是未来我们都应该将这一传统美德发扬光大。但目前，由于市场经济带来的负面影响，导致我国伦理道德水平的滑坡，尊老敬老的传统美德受到空前的破坏，如果继续放任这种现象下去，人有变成兽的危险，甚至会成为禽兽不如。对这些不履行孝道的禽兽行为理应予以必要的法律规制，而目前对于孝道伦理的法律保障还大多停留在行政法和民法等私法层面，并且大多数不履行孝道的行为并没有得到有效的规制，导致现在不履行孝道的人越来越多，老年人的合法权益得不到有效的保护。现代刑法承担保障法的角色，对于树立现代社会良好的孝道伦理的引导具有不可推卸的义务。从现行刑法的有关规定来看，对违反孝道伦理行为的刑法规制也仅有虐待罪和遗弃罪的规定。在现代孝道伦理建设中，刑法作为保障法，一方面刑法对于严重违背孝道的行为入罪追究刑事责任，从而恢复被破坏的孝道伦理；另一方面必须通过对刑法规定的刑罚适用，引导现代良好孝道伦理的建设。在现代死刑制度中创建存留养亲制度，一方面提倡人们尊老敬老，引导人们尽孝；另一方面对不尽孝道的人不予以存留，该执行死刑的执行死刑，从而引导人们尽孝。

（二）存留养亲制度有利于爱幼伦理的建设

儒家提倡亲亲、父子有亲等亲属相爱的人文思想，在中国古代“父慈子孝”成为社会通行的伦理准则。但随着市场经济的进行，现代社会由于各种主客观因素的影响，家庭成员之间亲情淡化，父不慈，子不孝的现象屡屡发生，甚至出现

---

① 魏英杰：《现代孝道重建刻不容缓》，载于《京华时报》2011 年 4 月 11 日。

② 王修智：《培育现代孝道文化新理念》，大众网——大众日报，http：//www. sina. com. cn，2010 年 1 月 16 日。

很多家庭至亲相残的人间悲剧。未成年人是一个国家的希望和未来，为了充分保护未成年人合法利益，我国出台了《中华人民共和国未成年人保护法》、《中华人民共和国预防未成年人犯罪法》等维护未成年人利益的法律。胡锦涛总书记在第六次少代会上强调“千方百计保护好祖国的下一代，让他们在平安和谐的环境里健康成长。”但是，有些未成年人的监护人由于自身法律观念淡漠，严重触犯法律，不仅自身遭受牢狱之灾，而且给被监护未成年人权益的保护也带来毁灭性的灾难。尤其是那些严重犯罪分子，由于罪行严重，依照刑法规定被判处死刑立即执行。相对于犯罪人个人而言，依法定罪量刑并无不是，但刑罚的适用理应考虑其教育功能的实现，判处死刑立即执行是消灭罪行极其严重犯罪分子的最直接的手段，也是预防犯罪的最有效的手段。但现代刑罚的适用不仅应具有报应性，还应当体现其人文特点。在司法实践中，有些犯罪分子的子女还处于婴幼儿时期，如果因严重犯罪而判处犯罪分子死刑或将犯罪人投入监狱进行劳动改造，从而导致犯罪人的婴幼儿有可能无人抚养，或饿死或流浪社会或走上违法犯罪道路，不论发生哪种情况，都不是善良的人们所希望的。固然法不容情已成为现代西方国家的司法准则，但中国的历史文化传承和国情毕竟与西方存在巨大的差异，司法片面脱离人情并不是刑法人文精神建设的正确选择。尤其是在家庭矛盾导致的杀妻或杀夫案中，婴幼儿已经失去母亲或父亲，再让婴幼儿失去唯一的亲人，让人情何以堪！犯罪的毕竟是婴幼儿的父母亲，而孩子是无辜的，不能让其承受生活带来的巨大灾难。笔者认为，如果犯罪分子有需要抚养的婴幼儿的，并无其他直系近亲属可以代替抚养的，即使没有法律规定的从轻或减轻情节，但犯罪分子有悔改之意并取得被害人谅解的，一般不适用死刑立即执行或将犯罪人附条件暂缓刑罚执行。

三、有利于和谐社会的建设

笔者认为，和谐社会强调以人为本，和谐社会的基础则是家庭和谐，但如果老无所养，幼无所教，家庭和谐就无从谈起，社会和谐就会成为水中楼阁。中国和西方社会很大的不同是，在现阶段，无论是从儿童福利还是老年人的福利保障制度来看，中国传统的福利体制总体上来说是不健全的，社会性特征不突出。在农村，个人生存发展权益不能得到完全保障的老年人、儿童，是靠家庭和家族力量解决的，这是中国的文化传统，也是中国社会结构特征之一。但现在面临的巨大问题是我国计划生育政策的推行，导致独生子女的比率越来越高，使子女承担赡养的责任越来越重，而越来越多的老年人如果丧失其养老的依靠，而国家又不能提供越来越高的养老物质保障，将会使很多的老年人因为没有养老资源而陷入生活困窘甚至饿死、病死的境地，而这与我国和谐社会的建设目标是背道而驰的。同时，随着社会生活水平的提高，抚养婴幼儿的费用大大增加，同时我国的义务教育实际上并不是真正意义上的义务教育，教育费用仍然是家庭的沉重的支出项目之一，同时婴幼儿的生活费用、医疗费用以及其他费用也越来越高，有时仅仅依靠社会救助或儿童福利已经不能满足婴幼儿的各方面的支出，这将导致越来越多的流浪儿童、失学儿童以及违法犯罪未成年人数量大大增加，这也是与和谐社会建设目标相背离的。因此在刑法领域，借鉴儒家仁爱、孝道的合理思想，引入存留养亲制度的合理内核，适当引入刑法人道的因素，增强刑罚的人文因素，对于犯罪分子有老年人、婴幼儿需要赡养或抚养的，只要符合条件的，准许适用死刑缓期执行或刑罚暂缓执行，既可以减少死刑的适用，使刑罚的教育功能得到极大程度地发挥，又可以使有关的老年人和婴幼儿得到适当的赡养或抚养，减少国家的财政负担，保障老年人、婴幼儿的利益，促进和谐社会的建设。

四、有利于刑罚人文精神的建设

目前我国进入老年社会的步伐已经大大加快，而国家对于老年人的各方面保障制度还很不完善，有必要设计此制度以弥补国家政策造成的人道缺憾。虽然在有些地方老年人的社会保障制度比较好，但是再好的社会保障制度也不能替代人的亲情。尽‘孝道’和“父子有亲”都是人爱亲情感的自然流露，这也是人和禽兽的区别所在。而人文精神的最本质内涵应当是使人成为人，刑法人文精神的塑造理应建立在人类情感之上。有学者认为，“在本源情境中，‘孝’与任何道德无涉，它仅仅是一种本然的爱亲情感；唯其如此，‘孝’作为一种本源的爱亲情感，才是超越时空、超越历史的，即与具体的社会生活方式无关。”① 刑罚的最终目的在于预防犯罪。刑罚既有惩罚犯罪人的一面，又有教育改造犯罪人的一面，但二者都只是达到刑罚最终目的的手段。只讲惩罚而不讲教育改造，或者只讲教育改造而不讲惩罚，都有碍于刑罚目的的实现。在中国古代可以说刑罚比现代刑罚要残酷得多，更多的是强调刑罚的报应功能，而在当时的历史环境中统治者都能考虑到百姓的养老需要，规定“存留养亲”制度，法律文明发展到今天反而做不到这一点了吗？在现代刑罚的适用中，在一定程度上弱化刑罚的报应功能，适当强调刑罚的教育功能，无疑在一定程度上增强了刑罚的人文精神。无论是犯罪人有直系老年亲属需要赡养还是有婴幼儿需要抚养，老人和孩子都是犯罪的受害者，他们都是无辜的，在国家的社会保障体系还不健全的今天，出于人道考量，对那些依法应当判处死刑立即执行的犯罪分子附条件的留一条生路，无疑

---

① 李龙：《孝道的重建——论儒家“孝”观念的生活情感本源》，载于《北京青年政治学院学报》2007 年第 4 期。

使犯罪人又看到黑暗中的一丝曙光，而且还能使刑罚的教育功能得到最大限度地实现，并且也为无辜的老年人和婴幼儿留下了生活的依靠。从另一个角度考虑，如果犯罪人能够同时取得被害人及其亲属的谅解，那么在一定程度上也满足了被害人的报复心理和赔偿愿望。在中国人的思想观念中，和为贵的思想仍然广泛存在，如果在死刑适用中，能同时达到上述目的，为何非要对犯罪人适用死刑呢？

五、有利于被害人权益的保障

在构建现代存留养亲制度时，存留养亲制度的构建初衷是保障犯罪人老年直系近亲属和婴幼儿的利益，维护良好的伦理道德。在此制度中，刑罚的报复性功能得以弱化，教育功能得以强化，但被害人的利益不能不予以很好地保护，以至于从表面上看，此制度显得有违法律面前人人平等的原则。因此，现代刑法在构建此制度时如何平衡犯罪人有关近亲属与被害人及其近亲属利益的保护，则是需要进行深入地探讨。笔者认为，犯罪行为固然给被害人及其近亲属带来巨大的痛苦，法律理应通过对犯罪分子施以刑罚以平抚被害人及其近亲属受伤的心理，但基于人道和尊老爱幼良好伦理建设的需要，以及刑法人文精神培养的需要，应给予犯罪分子以尽孝或抚养婴幼儿的机会，从而对犯罪分子予以从轻或减轻处罚。虽然这一制度使现代刑法人文精神得以展现，但这一制度在一定程度上毕竟损害了被害人及其近亲属的利益，从公平、正义角度来看，我们不能也不应该让被害人既承担犯罪的侵害，又要承担因为刑法人文精神建设的需要遭受法律的二次伤害。因此，在构建此制度时，必须充分考虑被害人及其近亲属利益的保护，只有在被害人及其近亲属利益得到充分保护的基础上，才能谈及犯罪分子近亲属利益的保护。我们不能将刑法人文精神建设建立在严重损害法律公正的基础上，我们不能也没有理由要求被害人及其近亲属为了保护犯罪分子直系近亲属的利益而放弃自身利益的维护。因此，在构建现代存留养亲制度时，应将被害人利益保护放在第一位，只有在被害人及其近亲属同意或谅解的前提下，才能附条件适用存留养亲。只有这样，才能既使被害人的合法权益得以充分的刑法保护，使刑法的公平正义得以实现，又能及时恢复被犯罪破坏的社会关系，同时在一定程度上又能保护犯罪人直系老年近亲属或婴幼儿的利益，在一定程度上彰显刑法的人文精神。同时笔者认为，现代国人观念中认为“杀人偿命，天经地义”，这是同态复仇观念的真实写照，但是刑罚发展到今天，刑罚的报复功能已经被弱化，教育功能被凸显。从表面上看，对严重犯罪的犯罪分子处以死刑，刑罚的报复功能得以充分体现。但同时由于片面对犯罪人适用死刑，导致被害人的很多利益并不能得以全面保护，如被害人的相关经济赔偿不能到位等。同时被犯罪侵犯的社会关系并不能因为犯罪人被处以死刑而得到有效的恢复，相反，还有可能使犯罪人家属与被害人成为世仇，也有可能导致双方关系进一步恶化而产生其他严重后果的发生。但如果建立现代存留养亲制度，上述情况将会得到明显改善，被害人的意愿将会得到充分的法律尊重，其利益将会得到刑法全面保护。因此，现代存留养亲制度的引入，将会在一定程度上引导公民以宽容之心待人，树立良好的社会人文伦理意识，同时可以使被害人及其家属的利益得到最大化的刑法保护。

六、存留养亲制度可以充分体现刑法多重价值

现代刑罚的价值一般体现为公正、人道、平等、人文等，现代刑罚的各种价值由于其本身含义不同，导致在制定和适用刑罚时必须综合考量各种价值要求的平衡，不能仅考虑一种刑罚价值的实现而忽略其他刑罚价值的实现，而应在制定刑罚相关制度时予以综合考量。古代存留养亲制度主要体现了刑罚的人道、人性等人文价值，值得我们在现代刑罚制度构建过程中予以借鉴。有的学者认为存留养亲制度“它使一些犯罪的人逃脱惩罚，使法律失去了公平的含义。”[①] 笔者认为，这种思想仅仅停留在刑罚报应思想的基础之上，体现的是刑罚片面公平，追求的是刑罚适用形式上的平等。现代刑罚不仅应体现报应思想，而且还应体现出刑罚的人道、人性及其他的社会保障价值。从全社会角度考量存留养亲制度，任何一个犯罪人都可能有需要颐养天年的长辈亲属，也都有可能有需要抚养的幼小晚辈近亲属，从这个角度来看，存留养亲制度在一定范围内是公平的。尤其是随着计划生育政策的不断推广，我国的养老和子女教育问题更加日益突出，现代意义的存留养亲制度的设立具有了一定的可行性。虽然从所有犯罪人的角度来看，可能有的犯罪人没有上述情况可以依靠，从而对其适用死刑，显得刑法面前不平等。但平等并非绝对的平等，任何社会都不会存在绝对的平等。法律面前人人平等都只能是一个理想的法律目标，因为法律不仅要具有形式上的平等，而且还必须具有实质的平等。形式上来看，对所有犯同一种罪行的人都处以同样的刑罚是平等的，但任何一个案件都不可能与其他案件的内容相同，只可能是相似的，因此，要求法律面前绝对的人人平等是不现实的。同时刑法的全部含义并不是仅有公平，而且还包括了正义、公正等人文内容。为了实现刑法的诸多价值内容，刑法不得不在设定之初就充分考量各种价值因素的要求，在各种价值之间寻找一个平衡点，以保证各种价值要求的实现。对弱者的特殊保护就是刑法正义所要求的。

① 闫文博、李泽岩：《从存留养亲制度看中国传统法律文化》，北大法律网，http：//article. chinalawinfo. com/Article_Detail. asp? ArticleID = 56573，2010 年。

第三节 现代存留养亲制度体系的构建

笔者认为，吸收和继承古代存留养亲制度的合理内核，结合现代法治建设和刑法人文精神建设的实际需要，赋予存留养亲制度新的思想内涵，不仅使被害人及其近亲属和犯罪人及其近亲属的利益得到有效的刑法保护，充分体现法律面前人人平等，而且使刑法的人文精神得以彰显，也利于和谐司法与和谐社会的建设。

一、存留养亲适用的前提和条件

（一）存留养亲的内容

从中国古代的相关法律规定来看，存留养亲的主要适用对象是可能被判处死刑的犯罪分子，但从现代刑事法律的适用来看，结合现代社会民意社情的实际分析，现代存留养亲的内容既应包含死刑情况下的存留养亲，也应包括短期自由刑情况下的存留养亲。

（二）存留养亲的适用前提

存留养亲适用的前提是满足被害人合法经济赔偿，并获得被害人真心谅解、同意存留养亲；犯罪分子真诚悔罪以及确有改造可能。这两个前提条件缺一不可，一般说来犯罪分子真诚悔罪并确有改造可能且积极赔偿被害人的经济损失是被害人真心谅解并同意适用存留养亲的基础，如果犯罪分子并不是真诚悔罪，不积极赔偿被害人经济损失，不具有教育改造之可能，即使被害人予以谅解也不能对犯罪人适用存留养亲。如果被害人的谅解不是出于其本人或近亲属的真实意愿，而是遭受外界压力或犯罪嫌疑人、被告人及其亲属威胁、逼迫而做出的，应从重处罚，并不得适用存留养亲。

（三）存留养亲适用的条件

笔者认为，由于存留养亲的内容不同，其适用的条件也应有所不同。

1. 死刑案件中存留养亲适用的条件：

犯罪人确有年龄已满 60 周岁直系老年亲属需要赡养，且老年直系亲属无正当经济来源，确需犯罪人赡养的；或犯罪人的直系尊亲属丧失劳动、生活能力，生活不能自理，确需要人照顾，并且除犯罪人外无其他近亲属照顾，或虽有近亲属，但近亲属无力照顾的；且犯罪人平时对老年直系近亲属孝顺，履行赡养义务，尽力赡养的。

犯罪人是独生子女的，且父母无领养其他子女的。

2. 犯罪人有可能被判处3年以下有期徒刑或拘役案件中存留养亲适用的条件：

犯罪人确有年龄已满70周岁直系老年亲属需要赡养，且老年直系亲属无正当经济来源，确需犯罪人劳动收入赡养的；

犯罪人的直系尊亲属丧失劳动、生活能力，确需要人照顾，并且除犯罪人外无人照顾的，且犯罪人平时对老年直系近亲属孝顺，尽力赡养，履行赡养义务的；

犯罪人确有不满14周岁直系未成年人需要抚养的，且犯罪人平时对未成年人及时履行监护义务，无虐待、遗弃或其他不良行为的。

二、存留养亲的适用程序

存留养亲的提起主体必须是犯罪嫌疑人、被告人，并且应通过书面形式在二审结束以前向公安、检察机关或人民法院提出。向公安、检察机关提出的，公安、检察机关应记录在案，人民检察院在提起公诉的时候，将存留养亲申请连同其他案卷材料一并提交人民法院。人民法院在适用存留养亲的时候，必须征求被害人或其家属的意见，既可以在庭审以前征求，也可以在庭审过程中征求，并将被害人及其家属的意见记录在案，并在判决书中加以引述，作为存留养亲的适用依据之一。若被害人或其家属同意对被告人适用存留养亲的，案件判决后，除人民检察院自主抗诉外，被害人或其家属不得再就有关案件被告人的量刑问题提出申诉或申请人民检察院抗诉。

笔者认为，为了保证死刑案件存留养亲适用的公正性，在诉讼过程中，凡是存留养亲的死刑案件经过一审或二审以后，无论是准予存留养亲的还是不准予存留养亲都必须经过最高人民法院的核准。死刑案件的存留养亲具体审核程序可与死刑复核程序同步进行。

对于有可能被判处3年以下有期徒刑的轻微犯罪，在侦查、起诉未能与被害人达成刑事和解协议的，在审判阶段经过被害人同意，被告人可以与被害人和解，并依法与被害人签订刑事和解协议。被告人与被害人刑事和解在一审或二审过程中均可以进行，但必须在人民法院的主持下进行。若当事人双方不能达成刑事和解协议，人民法院应按照有关法定程序进行审判。

对于有可能被判处3年以下有期徒刑的轻微犯罪，在人民法院的主持下，按照存留养亲适用的条件，当事人双方达成刑事和解协议，被害人与被告人签字接受后，立即发生法律效力，除人民检察院抗诉外，当事人双方均不得再就有关案件事实向公安、司法机关报案、起诉、上诉、申诉。

三、存留养亲适用的监督

存留养亲适用的监督主体是人民检察院，人民检察院在一审、二审及复核程序过程中，有权力对存留养亲适用是否合法予以监督。

人民检察院必须对犯罪嫌疑人、被告人适用存留养亲的有关证明材料予以严格审查，并应当询问被害人及其近亲属的意见。经过审查，如果检察机关认为一审人民法院对犯罪人适用存留养亲不适当，不符合存留养亲适用前提和条件的，有权向上一级人民法院提出抗诉。

如果检察机关查明被害人谅解的意见不是出于自身真实意思，而是出于犯罪嫌疑人、被告人及其亲属的胁迫、逼迫，在对犯罪嫌疑人提起公诉时，应提请人民法院不得对被告人适用存留养亲，并建议从重处罚。如果是在审判完毕或和解完毕后发现的，应依法提出抗诉，向人民法院建议撤销存留养亲，并建议对被告人从重处罚。

四、存留养亲制度与缓刑制度、假释制度

《刑法修正案（八）》规定："对于被判处拘役、三年以下有期徒刑的犯罪分子，同时符合下列条件的，可以宣告缓刑，对其中不满十八周岁的人、怀孕的妇女和已满七十五周岁的人，应当宣告缓刑：犯罪情节较轻；有悔罪表现；没有再犯罪的危险；宣告缓刑对所居住社区没有重大不良影响。"从上述规定可以看出，目前我国缓刑适用条件已经注意到了人文精神建设的需要，并在刑法上予以体现。但是现行刑法并没有考虑存留养亲的现实需要，因此也没有相关规定。笔者认为，在缓刑制度中引入存留养亲的有关因素，对于刑法人文精神培育是具有一定的积极意义的。如果犯罪人的犯罪罪行轻微，有可能被处以3年以下有期徒刑、拘役的，具有存留养亲条件的，一般应在判决时同时宣告缓刑，依照有关法律规定，由有关公安机关或司法行政机关予以考察监督。

目前我国假释制度在设计时仅考虑了犯罪人的主观因素、刑期执行情况、犯罪性质等因素，如《刑法修正案（八）》规定："被判处有期徒刑的犯罪分子，执行原判刑期二分之一以上，被判处无期徒刑的犯罪分子，实际执行十三年以上，如果认真遵守监规，接受教育改造，确有悔改表现，没有再犯罪的危险的，可以假释。如果有特殊情况，经最高人民法院核准，可以不受上述执行刑期的限制。对累犯以及因故意杀人、强奸、抢劫、绑架、放火、爆炸、投放危险物质或者有组织的暴力性犯罪被判处十年以上有期徒刑、无期徒刑的犯罪分子，不得假释。对犯罪分子决定假释时，应当考虑其假释后对所居住社区的影响。"但从上

述规定来看，现行刑法并没有考虑人文因素对假释的影响，这不能不说是现行刑法的缺憾之一。笔者认为，如果犯罪人犯罪行为严重，被判处10年以上有期徒刑、无期徒刑或死刑缓期两年执行的，具有存留养亲条件的，对于符合假释条件的，尽量予以假释，不能对其加以过多的限制，从而导致有关老年人、婴幼儿的生活困窘，甚至由于生活无着落而死亡。虽然现行刑法对累犯及严重暴力犯罪分子予以假释限制有其必要性，也具有一定的合理性，对社会秩序的稳定有一定的保障作用。但如果对累犯以及因故意杀人、强奸、抢劫、绑架、放火、爆炸、投放危险物质或者有组织的暴力性犯罪被判处10年以上有期徒刑、无期徒刑的犯罪分子绝对限制假释，不考虑其他民意社情导人文因素，那这样的刑法规定对社会秩序的保障作用是非常有限的。因为无论是什么样的犯罪分子，只要其能严格认真遵守监规，接受教育改造，确有悔改表现，没有再犯罪的危险的，都应该给其一条出路。如果不能将其与其他犯罪分子一样对待，那么刑罚的教育功能将显得十分的模糊，仅仅体现了刑罚的惩罚功能。这不仅不利于这些犯罪分子的改造，而且也不利于对与犯罪分子相关的直系长辈亲属、晚辈亲属的利益保护。因此，笔者认为，出于刑罚教育功能的实现和人文精神建设的需要，对于符合存留养亲条件的犯罪分子，如果其符合一般假释条件的应予以假释。

第十章

刑事法律人文改良余论

第一节　刑事司法应当原情

一、刑事司法应当原情的历史渊源及理论基础

笔者在这里所说的刑事司法应当原情是指司法人员在刑事诉讼过程中，因迁就人情、常理以及道德而超越刑事法律规定的限制作出诉讼决定行为。司法人员在刑事诉讼过程中，有时会考虑裁判结果是否符合人情，从而被案件的具体情况所感染，而不严格遵守刑事法律的规定进行刑事诉讼。

宋人胡石壁明确指出："法意、人情实同一体，徇人情而违法意不可也，守法意而拂人情，不可也。权衡于二者之间，使上不违于法意下不拂于人情，则通行而无弊矣。"[①] 依法办案而又不拘泥律例条文，不仅是司法官吏本身所应有的灵活性，而且特别得到鼓励。同时，为了通过具体判案来教育民众，司法官吏常常采取匠心别裁的判决技巧，使人们置于国法与天理人情的洗礼中。[②] 随着社会的发展，科技的进步，成文法带来的弊端越来越凸显出来，在现代法治社会，法律的设计永远落后于社会现实，而且也不能包含社会生活的全部，并且人类的行为非常复杂，如果简单的用刑事法律规制千变万化的人类行为而毫无变通，将使刑事法律的适用变得机械而呆板，并且不利于和谐司法和和谐社会的建立，也不利于社会秩序的稳定。我们必须承认现代法治所要求的刑事法律不能仅仅是一种冷冰冰的规则理性，还必须具有超越于刚性刑事法律条文之上的正义价值，蕴含和体现人情和道德。

正是由于人不仅有理性，也有情感，而人的情感是与其所生活的自然环境、

---

① 张晋藩：《中国法律的传统与现代转型》，法律出版社 1997 年版，第 51 页。

② 龚汝富：《古代的"法与情"》，载于《人民法院报》2003 年 12 月 15 日 B2 版。

社会政治经济条件有着不可分割的联系。在日常刑事司法过程中，人情化的解决刑事案件常常能够唤起人的自然、社会情感，这样不仅解决了问题，而且这种人情化的处理纠纷的方式与人们情感心理需求相一致，因而通过符合情理和道德的方式解决刑事案件所形成的秩序往往更为有效与长久。

刑事法律的立法者在制定刑事法律规范的时候总要依据自己直接或间接的经验，而这些经验都离不开特定的社会条件。作为社会互动和交往方式的人情，必然与特定社会的风俗习惯、心理传统、思维方式等密切相关，甚至在某种程度上就是它们在人们社会活动中的表现。而所有这些都是法律产生、发展、变革的社会条件。脱离百姓的情感，任何形式的刑事法律的生命也将终结。也正是在这个意义上，现实主义法学家提出：法这一为了保障社会安全起见而建立的以人为齿轮的庞大机器不是由立法者的意志推动的，而是在强大的综合情感和习惯的驱动下发挥作用的。①

从理论上说，法律本应是人情的具体表现，法律的产生本应以人情为基础和底线，但毕竟人情的形成或产生方式与法律不一样，它不是自上而下的，而是自下而上的。除此之外，法律一旦产生，就体现为以语言为载体的法律条文和规则，具有了相对的独立性与客观性。其与人情的相对灵活性特征的对照又使得两者在现实生活上的紧张成为必然。②

实际上，在我国有不少刑事法律规定体现了国法与人情的结合，如未满 14 周岁的人犯罪不为罪，精神病人犯罪的，无刑事责任能力的人犯罪的，不追究刑事责任等规定以及刑事司法中的免予刑事处罚、缓刑以及减刑、假释等规定也是执法原情的表现。在刑事司法实践中，也经常有类似执法原情的案例。如对于安乐死案件，我国司法机关都认为凡是帮助他人安乐死的行为应定故意杀人罪，并按照刑法追究其刑事责任。但是在刑事司法过程中，司法人员考虑到安乐死实际是行为人应被害人的请求而进行的，并不是行为人的主动加害，同时考虑到行为人与被害人一般都是亲属关系，行为人的主观恶性很小，行为的社会化危害性也较小，因此对帮助被害人安乐死的行为人一般都判处有期徒刑同时处以缓刑，予以从宽处罚。对安乐死的行为人予以从宽处罚充分体现了法律与人情、民情的结合，获得了良好的社会效果。

二、刑事司法原情应当处理好与相关问题的关系

笔者认为，要正确理解严格依法刑事司法与刑事司法原情的关系应把握以下

---

① 张文显：《二十世纪西方法哲学思潮研究》，法律出版社 1996 年版，第 506 页。

② 陈秀萍：《诉讼、人情与法治——现代法治视野中的诉讼人情化现象研究》，载于《法制与社会发展》2005 年第 5 期。

几点：

（一）正确处理刑事司法与新闻监督的关系

《刑事诉讼法》第 11 条规定：“人民法院审判案件，除本法另有规定的以外，一律公开进行。”其含义理应包括新闻媒体可以参与刑事诉讼，但在司法实践中，新闻媒体进行相应的案件新闻报道应当经过一定公安、司法机关的批准。笔者认为新闻舆论在某种意义上代表了民情、民意的要求，表达了百姓对具体刑事案件的意见，公安、司法机关在遵守法律的前提下，应当充分重视新闻舆论的看法和要求，以使刑事司法与民情、民意在法律允许的前提下达到最高程度的契合。因此新闻舆论对刑事司法的监督有其必要性，但笔者认为必须限定在一定的合理限度。现在我国的刑事司法无论从制度构建，还是从具体个案刑事法律的运用上都还不很成熟，这也说明，刑事司法需要监督，当然也包括新闻监督。当前新闻舆论监督对刑事司法的影响正在呈不断扩大的趋势，新闻媒体在传播有关刑事案件信息的同时，还扮演着监督国家刑事司法权力运作、防止国家刑事司法权力滥用的角色。新闻舆论监督对于防止刑事司法腐败以及维护法律的公正性产生重大而积极影响的同时，但有些违背法律规定的新闻舆论监督行为却导致有些司法人员丧失了法律原则，对有关案件的当事人进行了曲法裁判，侵犯了当事人的合法权益。同时在刑事司法过程中，由于新闻报道者获取信息的渠道与刑事司法工作人员对案件的视角和认识的方法有所不同，有可能导致新闻报道与司法工作人员对案件事实判断上存在一定的差异。同时由于司法审判是一个比较特殊的领域，其特殊性在于刑事案件本身常常涉及专业技术和法律问题，如果无限制的扩大新闻舆论对刑事司法的干预，不仅会导致刑事司法活动出现不正常的扭曲，而且会导致刑事法律适用的不一，最终会导致刑事法律面前的不平等。因此笔者认为，新闻舆论对刑事司法的监督应当谨慎，在有关法院没有作出最终有效判决以前，新闻媒体的消息披露应当十分谨慎，以免因为新闻媒体的不正当披露，造成司法人员的曲法。

（二）正确处理刑事司法与民情、民意的关系

中国自古以来就重视民情、民意，古代的统治者在设立刑事法律制度和执法过程中，基本上都能体谅民情和民意的要求，对有关的刑事案件按照民意和民情的要求进行处理，甚至常常曲法原情。笔者认为，文明发展到今天，在刑事司法过程中，更应当重视民情、民意，如《刑事诉讼法》第 6 条明确规定：“人民法院、人民检察院和公安机关进行刑事诉讼，必须依靠群众，必须以事实为根据，以法律为准绳。”根据此条法律规定以及审判公开的原则，公民有权参加相应的刑事诉讼，并有权针对相关的刑事诉讼活动发表自己的看法和观点。民情、民意

是刑事司法权威得以建立的基础，广泛地动员公民参与刑事诉讼，不仅可以加强社会主义法治建设，建立人人懂法、守法的社会新风尚，而且可以使刑事司法建立在法治精神的基础上，使刑事司法的法治精神深入公民人心，使公民以强烈的主人翁的法治精神和自觉意识，主动、积极地宣传刑事法律，监督刑事法律的执行，使刑事司法成为体现法律正义的事业。

笔者认为，刑事司法应当顺应公民大众的意志，符合国家和人民利益，否则便不正当。但同时，刑事司法必须以刑事法律规定为准则，刑事司法不能完全建立在民意、民情的基础之上。这是由于市场经济带来的公众思想观念的冲击，使公众对某一问题的看法具有多元性和开放性，在刑事司法中，民意、民情更是不一样，会受到复杂的感性和理性因素的影响。而刑事司法是一种专业性很强的活动，不仅要求司法者具有较高的法律意识和水平，而且应当具有较强的法律原则性。但公众对某一案件的看法不仅有从法律角度看待的一面，更多的是从道德看待的一面，刑事司法固然要考虑道德的因素，而主要考虑的应当是法律的有关规定。因此，笔者认为在刑事司法过程中对民意、民情固然不能轻视，但也不能将民情、民意作为刑事司法的唯一标准。

第二节　绑架罪人文改良

为了彰显现代刑法的人文特色，发扬和继承儒家合理的人文法律思想内核，创制具有中国人文特色的现代刑法，笔者对现行绑架罪规定提出以下修改建议：

一、降低起刑点

目前我国刑法关于绑架罪规定的起刑点与相关罪名起刑点的规定相比，显得较重，应根据儒家罪刑相称原则和现代罪责刑相适应原则参照其他相关罪名规定，降低绑架罪的起点刑，笔者建议将绑架罪的第 1 款规定修改为：“以勒索财物为目的绑架他人的，或者绑架他人作为人质的，处三年以上十年以下有期徒刑，除因贫穷进行本罪的，并处罚金。”

二、明确规定从轻处罚的情形

对于绑架犯罪分子出于善良动机，并主动放弃绑架行为或者善待被绑架人的行为应当明确规定较轻的刑罚，以充分体现刑罚的人道，从而既能有效地保护被绑架人的人身权益，又能有效地遏制犯罪人在犯罪的道路上越行越远。可以作如下规定：行为人出于善良动机并善待被绑架人或自行放弃绑架行为，未造成被绑架人伤害的，依照前款规定减轻或免除处罚；除因贫穷进行本罪的，并处罚金。

三、明确对弱势群体的特殊保护

为了体现国家对弱势群体合法利益的特殊关爱和保护，加大对老、幼、残弱势群体的保护范围和力度，应明确规定：绑架精神病人、未成年人以及老年人勒索财物或作为人质的，依照第1款规定从重处罚；除因贫穷进行本罪的，并处罚金。绑架妇女并强奸妇女的，数罪并罚。

四、对绑架罪的死刑适用予以一定改良

为了体现儒家罪刑相称与现代罪责刑相适应原则，应取消“致使被绑架人死亡或者杀害被绑架人的，处死刑，并处没收财产”的规定，修改规定为：故意杀害被绑架人的处死刑；因被绑架人自身生理原因或绑架人过失致被绑架人死亡的，处10年以上有期徒刑、无期徒刑；除因贫穷进行本罪的，并处罚金或没收财产。

五、明确绑架罪从重处罚的情形

现行刑法没有对犯罪情节极其严重的绑架行为从重处罚，从而使刑罚适用毫无理性可言。为了充分体现儒家罪刑相称原则与现代罪责刑相适应原则，对那些绑架犯罪情节严重的行为应加大刑罚处罚的力度。在刑法上应明确规定：有下列情形之一的，处10年以上有期徒刑、无期徒刑或死刑：（1）一次绑架多人的；（2）偷盗婴儿勒索财物或作为人质的；（3）勒索财物巨大的；（4）持械绑架的；（5）多次进行绑架的；（6）入室绑架的；（7）绑架中恶意致人重伤的。除因贫穷进行本罪的，并处罚金或没收财产

综上，依照儒家“慎刑、恤刑”、“罪行相称”、“执法原情”等人文法律思想的要求，同时也为了贯彻现代罪责刑相适应的原则和“宽严相济”的刑事政策，克服刑法的残暴和冷酷，体现刑法正义，凸显刑法人文特色，对绑架犯罪规定进一步予以修订具有重要的理论意义和现实意义。

参考文献

一、著作类

1. 陈红太：《中国刑律儒家化的标准问题研究》，中国政法大学出版社 2006 年版。

2. 高绍先：《中国刑法史精要》，法律出版社 2001 年版。

3. 宇培峰：《新儒家新儒学及其政治法律思想研究》，中国政法大学出版社 2006 年版。

4. 张国华：《中国法律思想史》，法律出版社 1982 年版。

5. 许章润：《说法　活法　立法——关于法律之为一种人世生活方式及其意义》，清华大学出版社 2004 年版。

6. 杨阳：《文化秩序与政治秩序》，中国政法大学出版社 2007 年版。

7. 张忠斌：《未成年人犯罪的刑事责任》，知识产权出版社 2008 年版。

8. 李克、宋才发：《家有少年》，人民法院出版社 2005 年版。

9. 杜宴林：《法律的人文主义解释》，人民法院出版社 2005 年版。

10. 俞荣根：《道统与法统》，法律出版社 1999 年版。

11. 王立民：《中国法律与社会》，北京大学出版社 2006 年版。

12. 李瑜青等：《人文精神与法治文明关系研究》，法律出版社 2007 年版。

13. 张晋藩：《中华法系的回顾与前瞻》，中国政法大学出版社 2007 年版。

14. 张晋藩：《中国法律的传统与近代转型》，法律出版社 1997 年版。

15. 武延平：《刑事诉讼法教程》，法律出版社 1998 年版。

16. 张品泽：《人本精神与刑事程序——人权保障的一种探索》，中国人民公安大学出版社 2006 年版。

17. 马作武：《中国传统法律文化研究》，广东人民出版社 2004 年版。

18. 武树臣等：《中国传统法律文化》，北京大学出版社 1994 年版。

19. 怀效锋：《德治与法治研究》，中国政法大学出版社 2008 年版。

20. 高铭暄、马克昌：《刑法学》，北京大学出版社、清华大学出版社 2011 年第 5 版。

21. 陈兴良：《刑法哲学》，中国政法大学出版社 2004 年版。

22. 李瑜清：《人本思潮与中国文化》，东方出版社 1998 年版。

23. ［英］布洛克：《西方人文主义传统》（中译本），生活·读书·新知三联书店 1997 年版。

24. 《莎士比亚全集》第 5 卷，朱生豪译，人民文学出版社 1994 年版。

25. 林端：《儒家伦理与法律文化》，中国政法大学出版社 2002 年版。

26. 唐君毅：《中国人文精神之发展》，人生出版社 1957 年版。

27. 胡伟戏：《传统与人文》，中华书局 1992 年版。

28. 严耀宗：《中国宗教与生存哲学》，学林出版社 1991 年版。

29. ［意］加林：《意大利人文主义》（中译本），生活·读书·新知三联书店 1998 年版。

30. 《马克思恩格斯选集》第 3 卷，人民出版社 1972 年版。

31. 张岱年、程宜山：《中国文化与文化论争》，中国人民大学出版社 1990 年版。

32. 金耀基：《从传统到现代》，中国人民大学出版社 1999 年版。

33. 梁治平：《寻求自然秩序中的和谐》，中国政法大学出版社 1997 年版。

34. ［法］勒内·达维德，《当代世界主要法系》，漆竹生译，上海译文出版社 1984 年版。

35. ［日］滋贺秀三株：《中国上古刑罚考》，刘俊文：《日本学者研究中国史论著选译》第 8 卷，中华书局 1992 年版。

36. ［法］孟德斯鸠：《波斯人信札》，商务印书馆 1962 年版。

37. ［意］贝卡利亚：《论犯罪与刑罚》，黄风译，中国大百科全书出版社 1993 年版。

38. ［美］弗洛姆：《健全的社会》（中译本），中国文联出版公司 1988 年版。

39. 于改之、周长军：《刑法与道德的视界交融》，中国人民公安大学出版社 2009 年版。

二、论文类

1. 李之哲：《中国传统人文精神及特征》，载于《上海大学学报》2002 年第 3 期。

2. 赵立：《儒家法律文化价值初探》，http://www.ycu.com.cn/rwxy/html/?663.html。

3. 吕世伦、张学超：《“以人为本”与社会主义法治——一种法哲学上的阐释》，载于《法制与社会发展》2005 年第 1 期。

4. 汪太贤：《论中国法治的人文基础重构》，载于《中国法学》2001 年第 4 期。

5. 罗豪才、宋功德：《和谐社会的公法建构》，载于《中国法学》2004 年第 6 期。

6. 陈卫平：《论儒学人道原则的历史演进》，载于《浙江社会科学》1998 年第 4 期。

7. 吴国盛:《科学与人文》,载于《中国社会科学》2001 年第 4 期。

8. 陈秀萍:《诉讼、人情与法治——现代法治视野中的诉讼人情化现象研究》,载于《法制与社会发展》2005 年第 5 期。

9. 龚汝富:《古代的“法与情”》,载于《人民法院报》2003 年 12 月 15 日。

10. 张世英:《儒家与道德》,载于《社会科学战线》2006 年第 1 期。

11. 陈治国:《儒家“孝”观念的原始意义及其近代以来的多重命运》,载于《孔子研究》2005 年第 6 期。

12. 谢谦:《儒家独尊的历史真相与儒家学者的精神蜕变》,载于《四川师范大学学报(社科版)》2006 年第 6 期。

13. 罗国杰:《荀况政治伦理思想新探——“德治”和“法治”的相辅相成》,载于《湘潭大学学报(哲社版)》2005 年第 4 期。

14. 关键英:《略论董仲舒的“以德治国”思想》,载于《中国哲学史》2004 年第 3 期。

15. 白溪:《儒家礼治思想与社会和谐》,载于《哲学动态》2006 年第 5 期。

三、古文献类

1. 高潮、马建石 :《中国历代刑法志注译》,吉林人民出版社 1994 年版。

2. (宋)范晔撰:《后汉书》,中华书局 1965 年版。

3. (汉)郑玄注,(唐)孔颖达、正义、吕友仁整理:《礼记正义》、《十三经注疏》,上海古籍出版社 2008 年版。

4. 《论语》,《十三经注疏》,中华书局 1979 年版。

5. 《尚书》,《十三经注疏》,中华书局 1979 年版。

6. 《礼记》,《十三经注疏》,中华书局 1979 年版。

7. 钟肇鹏:《春秋繁露校释》,河北人民出版社 2005 年版。

8. (汉)恒宽撰,王利器校注:《盐铁论校注》,天津古籍出版社 1983 年版。

9. (宋)欧阳修、宋祁等撰:《新唐书》,1975 年版。

10. 安小兰译注:《荀子》,中华书局 2007 年版。

11. 王国轩译注:《大学》、《中庸》,中华书局 2007 年版。

12. 万利华、蓝旭译注:《孟子》,中华书局 2007 年版。

13. 姬昌等著:《全本周易》,北京出版社 2006 年版。

14. 王肃:《孔子家语》,万卷出版公司 2009 年版。

15. 李有光、李正堂:《孟子》,贵州人民出版社 2009 年版。

后　记

在20多年的法律教学过程中，我对中国古代儒家人文法律文化产生了浓厚的兴趣，但如何将中国传统儒家人文法律思想与中国现代刑事法律相结合是困扰我很长时间的一个问题。后来，有幸能够进入山东大学学习中国古代法制史，为我解决此问题提供了一个很好的契机。在本书的写作过程中，我有幸得到山东大学历史文化学院的刘旭光教授指导。由于本人不是学历史出身，因此，古代史的底子很薄，再加上平时工作忙以及身体原因，写作非常艰难，但刘教授总是给我以鼓励和帮助。在本书写作近4年的时间里，我在刘教授的指导下阅读了很多儒家人文法律思想的文献资料，使我大受裨益。在本书的写作过程中，刘旭光教授渊博的知识和开朗的性格给我留下了很深刻的印象，在此，谨对刘旭光教授无私的帮助表示衷心的感谢，祝刘旭光教授身体健康，工作顺利！

在本书的写作过程中，我还得到山东政法学院刑事司法学院曲伶俐院长、杨晓静教授的大力支持与帮助，在此也表示衷心的感谢！同时，向支持我写作的妻子魏苏茗表示深深的谢意！同时，感谢所有关心、支持、帮助过我的人，祝他们一生平安、幸福、安康！

由于本人的知识水平和写作能力所限，书中的错误之处在所难免，望各位同仁不吝批评指正，共同为建设具有中国人文特色的刑事法律体系贡献自己的微薄之力。

刘道朋

2013年7月20日